人民法院英模事迹选编

最高人民法院・编

人民法院出版社

图书在版编目（CIP）数据

人民法院英模事迹选编 / 最高人民法院编 . -- 北京 :
人民法院出版社，2021.6

ISBN 978-7-5109-3206-9

Ⅰ . ①人… Ⅱ . ①最… Ⅲ . ①法律工作者－先进事迹
－中国－现代 Ⅳ . ① D926.22 ② K825.19

中国版本图书馆 CIP 数据核字 (2021) 第 114121 号

人民法院英模事迹选编

最高人民法院　编

责任编辑　陈晓璇　　　　执行编辑　姚丽蕾
书籍设计　尹苗苗
出版发行　人民法院出版社
地　　址　北京市东城区东交民巷 27 号（100745）
电　　话　（010）67550520（责任编辑）　67550558（发行部查询）
　　　　　65223677（读者服务部）
客服 QQ　2092078039
网　　址　http://www.courtbook.com.cn
E-mail　courtpress@sohu.com
印　　刷　北京瑞禾彩色印刷有限公司
经　　销　新华书店

开　　本　787 毫米 ×1092 毫米　1/16
字　　数　536 千字
印　　张　27
版　　次　2021 年 6 月第 1 版　2021 年 6 月第 1 次印刷
书　　号　ISBN 978-7-5109-3206-9
定　　价　78.00 元

《人民法院英模事迹选编》编辑委员会

编写说明

天地英雄气，千秋尚凛然。先进典型是一个民族最闪亮的坐标，英模精神是一个民族最坚实的脊梁。习近平总书记多次对学习宣传先进典型工作作出重要批示，强调要宣传那些秉持理想信念、保持崇高境界、坚守初心使命、敢于担当作为的先进典型，形成学习先进、争当先进的良好风尚。

学习宣传先进典型、弘扬英模精神也是党史学习教育和政法队伍教育整顿的重要内容。多年来，人民法院队伍涌现出邹碧华、谭彦、宋鱼水等先进典型代表，他们坚定理想信念，坚守初心使命，坚持公平正义，忠诚履职，担当实干，以崇高的法治信仰、深厚的为民情怀、忘我的拼搏奉献，谱写了服务大局、司法为民、公正司法的感人诗篇，用青春和热血铸就了一座座不朽的精神丰碑，为全国法院广大干警树立了光辉的学习典范，为党史学习教育和政法队伍教育整顿提供了精神动力和鲜活教材。

为深入推进党史学习教育和政法队伍教育整顿活动，大力学习弘扬英模精神，充分发挥先进典型的示范引领作用，我们编印出版《人民法院英模事迹选编》一书，供各级法院党员干警学习使用。全书按照体现先进性、时代性、代表性的要求，选取邹碧华、谭彦、宋鱼水、郭兴利、黄志丽、李庆军、胡国运、周春梅、魏晶晶 9 位英模代表，逐人逐篇编写先进事迹材料，主要包括人物简介、学习决定、先进事迹、宣传报道等内容。这些先进典型是广大法院干警的学习楷模，他们的先进事迹是人民法院宝贵的精神财富。

希望全国各级人民法院广大干警以先进典型为榜样，见贤思齐、创先争优，坚持以习近平新时代中国特色社会主义思想为指导，深入学习贯彻习近平法治思想，增强“四个意识”，坚定“四个自信”，做到“两个维护”，持续推进英模学习宣传活动，汲取先进典型精神力量，筑牢政治忠诚，坚守为民情怀，公正廉洁司法，严格执行防止干预司法“三个规定”，锐意进取、拼搏奉献，为全面建设社会主义现代化国家、实现中华民族伟大复兴的中国梦作出新的更大贡献，以优异成绩庆祝中国共产党成立 100 周年。

目录 TABLE OF CONTENTS

邹碧华

Zou Bihua

男，汉族，江西奉新人，1967 年 1 月出生，中共党员，1988 年 7 月参加法院工作，生前任上海市高级人民法院党组成员、副院长。2014 年 12 月 10 日，在工作中突发疾病，经抢救无效因公殉职，年仅 47 岁。邹碧华同志坚持司法为民、便民利民，在依法公正行使审判权中彰显公平正义。他牢固树立改革创新意识，把先进管理理念和现代技术手段运用到工作实践中，独创的审判工作方法成为法院系统学习宝典。他先后参与审理上海社保基金追索案、北方证券破产案等一大批全国瞩目的重大疑难案件。他规范设立上海法院系统 12368 便民服务热线，受到群众欢迎。他积极推进法院管理科学化，牵头起草上海法院司法改革试点工作实施方案，推动上海法院司法体制改革工作。邹碧华同志殉职后，习近平总书记对其先进事迹作出重要批示，称赞他是“新时期公正为民的好法官、敢于担当的好干部”。荣获改革先锋、全国优秀共产党员、时代楷模、全国模范法官等称号。

中共中央总书记、国家主席习近平批示

邹碧华同志是新时期公正为民的好法官、敢于担当的好干部。他崇法尚德，践行党的宗旨、捍卫公平正义，特别是在司法改革中，敢啃硬骨头，甘当“燃灯者”，生动诠释了一名共产党员对党和人民事业的忠诚。广大党员干部特别是政法干部要以邹碧华同志为榜样，在全面深化改革、全面依法治国的征程中，坚定理想信念，坚守法治精神，忠诚敬业、锐意进取、勇于创新、乐于奉献，努力作出无愧于时代、无愧于人民、无愧于历史的业绩。

2015年1月6日

学习决定、通知

中共中央组织部
关于追授邹碧华同志“全国优秀共产党员”称号的决定

中组发〔2015〕8号

邹碧华，男，汉族，江西奉新人，1967年1月出生，1988年7月参加工作，1999年5月入党。曾任上海市高级人民法院民一庭副庭长、民二庭庭长、审判委员会委员，上海市长宁区人民法院党组书记、院长，上海市高级人民法院党组成员、副院长。2014年12月10日，邹碧华同志在工作中突发心脏病，经抢救无效因公殉职，年仅47岁。

邹碧华同志是新时期公正为民的好法官、敢于担当的好干部，是用生命践行“三严三实”要求的时代楷模。他忠诚于党，忠诚于社会主义法治事业，毕生追求“当一名有良知的法官”，依法公正审理了上海社保基金追索案、北方证券破产案等一大批全国瞩目的重大疑难案件。他坚持司法为民、便民、利民，在上海市长宁区人民法院率先创建集电话网络、短信微信、窗口柜台服务于一体的诉讼服务平台，挂牌成立诉调对接中心，编写《群众工作接待规范》，将为民服务深度融入司法实践。他勇当司法体制改革探路先锋，在全国首创法院工作流程、案件审判、干警队伍可视化管理机制，带领研发了国内领先的法院信息化系统平台，独创的“要件审判九步法”被全国法院系统作为范本，为上海法院司法改革试点乃至全国司法体制改革作出了突出贡献。他大力弘扬法治精神，主编或撰写了10余部法律著作，发表论文40余篇，开设个人微博，参与法官培训教学，被称为法律界的“燃灯者”。他严于律己、刚正不阿，从来不办人情案、关系案、金钱案，对家人严格要求，始终保持人民法官的清廉本色。

最近，习近平总书记作出重要批示："邹碧华同志是新时期公正为民的好法官、敢于担当的好干部。他崇法尚德，践行党的宗旨、捍卫公平正义，特别是在司法改革中，敢啃硬骨头，甘当'燃灯者'，生动诠释了一名共产党员对党和人民事业的忠诚。广大党员干部特别是政法干部要以邹碧华同志为榜样，在全面深化改革、全面依法治国的征程中，坚定理想信念，坚守法治精神，忠诚敬业、锐意进取、勇于创新、乐于奉献，努力作出无愧于时代、无愧于人民、无愧于历史的业绩。"为深入学习贯彻习近平总书记重要批示精神，表彰先进、弘扬正气，激励广大党员干部胸怀理想、坚定信念，牢记宗旨、为民奉献，在推进中国特色社会主义伟大事业中作出新的更大贡献，经中央领导同志同意，中央组织部决定，追授邹碧华同志"全国优秀共产党员"称号。

中央组织部号召广大党员干部特别是政法干部向邹碧华同志学习。学习他信念坚定、对党忠诚的政治品格，始终做到心中有党，把牢政治方向，强化组织意识，坚定不移走中国特色社会主义道路；学习他践行宗旨、一心为民的公仆情怀，始终做到心中有民，公正无私，努力解决群众最关心最直接最现实的利益问题；学习他敢于担当、勇于创新的进取精神，始终做到心中有责，敢啃硬骨头，乐于作奉献，认真履行对党应尽的义务和责任；学习他清正廉洁、崇法尚德的道德情操，始终做到心中有戒，守纪律讲规矩，清清白白做人，干干净净做事。

各级党组织要把开展向邹碧华同志学习活动，与学习贯彻党的十八大、十八届三中、四中全会和习近平总书记系列重要讲话精神结合起来，与巩固和拓展党的群众路线教育实践活动成果结合起来，加强领导、精心组织，充分发挥先进典型的示范带动作用，教育引导广大党员干部加强党性修养，改进工作作风，更加紧密地团结在以习近平同志为总书记的党中央周围，积极投身全面建成小康社会、全面深化改革、全面依法治国、全面从严治党的伟大实践，为实现"两个一百年"奋斗目标、实现中华民族伟大复兴的中国梦而不懈奋斗！

2015年3月2日

最高人民法院

关于追授邹碧华同志“全国模范法官”荣誉称号的决定

法〔2015〕6 号

邹碧华，男，汉族，江西奉新人，1967 年 1 月出生，1988 年 7 月参加工作，1999 年 5 月入党。曾任上海市高级人民法院民一庭副庭长、民二庭庭长、审判委员会委员，上海市长宁区人民法院党组书记、院长，2012 年 11 月起任上海市高级人民法院党组成员、副院长。曾先后当选“上海市十大杰出青年”、首届“全国审判业务专家”、第三届“上海市优秀中青年法学家”。2014 年 12 月 10 日，邹碧华同志在工作中突发心脏病，经抢救无效因公殉职，年仅 47 岁。

邹碧华同志去世后，引起广泛社会反响。日前，习近平总书记等中央领导同志作出重要批示，高度评价邹碧华同志的事迹和精神，对开展向邹碧华同志学习活动提出了明确要求。上海市委决定，追授邹碧华同志“上海市优秀共产党员”荣誉称号。

邹碧华同志是新时期公正为民的好法官、敢于担当的好干部。他坚定理想信念，坚守法治精神，特别是在司法改革中，敢啃硬骨头，甘当“燃灯者”，为上海法院司法改革试点乃至全国司法体制改革作出了突出贡献；他对人民群众怀有深厚的感情，时刻牢记“全心全意为人民服务”的宗旨，坚持司法为民便民利民，切实维护人民群众的合法权益；他坚持公正司法，忠实履行宪法法律赋予的神圣职责，依法公正审理了一大批重大疑难案件，努力让人民群众在每一个司法案件中都感受到公平正义；他勇于创新，大胆实践，主持研发的信息化系统平台处于国内领先技术水平，在服务审判、规范管理、司法便民、队伍建设等方面发挥了重大作用，为全国法院信息化建设起到了示范带头作用；他严以律己，清正廉洁，以身作则，对自己的家属子女要求严格，坚决杜绝“人情案、关系案、金钱案”，保持了一个共产党员和人民法官的政治本色。邹碧华同志将自己的一生都献给了司法事业，为平安中国、法治中国建设贡献出自己的全部智慧和力量，生动诠释了一名共产党员对党和人民事业的忠诚。他公正为民、敢于担当、忠诚敬业、崇法尚德的模范事迹和优秀品格，赢得了人民群众和社会各界的普遍赞誉。

根据邹碧华同志的先进事迹和《人民法院奖励暂行规定》，最高人民法院决定，追授邹碧华同志“全国模范法官”荣誉称号。

全国各级人民法院要认真学习贯彻习近平总书记重要批示精神，将开展向邹碧华同志学习活动作为当前和今后一段时期的重要任务。全国法院广大干警要以邹碧华同志为榜样，学习他信念坚定、敢于担当的崇高信仰，学习他公正为民、崇法尚德的职业精神，学习他锐意进取、勇于创新的改革精神，学习他忠诚敬业、乐于奉献的思想境界，学习他清正廉洁、克己奉公的高尚情操。要把开展向邹碧华同志学习活动与学习贯彻党的十八大、十八届三中、四中全会精神和习近平总书记系列重要讲话精神结合起来，与深入开展“三严三实”专题教育活动结合起来，与践行社会主义核心价值观和社会主义法治理念结合起来，自觉把向邹碧华同志学习内化为持久的精神动力，敢于担当，尽职尽责，始终坚持司法为民、公正司法，让人民群众在每一个司法案件中都感受到公平正义，为全面建设小康社会、全面深化改革、全面推进依法治国、全面从严治党作出更大的贡献。

2015 年 1 月 12 日

中共中央组织部　中共中央宣传部
中共中央政法委员会　最高人民法院党组

关于认真学习贯彻习近平总书记重要批示广泛开展向邹碧华同志学习活动的通知

中组发〔2015〕10 号

最近，习近平总书记作出重要批示："邹碧华同志是新时期公正为民的好法官、敢于担当的好干部。他崇法尚德，践行党的宗旨、捍卫公平正义，特别是在司法改革中，敢啃硬骨头，甘当'燃灯者'，生动诠释了一名共产党员对党和人民事业的忠诚。广大党员干部特别是政法干部要以邹碧华同志为榜样，在全面深化改革、全面依法治国的征程中，坚定理想信念，坚守法治精神，忠诚敬业、锐意进取、勇于创新、乐于奉献，努力作出无愧于时代、无愧于人民、无愧于历史的业绩。"中央组织部决定，追授邹碧华同志"全国优秀共产党员"称号。

邹碧华同志生前是上海市高级人民法院党组成员、副院长。2014 年 12 月 10 日，邹碧华同志在工作中突发心脏病，经抢救无效因公殉职，年仅 47 岁。邹碧华同志忠诚于党，忠诚于社会主义法治事业，毕生追求"当一名有良知的法官"，依法公正审理了上海社保基金追索案、北方证券破产案等一大批全国瞩目的重大疑难案件。他坚持司法为民、便民、利民，在上海市长宁区人民法院率先创建集电话网络、短信微信、窗口柜台服务于一体的诉讼服务平台，挂牌成立诉调对接中心，编写《群众工作接待规范》，将为民服务深度融入司法实践。他勇当司法体制改革探路先锋，在全国首创法院工作流程、案件审判、干警队伍可视化管理机制，带领研发了国内领先的法院信息化系统平台，独创的"要件审判九步法"被全国法院系统作为范本，为上海法院司法改革试点乃至全国司法体制改革作出了突出贡献。他大力弘扬法治精神，主编或撰写了 10 余部法律著作，发表论文 40 余篇，开设个人微博，参与法官培训教学，被称为法律界的"燃灯者"。他严于律己、刚正不阿，从来不办人情案、关系案、金钱案，对家人严格要求，始终保持人民法官的清廉本色。

邹碧华同志是新时期公正为民的好法官、敢于担当的好干部，是用生命践行“三严三实”要求的时代楷模。为认真学习贯彻习近平总书记重要批示精神，充分发挥先进典型的示范带动作用，激励广大党员干部胸怀理想、坚定信念，牢记宗旨、为民奉献，中央组织部、中央宣传部、中央政法委、最高人民法院党组决定，在广大党员干部中广泛开展向邹碧华同志学习的活动。

广大党员干部特别是政法干部要向邹碧华同志学习。学习他信念坚定、对党忠诚的政治品格，始终做到心中有党，把牢政治方向，强化组织意识，坚定不移走中国特色社会主义道路；学习他践行宗旨、一心为民的公仆情怀，始终做到心中有民，公正无私，努力解决群众最关心最直接最现实的利益问题；学习他敢于担当、勇于创新的进取精神，始终做到心中有责，敢啃硬骨头，乐于作奉献，认真履行对党应尽的义务和责任；学习他清正廉洁、崇法尚德的道德情操，始终做到心中有戒，守纪律讲规矩，清清白白做人，干干净净做事。

各级党组织要把开展向邹碧华同志学习活动，与学习贯彻党的十八大、十八届三中、四中全会和习近平总书记系列重要讲话精神结合起来，与巩固和拓展党的群众路线教育实践活动成果结合起来，加强领导、精心组织，通过中心组学习、讲党课、座谈交流、专题讨论等多种方式，把学习活动不断引向深入，教育引导广大党员干部加强党性修养，改进工作作风，更加紧密地团结在以习近平同志为总书记的党中央周围，积极投身全面建成小康社会、全面深化改革、全面依法治国、全面从严治党的伟大实践，为实现“两个一百年”奋斗目标、实现中华民族伟大复兴的中国梦而不懈奋斗！

2015 年 3 月 2 日

中央政法委员会

关于学习宣传邹碧华同志先进事迹的通知

中政委〔2015〕6号

各省、自治区、直辖市党委政法委，新疆生产建设兵团党委政法委，中央政法各单位党组（党委）：

邹碧华，男，汉族，中共党员，1967年1月出生，1988年7月参加工作，生前系上海市高级人民法院党组成员、副院长。2014年12月10日，邹碧华同志在赶往司法改革试点单位徐汇区法院的途中，突发心脏病，经抢救无效因公殉职，年仅47岁。

邹碧华同志投身司法事业26年，始终坚持“敢于担当、勇于创新、崇法尚德、公正为民”的职业精神，将自己的一生奉献给了人民司法事业，为法治中国建设贡献出自己的全部力量。他曾当选“上海市十大杰出青年”、首届“全国审判业务专家”、第三届“上海市优秀中青年法学家”。日前，最高人民法院党组决定，追授邹碧华同志“全国模范法官”荣誉称号。

邹碧华同志的不幸离世，社会各界深切悼念，网上网下哀思如潮。《人民日报》《新华社每日电讯》等各大新闻媒体，以及新华社《国内动态清样》均报道了邹碧华同志的事迹和社会反响。2015年1月6日，习近平总书记作出重要批示：邹碧华同志是新时期公正为民的好法官、敢于担当的好干部。他崇法尚德，践行党的宗旨、捍卫公平正义，特别是在司法改革中，敢啃硬骨头，甘当“燃灯者”，生动诠释了一名共产党员对党和事业的忠诚。广大党员干部特别是政法干部要以邹碧华同志为榜样，在全面深化改革、全面依法治国的征程中，坚定理想信念，坚守法治精神，忠诚敬业、锐意进取、勇于创新、乐于奉献，努力作出无愧于时代、无愧于人民、无愧于历史的业绩。刘云山、刘奇葆、孟建柱、赵乐际等中央领导同志也相继作出批示，要求认真学习贯彻习近平总书记的重要批示精神，掀起学习宣传邹碧华同志先进事迹的热潮。

邹碧华同志是新时期践行社会主义核心价值观和党的群众路线的优秀代表，在他身上集中体现了信念坚定、执法为民、敢于担当、清正廉洁的优良品质和职业操守。根据中央组织部、中央宣传部、中央政法委、最高人民法院党组联合下发的《关于认真学习贯彻习近平总书记重要批示　广泛开展向邹碧华同志学习活动的通知》精神，中央政法委号召全国政法机关和全体政法干警，认真学习宣传邹碧华同志的先进事迹。

一、学习邹碧华同志践行党的宗旨、捍卫公平正义的优秀品质。邹碧华同志理想信念坚定，将维护人民群众的合法权益作为司法的最终目标，将司法公正作为毕生追求，用自己的职业生涯生动诠释了一名共产党员、一名法官、一名领导干部对党的事业和法治建设的信仰和追求。担任法官 22 年来，他始终秉持“做一名有良知的法官”的职业理念，依法公正行使好手中的审判权。他指导或参与审理了上海社保基金案、我国首例涉及英国皇家建筑协会 JCT 文本的建筑工程案、北方证券破产案以及涉及数千名当事人的“乐客多”超市群体诉讼案等一大批在全国具有重大影响的案件。特别是在审理上海社保基金案件中，他提出了“先予执行”的方案，破解了追索 38 亿元案款的难题，受到上海市委的嘉奖。在长宁区法院担任院长期间，他率先在全市搭建诉讼服务平台，建立心理咨询师参与信访接待制度，方便群众参与诉讼。他坚持每周一次接待群众来访，时常带着同事走访当事人，答疑解惑，化解矛盾纠纷。他提出，在司法为民的大背景下，法官对案件的处理不能生搬硬套法律规则，漠视人性与世情，要学会将心理学方法科学地应用于整个司法过程，有针对性地对当事人进行心理疏导和法律释明。全体政法干警要像邹碧华同志那样，坚持党的事业至上、人民利益至上、宪法法律至上，忠诚履职，勤勉敬业，依法行使好宪法和法律赋予的神圣职责，为维护社会公平正义和人民群众的合法权益贡献自己的智慧和力量。

二、学习邹碧华同志敢啃硬骨头、甘当“燃灯者”的担当精神。邹碧华同志作为上海高院司法改革领导小组成员兼司法改革办公室主任，始终站在司法改革的第一线，勇挑重担，不畏困难，以前瞻性的改革视野、精深的法学素养、丰富的实践经验，为全国司改担当探路先锋，被誉为司法改革道路上的“燃灯者”。面对社会对司法改革的误解，面对需要协调的各方利益，他说，“改革怎么可能不触及利益，怎么可能没有争议”。他明确提出，司法改革的推进，既要吃透中央精神，抓好工作落实，又要反对改革简单搞“一刀切”，最大限度地凝聚改革共识，形成改革力量。为了制定科学的考核标准，他带领同事将上海 4 家试点法院所有法官 5 年来的人均办案量梳理了一遍，不光算办案数量，还要看案件质效，力求让真正胜任审判工作的优秀法官进入员额。为了切实有效推进司法改革，他提出司法体制改革的项目化管理理念，组织研究制定了上海法院司法体制改革任务分解表，督促改革任务的推进落实；

他还推动建立改革的效果评估制度，通过对改革任务的动态跟踪、效果评估及信息反馈，及时发现、解决司法体制改革工作中存在的问题。全国各地同行来沪考察时，他都会将上海法院司法改革方案的理念和制度设计和盘托出，对所有问题一一解答。“我们没有保留，司改需要共识，需要全国上下一起推动。”全体政法干警要像邹碧华同志那样，积极投身全面推进依法治国和司法体制改革、社会治理创新的伟大实践，锐意进取，顽强拼搏，勇于承担责任，正确对待利益得失，努力创造出无愧于时代、无愧于人民、无愧于历史的业绩。

三、学习邹碧华同志爱岗敬业、崇法尚德的职业情怀。邹碧华同志常说：“从事一份职业，就一定要去热爱它。”在26年的法院工作中，虽经历多次职务和角色转换，他始终充满激情。在他看来，工作本身就是回报，艰难的任务能锻炼意志，新的工作能拓展才能，与同事的合作能培养人格。他做任何工作都坚持高标准，精益求精，不知疲惫。同事和家人时常劝他要注意休息，他总是以“没事儿，我不累”“没事儿，我能行”来安慰大家。他言传身教，注重干警法治精神的培育，通过参与法官培训授课和公共论坛等形式，积极为上海乃至全国法院干警传道授业，以自己的一言一行发挥潜移默化作用，引导干警树立正确的价值观。他开设个人微博，宣传法院工作，弘扬法治精神，毫无保留地分享自己的专业见解和法治理念。他坚守高尚的精神追求，坚持原则，公道正派，严以律己，清正廉洁，始终保持着一名共产党员和人民法官的政治本色。全体政法干警要像邹碧华同志那样，心怀崇高职业理想，恪守职业道德和司法良知，珍视职业的荣誉与尊严，以法治中国、平安中国建设为己任，忠诚敬业，乐于奉献，以实际行动赢得社会对司法的尊重和人民群众对法治的信仰。

四、学习邹碧华同志勤奋好学、追求卓越的进取精神。邹碧华同志爱好学习，博览群书，大胆探索，勇于创新，善于总结提炼审判和管理经验，不断实现从一般到优秀、从优秀到卓越的蜕变。他2010年撰写的《要件审判九步法》在全国法律界产生极大影响，被全国各地法院作为民商事审判的范本，成为很多法官、律师的必读经典书目。他先后主编或撰写了《中国法官助理改革研究》等10余部著作，发表论文40余篇，还参与了《物权法》立法讨论，以及《合同法》《公司法》等司法解释的起草工作，多次承担、主持最高人民法院重点调研课题。就任长宁区法院院长时，他通过自学在信息化、可视化管理等方面进行创新，有效提升了法院工作水平，得到全国法院同行的一致好评。担任上海高院副院长后，他主持制定了上海法院信息化建设三年规划，在实践中综合运用互联网、“大数据”、“云计算”等高新技术，引领、支撑、服务、保障上海法院各项工作，推动上海法院信息化建设步伐，有6项应用属于全国法院首创，有多项应用处于全国一流水平。在邹碧华去世后，很多前往他家吊唁的人都发现，他家的书房里、过道边、沙发旁到处堆满了书，他的家就像一个小型图书馆。全体政法干警要像邹碧华同志那样，勤学苦练，勇于创新，立足本职岗位创先争优，善于把能办的事办好，努力把难办的事办成，在维护社会大局稳定、促进社会公平正义、保障人民安居乐业中实现自己的人生价值。

各级政法机关和全体政法干警要深入贯彻落实习近平总书记重要批示精神，结合学习贯彻党的十八大、十八届三中、四中全会精神和习近平总书记系列重要讲话精神，迅速开展学习宣传邹碧华同志先进事迹活动，并将学习活动作为践行社会主义核心价值观、加强过硬政法队伍建设、深化党的群众路线教育实践活动成果的一项重要内容，教育和引导广大干警以邹碧华同志为榜样，在全面深化改革、全面依法治国的征程中，坚定理想信念，坚守法治精神，忠诚敬业、锐意进取、勇于创新、乐于奉献，为推进平安中国、法治中国建设作出新的更大的贡献。

2015 年 3 月 2 日

最高人民法院

关于认真学习贯彻习近平总书记重要批示精神深入开展向邹碧华同志学习活动的通知

法〔2015〕56号

各省、自治区、直辖市高级人民法院，解放军军事法院，新疆维吾尔自治区高级人民法院生产建设兵团分院：

最近，习近平总书记作出重要批示：邹碧华同志是新时期公正为民的好法官、敢于担当的好干部。他崇法尚德，践行党的宗旨、捍卫公平正义，特别是在司法改革中，敢啃硬骨头，甘当“燃灯者”，生动诠释了一名共产党员对党和人民事业的忠诚。广大党员干部特别是政法干部要以邹碧华同志为榜样，在全面深化改革、全面依法治国的征程中，坚定理想信念，坚守法治精神，忠诚敬业、锐意进取、勇于创新、乐于奉献，努力作出无愧于时代、无愧于人民、无愧于历史的业绩。

邹碧华同志生前是上海市高级人民法院党组成员、副院长。2014年12月10日，邹碧华同志在工作中突发心脏病，经抢救无效因公殉职，年仅47岁。邹碧华一生忠诚于党，忠诚于社会主义司法事业，是新时期公正为民的好法官、敢于担当的好干部。为认真学习贯彻习近平总书记重要批示精神，充分发挥先进典型的示范带动作用，近日，中央组织部、中央宣传部、中央政法委、最高人民法院党组印发《关于认真学习贯彻习近平总书记重要批示广泛开展向邹碧华同志学习活动的通知》，要求在广大党员干部中广泛开展向邹碧华同志学习的活动。

向邹碧华同志学习，全国法院要先学一步，学深一层。最高人民法院党组决定，要把广泛开展向邹碧华同志学习活动作为今年和今后一个时期人民法院队伍建设的重点工作来抓，迅速在全国法院系统率先掀起向邹碧华同志学习的高潮。现将有关事项通知如下：

一、深刻学习领会习近平总书记重要批示精神，统一思想认识，切实增强开展学习活动的自觉性。习近平总书记重要批示高度评价了邹碧华同志的先进事迹和崇高精神，精辟概括了邹碧华同志身上表现出的时代精神，对广大党员干部学习邹碧华提出了明确要求。这充分体现了以习近平同志为总书记的党中央对人民法院工作的高度重视和亲切关怀，对全国法院广大干警是一个巨大的鼓舞和鞭策。当前，在大力推进全面建成小康社会、全面深化改革、全面依法治国、全面从严治党的新形势下，认真贯彻习近平总书记重要批示精神，深入开展向邹碧华同志学习活动，对于进一步做好人民法院工作特别是加强法院队伍建设具有重大指导意义。各级人民法院要切实把学习活动摆到重要位置，并与深入贯彻落实党的十八大、十八届三中、四中全会精神和习近平总书记系列重要讲话精神有机结合起来，同开展“三严三实”专题教育活动有机结合起来，同巩固和拓展党的群众路线教育实践活动成果有机结合起来，紧密联系人民法院实际，精心抓好部署落实，坚决不搞形式主义，坚决防止走过场，扎实有效地把学习活动开展好。

二、准确理解邹碧华先进事迹的精神实质和深刻内涵，深化学习内容。各级人民法院要组织全体干警认真学习领会习近平总书记的重要批示、刘云山同志接见邹碧华同志先进事迹报告团成员时的重要讲话精神，学习中央有关部门和最高人民法院的学习决定、通知，学习中央主流媒体刊发的邹碧华同志先进事迹以及邹碧华同志先进事迹报告会的发言材料，深刻挖掘和诠释邹碧华精神的思想内涵，从中感悟邹碧华同志的崇高精神。要学习他践行党的宗旨、捍卫公平正义的优秀品质，坚定理想信念，坚守法治精神，依法行使好宪法和法律赋予的神圣职责；学习他敢啃硬骨头、甘当“燃灯者”的担当精神，锐意进取，顽强拼搏，积极投身全面推进依法治国和司法体制改革的伟大实践；学习他公正为民、爱岗敬业的职业情怀，心怀崇高职业理想，恪守职业道德和司法良知，以实际行动赢得社会对司法的尊重和人民群众对法治的信仰；学习他清正廉洁、崇法尚德的道德情操，始终做到心中有戒，守纪律讲规矩，清清白白做人，干干净净做事。

三、广泛开展“法官当如邹碧华”学习讨论活动，强化学习效果。各级人民法院要认真开展“法官当如邹碧华”学习讨论活动，组织广大干警广泛学习讨论邹碧华同志的崇高精神、先进理念、工作方法和优良作风，教育和引导广大干警联系自身工作实际和思想实际，对照邹碧华同志的先进事迹，认真查找自身的差距和不足，加强党性修养，强化担当精神，激发爱岗敬业、无私奉献的工作热情，像邹碧华同志那样修身做人、为官用权、干事创业，争当邹碧华式的好法官、好干部。各级人民法院党组中心组要组织一次专题学习活动，要采取讲党课、座谈交流、专题讨论和组织征文、演讲活动等多种方式，组织广大干警紧密联系法院工作和岗位实际进行学习，增强学习活动的针对性和实效性。要积极争取党委宣传部门和党报党刊、广播电台、电视台等主流新闻媒体的关心支持，充分利用网络、微信、微博等新媒体，采用广大法院干警和普通群众喜闻乐见的方式方法，扩大学习宣传活动的影响力和感召力。要大力推进创先争优活动，发现和培树更多的好法官、好干部，特别是要注意发现和推出在学习邹碧华同志活动中涌现出来的先进典型，形成先进典型的集群效应，形成学习先进、争当先进、赶超先进的浓厚氛围。

四、加强组织领导，确保把学习活动不断引向深入。各级人民法院要迅速行动起来，制定详尽方案、进行周密部署、采取有效措施，切实做到加强领导、精心组织、周密筹划、务求实效。各级人民法院党组特别是一把手要切实负起对学习活动的领导责任，建立工作责任制，认真抓好工作落实。领导干部要发挥示范引领作用，带头学习，率先垂范。政工部门要做学习邹碧华同志的积极倡导者、精心组织者和大力推动者，精心设计学习载体，积极创新学习方式。上级法院要了解掌握所辖下级法院开展学习活动的部署安排和落实情况，有针对性地加强工作指导和督促检查，及时总结推广好的经验做法。要运用法院系统各类自有媒体和各级法院官方网站、机关内网、微博微信等平台，宣传学习活动的开展情况以及措施成效，加强舆论引导，营造浓厚氛围。

为掌握各地法院开展学习宣传邹碧华同志先进事迹的情况，交流学习经验，各高级人民法院要指定专人负责此项工作，及时上报开展学习活动的情况，并于今年 8 月 31 日之前将本地法院开展学习活动的书面小结报送最高人民法院政治部。

2015 年 3 月 5 日

先 进 事 迹

公正为民的好法官　敢于担当的好干部

2014 年 12 月 10 日，我们上海法院痛失了一位好法官、好干部。他就是上海市高级人民法院副院长邹碧华，去世时年仅 47 岁。

虽然时间已过去近三个月了，但与碧华相处的点点滴滴，不时浮现在我的眼前。碧华微信号名为“庭前独角兽”。“独角兽”在中国古代文化中是公平、正义的象征。我手机里一直珍藏着他的这个微信号，我会时不时地上去看看，每次我都觉得他似乎并没有离开。

我和碧华是同龄人，我们俩都属马，他出生在江西省奉新县的一个小山村，1984 年，他以优异的成绩考取了北京大学法学院，毕业后来到了上海市高级人民法院（以下简称上海高院）工作。回想起来，我们几乎同时从高院到基层法院担任院长，他在长宁区、我在徐汇区，之后，我们又先后回到了高院任职，他兼任司改办主任，我是副主任。

相同的工作经历，让我们有着太多的共同语言。

碧华曾对我说，当他第一次把当上法官的消息，告诉了远在江西老家的母亲时，只有小学文化程度的母亲再三叮嘱他，一定要做一个有良心的法官。

“做一个有良心的法官。”母亲的这句话，成了他一生的追求，一辈子的坚守。

2008 年 9 月，沃根生 83 岁的老母亲居住的阁楼起火，老人不幸葬身火海。沃根生悲痛不已，认为物业公司应对火灾承担责任，于是将物业公司告上了法庭。但由于缺乏证据，沃根生最终败诉了。判决以后，他不服，一年接着一年上访。

碧华得知这个情况后，主动接待了沃根生，并提出要去现场看看。来到现场，碧华弓着腰一级一级走上发黑的楼梯。阁楼很矮，碧华的头几乎要碰到楼顶的横梁，他非常认真地听完沃根生的讲述，神色却变得越来越凝重。

回来后，他对信访法官说：“这个案子的判决没有问题。但我们做法官的既要善解法律，也要善解人意。这样一位 60 岁的老人为了母亲的事四处奔波，我们一定要将心比心，要让

虽然工作繁忙，但邹碧华始终坚持每周一次接待来访群众

他感受到法律对人格、对情感的尊重，这才是法律真正强大的力量。”

在碧华的指导下，信访法官联系了街道、电力、消防等多个部门，为沃根生仔细分析了起火原因，并协助沃家修缮了阁楼。沃根生非常感动，拉着我们信访法官的手，连声道谢。

2014 年 12 月 15 日，当他听到邹碧华去世的消息后，夫妻俩连夜从外地赶回上海，但还是没能赶上追悼会，他们难过地说：“一直希望能有机会当面谢谢邹院长，但再也不会有这个机会了！”言语间，那神情，痛到了心底！

“法安天下，德润人心”，碧华就是这样，努力让人民群众在每一个司法案件中感受到公平正义，让每一个当事人都体会到人民法官为人民的公仆情怀。

我常常想，正是因为碧华内心的这种公仆情怀，才让他能始终饱含激情，用他的专业与执着，站在维护公平正义的第一线，成为司法事业的坚定建设者。

记得他刚去长宁区人民法院工作不久，有一次我遇见他，他兴致勃勃地向我介绍起基层法院的管理理念和信息化建设的构想。我

将来我判断自己人生成功的标志，是看我帮助过多少人走向幸福。

当事人所面对的是充满人文品格的司法者，而绝非冰冷的法律适用机器。也正因如此，当事人所感受到的是法律对每一个人生命、人格、尊严、情感的尊重和保护以及法律真正强大的力量。

当时就非常惊讶，他长期在高院工作，怎么对基层情况了解得这么透彻。后来我才知道，他一上任就调阅了 100 多件执行中止案件和大量的群众来信，加班加点分析研究，白天一有空，就去立案大厅看法官接待，去法庭旁听案件的审理。正是这种有针对性的探究，才让他一下子就抓住了问题的关键。

碧华爱书，我早有耳闻，但当我走进他家的书房，我还是被深深震撼了！房间里摆满了各种各样的书，有法学的、文学的、哲学的、管理学的、心理学的、甚至还有建筑学的。我随手翻开一本书，上面密密麻麻地写满了注解。

碧华是一位专家型法官，他不仅取得了北京大学的博士学位，还先后撰写了十多部法学著作。他曾说，作为一名法官，必须要有良好的职业技能，只有这样，才能最大限度地实现公平正义，才能更好地司法为民。2010 年，他的《要件审判九步法》出版了，我在第一时间阅读了这本书，我被他书中缜密的审判思路所折服，便忍不住打电话给了他。他告诉我，写这本书时，他正在中央党校学习，为了研究日本学者的相关理论，他白天上课，晚上天天坐地铁去读日语班，花了整整一年时间学会了日语。如今，这本《要件审判九步法》已经成为一线法官的“教科书”，被称为法庭上的“独孤九剑”。

2013 年，按照中央的统一部署，上海开启了司法改革试点的大幕。碧华深深地意识到这是法律人实现法治梦想的历史机遇，他就像盗火的普罗米修斯，成为一个无畏的改革者。

改革总会遇到各种各样的难题，面对一根根硬骨头，考验的是改革者的勇气和担当。为了落实司法责任制，解决长期以来责任难落实、责任难追究的问题，碧华提出：一定要实行可视化管理，把审判权运行做到全程留痕、全程看得见；一定要制定法官的权力清单，坚决纠正审者不判，判者不审的现象。

为了落实人员分类管理制度，他坚持，一定要择优遴选法官，一定要把优秀的人才遴选到法官的队伍中来，绝不搞论资排辈，绝不搞“一刀切”，绝不网开一面。

有人善意提醒他，司法改革涉及很多人的利益调整，还是悠着点吧。但他直言：做改革，怎么可能不触及利益，怎么可能没有争议呢。作为一个法律人，我们要学会担当。在党的航船上，我们要做“水手”而不是“乘客”。作为一个共产党人，除了党的利益、人民的利益，没有个人利益。

无我，党的事业不朽。如是我心。

面对困难，碧华始终保持着旺盛的生命力。他带领司改办在全市召开了30多场座谈会；梳理了5大类100多个关键问题；研究了10多个国家和地区的法院管理及法官职业保障制度；历经180多个日日夜夜，前后34稿，终于研究制定出了《上海法院司法改革方案》。记得有一次召开司法改革培训会议，他一个晚上赶出了200多页的PPT，目的就是为了能够在会上说服更多的人来支持和理解司法改革方案。

碧华去世后，我在整理他的文稿时，我发现他曾经写过一篇文章，叫《知行合一》，他在里面是这样写的：“我越来越清晰地认识到，我必须对党的事业负责，党把管理一个法院的任务交给我，我就不再只是我自己了。我的角色要求我必须把推动我国法治事业的进步作为自己的使命。只有实实在在把这种使命感融入自己的内心，才有可能转化为一种强大的动力。因此，在这种状态下，无论遇到什么样的困难我也不会屈服，无论处于何种逆境我也不会退缩。”

他就是以这样一种“无我”的精神，追寻着他的法治梦想。

2014年12月9日，在碧华去世的前一天，我在电梯里碰见他，他对我说：“我最近感到特别累！”他是个从不说累的人，我有些担心，赶紧劝他休息几天，但他笑笑说，明天还有几个会呢。没想到，这竟成了他对我说的最后一句话！

我永远不会忘记，当我赶到医院时，碧华躺在急救室，衣服敞开着，周边有些零乱，可以想象刚才这里发生的一切。我第一次这么近距离仔细端详着他的脸，感觉有些陌生，心里在不停地呼唤他，我看到他的一只手垂在床边，下意识地想去把它扶好。当我触摸到那只手时，冰冷冰冷的，我的心一下子痛到了极点！我怎么能相信，你就这样离开了你钟爱的事业；我怎么能相信，你就这样离开了我们这些情同手足的战友！

碧华，你走得太匆忙了，我知道你有很多牵挂，我想对你说：你主持开发的律师服务平台，已经正式上线了，在律师界引起了很大的震动；你牵挂的信访监控管理系统，长宁法院已经基本完成了升级；你最关心的人员分类定岗工作，现在正按照我们原来的设想在四家试点法院正式启动了；我知道你正在起草撰写《法院管理》这本书，我们一定会尽快帮你整理出来，让它早日问世。

你放心地走吧，我们一定会带着你的梦想，在依法治国的征途中，砥砺前行！

碧华，你永远活在我们的心中！（郭伟清）

活着就是为了改变世界

我和许多同事一样，都是我们邹院长的粉丝，超级粉丝。邹院长在长宁区人民法院的 4 年，对我们而言，是重拾梦想的 4 年，是重燃激情的 4 年。

2008 年 6 月 25 日傍晚，我在窗边放松心情准备下班回家，正好看见楼下一个陌生但却挺拔的身影，显得那样自信，充满了干劲。我心想，难道他就是传说中的那位博士院长？同事们的谈论，证实了我的想法。

第一次近距离接触邹院长是在一次座谈会上。那是在 2009 年，邹院长针对青年干警召开了一次职业生涯规划座谈会。会上，他就像洞察了我们的心理一样，和我们讲起了“职业生涯的七年之痒”。

我那时已经在法院工作了 15 年，按照时间来算，已经是双倍的“七年之痒”了。虽然我的办案绩效一直不错，但就像个车间操作工，凭着经验和感觉办案子。理想早就成了镜中花、水中月。

那天，我第一个发言，如实讲了心里话。邹院长很赞赏我的直率，他说，年轻人都会碰到这样的问题，关键是我们自己能不能坚守梦想。有时候，不是机会没有眷顾你，而是你自己迷失了方向。

在担任长宁区人民法院院长期间，邹碧华勇于创新，大力推进法院管理科学化，有效提升了法院的工作水平

他的话句句打在我心上，我感觉自己被一枪打中了。从那天起，我和许多像我一样的同事们，仿佛又有了再冲一下的渴望。

以心交心，邹碧华总是以真诚的态度对待每一位当事人

邹院长也似乎看到了我们情绪的变化，一有机会就和我们一起讨论案件，交流心得。他常常提醒我们："法官不应该是冰冷的法律适用机器，而是一个充满人文品格的司法者。我们要学会运用心理学方法，让司法过程充满亲和力，这样有助于提高群众对司法的信心，并推动法律信仰的形成。"

有一次，民三庭的顾鸣香法官开庭审理一起因漏水引发的邻里纠纷，被告的情绪非常激动，庭审程序无法正常进行。邹院长不声不响地坐在下面，低头听着。

顾鸣香有点紧张，她安抚了一下当事人，便宣布休庭。庭后，邹院长提醒她，被告为什么会有如此大的情绪，可能问题的关键并不在于案件本身。此后，顾鸣香进行了实地调查，不但查明了漏水事实，还了解到被告是个典型的自我中心主义者。于是，在邹院长指导下，她调整了策略，通过家人配合，引导被告换个角度看问题，被告很快接受了漏水事实，案件得到顺利调解。

邹院长闻讯后很高兴，他让顾鸣香把这个案子写成心理学案例，收进了他主编的《法庭上的心理学》这本书，这让顾鸣香收获了从未有过的成就感。

方法多，善于改进工作机制，这是长宁区人民法院很多人对邹院长的印象。到长宁区人民法院后不久，在大量旁听了大家的接待后，邹院长发现了一个问题，很多当事人来到法院得不到妥善的接待，于是情绪事件不断发生，最后矛盾加剧，与法院形成了对抗。

这是不应该发生的“低级错误”，他要改变这种状况。于是，他推出了《群众工作接待规范——场景设计 65 例》。这 65 例包含了立案、审理、执行、信访等程序的各个环节，大到群体人员在立案大厅聚集，小到当事人要求修改笔录，事无巨细，每个都列出了正确的做法，并予以说明理由。

这个场景 65 例，就像一面面镜子，让我们每个人检讨着自己的一言一行，也让我们在接待群众时，多了几分自信和从容。

2011 年我经过竞岗，成为了民一庭副庭长，分管诉调对接中心。那段时间，有一些当事人和律师投诉，认为诉前调解效率不高，浪费时间。邹院长就问我，难道真是他们不愿意配合调解工作吗？我们的解释工作做到位了吗？如果不到位，当事人和律师当然会不理解、不满意。他要求我们用短信服务的方法解决问题。

于是，立案后我们就发送两条短信。一条告知调解员姓名，并承诺调解员将会在两个工作日之内主动联系；另一条则是介绍我们的诉调对接中心以及调解员，并附上宣传语“我们用心为您创造美好生活”。

同时，邹院长还安排所有接待人员前往银行、酒店学习现代礼仪规范，他说：“我们要用 5 星级的服务，换得大家对我们工作的理解和支持。”

没多久，一位律师写来表扬信。他感慨，他是第一次接到法院发送的短信服务。法院这么尊重律师，他很感动，而且案件也得到了这么专业化的调解。

这封表扬信让我深深感到，邹院长说得对，一个人，一个团队，只要热爱自己的职业，用心做事，许多问题就会迎刃而解。

不要小看一句表扬的话，时间长了，它会积累出来一种很正面的导向、一种推动力，让一个人沿着光明的道路走下去。

邹院长还十分注重激发我们每个人的职业价值感，他对很多人说：“我始终有一种使命感，只要我在长宁法院一天，我就要让干警与法院共同成长。”

少年庭的顾薛磊精心审理未成年人案件得到当事人表扬，邹院长亲自批示予以鼓励；执行局的张青撰写了自己的办案故事，邹院生命中最为可怕的，不是青春的流逝，比那更可怕的，是生命热情和诗意向往的流逝。

长便在自己的微博上予以转载；接线员吴理凤耐心接听当事人的来电，邹院长在一旁静静聆听。

2010 年，在邹院长的倡导下，长宁区人民法院组建了“小教员团队”，开办了法官论坛，很多法官走上了讲台。

我第一次讲的是“我学九步法”。面对台下的二十多人，我很紧张，结束后感到胸闷气短。但邹院长却肯定了我的表现，并鼓励我将自己的工作经验整理出来，与更多的人去分享。

在他的鼓励和帮助下，我和其他教员不断地在实践中成长。如今，执行局的谢寿山主讲心理学，少年庭的钱晓峰主讲少年审判，而我则主讲邹院长的“九步调解法”。我们每个人在传播法治梦想的同时，也收获着传道者的快乐。

在邹院长的带领下，我越来越喜欢现在的自己，我找到了工作的价值，也找到了自己的价值。认真地做一件事情，原来是这么快乐，那些遇到的困难和经历的磨炼都成了我追梦途中的珍贵体验。

4 年，说长不长，说短也不短。

邹院长意外去世后，我突然发现，那些年我们淡忘的理想，在邹院长的指引下，已经慢慢融成我们心中的信念。他力推的人文关怀、可视化管理、信息化建设，已经渗透到长宁区人民法院每一个平常的日子里。

每当我看到文化墙上那一张张退休法官微笑的照片，每当我看到一个个年轻干警自信满满地忙碌在各自岗位上，我的眼前总会浮现出邹院长那挺拔的身影，耳边响起他的话语：

“活着就是为了改变世界。”

是的，活着就是为了改变世界。每个人的生命长度都是有限的，但每个人的生命内容是可以自己选择的。邹院长走得早，但他却活出了生命内容的厚度和强度。他用他的生命告诉我们，一个懂得尊重职业的法官，才能拥有正确的人生价值观；一个拥有正确价值观的法院，才可能拥有不断前行的力量！

活着，就是为了改变世界，这个世界会因为我们的存在，而变得更加美好！（张枫）

希望让律师的执业环境越来越好

2014年12月10日傍晚时分，上海市高级人民法院副院长邹碧华不幸离世的消息迅速传遍整个律师界。惊闻这一噩耗，律师们无不感到震惊和悲伤。

夜幕降临，我握着手机呆坐在办公室，眼前浮现出与邹碧华生前交集的一幕又一幕。

“红兵，我们新推出了‘律师服务平台’，欢迎您提意见！”

“红兵，我们要共同努力，构建法官和律师的良性关系，打造新型的共同体。”

他恳切的话语，他精彩的演讲……一个又一个画面模糊了我的双眼。

那一晚，我的微信朋友圈被所有法律人的追思刷成了灰白色。每一张照片，每一段文字，都能引起大家的强烈共鸣，也一次又一次地触痛着大家的神经。那一晚，我和许多律师同仁都彻夜难眠，大家追忆着，思考着……

一直以来，法官与律师分属体制内和体制外两个不同的群体，各自有所封闭，缺少足够的认同，有时甚至相互轻视，惺惺相惜的相对较少。

2010年年初，时任长宁区人民法院院长的邹碧华，在听取纪检监察工作汇报时得知，有律师反映，一些法官在庭审中时常打断律师发言，甚至呵斥律师，一些判决书对律师代理意见回应较少或回应时遗漏要点。

这让邹碧华很是感慨。他认为，律师与法官尽管职责分工不同，但双方作为法律职业共同体，化解社会矛盾、维护法律尊严、追求公平正义的目标是一致的，因而有必要在相互尊重的基础上建立良性互动关系。

律师对法官的尊重程度，表明一个国家法治的发达程度；而法官对律师的尊重程度，则表明这个社会的公正程度。

基于此，他亲自起草并主导推出了《法官尊重律师十条意见》。一个基层法院，能在全国法院系统率先为保障律师权利出台正式文件，在律师界乃至法律界都引起了震动。

十条意见包括，庭审中法官不得随意打断律师发言；法官不应当着当事人的面指责、批评律师，更不得向当事人发表贬损律师的言论，甚至连为律师预留车位、提供休息区、提供复印设施等细节，都收入其中。

这让我们做律师的，心生敬佩和感动，并给予了积极的回应。长宁区律师工作委员会向全区律师发出了律师尊重法官的倡议书。上海律师学院在为新执业律师授课时，将做好庭前准备工作，在法庭发言时注意控制情绪，给予法官充分尊重，避免冲突等内容，均列入其中。

2012 年，邹碧华在博客中写下一篇题为《法官应当如何对待律师？》的文章，反思法官的角色意识，阐述了法律职业共同体建设对中国法治的重要性。

他写道，如果不能正确处理好法官与律师的关系，日积月累，必将动摇法治的根基——信任，司法的公信力将无从谈起。

邹碧华对律师的尊重，绝不是停留在一纸文书之上，而是凝结在他对律师的一言一行之中。一位老律师从深圳赶到上海开庭，在法庭上一时找不到一份证据材料，急得满头大汗，作为审判长的邹碧华，对他说："您慢慢找，相信大家都会等着您。"老律师坐下来后很快找到了材料，顺利发表了代理意见。开完庭后，老律师说："这位法官这么善解人意，今天是我发挥最自如的一次庭审。"

在我看来，邹碧华对律师的这份尊重，远远超出了对某一位个体律师的关心，其实是对律师职业的尊重、对律师行业的呵护、对法律制度的敬畏。

"希望让律师的执业环境越来越好。"我和我身边的很多律师，手机里都保存着这条截屏，这是邹碧华在去世前一天发出的最后一条微信朋友圈的留言，时间永远定格在 2014 年 12 月 9 日 11 时 45 分。这是他对当天试运行的上海法院"律师服务平台"写下的寄语。这句话，在我们心中成为永恒。

在邹碧华写下这句寄语的两周之前，全国律师协会民事委员会 2014 年年会在上海召开，他受邀作了《司法改革背景下构建法律共同体的几点思考》的演讲，"律师服务平台"的雏形，第一次闪亮在我们眼前。

邹碧华像是"法院的产品经理"，精心打磨着律师服务平台的每一个功能。在前期调研中，他曾派工作人员在全上海范围内调取了 20 万件有律师参与的案件，经过仔细核算，他们发现，若每个案件中，律师通过网上阅卷减少往来法院的次数，就能节省 60 万个小时工作时间，10 万次车辆往返。为帮助律师识别恶意诉讼情况，服务平台专门设置了"关联案件自动推送功能"，将同一当事人在上海法院系统涉及的案件制作一份清单推送给律师。还有庭审排期避让功能，免去了同一律师同一时间几个案件在不同法院开庭的困扰。

这个服务平台的推出，自 2014 年 7 月启动，到 11 月邹碧华向我们展示，前后只用了短短的 4 个月！我惊叹于这种高效率，殊不知在这背后，需要邹碧华和他的团队倾注多少心血，又有多少个殚精竭虑的夜晚。

如今，上海 1325 家律师事务所的近 17000 名律师，都已成为了这个服务平台的受益者。

通过使用，律师们惊喜地发现，平台提供了从案件材料递交、缴纳诉讼费到获取案号的“一条龙”服务，实现了真正意义上的网上立案。此外，申请诉讼保全、调查令，甚至证据质证、调解等事务也都可以通过平台来完成。为确保各项程序在可视化下进行，平台还专门设置了网上评价功能，法官与律师可以进行双向评价，以实现相互监督。

这个服务平台让律师感到了执业的幸福感，而这种幸福感，也会通过我们传递给每一位案件当事人。这个平台，看似提高了律师的工作效率，其实是保障了律师的执业权利，从而最终维护了当事人的诉讼权利。

与邹碧华相识十余年，我觉得无论是作为法官还是法院的管理者，他总能站在整体的高度，为构建法律职业共同体做着不懈的努力。因为他清醒地认识到，各种法治力量都是为公众输送公平正义的平等一环，唯有珍视这种相生相存的价值纽带，才能凝聚起法律职业共同体之间的最大共识，才能赢得人民群众对法治的真诚信仰。

斯人已逝，幽思长存。得知他不幸离世的消息，上海的律师们陷入无限惋惜和哀思之中，深圳律师协会专门为他默哀，湖南律师协会特别为他制作了悼念专辑……一位与他素昧平生的河南律师，特地乘火车赶来上海参加他的追悼会。

内蒙古律师协会会长巴布律师，就是在 2014 年 11 月的那次全国律协民委会的年会上第一次见到了邹碧华。邹碧华主动对巴布说，可以将内蒙古律师的身份认证资料传到上海，“我们把名单纳入到‘律师服务平台’，这样内蒙古律师在上海办案就更方便了。” 12 月 13 日，在邹碧华离世后的第三天，我在杭州开会时遇到巴布。回忆起当时与邹碧华短暂交谈的情景，这位内蒙古汉子紧紧握住我的手，竟泣不成声。

一位法官的离世，为何会引起如此众多法律人甚至老百姓的共同缅怀？回想起与他生前交往的点滴，其实不难找到答案。

从做人的角度看，他具备坦白的风格；从做法官的角度讲，他具备坦诚的品质；从做院长的角度说，他具备坦荡的胸怀。他的身上充满了理想和乐观的色彩，他是一位极具人格魅力的人。他以自己的远见卓识、专业素养、敬业奉献和对司法事业的无限热忱，让我们看到了整个法律界的共同价值观和最大公约数。

邹碧华曾说，每个人都是历史，如果能让自己完美一点，历史也会完美一点。

他用生命，让法治的天空更清朗。而我们，就是要继承他的理想信念和实践创造，带着他心中的那团火，奋力前行。

这，就是我们对邹碧华最好的追思。（吕红兵）

你的生命是我爱的雕塑

碧华离开我们将近两个月的时间里，我每天早上都醒得很早。醒来后，恍惚之间还要确认一下，想一想：“哦，是这样的。他走了……是走了。”但他的衣服还是挂在那里，我一直都没有去动……

事实让人难以接受，早上出门时还好好的，突然就走了，一句话都没有留下。我老是不由自主地在纠结：最后的时刻，碧华在想什么，对我们想说什么，或者是还想干什么，希望我怎么样……因为最后再见到他时，我依稀还摸到他眼角的泪水……

我和碧华是 1984 年认识的，当时我们同一届考进了北京大学法律系经济法专业，是同班同学。碧华体育很好，是国家三级运动员，也比较调皮好动，偷偷爬树摘柿子的一群男同学中，总有他的身影。

我从小一直是家里的“乖乖女”。大学期间，我在班里担任班委、团支书。有一次，邹

徜徉在书海中，邹碧华求知若渴

碧华拿着两张电影票走过来跟我说，同学那有两张票，但他们没时间去看，我想和你去。你敢去吗?

经他这么一激，我干脆地答应了。

后来我们聊了很多：他小时候跟着外婆，在江西一个淳朴的小山村长大；我生长在上海，习惯了城市生活。不一样的童年、不一样的经历，让我们彼此好奇，也产生了好感。

每到周末，我们经常相约去北京图书馆看书，一看就是一天。那时候，他的宿舍床上都是他买的书，我的宿舍床上都贴着他画的画。碧华的父亲是优秀的版画家。碧华自小耳濡目染，对画画有自己的感悟。

就是从那时候开始，我觉得碧华是个很有活力的阳光大男孩，多才多艺，又重情重义。而北大教给我们追求理想、敢于担当的精神，也是从那时候开始，像一颗种子，在我们心里"生根发芽"。我们的爱情日渐深厚，毕业前，碧华特意在我的毕业纪念册上写道"你的生命是我爱的雕塑"，留下了我们彼此深情的承诺。

大学四年很快过去，因为父母坚持让我留在上海，碧华很理解我父母的心情。为了这份爱，他和我一起回上海发展。

那是 1988 年毕业前的寒假，碧华来到上海，住进纺织大学的学生公寓。为了找工作，他一家家单位敲门，主动推销自己，一共投了 60 多份简历。在抛来"橄榄枝"的单位中，碧华选择了专业对口的上海市高级人民法院。我去了建行上海市分行工作。

1992 年初，我们办了一个简单的结婚仪式，在两三桌亲朋好友的祝福下，开始了婚姻生活。

1993 年，为了让自己的专业基础更扎实一些，碧华有了要继续深造的想法，那时的我已经怀孕，正需要有人照顾，但我还是理解和支持他。此后的六年里，他先后考上了北大的经济法硕士、博士。虽然那段日子非常艰难，但他每封信的问候，每个电话的关爱，让我时时感到他就站在我的身边。

我清晰地记得，1993 年 12 月 8 日，我临近产期，到医院产检，发现患有妊娠高血压，指标不好，马上被强迫住进了医院。那时候碧华还在北京读书。9 号上午，医生打了催产素，但一直没能顺产，情急之下，我妈妈在剖腹产手术单上签了字。直到下午 3 点，终于听到了孩子的啼哭声。

碧华是晚上才赶到的。看见他的一刹那，我的委屈一股脑儿涌了上来，但是看到他风尘仆仆、满头大汗，也不忍心再埋怨什么了。我知道他对家是有责任心的，每个人对家庭付出的方式不同，他也是在努力让家里的生活越来越好。

博士毕业后回到上海，碧华像弥补亏欠似的照顾家里。他对父母很孝顺，把江西老家的父母接到上海来住，将儿子的房间腾出来，儿子跟我们挤一间。后来有条件换房子，他还专门在家里腾出一个独立的空间，给父亲做“版画工作室”。不管是父母生日，还是平时到外地出差，他都会记得买些小礼物送给父母。

作为父亲的他，也在用心地寻找适合儿子的教育方式。工作再忙，他也会抽时间陪儿子看英语原版小说，纠正他的英语口语。他常以自己的经历和儿子进行着男子汉之间的交流。受父亲的影响，儿子平时也很少抱怨，即使遇到负面信息也能以积极的心态去面对。

一个家，三代人，十几年其乐融融。而这期间，碧华也从未停止过学习。

2000 年，根据组织安排，碧华前往美国联邦司法中心担任研究员。这段学习经历让他受到了很大的震撼，回来时自掏运费运回了几大箱的复印资料。

那部被广泛认可的《要件审判九步法》，也是“厚积薄发”的结果。我知道他开始并没有想到要写书，只是习惯于把平时工作中遇到的问题梳理出来，经常写，有时候躺在床上也写。时间长了，整合成一套关于案件审理步骤的工具性的讲义，没想到一下子很受欢迎，出版社也向他约稿，这才有了书。

时间在流逝，角色在转变。在外面，无论碧华是书记员、法官，还是庭长、院长，但在我的眼里，他一直就是那个阳光大男孩。

2006 年的一天，他得知最终当选为“上海十大杰出青年”，兴奋不已，一回到家就表情丰富地向我们“嘚瑟”起来。平时只要遇到开心的事，他就像个孩子一样，回到家会摇头晃脑地告诉你。

他知道我眼睛不好，平时很心疼我，经常提醒我不要太长时间看电脑、看手机，晚上出门他总会握住我的手，提醒我哪里有台阶，像是我的“拐杖”。但有一件事他坚持要我帮他做，就是帮他掏耳朵。他专门买了个带灯的耳勺回来，给我布置“任务”。每天回到家，只要时间允许，他就要我坐在他身边，帮他掏掏耳朵，觉得那是他一天中最享受的时刻。

他爱好摄影，歌也唱得很好。看“中国好声音”节目，他说我上去唱，说不定也能进入三甲，导师也会转身……

我想，正是这种真性情，才让生逢中国法治建设求新求变年代的碧华，激发起对司法事业的无限热忱，让他无论面对什么样的艰难困苦，都能够坦然面对，保持着火一样的激情！

2008 年起，碧华先后担任上海市长宁区人民法院院长、上海市高级人民法院副院长。担子越来越重，他睡得越来越晚，写材料、看书、做 PPT、给学生修改论文……好像每天都有干不完的事。我第一次发现“阳光大男孩”的白头发多了……

我也担心他的身体，说得最多的话就是：“你可以睡觉了吧！这么晚了怎么还不睡啊！”他也不拒绝，总是答应“马上就睡”，但灯还是一直亮着。我说你怎么说话不算数呢，你的

“马上”是多久啊？我觉得自己后来就像祥林嫂，唠叨着让他休息……

他睡得晚，早晨起床就会晚一些，每天都是我先起来。我收拾好了，就在沙发上坐一会儿，等他一起出门。而他总会在出门前一刻，突然加快动作吃饭、穿鞋，结果临到出门总被他占先，变成他站在门口看着我匆忙换鞋。他总是开玩笑地说：“喏，是我在等你啊，不是你等我哦……”

2014 年 12 月 10 日早上，他可能真的累了，我催了几遍，他才从床上爬起来。我早早地穿好了鞋，站在门口等他。碧华还打趣地跟我说：“总算是你等我了！”

只是为什么，我等得到跟他一起出门，却等不到他回家……

事情发生后，我不敢相信不愿相信却又不得不信：生活中，我失去了丈夫；儿子失去了父亲；老人失去了儿子、女婿。

追悼会的前一晚，天南海北“飞来”上海的大学同学，单独向碧华告别，在他面前，他们唱起了碧华生前唱过的一首歌——《祝你一路顺风》，还哭着说，没唱好、没唱好！

12 月 14 日，无数人赶来送碧华最后一程，他却安静地睡了……盖棺前，我最后一次帮他整理了一下衣服，最后一次摸摸他的脸，在他身边放下了一本《要件审判九步法》。那是他一生的自豪！

碧华，在你去世后，有那么多的领导、同事、学生和群众来吊唁你，我才知道你得到了那么多人的认可，你是那么优秀。在我思念你的日子里，无数认识的、不认识的人来到了我和孩子的身边，用各种安慰和鼓励，让我倍感温暖。

借此机会，我代表家人，向大家的关心、关注表示衷心的感谢！我也想对碧华说：碧华，你放心吧，你在天国一路走好！（邹碧华同志妻子唐海琳）

法治“燃灯者”

邹碧华骤然辞世后，《人民日报》几乎是在第一时间，在头版显著位置，刊登了邹碧华人物通讯和评论，并连续刊登评论文章，讨论“邹碧华现象”。

这些报道，与其说是我们采写的，不如说是所有自发追悼邹碧华的人们共同书写的。

邹碧华离世后，网上网下，哀思如潮，纪念文字喷涌而出，追忆怀念连绵不绝。人们称赞他，“法官当如邹碧华”“一个真正的法律人”“燃灯者邹碧华”。

今天的社会，价值多元，众声喧哗，人们早已习惯对偶像的质疑和解构，为什么邹碧华能够凝聚起如此强大的舆论认同？

当我们走进邹碧华的精神世界，感受到他曾经给周围人们所带来的温暖与光亮，感受到他仍然留存于人们心头的信心和希望，终于明白，人们为什么一致为他献上“燃灯者”冠冕。因为，他用自己47年充分燃烧的一生，回应了时代需求，回答了社会迷惘。

燃灯者，光亮源自内心。邹碧华心灵灯火源自何处？

采访邹碧华北大同学，他们回忆当年起求学岁月，那正是中国法治建设求新求变的年代。亲历这段流金岁月的法律人，感受到法治前行者笃志革新、砥砺奋进，法治理想和信仰渐渐融入他们血液。

然而，理想很丰满，现实很骨感。大学毕业后，邹碧华有同学当了律师，有的在企业从事法务工作，收入远比他这个法官高。在基层法院实习时，事务的琐碎，也曾让他有些茫然。

可时间久了，邹碧华却发现，每审理一件案子，如果法官处理得很得体、很公平，双方当事人都会很满意。后来，邹碧华和媒体回顾这段岁月时说，这些经历让他体会到了前所未有的成就感。

找到工作的目标和意义，这种自我价值满足感和幸福感，成为邹碧华心中的长明灯，也成为他行动的光源。

记得第一次采访邹碧华，就感受了他的一股闯劲。那是2013年，上海市高级人民法院举行“老鼠仓”案新闻发布会。当时，因案件存有争议，要不要公开审理，还有不同的意见。邹碧华却主张，不仅要公开审理，还要微博直播庭审，庭审结束后就开新闻发布会。

在后来一次讲演中，邹碧华谈到此案时说：“就是要公开，就是要从一件件案子公开做

对于司法公开，邹碧华始终认为：要从一件件案子公开做起，用公开促进公正，这是做法官应有的职责

起，用公开促进公正，这是做法官应有的职责。”

后来，还听说过许多他做过的很“前卫”的事。这些在旁人看来过于较真、太超前的事情，他做起来那么自然而然。这是因为，信仰不是用来谈论的，是用来实践的，是从一件件微小事情起步，踏实向前。

燃灯者，用内心温度，温暖他人。邹碧华的心灵灯火是怎样照亮了他人？

很多人说，邹碧华不仅智商高，情商也高，沟通管理，往往事半功倍。他夫人唐海琳老师说，和儿子讲道理，我费劲说上半天，比不上他三言两语。儿子说，因为爸爸很少会冲我发火，他和我说一件事，不同角度分析，再一对比，道理就很明白了。

站在对方角度考虑问题，体会他人的情绪，理解他人的感受，这是邹碧华的同理心。他在一次演讲时曾说，我们需要一个有同理心的社会。

采访中，长宁区人民法院法官张青讲了一个小故事，这件小事深深震动了他。有一次，他接待一个离婚案件，邹院长过来旁听。当事人怀疑妻子转移财产，要求法院出面调查。当事人说得琐碎，线索提供也不全面，情绪却越说越激动，张青正想拒绝。邹碧华说，你试试看，也许能查到。

事后，邹碧华对张青说，法官要关注当事人情绪，理解当事人，这样能促进案子调解。他后来还特别谈到法官要有心理学知识，要有人文关怀。他说：“当一个好法官光靠专业知识是不够的，专业知识如果不与社会生活相结合，如果没有人文精神的滋养，就会干瘪无味。”

上海市高级人民法院一位法官回忆，在审理一起投资诈骗案时，数以百计的被害人涌到了法院，情绪十分激动。邹碧华对主审法官说："你们好好开庭，我帮你们接待当事人。"他开设多个法庭让当事人旁听、观看直播，甚至联系好救护车到场待命。

邹碧华将同理心倾注到法院管理当中，唤醒法院干警内在的激情。在长宁法院，我们看见，他压缩会议室等公共空间，给每个法官分隔出独立区办公室，面积虽然狭小，就是要"创造条件，维护法官的职业尊荣"；立案大厅分隔出一个个独立小隔间，保障当事人的隐私权，也让当事人感受尊重；甚至，连食堂餐桌设计他都强调要人性化，要保持一定宽度，以免不熟悉的人面对面吃饭，心生尴尬。

2012 年清明，邹碧华在博客中写下他的人生感悟："生命中最为可怕的，是生命热情和诗意向往的流逝。"后来，他总结自己工作时说："坚持用理想与激情去影响下属，引导大家不抱怨，在力所能及的范围内做好工作，手头工作做好了，就是推进法治进步。为事业注入理想，就会产生持久而强大的热情，会对下属产生影响力。"

生命中最为可怕的，是生命热情和诗意向往的流逝。

许多人回忆，与邹碧华共事的岁月是激情燃烧的岁月，一位年轻法官说："他是我们活着的理想。"邹碧华尽自己最大努力，让世界再多一些人，一起为法治进步而努力，这何尝不是一种温暖！

燃灯者，是冲破困境的先行者。明知前路艰难，邹碧华为何能义无反顾？

"一人逝去而众人哀，不唯哀斯人之早逝，亦哀法治之多艰。"这是一位律师对"邹碧华现象"的解读。

改革从来多艰难。在深化司法改革的今天，邹碧华们并不是在一张白纸上描画中国法治未来，而是要打破多年来形成的错综复杂的利益格局，重新调整，每走一步都会碰到"硬骨头"，都要涉险滩。明知前路艰难，邹碧华为何还能义无反顾？

他夫人唐海琳老师告诉我，邹碧华曾不止一次感叹，赶上一个改革开放的好时代，有一批爱才惜才的法律前辈引领，有走出国门、开阔眼界的机会。像他这样一个没有任何背景的山乡少年，能一步步走到今天，完全得益于这个时代。他感恩这个改革时代，也义无反顾地投身于这个时代。

他敢于担当，因为他对改革充满信心，不怕遭受挫折。

司改办同事回忆，制定法院司法改革试点方案历经34稿，邹碧华从不抱怨。很多时候，邹碧华冲在前面沟通协调，他说，“你们不方便说，我去说！”一次跟随邹碧华赴京汇报，午餐时，大家感叹司改之难，邹碧华不无幽默地说：“在座各位的智商加起来都要爆表了，不要怕！”面对改革中的反复磋商、针锋相对、妥协共识，他始终保持着昂扬的斗志。

他敢于担当，因为他的专业素养和执着睿智，这是他能够“一点一点往前拱着改革的底气”。

上海司法改革启动，每一项改革都是前所未有的突破。作为法院系统改革的具体实施者，邹碧华提出了许多建议——要有科学的考核标准，避免“一刀切”，让真正能胜任审判工作的优秀法官进入员额；院长、庭长首先要办案子，不办案子，就没有话语权；给予法院系统改革自主权，科学分配高级法院、中级法院、基层法院的员额比例。支撑这些建议的，则是他主导的全市法官办案情况大调研；是他独创的分析办案质效的方法；是他在美国进修一年写下的4万字研究报告；是他在长宁区人民法院总结的40万字的管理心得。

他敢于担当，还因为他有着“功成不必在我”的胸怀。

采访中，也曾和许多人探讨过，邹碧华努力做这些他个人能得到什么？他做的许多事情并不能给他的工作绩效加分，有的，甚至要在许多年后才能看得见成效。

就像“老鼠仓”案，邹碧华曾直言，我国目前一些规定并不太有利于打击此类犯罪，应继续修订完善。由一件案子深入探求相关行业制度修订，不讳言问题，孜孜以求解决问题。这样的话、这样的事，邹碧华不说、不做，不会有人苛求他，更没人会责怪他。

还比如司法改革，他奋力突破，寻求改革最大公约数，所思所为都是非常基础性的制度建设，未必能很快见政绩。相反，为了改革长远利益，他殚精竭虑，不怕得罪人，不惧各方压力，其中艰辛，难与言说。

做官是做事，如果只做官不做事，不担责任不出错，那不是做官，是混日子。

但邹碧华选择了大胆地说，认真地做，在可为可不为之间，他选择了可为；在改革航船上，他选择做一个奋力划桨的水手而不是乘客，选择了不计毁誉、“功成不必在我”的担当。正如他曾经说过的：“做官是做事，如果只做官不做事，不担责任不出错，那不是做官，是混日子。”

改革需要担当，有勇气担当，还要有底气、有胸怀担当。邹碧华不因善小而不为，不因事难而打折，不因碰到障碍就浅尝辄止。这样的改革担当，是敢为、善为。

邹碧华是“燃灯者”。他生命最后一瞬大放光彩，凝聚起强大的舆论认同，凸显了人们对法治中国的期待，凸显了社会的人心所向和强烈的改革共识。这样的共识弥足珍贵，这样的共识正是改革的信心和希望所在。

念念不忘，必有回响。如果我们都能燃起心中的那盏灯，这世界，光明永存！（郝洪）

重要媒体报道

《人民日报》锐评：邹碧华留下的法治遗产

成熟的法治期待成熟的法律职业共同体，而成熟的法律职业共同体萌芽于对专业素养的深耕和对职业伦理的自觉

上周三，上海一位优秀的法官离开了我们，按中国人的传统风俗来算，昨天已是他的“头七”。7天以来，不分南北，无论上下，法官、律师、教授、学生……整个中国法律界都在惋惜他写下《要件审判九步法》的深厚学养，回忆他维护律师职业尊严时发出的不懈呼声，谈论他殚精竭虑操刀上海法院司法体制改革中的忍辱负重。

如果谙熟中国法律职业发展的个中曲折就自然心下明白，邹碧华身后的哀荣不仅仅是业界向其本人的集体致敬，也是各种法治力量一次不同寻常的和解。尽管分享着共同的知识背景、共同的法治信仰，可这些年法庭之上法官与律师常常势若水火，学院内外理论与实践往往形同陌路，偏见与隔阂深埋在缺乏信任的互相鄙夷中，这种法律职业的四分五裂让人痛心疾首。但是，邹碧华的突然离世，却像是触动了联系着各种法治力量共同的神经，自发地融合成了不多见的同声共鸣。

为什么我们在邹碧华身上求得了最大公约数?

成熟的法治期待成熟的法律职业共同体，但它从来不是脱胎自华丽空洞的概念，却萌芽于对专业素养的深耕和对职业伦理的自觉。

多年来司法公信力不高，法律职业的社会形象常常被污名化，个中缘由难以回避法律职业共同体在职业化之路上的跌跌撞撞。职业化如若效果不彰，法律职业共同体内部的职业素养和职业伦理就参差不齐，结果将导致即使一批批法律人怀抱着法治理想进入这个行业，却会面临“播下龙种，收获跳蚤”的命运。党的十八届四中全会《决定》提出：“推进法治专门队伍正规化、专业化、职业化，提高职业素养和专业水平。”在众人眼中，邹碧华的学识、胸怀、视野和对司法的热情，吻合了人们对成熟法治里一个职业法律人纯粹品格的企盼，他们对邹碧华的致敬也是对自己心中法治的重新确信。

而对于业界来说，这次共同体意识的意外动员，更要归功于邹碧华站在整体的高度与个别陈见拉开距离，由此弥合分歧、达成和解。他清醒地认识到各种法治力量都是为公众输送公平正义的平等一环，唯有珍视这种相生相存的价值纽带，才凝聚起法律职业最大共识、重拾社会对司法权威应有尊重、赢得人民群众对法治未来的真诚信仰。正如他自己曾在一篇博文中写道：“当法官做到这一点的时候，法庭内就会建立起一种信赖的气氛。当这样的法官多起来的时候，整个司法就会获得受人尊崇的社会基础。”

然而，邹碧华的难能可贵，恰恰反衬出现实中这种职业品格其实并未普遍建立起来。因此，所谓“高山仰止，景行行止”，当邹碧华成为一座为整个法律职业共同体仰望的高峰时，他所留下的法治遗产，他在无数人心中种下的法治想象，却让我们无法仅仅满足于停留在“虽不能至，心向往之”。

（原载《人民日报》2014 年 12 月 17 日，记者张璁）

担当，是改革者必须的修行

47 岁的邹碧华，最牵挂的事，是备受瞩目的上海司法改革。12 月 10 日，他忙碌如常，上午参加上海司法改革座谈会，匆匆吃过午饭，便驱车前往司法改革试点单位徐汇区人民法院。突然，他一阵胸痛胸闷，司机立刻赶往医院……

然而，这位上海市高级人民法院副院长，再没醒来。

网上网下，哀思如潮。2 天里，10 万多网友留言讨论“邹碧华现象”；深圳律师在足球赛前举旗默哀：“邹碧华法官的离世，是法院系统、律师界、法律人共同的损失。”上海市高级人民法院院长崔亚东说：“他以一个法官的身份赢得整个法律界的尊敬！如此哀荣，实属罕见。”

12 月 14 日上午 10 时，上海龙华殡仪馆一号大厅，人们送别“燃灯者邹碧华”，预计 1200 人参加的葬礼，来了近 2000 人，白花远远不够用。“碧血忠魂潜心法治鞠躬尽瘁，华星秋月璀璨人生风范长存”，挽联下，人们眼噙热泪……

一位法官叹息：“这世间真有楷模，让我辈有所皈依……”

记者追寻邹碧华生命的最后 3 天，试图还原这位改革者的所思所为。

“改革，怎么可能不触及利益”

12 月 8 日，周一，7 时 30 分，邹碧华准点出门。当天，分管司法改革的他，要主持召开上海高院司法改革办公室专题会议。

“会议主要讨论如何科学合理计算法官工作量及质效。”上海高院司改办副主任张新回忆，“邹院长让我们将上海 4 家试点法院所有法官 5 年来人均办案量梳理一遍，单看办案数量不行，还要计算案件质效。”

这是为细化法官员额制改革方案做准备。法官要压缩到 33%，很难。邹碧华曾对最高人民法院法官何帆说，“避免搞‘一刀切’，不能为了图省事，就‘欺负’年轻法官，将助理审判员‘就地卧倒’转为法官助理，一定要有科学考核标准，让真正胜任审判工作的优秀法官进入员额。”

邹碧华深知，“改革，怎么可能不触及利益，怎么可能没有争议。对上，该争取时要争取；对下，该担当时必担当。”

6 年前，邹碧华任长宁区人民法院院长，让时任法院信访办主任滕道荣抓信访改革，每月做投诉率分析。“这不得罪人吗？”滕道荣有顾虑。邹碧华说：“我们的产品是司法公正，产品质量出问题，总得找原因，怕什么？”

他对朋友说，“改革，一直是一点一点往前拱的”，“背着‘黑锅’前行，是改革者必须经历的修行”。

“他像一个孜孜不倦的改革布道者”

9 日上午，高院党组会议；下午，司法改革座谈会。“邹碧华从下午 2 点一直讲到 5 点。”张新说。

在中央统一部署下，上海成为司法改革的首批试点地区，相关改革方案全国瞩目。四中全会提出全面推进依法治国，如何为全国司改担当探路先锋，邹碧华深感重任在肩、时不我待。

谈到司法改革，邹碧华总是充满激情。周日华东政法大学司法学论坛、半个月前全国律师协会民事专业委员会 2014 年年会，他积极介绍上海司改进程，谈司法公开，谈审判流程信息化……

“他像一个孜孜不倦的改革布道者，”张新说：“他确实累了，调整了作息，晚上 1 点就睡下，比平时提前了一小时。”

当年在长宁区，邹碧华做了件“前卫”的事儿——压缩会议室，给每个法官一间独立办公室，为了“维护法官的职业尊荣”。长宁区人民法院曾俊怡法官说：“法官专业化、职业化，法官分类管理，他那时已有思考。”

“希望律师的执业环境越来越好”

9 日，11 时 45 分，邹碧华在朋友圈转发上海法院律师诉讼服务平台上线的新闻，评论道：“希望让律师的执业环境越来越好。”

这最后的留言勾起许多律师的伤感。

“2010 年，他推动在上海长宁区人民法院出台《法官尊重律师十条意见》，”傅平律师说，“他还写过《法官应当如何对待律师》，阐述法官、律师职业共同体建设对中国法治的重要性。”

全国律师协会民事专业委员会 2014 年年会，是他最后一次公开演讲，“律师对法官的尊重程度，表明一个国家法治的发达程度；而法院对律师的尊重程度，则表明这个社会的公正程度。”

晚上，邹碧华给儿子打电话祝贺他21岁生日，谈及自己21岁北大毕业到上海找工作，“除了你妈妈（北大同学）谁都不认识，住在纺大学生公寓，一家家单位投简历……”儿子次日发朋友圈，“爸爸还说这里面有很多故事，下次有机会要和我细说，没想到却成了永别。”

儿子还拍了家中书房：三面书墙，桌椅旁都堆满了书。勤奋的邹碧华将审判实务和理论研究结合，写下《要件审判九步法》《公司法疑难问题解析》《基层法院可视化管理》等10多部著作，其中《要件审判九步法》成为全国民事法官和律师办案的重要指引。

“与其抱怨，不如做好手中的事”

10日，邹碧华的生命在17时20分定格。

15时，长宁区人民法院少年庭法官顾薛磊发了条短信给邹碧华，感谢他对自己参加上海十大杰出青年评选的指点。

然而，他永远等不到回复了。

11月14日，邹碧华为小顾鼓劲。“他说起，母亲一句‘你要做个有良心的法官’激励了他一辈子，2006年，他入选‘上海十大杰出青年’，演讲题目就是《做有良知的法官》。”

在心里说“谢谢”的，还有邹碧华指导的研究生夏关根：“我曾问过老师，为什么从不抱怨？他说，一个人有了信念、信仰，就不会觉得委屈。”

邹碧华的信念是什么？

在接受一家杂志采访时，他说：“很多人都抱怨司法不完善，在抱怨别人时，可能自己写的那个判决书也不那么完美。与其抱怨，不如做好手中的事。每个人都是历史，如果每个人能让自己完美一点，历史也会完美一点。”

（原载《人民日报》2014年12月17日，记者郝洪）

追怀法官邹碧华，凝聚司法改革的力量

12 月 10 日下午，上海市高级人民法院副院长邹碧华在赴徐汇区人民法院参加司法改革座谈会途中突感不适，送院抢救但终告不治，生命定格在了 47 岁。

这一噩耗震惊了社会和法律圈。悼文、视频纷纷在自媒体中出现："学者型法官""公正不阿""善良纯朴""对律师很尊重"……相识或不相识的人，或述说着有关他的故事，或表达着对他的敬仰，让人们看到了社会的共同价值观和最大公约数。

邹碧华证明了法官可以不是一种"官"——不靠森严的行政等级和权力，仅凭自身的法学素养和对职业共同体的尊重，也能得到广泛的认可和敬畏。

"法官当如邹碧华"

"邹院长去世的消息是真的吗？"一位年近 7 旬的老人 10 日晚致电上海市长宁区人民法院，不敢也不忍相信网上传言。12 月 14 日上午，上千人从全国各地自发来到上海为邹碧华送行，这位老人也带着 10 岁的孙子小铭前来泪别。

"当年没有邹伯伯，我也活不到现在。"小铭流着泪说。5 年前，身患白血病的小铭被亲生父母狠心抛弃。爷爷奶奶无钱给孙子看病，走投无路才来到长宁区人民法院立案大厅，要以小铭的名义起诉他的亲生父母，索要抚养费为小铭治病。

当时，还没有未成年孩子告亲生父母的案例，因此法院迟迟没有立案。时任长宁区人民法院院长的邹碧华得知后，带着长宁区人民法院少年庭法官们开了两天的会，研究法条，决定立案。最终，小铭父亲将名下房产划归小铭作为治病的医药费，小铭才坚强地活了下来。

"法律是公平公正的，也是保护弱者的，要用法的精神解决问题，服务百姓。"邹碧华曾说，当年他得知自己被上海市高级人民法院录取时，曾激动地给母亲打电话报喜。母亲告诫他："一定要做一名有良知的法官。"

为了成为一名更好的法官，邹碧华在法律业务上持之以恒地学习钻研。除了在核心期刊上发表 20 多篇论文，他还主编或撰写了《公司法疑难问题解析》《中国法官助理制度改革研究》《法庭上的心理学》等十多部著作。其中，《要件审判九步法》在法律界曾引起轰动，连续两年成为法律出版社的畅销书。很多一线法官评价此书“逻辑清晰、思路严密，审判时按图索骥，大大提高了办案效率”。还有人戏称，要件审判九步法是“法庭上的独孤九剑”。

“院长当如邹碧华”

走进长宁区人民法院，一个小细节耐人寻味：虽然空间狭小，但所有的审判员都有一个独立的办公室。这是邹碧华的主意：“法官偶尔会在办公室会客，如果跟其他政府机关一样，三三两两的人挤在一个屋里，电话此起彼伏，人员进进出出，既不能树立司法权威，更不利于维护职业尊荣。”因此大楼装修时，他力主压缩会议室等公共空间，“空间再小，也得让每位法官有一间独立的办公室。”

邹碧华还认为，不能机械地根据判案数量的多少来衡量工作量，不能让那些在一线辛苦办案的老实人和年轻人吃亏，应为能干事想干事的同志提供舞台。在长宁区人民法院担任院长期间，邹碧华曾大力推行法院效率管理试点，率先研发执行流程、信访、工作台账等信息管理系统。担任上海市高级人民法院副院长后，他在全国法院首创案件权重系数理论，设计多项审判管理评估指标，为进一步健全科学评估体系突破瓶颈。

在担任上海市高级人民法院司改办主任后，邹碧华也坚持“不让年轻人和老实人吃亏”的原则。“在实行员额制的过程中，当避免搞‘一刀切’，不能为了图省事、求便利，就欺负年轻法官，将助理审判员‘就地卧倒’转为法官助理，一定要有一个科学的考核标准，让真正胜任审判工作的优秀法官进入员额。这是最正确的路径，但也最麻烦，最得罪人。但背着‘黑锅’前行，是改革者必须经历的修行。”邹碧华曾说。

邹碧华如此关心年轻人的发展和他自身的经历有关。据邹碧华的爱人介绍，1984年，邹碧华以全县排名第二的成绩考入北京大学法律系。1988年，邹碧华来到上海发展，住在纺织大学学生公寓，一家家单位敲门，投递了60多份简历，最终被上海市高级人民法院录取。工作后，他从书记员、助审员、审判员做起，一步一个脚印，既在最高人民法院研究室挂职过，也在美国联邦司法中心访问过。“他很感谢组织给了他学习和锻炼的机会，因此也尽全力给年轻人提供学习和发展的机会。”

“法律人当如邹碧华”

“有的法官显得非常强势，不愿意多听律师解释；有的法官在法庭上不注意听取律师的陈述和意见，或者在感觉律师陈述和意见与自己内心认知相左时，随意打断律师发言……这些问题如果不加以治理，将会对中国的法治产生巨大伤害。”这篇在律师界广为传颂的文章《法官应当如何对待律师？》正是出自邹碧华之手，他曾说：“尊重律师、注重沟通，天塌不下来，庭开得更好。”

就在邹碧华逝世的前一天，他所主导推动的上海法院律师诉讼服务平台正式上线运行。作为这一创新举措的主力推手，邹碧华也在他的朋友圈里转发了这条消息，并留下最后一句意味深长的寄语，“希望让律师的执业环境越来越好”。

“法官应当确立法律共同体的理念，以尊重律师为己任。司法公正是整个法律共同体的共同任务，要想建立属于我们道德资本的司法公信力，必须依靠整个法律共同体的共同努力。缺少了律师的参与，法官与检察官在法庭上只能上演‘二人转’；缺少了其他角色的参与，法官在法庭上只能上演‘独脚戏’。”邹碧华曾说。

“与其说他是一名法官，不如说他是一位法律人，为法律共同体的建设贡献着自己的力量。”采访中，不少律师表示虽然不认识或者从未接触过邹碧华，但从他的文章及演讲中了解他，从而敬仰他。

“正如邹院长说的，律师对法官的尊重程度，体现了一个国家的法治发达程度；法官对律师的尊重程度，体现了一个国家司法公正程度。法官与律师本不应是两个阵营，不应是‘死磕’状态，是他唤起了这两个群体间互相尊重的意识。”律师唐志坚表示。

不论是法官还是律师，对邹碧华的最好追思，莫过于承继逝者在法律职业共同体上的这份清醒与实践。“如果选择哪一种态度，我想继承是最好的纪念，改革路上邹院长播下的种子，在合适的时候会生根发芽，也许长成参天大树！”一位年轻的法律人在微信里写道。

（据新华社 2014 年 12 月 18 日电，记者黄安琪）

法官当如邹碧华

邹碧华，上海市高级人民法院原副院长，2014 年 12 月，47 岁的邹碧华在参加司法体制改革座谈会的途中，心脏病突发因公殉职。消息传出后，有 4 万多人在网络上为他献花、点烛，邹碧华到底是一个怎样的法官？从今天起本台将播出系列报道《法官当如邹碧华》。

这是邹碧华生前的一段讲话，视频记录的时间，是 2014 年 7 月 31 日，这一天，备受瞩目的全国司法体制改革，在上海司法系统正式开始破冰探路。

上海作为全国首个启动司法体制改革的试点，只能成功，不能失败，邹碧华接下了这个军令状，也担起了为全国司法体制改革探路的压力。

在同事眼中，邹碧华有着北京大学国际经济法学博士的专业素养，是最高人民法院评定的“全国审判业务专家”，著有十多部法学专著。邹碧华先后担任过书记员、审判员，庭长，地方法院院长等职务，在上海市长宁区人民法院担任院长期间，曾力推各项改革，取得了明显的效果。但不同以往的是，邹碧华这次面临的改革压力前所未有。首先一个“33%”的数字，就牵扯到上海 3600 多名法官的切身利益。按照改革方案，上海全市法院工作人员中，只保留有 33% 的人担任法官，其余 67% 的司法辅助人员和行政人员，不能再手握法槌，坐堂问案。

按照改革方案，留下来的 33% 的法官，享有独立的审判权，享有比原来更高甚至可能高出很多的职业待遇，同时，这些法官也面临办案质量终身负责制和错案责任倒查问责制的惩戒。这样的改革目的是解决长期以来，我国法官队伍组成混杂，任职门槛偏低、专业水平参差不齐、审判职责不明等弊病，这样的改革也不可避免遭到了各种埋怨和质疑：什么样的法官能进入这个 33% 的员额？不能入额 33% 的法官去哪儿？今后法官又如何选任？这一系列的问题，都需要邹碧华拿出科学合理的解决方案。邹碧华的面前没有可以借鉴与参考的先例，一切都需要他自己摸黑前行。

邹碧华带领他的司法改革团队开始对等数据展开精确分析，最终制定出了一套科学的遴选法官入额的标准方案。

一套科学的遴选法官入额的标准方案，破解了上海司法体制改革的第一道坎儿。随后，邹碧华又列出各项改革时间表，准备逐个破解上海司法改革中的其他难题。

让所有人都意想不到的是，就在邹碧华带领他的改革团队顶住压力前行时，他的生命已经进入倒计时。

2014 年 12 月 10 日下午，邹碧华在赶往徐汇区人民法院参加司法改革座谈会途中，突发心脏病，抢救无效因公殉职，终年 47 岁。此时，很多人才知道给人感觉精力超人的邹碧华，在生命最后的阶段，一直都是以带病之身操盘上海司法改革。

司法改革被称为“改革中的硬骨头”，不仅任务重、难题多、矛盾大，还牵一发而动全身。作为上海市高级人民法院司改办主任，邹碧华科学设计方案，公开公正推进改革。我们不仅看到了他知难而上的改革勇气，更看到了一位改革者坚韧执著的责任担当，以及不计毁誉的理想信念。

（原载央视网—时代先锋，2015 年 2 月 25 日，记者石云松、李本扬、杨小刚、王玮、马维华）

他是一位负重前行的纤夫
—— 法官邹碧华的生前身后事

“一代人有一代人的使命，我们做得好一点，社会就会进步一点。一个案子处理好，对一个家庭，对整个社会都会起到推动作用。”

你使许多事情发芽
而自己被冬天拂去如落叶
十二月十日，上海小雨
船到江心
操桨者骤然沉默
耳边只余风声
独角兽回到了寓言里
谁来驮负巨大的词语
——有的人说会放弃；
——有的人说会继承。

2014年12月10日，一位年轻的广东法官噙着泪写下这首小诗，遥寄学长邹碧华。

这天下午，13时35分，上海市高级人民法院副院长邹碧华吃完午饭，司机李小马师傅接他去徐汇区人民法院，14时他要陪同陕西省委政法委的同志调研。

车行在路上，离下午的会议还有10分钟，邹碧华的胸口开始剧烈疼痛起来。“我送你去医院吧。”给邹碧华开了6年车的李师傅第一次看到他如此痛苦。

车子向瑞金医院疾驰而去。开单、挂号、心电图检查、急救室抢救，强心针、压胸、抽血……从来没有经历过这些的李师傅默默祈祷：他还这么年轻，老天爷，用我这条老命把他换回来吧！

16时左右，正在学校的邹碧华的儿子接到电话：尽快赶到瑞金医院，爸爸在抢救……前一天晚上，他还接到爸爸祝贺自己21岁生日的电话。

17时20分。上海的天空飘着小雨。邹碧华安静地躺在病房里。旷野一片寂静，时间戛然而止。

噩耗在微信圈迅速蔓延，法律圈震惊。家人、朋友、前辈、同事、同行、老师、学生，人们流泪、痛惜、不舍，不愿相信。无数的悼念文章开始出现在各家媒体。从法官、检察官到律师、学者，所有人都在真心诚意地纪念他，成为近年来司法界少见的“邹碧华现象”。

邹碧华还是一副黑框眼镜，带着温雅谦逊的笑容，在白菊花的簇拥下注视着所有的人。

一个人具备什么魅力，才能折服众人之心？一位法官具备什么品质，才能赢得众人尊敬？采访中，我们不断遇见悲伤，泪水一次次打湿脸庞，在每一段记忆的拼缀中，我们也不断得到解答：

“他以自己的远见卓识和法律素养，赢得所有人的敬意。即使在一个众声喧哗的时代，一名追求卓越、敢于担当的法官，仍然会受到众人尊重。”最高人民法院法官何帆说。

“做法官，当如邹碧华。”人们由衷叹服。他是燃灯者，他是布道人，他是一位纤夫，负重前行，他是一支蜡烛，燃烧生命。他用自己的学高身正、善良真诚和对法治理念的不懈探求，赢得了一位法官的身后荣耀。这荣耀，折射的是中国法律人的梦，映现的是法治中国的前路。

1. 誓做庭前独角兽

律师对法官的尊重程度，表明一个国家法治的发达程度；而法官对律师的尊重程度，则表明这个社会的公正程度。

——邹碧华

12 月 9 日，邹碧华离开的前一天。

这一天，上海法院律师诉讼服务平台正式上线运行。作为这一创新举措的操盘手，邹碧华在他的朋友圈里转发了这条消息，他还加了句评论：“希望律师的执业环境越来越好。”他的微信朋友圈更新停留在这一条，简短的一句话成了他最后的寄语。

熟悉邹碧华的人都知道，这些年来他一直致力于推动“法律职业共同体”的建设。在上海长宁区人民法院院长任上时，邹碧华就力主推出《法官尊重律师的十条意见》。一个法院专门出台一个尊重律师的实施意见，一时间在律师界引发震动。

《十条意见》明确到很小的细节：庭审中法官不得随意打断律师发言，法官不应当着当事人的面指责、批评律师，更不得向当事人发表贬损律师的言论等。

“我们是一个法律共同体，应该照顾他职业的便利，这是法官给予律师基本的尊重。细节，能让律师、当事人感受到人文关怀，这是法官职业里最有价值的东西。”邹碧华说。

法官应视律师为职业助手。“如果我们不能正确处理好法官与律师的关系，日积月累，必将动摇法治的根基——信任，司法的公信力无从谈起。”邹碧华的思考仍在深入。2012 年，他在博客上写下《法官应当如何对待律师? 》一文，在律师界广为传颂。《民主与法制》总编辑刘桂明回忆说，最初关注邹碧华，就是因为这篇文章，“我自信，一名能够关注并理解律师的法官，一定是一个非常理性的官员。”

事实上，法官与律师的良性互动关系，只是他的“未来法院”蓝图里的一部分。这幅蓝图，从他 1988 年自北京大学法律系毕业进入法院系统工作时就已埋下种子，一步步清晰。

网络世界里，邹碧华给自己取名“庭前独角兽”。在中国古代，独角兽獬豸懂人言、知人性，智慧高，性情中正，能够明辨是非曲直，识别善恶忠奸，是公正执法的化身；而西方传说中，独角兽形如白马，诞生于大海的滔天白浪，代表高贵、纯洁和永恒不变的坚定。

颇具意味的名字，是邹碧华为自己树立的标杆，也浓缩了他对法官职业精神的理解。“法官应当具备包容、超越、谦和、关怀等基本素质，应当具有清醒的职业认知和高尚的精神境界。具备这样素质的法官在法庭上才能表现出一种超然的气度。”邹碧华这样描绘他心目中的法官。初入岗位时母亲的叮咛他须臾不敢忘:“要做一个有良知的法官。”

从书记员、助理审判员、审判员做起，一步一个脚印，在美国联邦司法中心担任过研究员，先后担任上海市高级人民法院研究室副主任、民一庭副庭长、民二庭庭长，每一个岗位的历练都让他朝着理想、完善的人格又近了一步，对法院现代化建设的认识也在深入。

2010 年，他的专著《要件审判九步法》引起法律界关注，连续两年成为法律出版社的畅销书，甚至到了民事法官人手一册的地步，被最高人民法院推荐为指导民商事审判的范本。很多一线法官戏称，要件审判九步法是“法庭上的独孤九剑”。

他还著有《公司法疑难问题解析》《基层法院可视化管理》等十多部著作，在法学专业刊物上发表论文四十余篇，主持了大量全国、上海法院的重点调研课题。翻阅他的文章会发现一个共同点:从实践中来，到实践中去，实务与理论密切结合。他注重审判经验的积累和传承。法律出版社的编辑韦钦平说，单是在长宁法院工作期间，邹碧华就写下 40 万字的工作日志。

从 2008 年开始，在长宁区人民法院担任院长的 4 年半，成为邹碧华职业生涯的重要一环。用他自己的话说，“之前都是铺垫，当基层法院院长才是真正的磨炼。”在长宁区人民法院，邹碧华有机会实践他满脑子的想法。法官助理制度、法院信息化建设等设想都在这一片小小的“试验田”上有了雏形:

立案大厅分隔出一个个独立的房间，保障当事人的隐私权，也让信息采集工作从立案接待开始全程跟踪；虽然空间狭小，但所有的审判员都有一间独立的办公室，文员的办公区域则紧挨在旁，形成一个整齐的序列。初次踏入像是走进了一家公司，层次分明，有条不紊；三楼的少年法庭，原本是一张大圆桌，公诉人和审判人挨坐一起，改建时邹碧华特意提出改成椭圆形的连体桌，法官坐在一边，对面是当事人、公诉人和律师。

“看似细枝末节，都是对现代司法理念的诠释和表达。比如办公区域的调整，背后是流程再造的思路。位置的挪移，是在表明审判永远是中立的，法庭永远是法官的舞台，而不是法官和检察官共同的战场。”和邹碧华一起开了无数次改建讨论会，一遍遍推敲方案，长宁区人民法院办公室主任曾俊怡觉得，自己慢慢开始理解邹碧华了，“我想，未来法院的样子，一定深深住在他心里”。

2. 理想和信念会带来无穷力量

永远保持乐观向上的心态，永不抱怨，去做那些力所能及能够改变的事情。

——邹碧华

12 月 10 日，邹碧华离去。

说到这个日子，很多人脸上都会一阵颤抖。“那天，邹院长上下午的会议都是我安排的，中午我还给他发了条短信，提醒他下午的工作安排……”说了两句，上海市高级人民法院研究室副主任张新就哽咽了。

当天 15 时，得知司机李师傅打给院长办公室的电话，张新和同事立马赶到瑞金医院。“照理下午的调研，我是该陪着去的。可他总说，你们先去忙，我自己去就行。”张新说，邹院长就是这样一个人，没有领导的架子，但凡自己能做的都亲力亲为。

2014 年 6 月 6 日，中央全面深化改革领导小组第三次会议审议通过了《中央关于司法体制改革试点若干问题的框架意见》和《上海市司法改革试点工作方案》。

7 月 12 日，上海正式拉开司法改革序幕。在此之前，上海市高级人民法院成立了司法改革领导小组，并增设司法改革专项试点工作办公室。邹碧华任司改办主任兼试点办公室主任。

《上海市司法改革试点工作方案》的制定先后召开了 15 次座谈会，历经 34 稿。每一字都要经得住层层推敲，每一句话背后，都需要大量案例和数据的支撑。上海市高级人民法院司改办的那层楼面常常灯火通明，加班是常态。

跟着邹碧华出了一次差，就让张新感受到了司改办的节奏。一早出发，到了当地作好交流发言，当晚赶回，到上海已是深夜时分。“这么连轴转，身体吃得消吗？”张新佩服邹碧华运动员的身体素质，却又心疼、担心。高速运转的邹碧华总说：“没事，我不累。”

在朋友们眼中，邹碧华很“潮”，不像法院“领导”，更像 IT 达人。出门背一个大大的黑色双肩包，PPT、KEYNOTE 等软件玩得比谁都熟，讨论时，拿出手机点开统计图表就开始分析。业界有什么好书新书，他也都第一时间知道。

“我们做司法改革，光懂审判业务和法院那点儿事是不够的，你必须及时吸取其他学科的最新成就，可视化、大数据、移动终端……都是未来的大趋势，法院现在不研究、不跟上，将来就会被别的行业嘲笑。”邹碧华说。

推行法院效率管理试点，率先研发执行流程、信访、工作台账等信息管理系统；推行“可视化”管理，建立心理咨询师参与信访接待等科学管理制度，探索执行流程模式改革；在全国法院首创案件权重系数理论，设计多项审判管理评估指标；主持制定上海法院信息化建设三年规划，打造十大司法公开平台……“他的视野极其开阔，对新事物总是保持着开放的心态，善于把先进理念和现代化技术手段运用到实践中去。”同事无不叹服。

操桨者从来多艰辛，司改之难更是一言难蔽之。面对改革中的反复磋商、针锋相对、妥协共识，邹碧华依然保持着旺盛的斗志：“做改革，怎么可能不触及利益，怎么可能没有争议。对上，该争取时要争取，该顶住时要顶住；对下，必须要有担当，无论如何，都不能让那些在一线辛苦办案的老实人和年轻人吃亏。背着黑锅前行，是改革者必须经历的修行。”

“先立乎其大者，则其小者不能夺也。”他喜欢孟子的这句话。邹碧华说：“理想和信念会带来无穷的力量。”“一个拥有强大理想的人，会拥有更加强大的力量，不会为眼前的利益所蒙蔽，不会被暂时的挫折所击垮。所以，作为一名法律人，应当让自己确立起强大的价值观和使命感。”

3. 他让法官这个词更加温暖

“当事人所面对的是充满人文品格的司法者，而绝非冰冷的法律适用者。也正因如此，当事人所感受到的是法律对每个人生命、人格、尊严、情感的尊重和保护以及法律真正的强大力量。”

——邹碧华

12 月 13 日，邹碧华离开的第四天，星期六。

上午，长宁区人民法院少年审判庭法官顾薛磊走进“上海十大杰出青年”的终评答辩现场。四下环顾，没有那张总是戴着黑框眼镜、微笑的面庞。

“那天道别时你还说，这个周六会在现场关注我，可再也没有机会了。”泪水止不住夺眶而出。

顾薛磊清楚地记得，11 月 15 日，也是一个星期六。中午，他接到邹院长电话。“电话那头，他祝贺我参评，说想听听我的感想，希望有空聊一聊。”顾薛磊又惊又喜。“我一个普通法官，他是高院副院长，虽然是我的老领导，但也很意外。”顾薛磊说。

邹碧华说的“聊一聊”其实是帮他辅导。辅导持续了两个多小时。顾薛磊说，自己不善言辞怕演讲，邹院长告诉他：“要做真实的你，把你对未成年孩子的爱说出来。你不是代表自己参评，你代表的是少年庭，要让更多的人了解孩子需要爱。”

人们一遍遍回味、咀嚼那些细碎点滴，感受着他的温暖和光华。曾任长宁区人民法院信访办主任的滕道荣记得，2008 年 6 月，邹碧华刚到长宁区人民法院任院长，常到信访办公室和大家聊。以前觉得信访工作就是收收发发，邹碧华不这么看，他说，信访工作一定要管理规范，真心投入。他主持开发了信访接待软件，要求信访件当天全部录入电脑系统，交由相应部门处理。每天下班前，他都会通过这个系统查阅一遍，看看是否处理妥当，每个信访案件他都心中有数。

滕道荣记得，邹碧华经常带着他们去走访当事人。有一个当事人，孩子因为输血感染艾滋病去世。大年三十的下午，邹碧华就会叫上同事一起登门看望。“孩子走了，我们都是你们的亲人，有什么困难尽管说。”打了几年交道，当事人把他当作知心朋友。临去高院工作，他还不忘关照同事：“这户人家孩子没了，要经常去关心。”一年夏天，正是八月酷热，邹碧华去走访一位上访的当事人。40 多度的高温，上午 9 点半进去，下午两点出来，在当事人家中水也不肯喝一口，几个小时的劝导，终于让当事人释怀，案件成功化解。

邹碧华常说，法官要找到一把既解“法结”又解“心结”的钥匙。既要有对公正司法的执着追求，也要有尊重生命与人格、情法交融的人文情怀。

上海市高级人民法院民事审判第一庭副庭长余冬爱记得，2002 年，自己第一次主审的案件就是邹碧华担任审判长。“我就相信你能行，不过对律师的人文关怀意识还需再强些！”庭后，邹碧华说。2014 年 8 月见面时，邹碧华还对他说：“要关心每一个同事，让每个人都有进步，感受到温暖！”

出生在江西奉新县的一个小山村，从小和外婆一起在乡下生活的经历，让邹碧华格外关切他人悲喜。因为外婆是个哑人，邹碧华比其他孩子开口要晚，也因此学会了读懂别人无言的表达。一段手语、一个表情或者一个细微动作，他立即明了。多年法庭实务中，邹碧华深知“法庭上的心理学”的重要性。“在司法为民的大背景之下，将心理学方法科学地应用于整个司法过程中，法官对案件的处理将不再仅限于生搬硬套法律规则，漠视人性与世情，而是有针对性地对当事人进行心理疏导和法律释明。”邹碧华说。在他的鼓励下，长宁区人民法院有 42 人考取国家二级心理咨询师资格。研读心理学，保持对当事人的人文关怀，成了长宁区人民法院的一种文化。

邹碧华常说，法官需要解答的是如何善解法律、善解人意并进而善解矛盾的命题，使司法的过程或结果充满亲和力。这样的司法过程或结果也必将提高群众对司法的信心，推动法律信仰的形成。

“他是一个标尺，他让更多人知道，法官不是‘官’，是社会公平正义的守护者。”“法官这个听似冰冷的词因你而变得温暖，吾辈因与你同行而倍觉骄傲。”“这世间是有楷模的，真实存在，让我辈有皈依……”一行行网友留言，字字含泪。

“邹院长，很冒昧地打扰你了，周六我将参加杰出青年的评比，心中很是忐忑，在此次参选中我也感受到了很多温暖，尤其是邹院长能在休息日还特意帮我辅导，让我无法回报，只能再次说谢谢，谢谢。”12月10日，15时12分，顾薛磊给邹碧华发了这条短信。

等了一个小时，没有收到回复，顾薛磊想，邹院长一定是在忙。他太忙了。“现在，我想他在天堂一定能看到这声谢谢。谢谢他给予我们前行的力量。”顾薛磊摘下眼镜，泪眼早已模糊。

4. 活着就是为了改变世界

每个人都是历史，如果能让自己完美一点，历史也会完美一点。

——邹碧华

12月14日，邹碧华离开的第五天。

上午10点，上海龙华殡仪馆一号大厅。冬日的阳光下，人们从四面八方赶来，手捧白菊，送这位可敬的男人最后一程。

一位65岁的老伯一早就坐公交来了。他是一位白血病患儿的爷爷，他说，5年前，邹碧华力主的判决改变了他孙子的命运，温暖了他们整个家庭。“我一定要来送邹院长最后一程。孩子的奶奶说，没什么好报答的，死后把遗体捐给医学院做研究。”泪水顺着他脸上的沟壑蔓延。

“他的身上有一种感召力，一种人格魅力。凭借理想和信仰，他把这些精神传递到周围，努力让更多人感受到司法的温暖。他留下的精神财富弥足珍贵，那是给所有为法治梦想奋斗的人们的。”曾俊怡说。

“一代人有一代人的使命，我们做得好一点，社会就会进步一点。一个案子处理好，对一个家庭，对整个社会都会起到推动作用。”他在华东政法大学带教的学生夏关根说，这是老师常说的话。他从不抱怨，只想着如何尽自己之力去改变，带动更多的人一起去改变。

“抱怨只会损耗我们生命的能量。如果有一天我离开了，希望我的墓志铭有这样一句话，因为我的存在，这个社会变得更加美好。”学生张晓丹记得，聊天时，老师曾这样说。在她看来，这是老师思想的源泉、奋斗的源泉。

他崇尚美，追寻美，热爱一切美好的事物，愿意用美的眼睛看待周遭一切。在北大求学，他收获了美丽的爱情。为了爱情，来到上海，甚至学会了一口标准的上海话。在司法路上，他一步步前行，一步步播种，收获了更多美好的情感。张晓丹说，老师说过，他的偶像是特蕾莎修女，他也欣赏乔布斯的一句话，“活着就是为了改变世界”。

“同时，我更加认为，要想改变世界，首先必须改变自己。一个能够改变自己的人，内心必然十分强大。这样的人，无论是显赫还是在平凡的岗位，都会把自己的理想奉为至上。”邹碧华的声音似乎仍在回响。

各种悼念文章仍在网上不断浮出，刷屏。“我忽然觉得，这难道不是一种法治理想的接力？大家在邹碧华身上所看到的一个法律工作者的执着、奋斗和敬业，深感共鸣，其实那也是我们心底里最期待的力量，最希望达成的共识。”上海法治声音主编王凤梅写下这段话。

此刻，邹碧华仍是微笑。“当我离开家乡的时候，阳光正静静地照着潦河的水面。白色沙洲上，飞鸟正自由地玩耍。岸边金黄色的油菜花，似乎透过清凉的空气向我招手，又似乎在开怀地欢笑。那欢笑中有宁静，有智慧，有成熟，也在暗示着秋天的果实。于是我不禁想到，生命中最为可怕的，不是青春的流逝，比那更可怕的，是生命热情和诗意向往的流逝。”

他看到那条梦里无数次张望的深情的河了吗？在故乡的河边，可以静静地读书、思考、写作。“我想，爸爸不是走了，他是累了，想歇歇了。希望他在天堂有自己的书房、自己的相机，可以看电影。”儿子说。躺在那里的爸爸是那样安静，可以那么近那么久地端详。

“我们流逝了生命，却收获了人生体验。而人生的价值就在于体验。”邹碧华说过，他喜欢叔本华的这句话。

“美丽的事物终将逝去，但美丽的事物又是永恒的。只要你永远想着他，永远和他交流，他就是永恒的。”他的学生说，“我们会很努力，为了这个世界更美好。”

江心，水波轻漾，桨声又起。

（原载《光明日报》2014 年 12 月 19 日，记者颜维琦）

“做中国最好的法官”

他走了！走得那么突然。

2014 年 12 月 10 日，上海市高级人民法院副院长邹碧华在赴会途中突感不适，因抢救无效，生命定格在了 47 岁。

这一天晚上，微信朋友圈上，来自法官、律师，甚至政法圈外的人都在传播邹碧华离世的消息。近万人在网络上献花、点烛，超过 10 万人参与留言讨论……

一个人具备什么魅力，才能折服众人之心？一位法官具备什么品质，才能赢得众人尊敬？

邹碧华证明了法官可以不靠森严的行政等级和权力，仅凭自身的法学素养和对职业共同体的尊重，也能得到广泛的认可和敬畏。

既解“法结”又解“心结”

2014 年 12 月 14 日上午，上千人从全国各地自发来到上海为邹碧华送行，一位老人也带着 10 岁的孙子小铭前来泪别。

5 年前，身患白血病的小铭被亲生父母狠心抛弃。爷爷奶奶无钱给孙子看病，走投无路才来到长宁区人民法院立案大厅，要以小铭的名义起诉他的亲生父母，索要抚养费为小铭治病。

当时，还没有未成年人告亲生父母的案例，因此法院迟迟没有立案。时任长宁区人民法院院长的邹碧华得知后，带着长宁区人民法院少年庭法官们开了两天的会研究法条，决定立案。最终，小铭父亲将名下房产划归小铭作为治病的医药费，小铭才坚强地活了下来。

邹碧华担任法官 22 年，先后参与审理过社保基金追索案、房屋维修基金案等一系列大要案，他依法公正审理每一起案件，努力让人民群众在每一件司法案件中感受公平正义。

邹碧华在长宁区人民法院时，经常走访当事人。有一位当事人，孩子因为输血感染艾滋病去世。每年大年三十的下午，邹碧华就会叫上同事一起登门看望他。

“孩子走了，我们都是你的亲人，有什么困难尽管说。”打了几年交道，当事人把他当作知心朋友。临去上海市高级人民法院工作前，他还不忘关照同事：“这户人家孩子没了，要经常去关心。”

邹碧华常说，法官要找到一把既解“法结”又解“心结”的钥匙。既要有对公正司法的执着追求，也要有尊重生命与人格、情法交融的人文情怀。

“法律人当如邹碧华”

“有的法官非常强势，不愿多听律师解释；有的法官在法庭上不注意听取律师的陈述和意见，或者在感觉律师的陈述和意见与自己内心认知相左时，随意打断律师发言……这些问题如果不加以治理，将会对中国的法治产生巨大伤害。”

——这篇在律师界广为传颂的文章《法官应当如何对待律师？》，正是出自邹碧华之手。他曾说：“尊重律师、注重沟通，天塌不下来，庭开得更好。”

有一次，一位深圳老律师到上海来开庭。那位律师在法庭上要找一份证据材料，翻来翻去翻不到，急得满头大汗。邹碧华对他说，“×× 律师，请你坐下来，慢慢找。相信大家都会等着你，你不用着急。”结果，该律师坐下来不到一分钟就把材料找到了，如释重负。

“他是一位法律人，为法律共同体建设贡献着自己的力量。”采访中，不少律师表示虽然不认识或者从未接触过邹碧华，但从他的文章及演讲中了解他，从而尊重他。

就在邹碧华逝世的前一天，上海法院律师诉讼服务平台正式上线运行。作为这一创新举措的主力推手，邹碧华也在他的朋友圈里转发了这条消息，并留下最后一句意味深长的寄语：“希望让律师的执业环境越来越好。”

让判决推动社会进步

由于忙于办案，真正能潜心钻研理论的法官不多，能将理论研究和审判实践结合起来的更少见，而邹碧华却是这方面的佼佼者。

邹碧华在法律业务上持之以恒地学习钻研，他撰写的《要件审判九步法》在法律界曾引起轰动，连续两年成为法律出版社的畅销书。

一个好的判决能推动社会进步，邹碧华时常从这个角度去思考问题。

2000 年 10 月，一起购销合同欠款纠纷又成了邹碧华面临的一道难题。由于本案所涉及的私营经济城协助他人虚假验资的责任认定问题具有一定普遍性，如何公正审判就成为各方关注的焦点。

对于私营经济城是否应承担法律赔偿责任争议很大，而邹碧华认为，从交易安全和维护市场秩序的角度来看，这种以虚假验资手段帮助他人从事公司注册的行为构成了对特定第三人的侵权，因此，私营经济城应对虚假验资设立的公司对外所欠债务承担补充赔偿责任。

他的观点最终被最高人民法院认同，而判决也为规范私营经济城的市场行为起到了积极作用。

邹碧华在法院系统是作为审判业务专家而知名的，是公认的“技术流”。2009 年，他被最高人民法院评为首届全国审判业务专家，可以说是实至名归。在上海法院系统，许多年轻法官尊称他为“邹博”或“邹老师”，而不是邹院长，可见同行对他的专业素养的崇敬。

（原载《工人日报》2015 年 2 月 26 日，记者钱培坚）

“我们做得好一点，社会就更进步一点”

“庭前独角兽，九步审判，深入浅出同道赞；司改践行人，法界操守，鞠躬尽瘁风骨存”——这是邹碧华的同学王志强教授为他撰写的挽联，也是对邹碧华一生功业的如实评价。

卓越的司法管理者

2008 年 7 月，邹碧华出任上海市长宁区人民法院院长。从一个精通业务的审判专家，转做一个 300 多人基层单位的管理者，邹碧华感到了空前压力。上任之前他对长宁区人民法院进行了摸底调研：干警心态不够振奋，信访案件居高不下……于是，他开始自学管理学。

立案大厅分隔出一个个独立的房间，保障当事人的隐私权，也让信息采集工作从立案接待开始全程跟踪；虽然空间狭小，但所有的审判员都有一间独立的办公室，文员的办公区域则紧挨在旁，形成一个整齐的序列；三楼的少年法庭，原本是一张大圆桌，公诉人和审判人挨坐一起，邹碧华特意提出改成椭圆形的连体桌，法官坐在一边，对面是当事人、公诉人和律师……

“看似细枝末节，但都是对现代司法理念的诠释和表达。”和邹碧华一起开了无数次改建讨论会，一遍遍推敲方案，长宁区人民法院办公室主任曾俊怡觉得，自己慢慢开始理解邹碧华了。“我想，未来法院的样子，一定深深住在他心里。”

何勇是长宁区人民法院的一位老科员，当时已进入法院工作 16 年，党龄 39 年。埋在信件、报纸堆里的他怎么也没想到，邹碧华到任第二天就来到了不起眼的收发室。

2010 年 1 月 27 日，何勇 57 岁生日。法院政治部主任来到收发室，送给何勇一张生日贺卡，并正式通知他，党组已决定晋升他为副科，何勇流泪了。“后来一位院办的同事悄悄告诉我，邹院长为了我的事深夜跑到政法委，等了书记足足一个半小时，他对书记说，‘这些老科员看不到任何希望但仍然默默无闻地做事，我们不能让老实人吃亏’。”

曾俊怡和一些曾被邹碧华“骂”过的人，最后都更钦佩他的为人。“他骂你是恨铁不成钢，说到底，他就是个做事的人！”

司法公开的弄潮儿

邹碧华从书记员、助理审判员、审判员做起，一步一个脚印，在美国联邦司法中心担任过研究员，先后担任上海市高级人民法院研究室副主任、民一庭副庭长、民二庭庭长。每一个岗位的历练都让邹碧华朝着理想、完善的人格又近了一步，对法院现代化建设的认识也在深入。

邹碧华的司法管理才干得到了同行的高度赞誉，他在信息化、可视化管理方面的经验也被认为是一笔宝贵的财富。在朋友们眼中，邹碧华很“潮”，不像法院领导，更像 IT 达人。出门背一个大大的黑色双肩包，PPT、KEYNOTE 等软件玩得比谁都熟，讨论时，拿出手机点开统计图表就开始分析。业界有什么好书新书，他也都第一时间知道。

“我们做司法改革，只懂审判业务和法院那点事是不够的，你必须及时吸取其他学科的最新成就。可视化、大数据、移动终端 ..... 都是未来的大趋势，法院现在不研究、跟不上，将来就会被别的行业嘲笑。”邹碧华说。

“他的视野极其开阔，对新事物总是保持着开放的心态，善于把先进理念和现代化技术手段运用到实践中去。”同事们由衷地赞叹。

中国社科院发布 2013 年司法透明指数，上海市高级人民法院排名第一。

“背‘黑锅’前行”的燃灯者

2014 年，上海市高级人民法院成立了高院司法改革领导小组，并增设司法改革专项试点工作办公室。该办公室与高院司法改革领导小组办公室合署办公，邹碧华任司改办主任兼试点办公室主任。

无数个“5+2”“白 + 黑”，上海市高级人民法院司改办的那层楼面常常灯火通明。《上海市司法改革试点工作方案》的制定先后召开了 15 次座谈会，历经 34 稿。

上海方案中最刺激人眼球的，是 33% 的法官员额制比例。邹碧华坚持，一定要避免一刀切，让真正优秀的法官进入员额。

邹碧华让人搜集了微信上所有吐槽司改的文章和段子，报给领导参考，也时刻提醒自己避免犯错。“背‘黑锅’前行，是改革者必须经历的修行。”

2014 年 8 月，司改的工作节奏依然忙碌，极大地损耗了邹碧华的身体。

“他累了就在后座拿个靠垫睡一下，星期日从来不休息，有一次我在高院等他下班，一直到凌晨 3 点他才从办公室出来。”身边的同事告诉记者……

2014 年 12 月 10 日 15 时 30 分，上海市高级人民法院司改办工作人员陆伟在急救室看到了安静地躺在病床上的邹碧华。“我们要的不是歌功颂德，我们是为了让大家思考，不要让我们的改革走弯路。”前一天邹碧华指导他如何做舆情摘编的声音还在陆伟耳边，陆伟的眼泪夺眶而出。

当天 17 时 20 分，邹碧华去世。“他没有倒下，而是隐去身形，化为一盏路灯，为后来者照亮前行的路。”人们在心中祈祷。

（原载《工人日报》2015 年 2 月 27 日，记者钱培坚）

世间已无九步法，法官当如邹碧华

12 月 14 日上午 10 时，上海龙华殡仪馆一号大厅，是上海市高级人民法院副院长邹碧华人生谢幕的终点。

4 天前，在赴徐汇区人民法院参加司法改革座谈会途中，47 岁的邹碧华突感不适，和自己钟爱的司法事业匆匆告别。生于 1967 年的邹碧华，把一生永远定格在了这个最“平和”的年纪。

邹碧华离开后，他的人生以另一种方式在互联网上“存续”，被更多人忆起：有过故交的好友在微信朋友圈里写下往事，表达对“法律职业共同体”的深思；素昧平生的网友尽管知道博主永远无法再更新，依旧选择在评论栏留下一句“一路走好”。

对此，东方早报首席评论员沈彬将互联网上的哀悼概述为“一位法官的身后冠冕”：没有刻意的拔高报道，没有行政力量动员的哀荣，但网上网下，整个法律界的一致哀悼、惋惜这位“官阶”并不算很高的法官。

坦坦荡荡大写的好人

“世间已无九步法，法官当如邹碧华”。上海市高级人民法院院长崔亚东在悼词中说，邹碧华对司法改革的推动，对法律工作者的平等和尊重，对学术的专注专研，对年轻同事的热情引导，对学生的耐心教导，都令人深受感动，他无愧是司法改革道路上的“燃灯者”和前行者。

最高人民法院司改办主任贺小荣评价说：他是一个好儿子、好丈夫、好父亲、好兄长、好法官、好院长……最核心的是：他是一个光明磊落、坦坦荡荡大写的好人。

“从未有一位同行的去世让我如此难过，一个人在办公室坐了很久，才缓过神来。”最高人民法院法官何帆在得知噩耗后不久，写下了这番感悟。

民主与法制杂志社总编辑刘桂明则通过法律博客表达了自己的震惊，实在无法相信，一个活生生的生命竟然就这样划上休止符！实在无法相信，一个年仅 47 岁的生命竟然就这样变成了故人！实在无法相信，一个正处于上升期被普遍看好的厅级干部竟然就这样写上了句号！

请律师“坐下来”的法官

邹碧华因病去世的消息，引发了司法界微博、微信朋友圈刷屏。在他身后，司法界在网络上对他的集体悼念成为了“邹碧华现象”，有人评价这一现象之所以罕见，是因为他不仅得到法官同行的敬佩，还在身后赢得了中国律师界的一致钦佩。

12月10日，著名律师陈有西在他的微博上推送了“一个法官的早逝与律师的怀念”——上海高院副院长今天下午工作途中因心脏病猝逝。而他供职的律所两个微信群里，一片发自内心的惋惜哀悼之声。一个法官早逝，有这么多律师怀念。

邹碧华之所以能赢得了中国律师界的一致钦佩的原因在于，对公平的追求和对律师的尊重，这样的信念一直陪伴着邹碧华。

“在律师界，对邹院长的业务和为人评价都很高。”在律师岳雪飞的记忆里，几年前，邹碧华担任长宁区人民法院院长时专门召开座谈会，听取律师界意见，出台了一份尊重律师的十条意见，希望法官要“善待律师”，共同推动司法公正。

一次，一位深圳的老律师到上海来开庭。老律师在法庭上要找一份证据材料，由于先前整理得不是很清楚，翻来翻去翻不到，急得满头大汗。

邹碧华说：“律师，请你坐下来，慢慢找，相信大家都会等着你，你不用着急。”

老律师坐下来后很快找到了材料，如释重负。开完庭后，老律师在其他人签笔录的间隙，对邹碧华说，他在全国各地开了很多庭，在上海第一次感受到法官这么好！有评论认为，就是这样一个细微的细节，给了当事人很特殊的感觉，让他们感受到了一种人文的关怀。而这种细微的东西需要在从事这份职业的过程中，去一点一点体会。

就任上海市高级人民法院副院长后不久，他也在自己的博客中表态，律师对法官的尊重程度，表明一个国家法治的发达程度；而法官对律师的尊重程度，则表明这个社会的公正程度。

有理想有追求的燃灯者

邹碧华曾写过一篇著名的文章《法官应当如何对待律师？》，在律师界广为传颂。他认为，法官与律师之间应当互相尊重，职业共同体的构建要先从法官做起，法官应当包容、超越、谦和、关怀，具有清醒的职业认知和高尚的精神境界。

对于邹碧华那篇声名远扬的《法官应当如何对待律师》，也得到了法律人的一致认可，民主与法制杂志社总编辑刘桂明曾经作了三个评价：一、这是一篇好文章，好就好在讲道理、讲情理、讲法理；二、这是一个好法官，好就好在平和客观、客观理性、理性正面，不居高临下，不偏听偏信，不人云亦云；三、这是一种好主张，好就好在邹碧华院长提出法官与律师不是一朝一夕所能解决的，是需要认真对待、理性看待、真情善待的。

在长宁区人民法院任职时，邹碧华制定了《法官尊重律师的十条意见》，以尊重、理解、友善的态度，保障律师合法行使诉讼权利。他宽广的胸怀不仅引导了法官，也感动了律师界。

他出版的《要件审判九步法》一书，曾被赵旭东教授断言“可被视为对法官裁判方法进行研究的第三种进路——实证的方法”。

他留下的《要件审判九步法》以及那些闪光的思想火花，是永远不会磨灭的，纪念他的最好方式，是在庭审中用好九步法，以及让他的理念传承下去。对于许许多多法律人来讲，邹碧华院长就是一位燃灯者——与其诅咒黑暗，不如点亮灯火。

他的偶像是特蕾莎修女

邹碧华在世期间，曾在华东政法大学、上海财经大学、上海对外经贸大学等校任教，他离开后，许多学生纷纷表达了哀痛之情。

“他在其他人眼里是法官是学者，但在我们心里，他永远是我们的老师”，已经走上司法岗位的夏关根曾是邹碧华在华政的学生：“导师常说，我没有太多的时间来跟学生交流沟通，我对你们很抱歉。但实际上，即便再忙，他也总是挤出休息时间来跟我们交流，每隔一段时间就会帮我们列一张书单。”

夏关根说：“工作有困惑的时候，我问导师，难道你就没有过抱怨吗？他跟我说，不要以为你做的事情没有意义，也不要抱怨，你办好一个案子，可能就能影响到一个家庭。每一代人有每一代人的使命，我们做得好一点，这个世界就进步一点。”

张晓丹也曾是邹碧华的学生，邹碧华对她而言更像是精神上的导师：“导师告诉过我，他的偶像是特蕾莎修女，付出与承担是他所有的情怀。导师曾经跟我们说，如果有一天他离去，他希望他的墓志铭上写着‘因为我的存在，这个世界变得更加美好’。”

他的一生献给了司法

邹碧华离开后，在同行、好友缅怀他的同时，邹碧华 21 岁的儿子也在社交媒体上连发 3 条消息，表达了对父亲的钦佩和追念。

邹碧华去世前一天，恰逢儿子 21 岁生日，儿子在朋友圈写道：“昨天晚上爸爸打电话给我祝我 21 岁生日快乐，还和我谈到他 21 岁的时候，刚刚本科毕业，只身一人来到上海找工作。除了妈妈谁都不认识，住在纺织大学学生公寓，一家家单位敲门，投简历。还说这里面有很多故事，下次有机会要和我细说，没想到却成了永别。”

此外，邹碧华的儿子发了家中书房的照片，并写道："爸爸每天工作的地方。因为他，家里到处都是书。一直以来，他整晚整晚地在这里工作，读书，写书，有时候甚至我爬起来看球他还在工作。在他身体指标比以前好的同时，我一直担心的就是他的晚睡问题，可惜一直没跟他说，这也是我作为儿子沟通不够的地方。"

47 岁正当壮年，如此仓促离世令人唏嘘不已，儿子在微信中感慨："你不抽烟不喝酒，平时饮食也注重健康，天天锻炼。你如此优秀，如此正直，凭自己的学识和本事走到今天的位置，真的想不明白为什么是你。看到你每天在家里的工作量和工作态度，才知道你是真的把一生都献给了司法系统。可能你只是累了，想休息了。爸爸，一路走好。"

邹碧华逝世后，他的同事——上海市高级人民法院研究室副主任张新给自己的微信账号改了名字："累了就歇会"。"没事，我不累。"这是邹碧华的口头禅。张新说，直到邹碧华去世后，他和邹碧华妻子聊天时才知道，原来他眼中"身体一直很好"的邹院长，最近也一直觉得"有点累"。一直都是凌晨 1 时后休息的邹碧华，去世一周前已将自己的作息时间调整至晚上 12 时，但最终还是倒在了最挚爱的司法工作岗位上。

（原载《法制日报》2014 年 12 月 17 日，记者蒋安杰）

你可以实现你的梦想

伟大的成就并非虚幻不切实际

并非像神一样只有卓越不凡的人才当得了

它真实地存在于我们每个人心中

重要的是你必须相信，你做得到

——摘自邹碧华生前欣赏的一篇演讲《梦想》

四季，令你的心在跳

2014 年 12 月 10 日。

13 时 35 分，上海市高级人民法院副院长邹碧华吃完午饭，司机李小马师傅开车接他去徐汇区人民法院，14 时他要陪同陕西省委政法委的同志调研。

车子行驶在徐家汇的南丹路上，开到光启公园时，离下午的会议还有 10 分钟。邹碧华让李师傅将车停靠在公园边上，然后打开车门走到公园门口。很快，他折了回来，朝车里一坐。

“我胸口疼。”邹碧华捂着胸口。

“不要去徐汇法院开会了，我送你去医院吧。”给邹碧华开了 6 年车的李师傅第一次看到他如此痛苦，心里不禁焦急起来。

“好的。”

车子向瑞金医院急驰而去。

邹碧华枕着两个靠垫躺在后排座位上。心急如焚的李师傅问：“你的卡（医疗卡）在吗？”

“在的。”邹碧华从随身携带的包里拿出卡，顺便看到一份附带的资料上罗列着医生联系电话，“快点打电话给医生。”

正在开车的李师傅根本腾不出手去打电话，此时，他唯一的想法就是——快！快！快点到医院！

车到医院，李师傅疾步下车，抓起急诊室备在一边的小推车推到车门边。打开车门，他把邹碧华扶上推车。

“快点！快点！请帮忙快一点！”李师傅一边推着邹碧华，一边对着医护人员喊。开单、挂号、心电图检查，李师傅以最快的速度挂号付费。回过头，他发现坐在推车上的邹碧华脸朝后仰，面色发白，身体开始慢慢下滑。

一名医护人员立即过来帮李师傅将邹碧华送往心电图室做检查。检查结果不好！很快，邹碧华被送入不远处的抢救室。

“医生，请你们想想办法！”李师傅的脑子一片慌乱。看着医生开始抢救，强心针、压胸、抽血……从来没有经历过这些的李师傅在心里祈祷：他还这么年轻，老天爷，用我这条老命把他换回来吧！

“邹院长（身体）很不好，很不好，现在瑞金医院……”李师傅给院长办公室打电话。这时候，有医生拿来验血单，让李师傅把抽取的血液送化验处。“你们叫个人陪我一起去化验的地方吧，我不认识路啊！”

等到李师傅赶回来，急救人员正围着邹碧华进行抢救。“我看到他躺在病床上，眼睛微睁，胸口还有呼吸。”李师傅焦急地等在一边。他不知道时间，甚至忘记了看表，这一切发生得太突然了。

“我记得给他爱人打了电话，说‘邹院长在瑞金医院抢救室，你快点过来’。”

一名医生递给李师傅一张单子，李师傅看了看。

“不切气管行吗？”

“不切就不能进行抢救。”

李师傅签了字。法院领导、邹碧华的家人、法院同事，越来越多的人赶了过来。

天空开始下起了雨，阴冷的雨点懒懒散散地打在地上，马路上行人、车辆不断穿梭。

邹碧华安静地躺在抢救室的病床上，嘴里插着呼吸机。就在瑞金医院的对面——上海著名的瑞金宾馆，十多年前的他曾经一边捧着书，一边在宾馆花园的葡萄架长廊下背诵英文单词，他最喜欢哼唱的是黄耀明的那首《四季歌》：

“……四季似歌有冷暖，

来又复去争分秒，

又似风车转到停不了，

令你的心在跳……”

碧华，碧丽中华

1967 年 1 月 18 日，邹碧华出生在江西省奉新县的一个小山村。

山村离县城约二十里路，前面是一片田地，后面是山。从公路上下来，穿过一片小树林，有一条乡间小道，还有一条小水沟。

夏天的时候，邹碧华喜欢跟着舅舅去小水沟捕鱼。把小水沟的两端堵住，用手把水舀出去，不一会儿，小鱼儿就在泥里扑腾起来。秋风吹起的时候，远处山上的松树发出低沉的“呼呼”声，蒲公英漫天飞舞，此时的邹碧华总会想，那些花絮会飞去哪儿呢?

邹家有三子，邹碧华排行老大。父亲给他取名碧华，意为“碧丽中华”。

邹碧华的父母很善良，父亲是著名版画家，一辈子痴迷美术，中国美术馆等国内外艺术机构收藏了他多幅作品，还曾获得“鲁迅版画奖”。

从小，邹碧华和外婆在乡下一起生活，父母在不远的县城工作。对于活泼调皮的邹碧华来说，小山村给了他无穷的原动力。

因为外婆是个哑巴，邹碧华也比其他孩子开口要晚，因此，他学会了读懂别人无言的表达，一段手语、一个表情或者一个细微动作，他立即明了。邹碧华年幼时，外婆常常背着他去别人家里帮忙做针线活儿。长大后的他常常怀念趴在外婆背上这一幕。

小学，其实只是两间里外茅草的土屋而已——一至三年级是外间，四、五年级是里间。上下课时敲击挂在晒谷场上的一块铁，“叮叮当当”。

邹碧华的第一位老师姓肖，喜欢穿一件灯芯绒上衣，声音很好听。有一次，肖老师让学生们回家找大人要一角八分钱来购买红领巾，然后老师喊着名字，学生们一个个走到教室前，戴上红领巾。

后来邹碧华转学到县城，由于没学过拼音，当老师让他读拼音“S”时，他回答“是蚯蚓”。顿时，教室里哄堂大笑。

没有一个男孩是不喜欢玩儿的，邹碧华尤其如此。在县城奉新一中念初中时，只要有机会，他就偷偷和伙伴一起溜到狮子山上“打游击”，一把木枪、一根树枝，成为他们乐此不疲的理由。

一次考试后，邹碧华的成绩在全年级倒数。从来没有打过儿子的父亲发怒了，他痛打了邹碧华，并且罚他跪了许久。此后，邹碧华被调到另一个班级，从此脱胎换骨爱上读书。

“他每次单元考试有个习惯，从来不看分数。上课考完之后，他去教务室问老师再要一份空白卷子，然后回家做，做完之后把两张试卷比较一下，记住纠正的地方就行了。”弟弟邹俊华非常叹服大哥的学习能力。

邹碧华考入北京大学后，有一次回老家看见弟弟邹俊华背历史，马上进行辅导：“你这么背怎么吃得消？找到答题的得分点，不用整段整段地背！”

“他的学习方法确实很特别。”邹碧华的多年好友王利军也熟知他的一些轶事，“那时候在上海，他骑着自行车出去，只要到了路口有红灯，他就停下车嘴里开始念起英文，喃喃自语的声音把前面的上海阿姨吓坏了，人家阿姨回头怪异地看着他——‘格人做啥’(沪语：这人在干什么)！呵呵。”

爱上读书的邹碧华犹如上了“发条”，成绩一路上升。进入高中后，他体育也出奇的好，不仅在校运会上破了跳高校纪录，而且代表学校参加了宜春市的体育运动会，并获得名次。

“我去学校看他跳高比赛，其他人早就败下阵来，只有他一个人，不断地跳过一根又一根杆子。”邹俊华很以这位大哥为傲。

“那次他拿了市里跳高比赛第一，我们做广播操时，大喇叭里就在放他得奖的喜讯。”邹碧华高中最要好的哥们儿帅圣极也记得邹碧华很“牛”的场面。

但邹碧华也有委屈难受的时候。由于家的隔壁是县城图书馆，邹碧华常常跟着父亲去借书和复习资料，图书管理员一看见邹父就说：“啊呀，你怎么也来了，以后让孩子自己来就行了！”但当邹碧华真的一个人去图书馆借书了，管理员不是说他年纪小，就是以书被借走为由搪塞他。

次数多了，邹碧华的自尊心受伤了。在一次借书被拒后，他回到家哭着对父母说：“我不借了！我就不信，我不到你那儿借书就考不上大学！”

1984 年，邹碧华以全县排名第二的成绩考入北京大学法律系。母亲和弟弟送他到南昌火车站，邹碧华背着行李独自启程。火车渐行渐远，母亲的眼泪一滴滴流了出来。

这次远行，开启了邹碧华人生的华丽乐章。

庭前，独角兽

“在淡淡的秋季 / 我多想穿过 / 枯死的篱墙，走向你 / 在那迷朦的湖边 / 悄悄低语 / 唱起儿歌 / 小心地把雨丝躲避

“——生活中只有感觉 / 生活中只有教义 / 当我们得到了生活 / 生命便悄悄飞离 / 像一群被打湿的小鸽子 / 在雾中 / 失去踪迹……

“哦，在淡淡的秋季 / 我没有走向你 / 没有唱，没有低语 / 我沿着篱墙 / 向失色的世界走去 / 为明天的歌 / 能飘在晴空里”

这首《在淡淡的秋季》是邹碧华最喜欢的顾城作品。

生命的礼物常常突如其来。邹碧华喜欢北大，北大不仅给了他法律学识，也给了他几百万册书籍的图书馆，给了他独自陶醉观看电影的小单间。自由自在地驰骋于文学、艺术、法学中，他流连忘返。《情约今生》《美国往事》《秋日传奇》《宾虚》《罗马假日》《穆斯林的葬礼》……他一部接一部地看，一股神奇的力量呼唤出了内心深处的天赋。同时，班里成绩排

名前八的他，爱上了班里排名前三的一位上海女生。

1988 年，收获爱情的邹碧华放弃在北京已经落实的工作，和女友一起到上海发展。21 岁的他住在纺织大学学生公寓里，一家家单位敲门，投递了 60 多份简历。最后，一家上海知名企业和上海市高级人民法院同时向他伸出了橄榄枝。

考虑到专业对口，邹碧华选择了上海市高级人民法院。“当时的年代常常要考虑很多因素，当法院有人问他‘在上海有什么亲戚时’，他随口回答‘有，我舅舅’。”邹俊华在多年后提起此事时忍俊不禁，其实那个所谓的“舅舅”就是邹碧华后来的岳父。

进入上海市高级人民法院后，邹碧华被安排到虹口区人民法院见习。那段日子里，他对美术痴迷不已，每天作画，速写本用了一本又一本。

“他画得不错，对设计对美很有感觉。”邹俊华说。

但时间无法在绘画和法律间平行展开，痛苦的抉择出现在了邹碧华面前。

结束画画吧。邹碧华考虑了很久，最后将所有的画作收了起来，从此潜心研究法律。“我要做中国最好的法官！”

回归法律之后，他虚心学习带教师傅的审判经验，甚至学会了一口地道的上海话。1993 年，他考取了北京大学法学院经济法专业硕士研究生；1996 年他以总分、专业及外语均第一的优异成绩，考取了北京大学法学院国际经济法专业博士研究生；1999 年，他回到上海市高级人民法院开始从事民商事审判；2000 年，根据组织安排，他前往美国联邦司法中心担任研究员，对美国联邦法院内部机构设置及法官助理制度进行专题研究，其间还短期前往耶鲁大学做访问学者。

浑厚的文学修养和感染力极强的演讲天赋，让邹碧华脱颖而出。

“他英语非常好，曾经在美国联邦司法中心参观时用英语发表了一段演讲，人们听完后起身鼓掌。”王利军记忆犹新。

“有一次他上午去云峰剧场讲课，中午 12 点半我去接他，车停在外面，不见有人走出来。于是我走进去一看，偌大的舞台上他刚结束讲课，他说‘感谢大家放弃休息来听我讲课’，话刚说完，全场的人都站起来鼓掌，鼓了很久。”李师傅说。

毫无疑问，凡是听过邹碧华演讲的人，或者听过他授课的人，都会被他渊博的学识、深刻的人文内涵所吸引。与此同时，不同部门的历练也不断提高着邹碧华的能力。

2001 年 6 月，邹碧华担任上海市高级人民法院研究室主任助理，后担任副主任。2003 年 10 月至 2008 年 6 月，他先后担任上海市高级人民法院民一庭副庭长、民二庭庭长、审委会委员。在这重要的五年中，他不负众望，先后处理或参与处理了社保基金追索案、房屋维修基金案等一系列大要案。尤其在上海社保基金追索 38 亿元陷入僵局时，他提出了“先予执行”的破解方案，作出了贡献。2008 年，邹碧华因参与社保基金专案被上海市委嘉奖。

同时，邹碧华还投入到法律专业水平的积累中去。他参与了物权法立法讨论，多次前往最高人民法院参与合同法、公司法等重大司法解释的起草，多次承担最高人民法院全国重点调研课题，获得全国法院系统优秀调研成果特别奖，十多次获得全国或市级调研奖项。

“他真的非常勤奋，到了书店就买书，经常一摞一摞地买。看书奇快，记忆力惊人。”王利军记得，有一次大家相约看世界杯，晚上熬着等比赛时，邹碧华对他说“走，带你去个好地方”。

王利军跟着去了。走到建国西路上的卢湾电大，邹碧华侧身拐进了一家不起眼的门店——原来，他说的“好地方”就是一家 24 小时营业的席殊书屋！“他一进去就看书，不停地买书，到最后我变成和他一起拎书回家的了！”

持之以恒地钻研给邹碧华的人生打开了一扇门。除了在核心期刊上发表 20 多篇论文外，他一口气主编或撰写了《公司法疑难问题解析》《中国法官助理制度改革研究》《中国简易程序的改革与完善》《法庭上的心理学》等十多部著作。

2010 年，邹碧华的专著《要件审判九步法》在法律界引起轰动，连续两年成为法律出版社的畅销书。很多一线法官评价“本书逻辑清晰、思路严密，审判时按图索骥，大大提高了办案效率”。有的人索性戏称，要件审判九步法是“法庭上的独孤九剑”。

著名法律人刘桂明在《做法官当如邹碧华》一文中这样写：“我首先关注他，是因为半年前开始在律师界广为传颂的一篇题为《法官应当如何对待律师？》的文章，我自信，一名能够关注并理解律师的法官，一定是一个非常理性的官员……尤其是他出版的《要件审判九步法》一书，曾被赵旭东教授断言‘可被视为对法官裁判方法进行研究的第三种进路——实证的方法’。我判断，一名能够将工作中发现的问题进行研究的官员，一定是一位善于思考的官员。”

2004 年，邹碧华被聘为中国法学会民法学研究会理事。2006 年当选上海市十大杰出青年、上海市十大优秀中青年法学家。2009 年被最高人民法院评为首届全国审判业务专家。2011 年被聘为中国商法学研究会理事，被华东政法大学聘为兼职博士生导师。

做人，当如邹碧华

2008 年，邹碧华接到通知，组织上任命他为上海长宁区法院院长。

从一个精通业务的审判专家，转而做一个 300 多人基层单位的管理者，邹碧华感到了空前压力。上任之前他对长宁法院进行了摸底调研：干警心态不够振奋，信访案件居高不下，执行投诉信让人夜不能寐。于是，他开始自学管理学。

何勇，长宁区人民法院的一位老科员。参加过对越自卫反击战，当时已进入法院工作 16 年，党龄 39 年。

邹碧华到长宁区人民法院报到的第二天，便带着中层干部前往每个庭室慰问。埋在信件、报纸堆里的何勇怎么也没想到，新领导也来到了自己所在的不起眼的收发室。

“何老师！”邹碧华进门叫了一声。

何勇的心头一热，这么多年在法院，因为无法解决级别的晋升，像他这批社会招干进来的老科员早已做好了“科员做到退休”的准备。“我们一直感觉到‘低人一等’，没想到邹院长来看我，还叫我老师！”

2009 年 12 月，邹碧华让何勇对收发室一年的工作量进行数据统计。

一个月后，在新春茶话会上，何勇坐在会场里。突然，他听到台上的院长在提自己的名字——“在恭贺新禧的同时，我们除了要感谢一线法官、书记员的共同努力，不要忘记感谢那些默默无闻的普通工作人员。像何勇老师，他这一年发放报纸 7 万份，发放杂志 4422 本，与法警交换文件 3800 份，收寄各类信件 35600 封，处理退信 4000 封，接待业务庭邮件查询、复印清单 2300 人次，纠正信件差错近 200 封，节约邮费 760 元。让我们大家一起为何勇老师鼓掌！”

掌声雷鸣。

何勇站起身，深深鞠躬。这位在自卫反击战中担任过连队指导员、看过无数战友牺牲、经历过无数子弹从头顶擦过、三次大难不死的老兵，在那一刻泪流满面！

2010 年 1 月 27 日，何勇 57 岁生日。政治部主任来到收发室，送给何勇一张生日贺卡，并正式通知他，党组已决定晋升他为副科。何勇第二次流泪了！“后来一位院办的同事悄悄告诉我，邹院长为了我的事深夜跑到政法委，等了书记足足一个半小时，他对书记说‘这些老科员看不到任何希望但仍然默默无闻地做事，我们不能让老实人吃亏’。”

何勇级别的解决，也使得这一批老科员的晋升问题迎刃而解。

其实，不仅是何勇，很多“老人”都非常感念邹碧华。在长宁区人民法院执行局担任“小总机”的工作人员吴理凤，是执行法官离不开的“全能秘书”。原先在街道工作的她，来到长宁区人民法院负责接听执行总机。有一次她挂完电话，惊奇地发现院长出现在她面前。“吴老师，您接待当事人非常好，比我们有些法官都到位！”邹碧华发自肺腑的称赞，让吴理凤很受鼓舞。

“有一次他过来看我，正好看到桌子上的工资单，一千多块钱。他看了以后说，吴老师，我对不住你，这钱太少了！”吴理凤当时就感动了，“这个院长人真好，实在太好了！”

同样的人文关怀也发生在食堂的一位合同工阿姨身上。一次，由于食堂地板上有水渍，阿姨不小心摔倒在地，正在食堂吃饭的邹碧华立刻过去扶起她，当看到阿姨脸色难看时，他立即安排司机将阿姨送往医院。

“那个阿姨后来告诉我，她在车上哭了，没想到有这么好的院长！”何勇很感慨。

“大哥很会关心人。我念中专时，有一次衣服被人偷了，大哥从父母那里听说了，便从北京寄了 200 元给我。汇款单附言是：俊俊，我寄了 200 元零花钱给你，以后还会寄。他那是安慰我呢。”邹俊华很了解自己的兄长。

帅圣极也记得，1987 年他从师专毕业，前往北京大学找邹碧华玩。“住了 5 天后，我口袋里只剩下十多元，回去的火车票都买不起了，他也没钱了。”第二天，邹碧华居然拿出钱给帅圣极去买火车票。“我以为他是向同学借的，没想到他在宿舍楼门口贴了广告，把他的那辆自行车给卖了！”

“其实他对浪费深恶痛绝。”曾经参加过长宁区人民法院新楼建设工程的设计师老余永远记得那些天天讨论加班的深夜。“无论在场有多少人，邹院长每次都会把盒饭里的饭菜全都吃完，没有一个人可以像他那样！”

从优秀，走向卓越

“艰难的任务能够锻炼我们的意志，

新的工作能够扩张我们的才能，

跟同事合作能够培养我们的人格，

跟其他人交流能够训练我们的品性。”

这是邹碧华在讲课中经常说到的话。很少有人对邹碧华不“怕”，因为他在工作上的严格是出了名的，“我狠得下心批评人。”邹碧华自己说。

在长宁区人民法院的 4 年里，邹碧华如同一个组织机构中的灵魂人物，“知行合一贵在实践”“心中要有一盏灯”“没有思想就是行尸走肉”，这些价值观一点点影响着周围的干警，最后化成了一家法院的精神和文化。

“他每天很早到法院，中午不睡觉，晚上很晚走，到北京出差时也随身带书。时间对他而言不是一天一天，而是一个小时一个小时地计算。有时候凌晨一点，他还会发信息给我，他常常还在自己的‘庭前独角兽’博客里发博文。”长宁法院办公室主任曾俊怡回忆。

在一次建设大楼讨论现场，曾俊怡向邹碧华抱怨考勤卡的改革很难推动：“这个需要后勤管理能力的支撑，院里还有观念冲突，考勤卡制度没必要推进。”

邹碧华立即厉声说道：“你是要容忍残缺，还是继续前行?！”

同样的经历也发生在长宁区人民法院副院长胡国均身上。“他一直强调‘急事急清，日事日清’。有一次他要求信访办同志加快工作节奏，我说‘工作要慢一些，下面同志要有一个适应过程’。他一下子急了，第一次对我红脸了，‘慢能把事情做成吗？你作为分管领导也有慢的意思，下面同志还怎么推’。”

但奇怪的是，无论是曾俊怡还是胡国均，那些被邹碧华“骂”过的人，最后都更钦佩他的为人。

“因为他说你的时候是在说事，他骂你是恨铁不成钢，说到底，他就是个做事的人！”长宁区人民法院信访办原主任滕道荣十分欣赏邹碧华的人格魅力。在担任信访办主任的日子里，每年新年，她都跟着邹碧华一起去信访户家慰问，连轴转的辛苦让她的心脏严重早搏。

“是很辛苦，但我内心觉得值得，这个领导认可我，我很感恩。像他这样的人，这样的智慧、这样传递的能量，你只要学到一二，就足够自己用了。”

在邹碧华担任院长的4年里，长宁区人民法院信访投诉率连续4年以超过30%的比例递减。邹碧华亲自主导开发了信访投诉监控系统，让所有的来信来访从纸质化变成网络化。每天，他在电脑里批示信件，然后分配到各分管副院长，然后再下达到具体的业务部门，信息的可视化避免了以往信访件泥牛入海的情况。

针对执行管理薄弱的问题，邹碧华改革了执行流程机制，将执行分成接待、查控、研判、强制四个环节，改变了以往的“一人一案”管理模式。这种专业化、集约化的优势，在案件增加而人员未增的情况下，使得长宁法院执行绩效跃居全市法院前列，执行投诉率比改革前下降了76%，执行流程的改革也入选了“2010年全市依法治理十大优秀案例”。

“他付出了很多心血，刚来的时候就调阅了100件执行中止案件，500封投诉信。一沓一沓的执行卷宗堆在他办公室，他每天都看。”胡国均很感叹邹碧华的韧性。

“他做的不是简单的创新，我觉得更像是种革命。”曾俊怡对邹碧华在长宁区人民法院创立的可视化革新如数家珍：“开发管理台账信息系统，重点解决中层干部管理能力参差不齐和执行力的问题。建立非审判岗位绩效考核信息化系统，设置关键指标及权重，弥补非审判工作领域的管理空白。建立信访投诉内部听证和‘三见面’廉政管理机制。推进晋级晋职科学化，在晋升条件中加大工作实绩的权重，为能干事想干事的同志提供舞台。”

2012年，时任上海市委书记俞正声、时任上海市长韩正及两任市委政法委书记吴志明、丁薛祥都先后视察长宁区人民法院，对法院的工作高度肯定。

在长宁区人民法院院长办公室工作的陆伟，尊称邹碧华为“精神导师”。这位年轻的华东政法大学民商法本科毕业生，在英国获得国际商法硕士学位，后进入长宁区人民法院，并在邹碧华的鼓励下攻读上海交通大学公共管理硕士学位。

“理想和信念会带来无穷的力量。”邹碧华常常说。在很多年轻人眼里，邹碧华就是一个

"布道者"。长宁区人民法院刑庭副庭长周宜俊、民四庭副庭长章晓琴、行政庭庭长唐杰英、民二庭庭长刘亚玲、少年庭副庭长钱晓峰……无一不对邹碧华学识的渊博和对理想的执着而佩服。

"最简单的，他每天早上进院，车子经过考勤的地方，他就下车照卡，坚持知行合一。"陆伟很怀念邹碧华，"他基本每天晚上 9 点才回家，下楼的时候还会回望一下法院大楼，看看哪个窗口亮着灯，有时候看见年轻人、加班的，都会关心地问两句。"陆伟说。

"他是一个永动机，是我们法院的心脏。"曾俊怡说。

夜晚，星星在夜空中闪烁。

回到家的邹碧华继续在书房静思，设计领导力课程的 PPT，研读王阳明、曾国藩、德鲁克的著作。他最喜欢那句话："有人说，时间在流逝。错了！不是时间在流逝，是我们自己在流逝！"

You can live your dream（你可以实现你的梦想）

2012 年 11 月，邹碧华被任命为上海市高级人民法院副院长。

与其他人的喜悦不同，这次调动带给邹碧华的，是对长宁区人民法院深深的不舍。整整三天，他坐在办公室里，沉默不语。

"把自己的生命热情注入到了一个事物中，然后这个事物突然有一天会离你而去，这个时候你会发现你所在乎的一切都最终会无法挽留。"邹碧华曾对他的一个朋友这样说，"那三天，几乎是一场接近生死的感悟，也促成了我的顿悟。"

三天以后，顿悟的邹碧华走了出来，依旧阳光。

成为上海市高级人民法院副院长的他，在他自己撰写的《从专业思维、管理思维到领导思维——我的成长历程》一文中这样写："人的一生，都有一个需要坚守的价值。理想的完满人格，应当是破除自我，将自己融入到人民中，融入到祖国的法治中。无我，党的事业不朽，如是我心。"

2014 年 6 月 6 日，中央全面深化改革领导小组第三次会议审议通过了《中央关于司法体制改革试点若干问题的框架意见》和《上海市司法改革试点工作方案》。

7 月 12 日，上海市委召开全市司法改革先行试点部署会，正式拉开上海司法改革的序幕。

在此之前，上海市高级人民法院成立了高院司法改革领导小组，并增设司法改革专项试点工作办公室，该办公室与高院司法改革领导小组办公室合署办公，邹碧华任司改办主任兼试点办公室主任。

无数个"5+2""白 + 黑"，上海市高级人民法院司改办的那层楼面常常灯火通明。《上海市司法改革试点工作方案》的制定先后召开了 15 次座谈会，历经 34 稿。

“这日子真不是人过的。”2014 年 4 月，经遴选来到上海市高级人民法院司改办的陆伟觉得自己就像电影《兵临城下》中的那个瓦西里，刚下了火车，就有人塞给他一把枪，然后冲进斯大林格勒保卫战役。“从 4 月到 7 月，每天加班，一直到 7 月 31 日召开全市司改动员大会。我记得那天下午 5 点半我第一次准时下班，我在微信里写‘庆祝本月第一次准点下班回家’。”

司改办的李则立也深深感受到改革的压力。在一次跟随邹碧华赴京汇报期间，大家在午餐时感叹司改之难，邹碧华不无幽默地说：“在座各位的智商加起来都要爆表了，不要怕！”李则立很赞赏邹碧华的斗志：“他应该比我们都累，但面对改革中的反复磋商、针锋相对、妥协共识，他依然保持着旺盛的生命力。”

8 月，司改的工作节奏依然忙碌。“他有时一天会接待 7 拨人。有一次他让我打电话给司机李师傅，让李师傅直接去他前一个开会地点接他，然后他在车后排休息，赶往下一站。”陆伟感叹。

“他累了就在后座拿个靠垫睡一下，星期天从来不休息，有一次我在高院等他下班，一直到凌晨 3 点他才从办公室出来。”李师傅最了解邹碧华为人，虽然跟着这样的院长着实累人，但李师傅愿意。“他心地善良，看到乞丐都会拿零钱给他们。”

12 月 9 日中午，司改办开会。同事们发现，邹碧华的头上沁出了一些微汗。“他身体一直很好，总是有使不完的劲儿，我们都以为出汗是空调太热的原因。”陆伟难过地说。

12 月 9 日下午，邹碧华接待陕西省高级人民法院一行，向来沪的同行介绍上海司改理念、现实困难。他把自己亲自制作的 PPT 演示给法院同行看，同时，面对对方随时提出的问题，他一一解答。“我们没有保留，司改需要共识，需要全国上下一起推动。”

12 月 10 日 9 时，邹碧华前往市委政法委参加专题会议。

13 时 50 分，邹碧华前往徐汇区人民法院途中，胸口开始剧烈疼痛起来。

14 时 58 分，陆伟发微信给邹碧华：“邹院长，司法改革舆情摘编弄好了，您在的话我给您送过来。”没有回音，陆伟以为邹碧华很忙。

15 时，司改办副主任张新将陆伟叫到办公室，两人赶往瑞金医院。

15 时 30 分，陆伟在急救室看到安静地躺在病床上的邹碧华。——“我们要的不是歌功颂德，我们是为了让大家思考，不要让我们的改革走弯路。”前一天邹碧华指导他如何做舆情摘编的声音还在陆伟耳边，陆伟的眼泪夺眶而出。

17 时 20 分，天空下雨，邹碧华去世。

家人、朋友、前辈、同事、同行、老师、学生，认识的、不认识的，随着这一噩耗在微信圈的传出，整个法律圈震惊，人们在流泪。无数的悼念、悼文、视频、文章开始出现在各家媒体，邹碧华以他学者型法官的才华、公正不阿的性格、善良纯朴的品行以及对法律同行的尊重，赢得了人们的敬仰。

曾记得，就在邹碧华离世两周前，他参加了全国律协民委会和知识产权委员会双年会。邹碧华在主题演讲时说了一句话："法官与律师的相互尊重是良性互动关系的一个起点，律师对法官的尊重程度代表着法治的发达程度，法官对律师的尊重程度，则代表着社会的公正程度。"此言一出，现场立即爆发出雷鸣般的掌声。

邹碧华走了，留下来的未竟事业怎么办？

12 月 12 日，一位年轻的法律人在微信里写："如果选择哪一种态度，我想继承是最好的纪念，改革路上邹院长播下的种子，在合适的时候会生根发芽，也许长成参天大树！"

12 月 13 日，北京大学法学院传出消息，该院将设立"邹碧华奖学金"，以纪念他在司法工作上的突出成就。

碧华，如果你听得见，这应该是你建构法治社会理想的其中一梦吧。

碧华笑了。

2014 年 12 月 9 日，去世前一天，邹碧华在手机里看到一个震撼人心的演讲视频《梦想》，片中的每一句话恰如他心：

……你可以让你的父母骄傲，
让你的学校骄傲，
你可以感动百万人的生命，
世界会因为有你而不同。
在被人拒绝了或说不时，
即使自己的心态使你停下脚步，
一次又一次的迷失没了动力，
还是要每天反复地想着自己的梦想，
然后对自己说游戏还没结束，直到我胜利，
You can live your dream（你可以实现你的梦想）！

（原载《人民法院报》2014 年 12 月 14 日，记者严剑漪）

别了，碧华兄

“背着‘黑锅’前行，是改革者必须经历的修行”

这些年，每到上海，无论公私，总会给碧华发个微信。只要他腾得出空，就会一起坐坐。11 月 29 日，我到上海参加一个会议，循例告他，约好等他加班结束，在浦东一家餐厅晚饭。

与碧华碰面，话题总与“司改”相关。这次也是一样，聊了会儿即将设立的跨行政区划法院，主题又回到正被热议的法官员额制上．

我的问题是：“全国法院都盯着上海如何将法官员额压缩到队伍总数的 33%，对你们来说，最大的难题是什么？”

他语气坚定：“当然是避免搞‘一刀切’，不能为了图省事、求便利，就欺负年轻法官，将助理审判员‘就地卧倒’转为法官助理，一定要有一个科学的考核标准，让真正胜任审判工作的优秀法官进入员额。”

“这是最正确的路径，但也最麻烦，最得罪人。”我追问，“你们会怎么制定标准？怎样科学考核？如何合理设定过渡期？没有进入员额的‘老人’该如何安排出路？怎样给未来的法官留下足够的入额空间？”

他笑说：“你的担心和疑虑，我们也想到了，而且做了充分的准备。这项工作很快就会启动，相信上海一定会给全国法院提供一个很好的示范。”

这些话，透着坦率、自信、乐观和周到，是典型的碧华风格。有些道理，我仿佛懂、也到处讲，但内心有顾虑、不确定，经他这么一鼓劲，才变得愈发坚定。

临近结束，我倒起苦水：“以前业余做翻译，传播司法文化，也有人说怪话，但人缘总体不错；近年全心做司改，反而处处被黑，许多糊涂举措，明明与己无关，却被抹在身上，说不清楚……”

碧华宽慰我：“要说‘黑锅’，谁有我‘黑锅’背得多！可是，做改革，怎么可能不触及利益，怎么可能没有争议。对上，该争取时要争取，该顶住时要顶住；对下，必须要有担当，无论如何，都不能让那些在一线辛苦办案的老实人和年轻人吃亏。我让人搜集了微信上所有吐槽‘司改’的文章和段子，既报给领导参考，也时刻提醒自己，避免犯那些文章中提到的错误。

背着‘黑锅’前行，是改革者必须经历的修行。”

临别时，起风了，广场回荡着圣诞音乐。碧华走了几步，突然回头说：“何帆，司改道路漫长，要注意身体啊，少吃多走，你看我现在都瘦了！”我苦笑：“你这是累的！”

互道珍重，握手，转身，告别。两周之后，我才真正体会到“每一次转身，都可能是一次永别”的残酷。

“空间再小，也得让每位法官有一间独立的办公室”

我是刑事出身，对民事审判不太熟悉，所以，碧华凭那本《要件审判九步法》名扬司法界时，我却并不知晓。2011 年，微博方兴正艾，我一时兴起，也注册了一个。那时还没有雨后春笋般的法院官微和实名法官，各路法律人顶着形形色色的 ID，交流、辩论、吵架、调侃。一次，因参与“法官与律师关系”的话题，与一位名叫“@ 庭前独角兽”的 ID 聊了几句，竟颇为投缘，私信交换身份，才知道他是时任上海市长宁区人民法院院长邹碧华。

2012 年 11 月 23 日，我到上海出差，即将调任上海市高级人民法院副院长的碧华主动邀请我到长宁区人民法院看看。见面时，才发现他竟是个 1 米 81 的大个头，笑容真诚、态度谦逊、善于倾听，毫无官僚气息。一个上午时间，他用 3 个 PPT，系统展示了长宁区人民法院如何利用信息化手段加强审判管理、量化工作业绩、规范执行工作。介绍情况时，他语速很快，节奏感强，逻辑非常清晰。

与某些法院“作秀式”的信息化不同，长宁区人民法院的信息化贯穿着实用主义理念，各种管理软件都是自主开发，完全以具体问题为导向，并根据使用效果不断修正。我与同去的同事感慨，与其砸那么多钱开发软件，还不如认认真真总结上海经验、研发推广。

精细、科学、实用的管理理念，与碧华的司法经历有很大关系。他 1988 年北大毕业进入法院，从书记员、助审员、审判员做起，一步一个脚印，既在最高人民法院研究室上挂过职，也在美国联邦司法中心访问过，先后担任上海市高级人民法院研究室副主任、民一庭副庭长、民二庭庭长，2008 年调任长宁区人民法院院长。

用他的话说：“之前都是铺垫，当基层法院院长才是真正的磨炼。”后来每次交流，他谈得最多的，也是基层法院院长经历，要拜好区委、人大、政府的每一尊大神小神，要善待形形色色的当事人，要协调各种错综复杂的利益关系。他常对我说：“最高法院法官一定要多跑基层、多接地气，千万别把基层法官视为司法蝼蚁，你们出台的小小一个举措，都可能涉及千千万万基层法官的利益。”

在长宁法院参观时，我发现一个小细节：虽然空间狭小，但所有的审判员都有一个独立的办公室。碧华说，这是他的主意。法官偶尔会在办公室会客，如果跟其他政府机关一样，三三两两的人挤在一个屋里，电话此起彼伏，人员进进出出，既不能树立司法权威，更不利于维护职业尊荣。所以，大楼装修时，他力主压缩会议室等公共空间，“空间再小，也得让每位法官有一间独立的办公室。”

“认真的人，在任何岗位做任何工作都出色”

碧华任上海市高级人民法院副院长后，一度分管刑事审判。我曾问他：“您的专长是民事，怎么管起刑事来了，就不怕掉链子？”他回答：“既是组织安排，也是新的挑战。”

碧华在长宁法院时，就格外注重维护法官与律师的关系，曾发表过一篇流传甚广的文章：《法官应当如何对待律师？》。他回到高院时，刑事庭审上的激烈对抗，已经延伸到法官与律师之间。我很好奇，不知他分管刑事之后，是否会屁股决定脑袋，把律师作为“假想敌”。

然而，就像一位同行对碧华的评价，“认真的人，在任何岗位做任何工作都出色。”无论是大要案，还是小庭审，他都事必躬亲，认真组织庭前程序，做好舆情预案，积极与律师沟通交流，注重听取律师意见。他用行动说明：尊重律师、注重沟通，天塌不下来，庭开得更好。

碧华大我 11 岁，却比我们这些人更“潮”。走在哪儿都是一副 IT 精英范儿，完全不像个法院“领导”。PPT、KEYNOTE 等软件，他玩得比谁都熟。业界有什么好书新书，他也都第一时间知道。每次与碧华见面，他都会拉着我聊阅读心得，写下一张书单推荐我阅读。他的公文包内，时常放着厚如砖块、写满批注的英文管理学著作。《大数据时代》《定位》《基业长青》……这些信息化与管理学题材的书籍，最初都是他推荐给我的。“我们做司法改革，光懂审判业务和法院那点儿事是不够的，你必须及时吸取其他学科的最新成就，可视化、大数据、移动终端……都是未来的大趋势，法院现在不研究、不跟上，将来就会被别的行业嘲笑。”

2013 年 11 月 27 日，最高人民法院在深圳召开“全国法院司法公开推进会”。当晚，碧华约我在酒店大堂聊聊，谈谈即将全面启动的司法改革。当时，无论是法官员额制，还是新的审判权力运行机制，都还在酝酿和探索之中。而他已和我分析起各种改革举措的实现路径：“你们一定得注重发挥信息化的作用。依托信息化手段，采集人案数据，为法官员额制做好准备……要开发裁判文书智能化分析技术，推动法官认真说理，而不是敷衍应付……要探索建立互动式评价机制，法院工作外界满不满意，不能光是法院自己说了算，但也不能全由当事人说了算，得有一个科学、客观的第三方评价机制……审判辅助人员不到位，法官员额制就彻底失败了，但是，一定要给辅助人员预留足够的发展出路。不给出路，谁给你好好干？……”他越说越兴奋，显然已经经过长期的思考，我在手机备忘录上认真记录，边记边聊。

同事事后问我：“你俩聊什么心灵鸡汤呢，大家傍晚出去活动时见你们在大堂聊；结束回来时，看你们还在聊！”我回答：“在取经！”

担任上海市高级人民法院副院长后，邹碧华主持制定了上海法院信息化建设三年规划，综合运用互联网、“大数据”“云计算”等信息技术，推动了上海法院信息化建设的步伐

“改革这种事情一直是一点一点往前拱的”

2014 年，司改大幕拉起，上海成为全国司法改革的领头羊。上海法院的操盘手之一，正是碧华。他与他的司改团队，时刻处于高速运转状态，开会是常态、加班是常态、汇报是常态。虽然私交很好，可碧华每次找我，全是为了公事：“如何合理论证法官待遇应当有别于普通公务员？”“聊聊你对各地试点的看法？”……唯一一次求助，也是为了公事：“上海法院改革不易，一不小心就得碰壁，你要多写文章支持上海！”正是因为他的鼓励，我才写了那篇《做好法官员额制的“加法”与“减法”》，坚决反对让助理审判员“就地卧倒”的做法。

从北京、江苏到长春、青海，每次司法改革座谈会和论证会上，都能见到碧华的身影，听到他的高论。在上海举行的“法官工作量测算与法官员额制改革座谈会”上，碧华的 PPT 展示再次震惊全场。原来，我们之前聊过的人案大数据库、案件权重测算法、工作量可视化展示，都已被他不声不响地运用到上海的司法改革中，其精细、科学、周到程度，令参会者叹为观止。

有一段时间，上海的“33%”，被误解为全国的“33%”。改革红利未能及时兑现，也把上海法院推到风口浪尖。在微博或微信群内，时常有同行对上海改革冷嘲热讽。每次受到批评或嘲讽，哪怕再尖锐，碧华都不会动怒。他在我们共同参与的某个司改交流群中说：“改革这种事情一直是一点一点往前拱的，每次能有一点点进步就是成功。在各种力量相互制约、各种思想相互碰撞、各种利益相互博弈的背景下，很难形成一种周全详尽的方案。”

是啊，无论在中央还是地方，作为改革参与者，我们都深知“拱”的艰难。常常跟人感慨，所谓“顶层设计”，精力都花在“顶”上了。中央领导要求司法改革既要有理想，又要接地气。可真正操作起来，理想主义会被批评为幼稚偏激，接地气时常被以脸跄地。与碧华每次见面，我俩都会分享被“黑”的经历。偶尔我也会表示有些灰心，想调回审判岗位，远离司法改革。他总会鼓励我：“哪儿有把船划到江心就弃桨投江的道理，走上这个岗位，就得承担起这个岗位的使命与责任，这是我们60后法官该有的担当，也是你们70后法官该有的担当，未来还会有80后、90后法官接过船桨，把司改事业推进下去。决不能让我们现在的改革努力，变成未来的改革对象。”

“你使许多事情发芽，而自己被冬天拂去如落叶”

12月10日晚6点，在国家法官学院参加完一个司法改革座谈会，回城路上刷着微信，突然在一个法官群瞥到“上海高院副院长邹碧华去世”的消息，大吃一惊，颤抖着致电上海市高级人民法院一位朋友。朋友说：“是真的，我正在医院……”追问细节，才知道碧华是在赴徐汇区法院参加司法改革座谈会途中，突感不适，送院抢救，终告不治。他还是倒在了前行的路上。

回到办公室，一个人坐了半小时，才缓过劲来。打开朋友圈，无论法官、检察官，还是律师、学者，所有人都在表示哀悼和致敬。虽然他自嘲自己背了不少“黑锅”。可令我欣慰的是，那些他认为可能对自己不满的同行、那些听过他传道授业的律师，都在真心诚意地纪念他。

虽然大家常常说“法律职业共同体”，但明眼人都知道，所谓“共同体”，还只是一个一厢情愿的传说。但在碧华离世这天，想象中的“法律职业共同体”，终于在网络上的各种自发悼念中出现。他以自己的远见卓识、法律素养和对司法事业的热忱，赢得所有人真诚的敬意。即使在一个众声喧哗的时代，一名追求卓越、敢于担当的法官，仍然是受到众人尊重的。而这些，远比体制在你入院时送个花篮、追悼时送个花圈要荣耀风光。

几天前，我编了一则《邮票上的法院与法官》的微信公号文章，在“法治中国”微信群上感慨中国邮票上何时才会出现司法题材，碧华调侃说：“现在哪儿还有人用邮票啊？应该让司法入币才是正道。”这是他在群内的最后一句话。而他的孜孜努力，他为之奋斗与献身的，并非个人荣辱，也不是入邮入币，而是要让法院更像法院、法官更像法官，让这个国家的司法，真正担得起值得担负的权威与荣耀。

网络上的悼念和追记很多，但我想，如果碧华在天有灵，一定会喜欢他的北大学妹、一位 80 后广东法官写给他的诗，姑且用这首小诗作为结束吧：

你使许多事情发芽
而自己被冬天拂去如落叶
十二月十日，上海小雨
船到江心
操桨者骤然沉默
耳边只余风声
独角兽回到了寓言里
谁来驮负巨大的词语
——有的人说会放弃；
——有的人说会继承。

（原载法影斑斓微信公众号，2014 年 12 月 11 日，何帆）

谭彦

Tan Yan

男，汉族，吉林集安人，1960 年 10 月出生，中共党员，1985 年 7 月参加法院工作，生前任辽宁省大连经济技术开发区人民法院党组成员、副院长。2004 年 11 月因病去世，年仅 44 岁。谭彦同志时刻牢记人民法官的神圣职责，在案件审理中，始终坚持以事实为依据、以法律为准绳，不向恐吓低头，被人民群众誉为“铁法官”。他有坚强的党性，1989 年得知患上严重慢性纤维空洞性肺结核、生存时间有限后，他没有选择治疗休养，而是以惊人的毅力与病魔进行抗争，用更加忘我的工作实践自己“活着就要工作”的誓言。在 1993 年至 1994 年身患重病的情况下，审理案件 108 件，高出全院人均审案件数 44%；结案 105 件，高出全院人均结案数 50%，两项工作指标都名列全院第一，且无一发回改判。1994 年 6 月，他连续高烧 5 天不退，还坚持 4 次开庭，庭审完后才去医院治疗，用生命诠释人民法官的执着和坚守。荣获全国优秀共产党员、最美奋斗者、十大中国杰出青年卫士、全国法院模范等称号。

学习决定、通知

最高人民法院
关于授予谭彦同志全国法院模范称号的决定

法〔1996〕65 号

辽宁省大连经济技术开发区人民法院审判委员会委员、刑事审判庭副庭长谭彦同志，中共党员，现年 36 岁，1985 年 7 月大学毕业后分配到法院工作。参加工作以来，他牢固树立全心全意为人民服务的思想，以共产党员的标准严格要求自己，兢兢业业，艰苦奋斗，无私奉献，廉洁自律，表现出了一个共产党员的高尚情操；他具有高度的革命事业心和强烈的工作责任感，对审判业务刻苦钻研，精益求精，成绩显著；他严肃执法，不徇私情，克尽职守，忠实地履行人民法官的神圣职责，被人民群众誉为秉公办案的“铁法官”；他舍身敬业，忘我工作，在身患重病，医生告诫他必须全休治疗，否则最多只能活五年的情况下，忍受了常人难以想象的巨大痛苦，顽强地与病魔作斗争，坚持工作，不屈不挠，履行自己“活着就要为党和人民工作”的诺言，出色地完成了各项审判任务，作出了突出贡献，树立了新时期人民法官的高大形象。根据《人民法院奖惩暂行办法》第四条、第六条和第八条之规定，决定授予谭彦同志全国法院模范称号。

1996 年 7 月 16 日

最高人民法院

关于向谭彦同志学习的决定

法发〔1996〕23 号

全国地方各级人民法院，各级军事法院，各铁路运输中级法院和基层法院，各海事法院：

辽宁省大连经济技术开发区人民法院审判委员会委员、刑事审判庭副庭长谭彦同志，在身患重病，随时有可能被病魔夺去生命的情况下，全身心地扑在审判岗位上，忘我工作，严肃执法，秉公办案，以一流的工作业绩和无私奉献的精神风貌，树立了新时期人民法官的高大形象，受到人民群众的高度赞扬。

谭彦同志现年 36 岁，1985 年大学毕业后参加法院工作，1990 年加入中国共产党。工作十一年来，多次立功受奖，先后被评为市、区先进工作者、优秀共产党员、杰出法官、杰出青年，荣立个人三等功，今年又被大连市和辽宁省高级法院分别授予特等劳动模范称号，并荣记个人一等功。日前，最高人民法院决定授予他全国法院模范称号。谭彦同志爱岗敬业，甘于奉献。他先是主动放弃市区优裕的生活环境，志愿到刚刚起步、条件比较艰苦的开发区工作。在因工作过度劳累而身患重病之后，面对医生“必须长期全休治疗，否则最多能活五年”的忠告，他义无反顾，以惊人的毅力与生命争夺时间，用更加忘我的工作来实践自己“活着就要工作，死也要死在工作岗位上”的誓言。1993 年至 1994 年，他的病情再度加重。但是在这期间他克服常人难以忍受的疾病折磨，审结案件 105 件，高出全院法官平均结案数的 49%，而且无一发回改判，真正做到了生命不息，奋斗不止。谭彦同志具有坚强的党性原则，在开发区这种特殊的工作环境中，无论是面对创业时的艰辛，还是身处初步繁荣后的灯红酒绿，都能经受住考验，做到遵纪守法、清正廉洁、铁面无私、秉公执法，被誉为“铁法官”。

谭彦同志是在新的历史时期成长起来的年轻法官中的杰出代表，他的模范行为，源于他时刻牢记“自己的一切是党和人民给的，要为党、为共产主义奉献一切”的誓言。他的思想和事迹，集中体现了新的历史条件下人民法官所应具备的优良的政治、业务素质和秉公执法、无私奉献的精神风貌。宣传、学习谭彦同志，对于增强法院干警建设有中国特色社会主义的使命感和责任感，提高贯彻执行党的基本路线的自觉性和坚定性，加强队伍的素质建设和廉政建设，促进审判改革，有着重要的现实意义。

最高人民法院决定，在全国法院干警中广泛深入开展向谭彦同志学习的活动。学习他胸怀共产主义远大理想，忠诚党和人民的事业，忘我工作，无私奉献，生命不息，奋斗不止的崇高思想；学习他全心全意为人民服务，满腔热情和高度负责地对待群众，以法律为武器，坚决维护人民群众的利益的高尚情操；学习他热爱本职工作，刻苦学习，钻研业务，在本职岗位建功立业的敬业精神；学习他勇于牺牲，甘于吃苦，廉洁自律，克己奉公，秉公执法，刚正不阿的优秀品质。

开展向谭彦同志学习的活动，要同贯彻落实江泽民同志关于努力建设高素质的干部队伍的重要讲话精神和党中央关于精神文明建设的整体部署结合起来，坚持两手抓、两手都要硬，在抓严打，抓大案要案，抓业务建设的同时，努力搞好法院的思想政治建设和队伍建设。宣传学习谭彦同志，还要紧密联系法院干警的思想和工作实际，引导党员干部牢固树立正确的世界观、人生观和价值观，自觉抵制拜金主义、个人主义和腐朽生活方式的侵蚀，坚决杜绝“金钱案”、“人情案”、“关系案”，始终保持人民法官的本色。广大法院干警要以谭彦同志为榜样，努力做到江泽民总书记所希望的“刻苦学习，勤奋工作，勇于创造，自觉奉献。”

各级法院党组织和领导，要把开展向谭彦同志学习的活动，作为当前加强法院思想政治建设的一项重要工作来抓，周密部署，认真安排，切实抓紧、抓好，做到学有成效。要在开展学习活动的同时，及时发现和总结、表彰、宣传本地区、本单位的先进典型，在全系统掀起一个“学先进、树形象、比奉献”的热潮。各地宣传学习的情况和反映，请及时报最高人民法院政治部。

1996 年 7 月 16 日

先 进 事 迹

让人生更加充实

一个人的生命是有限的，尤其是随时都有可能被病魔夺去生命的人，时间就显得更加宝贵了。如果一味地躺在病床上悲观失望屈服于疾病，尚不如正视现实，振奋精神，忘我工作。

作家奥斯特洛夫斯基说得好："人最宝贵的是生命，生命属于人们只有一次。人的一生应当这样度过：当他回首往事时，他不因虚度年华而悔恨，也不因碌碌无为而羞耻。这样，在临死的时候，他就能够说：'我已把自己的整个生命和全部精力都献给了世界上最壮丽的事业——为全人类的解放而斗争。'"

只有正确认识和对待生命、时间、工作这三者之间的关系，我才能摆脱疾病的困扰，在有限的时间里充分发挥自身的潜能，刻苦学习，努力工作，有一分热发一分光来报答党和人民。也只有干好工作，才能不愧对肩上的天平和头顶的国徽。

诚然，我之所以这么做，并未想去索取什么，也没想到今天能得到党和人民给予我这么高的荣誉，我只是想活得更充实，更有益一些，默默地为党为国家多做一份工作，是我心里的最大宽慰。

成绩已经属于过去，它不能代替今天和未来，我决心从今天开始，从现在做起，绝不辜负法院领导和同志们对我的关心和支持，争取在最短的时间里养好病，尽早以健康的体魄投入到工作中去，为人民法院的建设与发展贡献自己的一份力量。(谭彦)

燃烧的青春之光

谭彦同志是辽宁省大连经济技术开发区人民法院审判委员会委员、刑事审判庭副庭长。他出生在吉林省集安市，小学和中学时代都是在集安市度过的。1980 年 8 月，他以优异成绩考入吉林大学法律系，迈出他立志做一名人民法官的第一步。1985 年 7 月大学毕业后被分配到大连市中级人民法院。不久，他放弃优越的城市生活，主动要求参加开发区人民法院的筹建工作，担任书记员。

作为国家第一个批准的大连开发区当时创建不到一年，又坐落在农村，工作环境和生活条件都很艰苦。谭彦的身体不太好，加上来到开发区后工作过度劳累，1989 年 3 月他连续高烧 20 多天还坚持上班，实在支撑不住，被迫住进医院，经诊断患“慢性纤维空洞型肺结核”。医生预言：“长期全休治疗还能活下去，否则最多能活五年。”

当年谭彦才 28 岁，面对这无情的现实，是躺下来还是干下去？他坚定地选择了后者。他以惊人的毅力，克服了常人难以忍受的病痛折磨，继续忘我地工作。谭彦同志珍惜生命，热爱生活，但他更热爱法官的事业。在改革开放的大潮中，他努力实践自己的理想追求，由于表现突出，1990 年 3 月光荣地加入了中国共产党，成为开发区法院筹建以来第一个发展的新党员。1993 年 3 月被任命为审判员。同年 6 月，开发区人民法院正式成立，不久他就被任命为刑事审判庭副庭长。

作为一名手中握有权力的法官，谭彦同志高度负责，秉公执法，以实际行动树立人民法官的高大形象。在办案过程中，面对求情者，他晓之以法，动之以情；面对恐吓与威胁，他泰然处之，毫无惧色；面对拉拢腐蚀，他毫不动心，一尘不染。十几年来，他公正执法，秉公办案，不让肩上的天平失衡，赢得了当事人和人民群众的信赖。

法律无情，但法官有情，法庭上他忠实地捍卫法律的尊严，法庭外他用自己的情去感化温暖别人的心。群众由衷地赞誉他是咱老百姓的法官。他说：“我们头顶着国徽，肩扛着天平，绝不能在我们手中办错案子。”为了办好案子，他拖着重病的身体紧张地工作，甚至千里迢迢去深圳，为公平办案忙碌奔波。

作为一名身处改革开放前沿的共产党员，谭彦同志自觉地加强党性锻炼，忠诚实践为人民服务的宗旨。他党龄不长，但他的党性很强。在谭彦看来，人的生命是用时间来计算，而人生的价值却用奉献来衡量。多年来，他用共产党员的标准严格要求自己，特别是在他身患重病，随时都有可能被病魔夺去生命的时候，他不是悲观失望，而是奋力拼搏，不顾组织和同志的再三劝阻，以“死也要死在工作岗位上”的奉献精神，在平凡的岗位上创造了不平凡的业绩。

我们是人民法官，在法庭上，要忠实地捍卫法律的尊严；在法庭外，还要用自己的真情，感染和教育更多的人学法、懂法、守法。

1993 年至 1994 年，开发区人民法院人均审理案件 75 件，谭彦审理了 108 件；人均结案 70 件，谭彦结案 105 件，并且没有一件发回改判。这段时间，正是他病情严重时期，为此，他要付出比别人加倍的努力和代价。

他把奥斯特洛夫斯基的一句名言当作自己座右铭：“人的一生应当这样度过：当他回首往事时，他不因虚度年华而悔恨，也不因碌碌无为而羞耻。这样，在临死的时候，他就能够说：‘我已把自己的整个生命和全部精力都献给了世界上最壮丽的事业——为全人类的解放而斗争。’”

作为一名新时期成长起来的青年干部，谭彦同志努力树立正确的世界观、人生观和价值观，把党和人民的事业作为自己最高的理想追求。他选择了开发区，投身于开发区的建设中，而开发区创业的实践，又为他锻炼成长提供了广阔的舞台。他刻苦学习，努力提高思想政治素质，提高办案的业务水平，自觉地在工作中磨炼自己，挤时间钻研业务，身患

1985 年谭彦参加大连市中级人民法院开发区审判庭的筹备工作

重病还专业书本不离身。勤奋的学习和扎实的实践，使他迅速成长为一名优秀的年轻法官。

谭彦同志在平凡的岗位上创造出不平凡的业绩，他的先进事迹得到各级组织多次表彰。1993 年以来，谭彦同志先后被省、市人民法院各记一等功和三等功一次；先后被评为开发区优秀共产党员、大连市模范共产党员和辽宁省优秀共产党员；并荣获大连市杰出人民法官、大连市特等劳动模范和全国法院模范等荣誉称号。

各级党组织和同志们都十分关心他，省、市和开发区领导多次到医院看望，并尽最大力量给他安排医疗和休息条件。熟悉和不熟悉他的人，纷纷以各种形式向他表达自己的爱心和敬意。很多人打电话或到医院慰问他，有的还送来药方，盼望他早日康复。

谭彦同志的事迹在大连市和辽宁省广大党员干部和群众中引起强烈反响。1996 年 3 月 5 日，大连开发区党委作出向谭彦同志学习的决定，在全区党员、机关干部和广大青年中开展了“学习谭彦，争当一名好党员、好公仆和好青年”活动，谭彦精神成为激励全区人民努力建好开发区的宝贵精神财富。6 月，中共大连市委、辽宁省委和最高人民法院都作出了向谭彦同志学习的决定，号召和组织全市、全省广大党员、干部和群众以及全国法院系统干部向他学习。

在中央领导同志关心下，中央组织部、中央宣传部和最高人民法院还组织了中央新闻单位谭彦事迹采访团，专程赴大连进行采访，很多同志是含着热泪进行采访和工作的。

这次来北京前，我们报告团的同志又到医院看望了谭彦。目前，他的精神很好，经过这段时间住院治疗，病情稳定并有所好转。他非常感谢各级领导和各方面同志对他的关心和爱护，一再表示将不辜负党和人民对他的期望，积极配合治疗，争取早日重返工作岗位。同时，委托我们借此机会转达他对首都人民的亲切问候和崇高诚挚的敬意。

在整理和宣传谭彦同志事迹过程中，我们报告团的同志以及所有参与这项工作的领导和同志们，都深深地为谭彦的精神所感动。他顽强拼搏、无私奉献的精神鼓舞着我们更加勤奋地工作。他的事迹也启迪我们去思考，我们应当怎样去走自己人生的路。

谭彦同志的崇高精神，将永远激励着我们！（于怀江）

铁骨铮铮铸心碑

我是谭彦的同事，一起共事了七年，相互都很了解，结下了深厚的友谊。这七年，正是谭彦经受病痛折磨的七年，但他以惊人的毅力与病魔抗争，秉公执法，无私奉献，树立了人民法官的高大形象。从谭彦身上，我们看到了应当怎样去做一名好法官，怎样去做一名好党员，怎样去做一名好公仆。

下面，我就向同志们介绍一下我所了解的谭彦。

1985 年 7 月，谭彦来到了大连经济技术开发区，为筹建审判机构收集第一手资料。当时的开发区创建还不到一年，一片荒地。有人曾劝他："开发区太苦了，连间办公室都没有，别去了。"可谭彦却说："咱年轻，苦点不怕。"在这以后的两年里，谭彦住在离开发区十多里外的金州区人民法院，因为没有班车和自行车，每天来往开发区和到单位、乡村了解情况，靠的就是两条腿。累了，就在道边歇一歇。

1987 年 4 月，他背着行李住进了开发区低矮、潮湿的简易房，开始了他的审判工作。当时，开发区审判庭人手少，作为书记员的谭彦，要配合六个法官办案。白天跟着法官东奔西跑，调查取证，调解案件，开庭审判；晚上还要加班加点，常常熬通宵。虽然又苦又累，但他从不抱怨。过度的劳累，艰苦的条件，使谭彦的健康状况越来越差，身体越来越虚弱。

1989 年春天，谭彦发起高烧，持续 20 多天，大家劝他快去医院，他说："现在这么忙，就我一个书记员，耽误几天，就会影响全庭工作。我能抗得住，过一阵子再说吧。"他一边咬牙坚持工作，一边照顾临产的妻子。孩子出生的第二天，谭彦因病情严重被我们强行送进了医院。经过诊断，医生断言，若不全休治疗，最多只能活五年。全庭同志得知了这个消息后，心里都十分难受，生怕谭彦经受不住这个打击。

这消息不知怎么让谭彦知道了，他却笑了笑对大伙儿说："5 的后面再加个零吧，我还要再活 50 年。"高烧一退，谭彦就坐不住了，他不顾医生的再三劝阻，出院上班了。医护人员说，从来没有见过这样的病人，为了工作，命都不要了。

谭彦出院后，工作起来像是在拼命。天长日久，工作的劳累加上疾病的折磨，使他的身体更虚弱了，体重急剧下降，一米七六的汉子，只剩下了 80 斤，两条腿还没有正常人的胳膊粗。为了保持一个人民法官的尊严，他在夏天就多套条裤子支撑着裤管；冬天就在制服里面

1995 年谭彦与同事一起研讨案情

套上一件羽绒棉衣；由于脖子太细，衣服领子撑不起来，他在开庭时就用夹子把后衣领夹住。

我们法院先后在开发区一个综合楼的五层和四层办公，他每天爬楼梯，每上两三级台阶，就要站一会儿，喘一喘，每上一层楼梯，他都气喘不停，大汗淋漓，上到五楼要用 10 多分钟。病重时，他经常咳嗽得睡不着觉，剧烈的哮喘使他蜷成一团。即使这样，谭彦也从未耽误过工作。

1993 年至 1994 年，是医生要求谭彦必须全休治疗的两年，但他没有休息，他承办案件的结案率、调解率、无超审限三项指标均列全院第一。可以想象，对于这样一个随时都可能被病魔夺去生命的人，需要付出多么大的代价！

谭彦说过："我的生命是党给的。我活一天，就要工作一天，即使死，也要死在岗位上。"从谭彦身上，体现着一个共产党人，一个人民法官对事业的执著追求。

1994 年夏天，谭彦到大连市中级人民法院开庭，那几天，他正发着高烧，体温一直在 38℃以上，身体非常虚弱，一阵阵冒着虚汗。同事们得知这个情况，劝他将案件推迟几天审理，他摆摆手，服下一大把药说："开庭是一件很严肃的事情，公告都发出去了，怎么能说改就改？没有事，我吃点药就顶过去了。"说完就走上了法庭。

这次审理的是三个案件，两个盗窃案，一个抢劫案，涉及七个被告人，谭彦是审判长，并担任一个盗窃案和一个抢劫案的主审。在法庭上，谭彦神情庄重、思维敏捷，把两个盗窃案审得清清楚楚，无懈可击。当这两个案件审完的时候，已经是中午了，谭彦浑身无力，不停地咳嗽，大家都劝他好好休息休息再开庭，可他简单地吃了几口饭，又服下了一大把药，便开始了下午的审判。

这起抢劫案的案情很复杂，谭彦始终高度认真地审理着，每一个小小的细节都不放过。我们都生怕他顶不住，会晕倒在审判席上。庭审的前半阶段，谭彦声音沉稳，义正词严，庭审主持得很流畅，但接下来，声音变得越来越微弱，他实在太累了，太虚弱了，法庭调查还没结束，他竟连说话的气力都没有了，只好让合议庭的两名审判员宣读证据。这时候，法庭里的每一个人，谁也没有想到，端端正正坐在审判长席位上的谭彦，这个案件的主审法官，臀部已经磨破了，出的血浸透了内裤。在这种情况下，他忍受着常人无法忍受的痛苦，支撑着，顽强地支撑着，一直撑到下午三点，这桩案子才圆满审结。

回到家里，他便瘫倒了，妻子吓坏了，哭着把我们喊到他家，只见他两眼紧闭，脸色苍白，呼吸十分微弱。我们赶忙把他送进医院。经拍 X 光照片，他的肺部的空洞像蜘蛛网一样，加上长期大量服用药物，各种药物的副作用已使他交叉患上了肺心病、心力衰竭等疾病，肝、肾、脾、胃等器官也不同程度地受到损害，必须住院治疗。但谭彦还是艰难地从病床上爬起来，对医生说："不行啊，院里工作那么多，我不能在这儿躺着。"医生又气又心疼地对谭彦喊道："你病成这个样子，还要上班，你不要命了！"

难道谭彦不珍惜自己的生命吗？不，正是因为他知道生命的宝贵，他才在有限的生命里，争取多做点工作。大家可能要问，谭彦病成了这个样子，为什么还让他上班工作？由于当时开发区法院处于组建过程中，任务重，人员少，审判工作一直处在超负荷运作状态，一个人要干几个人的活，谭彦深知这一点，所以只要身体能挺得住，他就铁着心地坚持在岗位上，无论谁劝他，都没有用。

谭彦坚持带病伏案工作，撰写裁判文书

谭彦因病重住院共有五次，都是被大家强行送进医院的。领导和同志们被他这种不屈不挠的工作精神所震撼，院长含着眼泪说："谭彦呀，谭彦，我们就是为了你能做更多的工作，才要你安心养病，身体是革命的本钱，身体垮了，你想干都干不了啦！”

听了院长的话，谭彦哭了，他说：“为了治好我的病，组织上尽了很大的努力，领导和同志们都费尽了心，我的生命是党给的，我活一天，就要工作一天，即使死，也要死在岗位上。”

谭彦的这席话，说得在场的同志们热泪盈眶。年初，谭彦病情再度加重，为了保障他的生命安全，院长强令撤掉了他的办公桌，逼着他住进了医院。谭彦的心情很沉重，他恳求院长说：“我知道我现在病成了什么样子，我还能干几年？干一年少一年，你真让我闲着，我还活着干什么！”面对着这么坚强的战友，院长流着泪，说不出一句话。

谭彦是一个风趣的人，他和同事们相处得十分融洽，大家都喜欢和他一起共事、聊天，有事儿愿意和他商量，有困难愿意找他帮着想办法，新来的同事吃饭不方便，他经常把他们叫到家里吃饭；谭彦又是一个具有高度责任心，工作十分严谨的人，他拼命工作，顽强地与疾病作斗争，献身于人民的审判事业；谭彦还是一个清正廉洁，品格高尚的人，他秉公执法，捍卫着法律的尊严！

我们都管谭彦叫“老铁”，这不仅是由于他对疾病有铁一样的意志，同时，也是对他清正廉洁、秉公执法的赞颂！他拒绝所有与案情有关的宴请，决不拿原则作交易，谋取个人私利。

1994 年 2 月，谭彦审理一桩抢劫案，被告人在开发区抢劫一个女工的背包时被抓获。他多少知道一点儿法律方面的常识，明白抢劫犯罪要比盗窃犯罪判得重，如果被判抢劫罪至少要刑三年，于是采取蒙混过关的手法，隐瞒重要的犯罪情节，一口咬定对被害人是偷而不是抢，尽量往盗窃罪上靠。当谭彦审理此案时，被告人和其妻子商量出一个自认为是最可能奏效的办法。开庭的头一天傍晚，谭彦下班刚回家，听到有人敲门，开门一看，是一个妇女。谭彦把她让进屋里，那妇女说：“我丈夫的案子在你手里，明天开庭，求你能抬抬手，给轻点儿处理，我们全家都忘不了你。”说着拿出了一叠钱。谭彦这才知道这是被告人的家属，他立即严肃地说：“你为这件事来，那你想错了，我决不会要你的钱，请立即拿回去。你为丈夫着急，心情我理解，但法律是严肃的，希望你正确对待。”被告人的妻子央求说：“谭庭长，判个什么罪，判轻判重就指望你了。”边说边把钱往桌子上放。谭彦的口气一下子严厉了起来：“定什么罪，判多少刑，法院将依照法律判决。我已经把话说完了，请回吧。”人走后，谭彦发现那叠钱被塞在沙发缝里，由于身体非常虚弱，已无法追赶。第二天一早，谭彦就按规定把钱交到了法院政治处。在法庭上，谭彦通过审判，查明了被告人抢劫的犯罪事实，被告人被依法以抢劫罪判处了有期徒刑。审判结束了，政治处的同志把那叠钱交给罪犯的妻子，并对她进行了批评教育，罪犯的妻子拿着钱，沉默了好一会儿，说了这样一句话：“都说有钱好办事，没想到金钱买不动法官。”

作为一名法官，谭彦不仅能顶住利诱，而且更不惧怕威胁，面对恐吓，他真正做到了铁面无私，刚正不阿。

有一桩财产纠纷案，宣判前被告明知按事实和法律判决，必定败诉，于是无理取闹，气焰十分嚣张，指着谭彦威胁说："我还从来没有怕过谁。我当然也不怕法院，更不怕你这个小法官，你看着办吧，咱们走着瞧。"他的家属还多次把电话打到谭彦的家里进行威胁。谭彦严厉地警告他们说："我是一个法官，就得按照法律办案，至于对我，你们随便吧！"被告及其家属被谭彦的凛然正气所震慑，在接到公正的判决后，乖乖服判。

谭彦经常告诫自己：法律是神圣的，作为一名法官，必须忠实地执行国家的法律。在谭彦面前，关系、人情、权力都不是"打官司"的通行证。

在审理一桩两家外来企业的经济纠纷案件时，谭彦到一家银行去冻结被告的存款。这家银行与法院经常打交道，关系很好，行长跟谭彦也很熟，谭彦说明来意后，行长让他坐下休息一会，说出去接个电话，一会儿就回来。等行长回来，谭彦去办理时，发现被告账面没有钱，谭彦心里明白，一定是银行作了手脚。立即依法调取银行账目核查，发现被告的存款刚刚被转走。这段日子，谭彦病得挺重，咳嗽得挺厉害，他强忍着病痛与行长交涉，并要求书记员当场作笔录，严肃指出："这是妨碍审判的违法行为，要承担法律责任。你们现在只有一个补救机会，就是立即将转走的钱追回，否则，将依照《民事诉讼法》第 102 条、第 103 条的规定，对你行长、对你们银行进行法律制裁。"行长只好说出缘由："这家企业还欠我们大量贷款，现在他们账面上好不容易有点钱，你们法院这么冻结了，钱早晚会叫外地拿走，你就给我个面子，把这笔钱留给咱们银行冲贷款吧。"谭彦说："我们虽然是朋友，但法律规定得很清楚，这个面子我没法给。如果只顾本单位、本地区利益，法律还怎么执行？"经过谭彦的说服教育，银行主动划回了存款。这件事对这位行长触动很大。银行原来想冲贷款的愿望虽然没有实现，但从谭彦办的这个案子里学到了许多法律方面的东西。行长打心眼儿里觉得谭彦这个人正，值得佩服。事后，他主动打电话给法院领导，高度赞扬了谭彦不徇私

谭彦的办公桌上压着美国作家查克·伦敦的一段名言："生命就如一朵火焰，渐渐烧尽自己。但当一个孩子新生了，他就得到一个新的火苗。"谭彦深深懂得这句话的寓意，时刻警醒自己的生命要为人民而燃烧。

谭彦开庭

情、秉公执法的精神。

谭彦就是这样。面对着拉拢腐蚀、威胁恐吓、人情关系，他毫不动心、铁面无私，用病弱的身躯捍卫着法律的尊严，让法律的天平永不倾斜！

谭彦不仅是一名称职的法官，更是一名出色的法官。他认为，作为一名人民的法官，不仅要依照法律惩罚犯罪，又要在执法过程中满腔热情地教育人。因此，他本着对社会和人民高度负责的态度，以稳定社会为己任，时刻把群众的利益放在心上。我们在一起的时候，他经常说这样一句话："咱们都是老百姓的孩子，心里就要想着老百姓。"

1994 年 4 月，开发区管辖的海青岛村村民徐淑英老大娘到法院，状告亲生儿子白慧成虐待自己，经调查，谭彦了解到，白慧成经常打骂老人，是村里有名的"刺儿头"。谭彦立即将白慧成传到法庭，对他进行了严厉的批评教育，但白慧成把谭彦的警告当成了耳旁风，回家后竟扬言要砍死老人，吓得老人不敢回家。谭彦得知后，非常愤怒，立即请示院长，决定将白慧成拘留，并在海青岛村对此案公开审判。可这时，老人又心疼起儿子来，找到谭彦要求撤回起诉，白慧成也表示要痛改前非。原来，老人的丈夫和大儿子都是残疾人，三个女儿都已出嫁，只有小儿子白慧成是个整劳力，家境很困难，如果白慧成被拘留，家里就没有依靠了。按说，这个案子到此即可了结了，但谭彦却并没就此罢手，他认为，虽然社会文明在不断提高，但一些农村地区法律意识仍很淡薄，特别是虐待老人的现象时有发生，像这样的案子，虽然可以了结，但矛盾的隐患并没有消除，老人被虐待的可能性依然存在，应当利用这个机会在村里进行一次现场的法治教育。于是他决定将原定的公判大会改为法治教育大会。那天，全村的人几乎都来了，会场挤得满满的，谭彦以案讲法，用白慧成虐待老人的典型案例，向广大村民上了一堂生动的法治教育课。白慧成受到了教育，他痛哭流涕，“扑通”一声跪在老人的面前，母子俩真情交融，抱头大哭，一起向谭彦道谢。白慧成当着妈妈、法官和乡亲们的面写下了永不虐待老人的保证书。这次大会对村民震动很大，从那以后，当地再也没有发生过赡养纠纷和虐待案件。徐大娘和白慧成的母子纠纷解决了，但是谭彦还惦记着徐大娘一家生活上的困难，亲自与当地乡镇领导联系，帮助白慧成找到了一份工作。现在，徐大娘一家经济状况有了好转，白慧成在谭彦的教育下对母亲也很孝顺。

谭彦从事审判工作至今，办过多少案子，我没有统计过。但在这里，我可以自豪地告诉大家，他无愧于头顶的国徽，肩上的天平，他所办的每一件案子，都是公正的！

在与谭彦同志朝夕相处的日子里，我们中的每一个人都深深地被他感染着，我们由衷地敬佩他。有一天，在上班的班车上，有个同志唱了一首很好听的电视剧插曲，有的同志建议，我们用这个曲子为“老铁”编支歌吧，把“老铁”的事迹唱出来，把“老铁”的精神唱出来，把我们对他的情感唱出来，大家都非常赞成。于是，你一句我一句，为他编了一首歌。我们把这支歌定名为《老铁之歌》。这支歌不仅在我们法院唱开了，后来在全开发区也唱开了。下面我就把这支歌唱给大家：

老铁，人民的兵，执法的一架天平；
老铁，坚强的人，我们的一盏明灯。
为了社会的安宁，
为了司法的公正，
你无私地奉献，
燃烧着生命，

我是一名司法工作者，要坚持党和人民的利益高于一切，吃苦在前，享受在后，依法办事，刚直不阿，做一名忠于党、忠于人民、忠于祖国的司法战士！

你是我们心中的英雄。

老铁，拓荒的牛，铁骨铮铮；

老铁，一身正气，两袖清风。

对人民无限深情，

对党无比忠诚。

你无私地奉献，

燃烧着生命，

你是我们心中的英雄。

我为我们的“老铁”感到自豪，我为我们的“老铁”感到无比的骄傲！

（谭家戎）

为了法律的天平永不倾斜

我是大连信德律师事务所律师，通过办案，我认识了谭彦，他的的确确是一位公正无私的好法官。我从心里敬佩他，尊敬他，下面我向大家介绍我所了解的谭彦。

法官办案，当事人可以请律师，也可以不请律师。律师的职责是维护委托人的合法权益，提出有利于委托人的代理意见。而法官的职责是维护国家法律的尊严，提出合法公正的判决意见。在有的法官看来，律师是专门和他们唱反调的，因此，对律师代理案件不欢迎。谭彦却不是这样。他把自己置于代表国家严肃执法的位置上，他希望他所办理的每一个案件，当事人都能委托律师代理。我曾问过谭彦："你办案为什么希望律师代理？"他说："律师代理，一是有利于查清事实，二是有利于依据事实和法律说服当事人，提高办案质量，减少误差。"

谭彦在去往法庭的路上

1994 年末，谭彦承办一件民事侵权案。被告以为原告是他们的下属企业，就把原告的营业室、财务室查封，中止了原告的一切经营活动，给原告造成近 50 万元的经济损失。我代理原告向法院提起诉讼。在诉讼中，我了解到被告的律师是谭彦的大学同学，面对他的同学，他是否能一视同仁，我立即感到了一种压力。我的委托人也很担心。他对我说："你看怎么办，用不用请请他？"我说："不用。"我认为现在这些事实和证据，打赢这个官司，比较有把握，一审不行咱们还可以打二审。话虽这么说，但我还真的有些担心。

在法庭上，被告律师对原告请求赔偿 50 万元的事实和理由提出异议，认为原告是被告的下属企业，查封营业室、财务室是企业内部的正常工作，而不是侵权，要求驳回诉讼请求。我依据工商登记条例提出被告与原告是经济往来关系，是两个独立的法人。谭彦认为原告请求合法。被告律师又对原告在深圳的一份订货合同损失 30 万元的证据提出异议，不同意赔偿。我认为异议不成立，原告的订货合同是真实的、合法的、有效的，又有对方的收款收据，完全可以认定。这时谭彦看双方争执不下，宣布休庭。对此，我的委托人跟我说："怎么不判呢？是不是谭彦的同学做工作了？"于是我的委托人就去请谭彦吃饭，被谭彦拒绝了。

对被告的异议，我又向法庭提出证人线索，建议让法院去查证。谭彦采纳了我的意见，提出了由法院带领双方律师一起去深圳，就地开庭，双方律师都可以对证人进行发问，以便于查清事实。院领导对谭彦的提议非常赞同，认为这样既能发挥法院调查取证的作用，也使原告被告充分行使他们的诉讼权利。但同时又担心谭彦的身体承受不了，决定不让他去。谭彦说："我经手办的案子，如果换别人去办，对案件不了解，还得浪费时间，还是我去吧。"院长扭不过他，只好同意了，我们一同去了深圳。

在深圳调查取证过程中，谭彦不放过任何一个疑点细节，对每一个证人都分别进行了详细地询问。终于查清了原告在深圳签订的订货合同，并给付定金 30 万元的事实。

回到院里，谭彦就立即组织开庭。法庭上，他严格依照法律程序进行审理，不放过任何一个疑点。我和被告的律师对案件的有关事实证据争论得十分激烈。但谭彦依据在深圳调查的事实和证据抓住要点，引导双方对有争议的事实有理有据有节地辩论，整个庭审活动组织得十分严密。谭彦没有因为与被告律师有同学关系而偏袒一方。让我们双方把事实讲清，并当庭出示了这次调查的证人证言。在这些大量确凿的证据面前，谭彦还是没有简单地结案，而是忍着病痛，主持庭上调解，指出双方应负的责任。原告被谭彦这种公正办案的精神所感动，主动提出自己追回十几万元损失。

最后法院判决被告向原告赔偿损失 34 万元，被告败诉。判决后，被告和原告协商履行了义务。

在这个案子的审理过程中，谭彦没有因为是同学代理的案件而偏离法律的准绳。

谭彦所办的案件，都是清清楚楚，明明白白。因此，在我与谭彦共同办的案子中，我感觉到，无论是作为原告，还是作为被告，赢时赢得堂堂正正，输时也输得心服口服。

说句心里话，我们律师就是愿意与这样的法官打交道。我们最敬佩的法官就是谭彦这样的法官。

案子结了，但我的心情总不能平静，回想起在深圳那段时间，谭彦忍着病痛的折磨，拖着虚弱的身体，忘我工作。那一幕幕情景又浮现在我的眼前：

当时，在登飞机的时候，谭彦开始时还能跟我们走几步，但没走几步，不停的急喘使他不得不放慢脚步，后来，就不得不停下来大口大口地喘气，我们看到他不是在喘，而是在一口一口的往外扑气，他就是这样走走停停，停停走走，艰难地登上了飞机。随着飞机的升高，他的面色苍白，呼吸更加困难。我们看见他这个样子，又敬佩，又担心，但对于我们的担心，他只报以宽慰的微笑。一路上，我看到谭彦这个样子，禁不住问他，“你这么年轻，病成这个样子，不好好住院治疗，怎么还这么拼命工作呢？”谭彦笑笑对我说：“我知道我的病。我能工作的时间很有限了，再去住院，时间就更少了，尤其躺在病床上，悲观失望屈服于疾病，不如正视现实，在有限的时间里，多干点工作，我的心情会更好些。”谭彦就是这样对待生命和事业的，正如他自己讲的：“一个人的生命不在他形式上活了多少岁，而在他实际上为人民做了多少事。”他就是这样忘我工作，为人民燃烧着自己的生命！

法官在办案过程中，可能经常遇到来自各方面的阻力和压力，对于这些，谭彦说：“我们头上顶着国徽，肩上扛着天平，决不能让国徽受损，决不能让天平失衡。”他公正执法，不偏不倚，刚正不阿，无论是谁，都不能动摇他捍卫法律尊严的坚强信念。

人民法官头顶国徽，肩扛天平，绝不能在我们手中办一件错案。

1993年谭彦在审理一件合伙纠纷案中，原告委托了一个在社会上有一定影响力的人代理。这个代理人跟谭彦亮出了“关系”。他说：“我认识市里很多领导，我的一个亲戚是市里的局长，我爱人也在你们政法机关当领导，他们都知道这个案子，就请你多关照吧。”谭彦告诉他：“我是一名法官，应当履行一个法官的职责。”这个当事人不甘心，又找到了某领导给谭彦施加压力，谭彦严肃地告诉他：“你能找他，就让他判，案子在我手里，我该怎么判就怎么判，如果只讲权不讲法，我早就不当法官了。”最后谭彦还是依法判了案。面对着权势的压力，谭彦并没有动摇依法办案的决心，他秉公执法，向我们展示了一个共产党员的高尚品德和坦荡的胸怀。

在现实社会中，我们每个人都离不开亲情、人情、友情，谭彦在办案中也常常遇到托亲靠友找他说情，但谭彦办案只认事实与法律，不管来找的是什么人，与他有什么关系，都是铁面一张。

不是我不给面子，同学、朋友的情再大，也没有法大，咱不能让肩上的天平倾斜。

谭彦在审理一件盗窃案时，被告人的一个亲戚是谭彦的朋友。这个朋友找到谭彦说："看在朋友的面上，你给关照关照。"谭彦说："这事不好办，法律都有明确规定，如果我轻判了，人家不仅说我，更重要的是说法院执法不公平。"他还语重心长地说："我们虽然是朋友，但是情不能大于法，你跟她好好解释解释。"在执法的岗位上，谭彦心中只有法律这座天平！

谭彦是一位出色的法官，他办案的原则是六个字：合法、合情、合理。他既善于运用国家法律的威严感召人，又常常以自己的人格力量，真诚地去感化人、教育人。

1994 年他办理一件刑事附带民事赔偿案。一位民工与包工头因为用料问题发生纠纷，包工头纠集一帮人殴打这位民工，民工夺过棍棒将包工头打成重伤致残。包工头起诉，向被告人索赔 80 万元。

凭谭彦的办案水平，他完全可以开庭审理，作出判决，但是他没有简单地这样做。他忍着病痛来到被告的家。这是一个极其贫穷的家庭，被告的父亲只拿两个不大的苹果来招待他。再一看屋里，家徒四壁，被子破成一团棉絮，温饱还没解决。这样的家庭，别说赔 80 万元，就是赔 800 元都很困难。被告的两位老人流着泪对谭彦说："谭法官，我们全家就靠你了。"谭彦说："你们不要靠我，要相信法律，要相信法院会作出公正判决的。"离开了被告的家，谭彦又来到了原告的家，这是一个富裕的家庭，可是，一个过去体格强壮的汉子，如今却瘫痪在床。

谭彦抱着病体，强忍着咳嗽，艰难地到证人中去调查案情。汽车的颠簸使他又喘又咳。经过多次奔波，终于查清了原告带人殴打被告的事实。谭彦没有结案，他带病艰难地往返于被告、原告之间，向双方摆事实，讲道理，宣传法律规定，耐心进行调解。原告和被告明确了各自应承担的责任，都表示要以积极的态度参加诉讼。原告的妻子说："谭庭长你讲的这些道理，我都听懂了，我不能再难为你，这个案子，我们也有责任。我们相信你，赔偿的事你就看着办吧。"

谭彦组织干警进行政治理论学习

最后经过审理，法院依法进行了判决，被告人一次性向原告赔了款。原告和被告都接受了判决。

宣判后罪犯的父亲来到法院，给谭彦送上一面锦旗，上面绣着“秉公执法”四个大字。被告人接受判决并赞扬法官，他在悔罪的同时，也深深感受到了法律的公正。谭彦获得这面锦旗是当之无愧的。

在我与谭彦的共事中，我深深地体会到：谭彦作为一个共产党员，他用自己的满腔热血忠诚地践行了为人民服务的宗旨；作为一名法官，他用自己的全部精力擎起了法律的天平！谭彦这种公正无私的精神，正是我们这个时代所需要的精神！（吕新玮）

我的丈夫谭彦

我是谭彦的妻子，也是谭彦的同事。我们是 1988 年 5 月结婚的。当时，由于开发区刚刚创建，条件艰苦，我们住的是用车库改成的简易房。那时，我们这个家，是冬天外边冷，屋里也冷；夏天外边热，屋里更热，可谭彦对这些都满不在乎。在婚后的一年里，尽管条件很艰苦，但我们的日子过得有滋有味。

1989 年 3 月 2 日，是我们终生难忘的日子。这一天我们的儿子出生了，这对一个家庭来说，是多么高兴的事啊！可是，就在这个时候，谭彦住进了医院。由于他连续高烧 20 多天，仍然坚持上班，紧张地工作，在我生孩子的第二天，他就被同事们强行送进了医院，根据当时他的病情和身体状况，医生诊断他最多能活五年。这个意想不到的打击，像天塌下来一样。生孩子时丈夫没在我身边，我没吭一声，但当我听到他最多能活五年时，我再也忍不住放声大哭起来。看着刚刚出生的儿子，想想躺在医院里的丈夫，我的心都要碎了。我没有更多的祈求，只求谭彦能多活几年，至少能让孩子记住爸爸的模样。眼泪伴着我整个月子，每天我都牵挂着谭彦，吃不下睡不好，但我怎么也没想到，谭彦在医院住了不到一个月，高烧一退就要出院上班，医生怎么留也留不住。同事们劝他，根本不听。我急了，一边哭一边大声对他说："你不要命了，还要上班，你要有个好歹，让我们娘俩可怎么办啊！有你在，我有丈夫，孩子有爸爸，我们有个完整的家……"我说不下去了，谭彦眼圈也红了，可他还是安慰我说："丽娜，你别这么说。你也知道，不少结核病人在医院一住就是好多年，不也是那么回事，我这么年轻，国家培养我这么多年，还没干多少工作，哪能总住在医院里。"他还说："我的时间不多了，与其等着，倒不如多干些工作。让我躺在医院里更难受啊！"在他反复劝说下，我实在没办法，只好答应他出院上班。

谭彦虽然出院上班了，但他的病没有好。白天去医院打吊瓶，他怕影响工作，晚上去医院路远又不方便，我就只好下班后找亲戚、朋友给他打吊瓶。谭彦跟我说："咱们也不能总麻烦别人，丽娜，白天我上班，晚上你就给我打吊瓶吧。"他就让我在他的身上练习扎针、打吊瓶。一年 365 天，他不打吊瓶的日子数得出来。他的胳膊上布满了密密麻麻的针眼，都很难找到下针的地方，有时一连扎了几针都找不到血管，这七八年里他不打吊瓶的日子屈指可数。

为了能治好病，谭彦常年大把大把地吃些中成药，大碗大碗地喝药汤。浓浓的一大碗药汤，有时喝了几口他就反胃了，吐了出来，为了能治好病，他常常是用手接住吐出来的药再喝下去。这时他喝下去的不仅仅是汤药，里边还有没有消化的食物。谭彦是珍惜生命的人，为了治好病，他用了很多偏方。什么苦他都能吃。有人捎偏方，说鸭血能治病，我给他买了几十只活鸭，鸭血特别腥，谭彦就闭着眼睛往下咽，就这样，他喝了一冬天鸭血。

由于疾病的折磨，谭彦的身体越来越瘦弱。1990 年春天，正在上班的谭彦又一次因病重被同事们送进了医院，一住进医院，大夫对他进行检查，发现肝上有阴影，又经过几次检查，怀疑是肝癌，大夫便把我叫到办公室，对我说："我们经过几次检查，谭彦的肝上都有阴影，可能是肝癌，现在需要马上联系到外院做 CT，如果真是这样的话，他可能没几天了，你得有个思想准备。"

听了大夫的话，我脑子嗡的一下，眼泪哗哗地流下来，大夫一看忙说："小贾，你可不能这样，你必须得配合好我们的工作后，不能让谭彦看出来。"等我回到了病房，谭彦对我说："今天晚上你就回去吧，把家里那些材料收拾收拾。"并告诉我，什么材料放在哪儿，什么材料你要抓紧时间送到院里，告诉庭里的同事不要来看我，让他们抓紧时间把我手里的案子都办了吧。

我感觉到他这是在交代后事，在这些交待中他没有考虑他自己，而最挂心的还是案子的事。我再也忍不住了，答应他回家，我哭着跑回家里，我想起他要吃苦菜，我就抱起了孩子跑到山上，一边给他挖苦菜，一边流泪，再看看怀里的孩子，我的心都碎了，坐在地上就放声大哭起来："我才 28 岁，孩子还不到一周岁，让我们娘俩可怎么办啊 ?! 难道他连五年的时间都没有了吗 ?……"那两天，我不知道是怎么过来的。后来经过多方会诊和 CT 检查，确定不是肝癌，我这才心中一块石头落了地。

谭彦身体稍好一点，他就又扑在工作上。只要一上班，一见到卷宗，见到当事人，他就来了精神，像没病的人一样。可一回到家里他就瘫倒在床上，一动也不想动了，连开灯的力气都没有。有一天我回家，见屋里黑乎乎的，一点声音都没有，他躺在床上，听见我进来，低声对我说："把灯打开，把卷宗和眼镜递给我。"看到他这个样子，我又生气又心疼。真不想给他开灯，可又一想，他重病在身，工作对他是最好的安慰，他想多干工作干好工作，把这看成是对党、对同事、对亲人的唯一回报，我怎么能忍心违背他的心愿呢，我怀着复杂的心情把灯打开，把卷宗和眼镜递给了他。

每天晚上，他都一次次地咳醒，我就赶紧起来给他捶背倒水。有好多次，我半夜突然惊醒，因为他不咳嗽，我反倒害怕了，就推他，见他动弹了，我这才松了一口气。我经常成宿生怕他睡过去，再也醒不过来。我见他病成这样，常常咳嗽得身子缩成一团，逼他去住院，他却对我说："我一住进医院就出不来了，像现在，我白天上班，晚上打吊瓶，都不耽误，这样

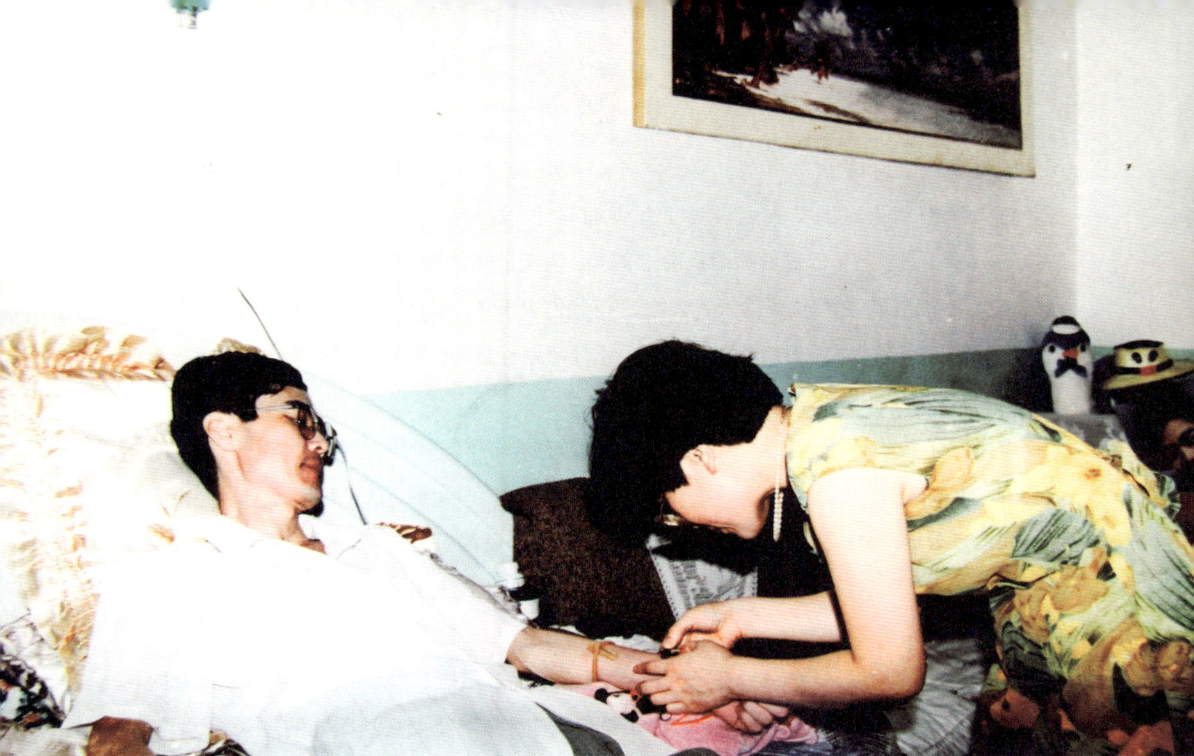

下班后妻子给谭彦扎吊针

不也挺好吗！”

他晚上咳嗽睡不着觉，就起来看书，常常看到深夜，有时到凌晨两三点钟。

在办案中，当事人经常托人来说情，谭彦从不顾忌情面。他常跟我说：“如果有人找你说情，你要尽量对他们多做些工作，让他们相信我会公正的。”我爸的一位老同事的亲属犯了案，他和我爸共事多年，关系特别好，就找我爸，让他出面跟谭彦说说，能不能不判或者轻判。我爸太了解谭彦了，他也不愿让谭彦犯难。可这位老同事一次次地找，实在推不掉，就掂量着跟谭彦说了那个人的意思。谭彦回来对我说：“亲是亲，法是法呀，咱们可得分得清呀。”结果这个被告人被依法判了刑。

事后，谭彦对我爸说：“爸，我给你得罪人了。”那位老同事跟我爸说：“你女婿真不够意思。”为了案子，不少人到我家送礼，有的送到我妈家，但谭彦一律拒绝。他常跟我们说：“如果收下了人家的东西，就对不起我这身法官服了。”

谭彦非常热爱生命、热爱生活。在大学时，他是学校的长跑运动员，他喜欢游泳、下棋，还是个足球迷呢。得病以后，他还是很乐观，他不愿意把自己的痛苦让别人看出来，每天都面带着笑容，像没病的人一样。他爱我，更爱孩子，为了让我们高兴，经常不顾一天的疲劳，强打着精神，给我和孩子说笑话，他很幽默，说起笑话来逗得我们娘俩前仰后合。就是在打吊瓶的时候，还给我们讲故事。

每当看到别人家的丈夫领着妻子儿女溜马路、逛商店时，他就流露出羡慕的眼神。“六一”儿童节前，孩子鼓嘟着嘴跟我说：“妈妈，明天是儿童节，小朋友的爸爸妈妈都要领他们去市内逛动物园，你和爸爸就领我去吧。”可我们去不了，我只好对孩子说：“好孩子，爸爸的病这几天又重了，妈妈得给爸爸打吊瓶，还得照顾爸爸，不能领你到动物园去玩了，等明天妈妈领你到咱们开发区的炮台山公园玩吧。”

谭彦听了我和孩子的对话，坐起来咳嗽一阵对孩子说：“明天爸爸也去。”孩子听了爸爸也去，非常高兴，可我一听谭彦要去，心里咯噔一下。说实话，孩子都七周岁了还没跟父母一起逛过公园，谭彦重病在身，除了工作，回到家里就是打针吃药，从来顾不上领孩子上公园。这几天，他病情加重，反而要带孩子上公园，是不是有什么预兆，我心里不好受，就偷偷地哭了。

“六·一”的早晨五点来钟，我就起来给谭彦挂上了吊瓶。然后，找出我们最喜欢的衣服，带上相机，我知道这是第一次，恐怕也是最后一次了，我要把这美好的一天永远留住。挂完吊瓶我们领着孩子打车上了炮台山，炮台山上没有什么孩子的娱乐设施，但可以看到开发区崭新的全貌和蔚蓝的大海。

谭彦站在山上，看着整个开发区这座拔地而起的新城区，他一次又一次抚摸着孩子。孩子乐得又蹦又跳。我挽着谭彦瘦瘦的胳膊，站在那儿，谁也没说什么。过了一会儿，谭彦对我说：“这些年你跟我吃了不少苦，我对不住你和孩子，我没有尽到丈夫和做爸爸的责任。”

1994 年 7 月，谭彦父亲因脑出血突然去世，当时谭彦正发高烧，连续开了几个庭后，被同事们送进了医院。谭彦家里来电话让他回去。我想，这种情况谭彦回去身体会更糟，也支撑不住。在电话中我再三向婆婆解释，取得了婆婆的谅解。但必须得瞒住谭彦，单位的领导和同事们也赞成我的想法，那么谁去谭彦老家呢？我照顾谭彦不能去，我爸和我二姐请假带上钱到吉林帮助安葬了我老公公。

谭彦出院后，身体还是很虚弱，我们千方百计地瞒着他。但终究瞒不住，在我老公公百日祭奠那天，谭彦往叔叔单位打电话，才知道父亲早已过世，从不在众人面前流泪的他，趴在办公桌上哭了。

谭彦十分孝顺，对父亲感情很深，他兄弟姐妹三人，他的姐姐和弟弟都有病，我老公公是家里的顶梁柱，他才 57 岁就突然去世，这对谭彦打击太大了。当同事告诉我，谭彦知道他父亲去世了，我赶紧跑过去，看他趴在桌子上，浑身都在颤抖着。我知道他是强忍着悲痛，不让自己哭出声来，怕影响办公。我没有办法安慰他，只有陪他流泪。同事们打来了中午饭，劝他说：你身体不好，一定得吃点。但谁也吃不下。

这天下午谭彦还得开庭，同事们都劝他："别开庭了，回家休息休息吧。"但他不同意，只是摇摇头，强忍着悲痛，支撑着站起来说："人都到了，开庭吧。"一边说着，一边穿上制服，身体摇晃着向法庭走去，当走到法庭门口时，他停住了，站在那里正正帽子，理理衣服，然后他挺直胸膛，像以往一样走进法庭。

我和同事不放心跟他进去，坐在旁听席上，我真担心他会顶不住，可他端端正正地坐在审判长席位上，一如既往地好像什么事也没有发生。此时我的心在颤抖，我知道这需要多么大的毅力啊！看着他，我的眼泪淌了下来，就在这时，他瞪了我一眼，我明白他是怕我影响他。我只好流着泪走出了法庭。

开完庭，车送我们回家。在经过一家商店时，谭彦让司机停下，让我去买黑纱。回到了家里，他再也忍不住自己的悲伤，就放声大哭。他埋怨我为什么不告诉他，无论他怎样埋怨，我都不能说什么，只好和他一起哭。过一会儿，谭彦走出门外，我也跟他出来了，只见他面朝老家的方向，哭着说："爸，儿子对不起您啦！有机会我再去看您……"

谭彦的病牵动着全法院同事的心，牵动着当事人、律师以及所有熟悉他的人，甚至连在狱中的犯人都为他提供各种治疗信息和偏方。为了让我更好地照顾谭彦，1991 年组织上把我调到法院工作。为治好谭彦的病，开发区法院在经费紧张的情况下，需要什么条件就提供什么条件。谭彦呼吸困难，院里就给他买了二个氧气瓶，一个放家里，一个放在办公室。同事们对他也给予极大的关怀，他们回乡下探亲，给谭彦带回老母鸡，让他补补身子。他上下楼困难，同事们每天帮他打饭。谭彦有今天，离不开领导和同志们的关心和帮助，离不开领导和同志们的支持和鼓舞。

谭彦做了一名共产党员应该做的工作，履行了一名法官应尽的职责，党和人民给了他这么高的荣誉，这是谭彦的光荣，也是我作为妻子的光荣。

我们结婚一年，谭彦就病了，而且越来越重，这七八年里，他一直与病魔顽强地抗争，虽然我们失去了常人都能享受的家庭生活的快乐。但是，看到他为了事业，为了理想，拼命地工作，我觉得虽然我失去了许多，但嫁给他，我无怨无悔。(谭彦同志妻子贾丽娜)

重 要 媒 体 报 道

钢铁之躯托起神圣的天平
—— 记秉公执法、无私奉献的“铁”法官谭彦

大连市第五人民医院，坐在轮椅上的谭彦出现在我们面前。

身患重病的他身体已极度虚弱，1.76 米的身高，体重只有 40 公斤。苍白的脸庞十分消瘦，但一双炯炯有神的眼睛，流露着执着和坚定。

7 年前，医生断言他如果“不全休治疗，最多只能活 5 年”。7 年来，这位大连经济技术开发区人民法院审判委员会委员、刑事审判庭副庭长，却以自己钢铁般的意志与疾病作斗争，顽强地工作、生活着。

医生只允许我们采访 10 分钟。

10 分钟里，被人们称为“老铁”的谭彦用微弱的声音，向我们讲述着他对生命的理解、事业的追求和对生活的无限热爱……

不为人情所动，不受金钱诱惑，不被权力左右，不向恐吓低头。谭彦说：“人民法官头顶国徽，肩扛天平。绝不能在我们手中办一件错案。”

在情与法、钱与法、权与法的较量中，人们看到了一位铁面无私的人民法官。

一次，谭彦审理一起盗窃案，被告人的一位亲戚恰巧是谭彦妻子贾丽娜的同学，关系一直不错。这位老同学找到贾丽娜，希望她在谭彦面前说说情。

贾丽娜知道谭彦一向不徇私情，但老同学的托付又使她抹不开面子。“案子不大，或许这次他能破例。”她想。回家后她把这件事跟丈夫说了。

“不是我不给面子，同学、朋友的情再大，也没有法大，咱不能让肩上的天平倾斜，原谅我……”谭彦坦率地告诉妻子。

“我向老同学好好解释解释。”听了谭彦的一席话，妻子对丈夫多了一份理解。

在开发区法院1994年的廉政记录中，有这样一段记载："谭彦，一年拒贿6000余元，拒请吃15次。"

谭彦不是不缺钱。远在吉林山区的老家，姐姐和弟弟都有病，全家生活只靠父亲的工资维持。作为长子，谭彦常要把自己的工资寄回老家，自己的三口小家却要靠岳父接济。然而，用金钱亵渎法律的神圣，谭彦坚决不干。

同许多法官一样，谭彦在办案过程中，经常会遇到来自方方面面的压力，有打着各种旗号来拉关系的，也有目无法纪者的恐吓，但谭彦从不屈服。

1994年，谭彦审理一起财产纠纷案，被告认为谭彦的判决不能满足自己的要求，在法庭上破口大骂："老子天不怕，地不怕，还怕你这个小法官。"随后，又指使别人两次打电话威胁谭彦："你就这么判吧，咱们走着瞧。"谭彦毫无惧色："我依法办案，你不服可以上诉。"被告震慑于他的凛然正气，服从了判决。

谭彦常说："我们是法官，头顶着国徽，肩扛着天平，绝不能在我们手中办一件错案。"他认为，秉公执法的核心就是认真、准确、公正地办案。了解谭彦的法官、书记员、公诉人、律师都有一个共同的感受：谭彦办案容不得半点马虎，从不放过一个疑点。

法律无情，法官有情。谭彦说："我们是人民法官，在法庭上，要忠实地捍卫法律的尊严；在法庭外，还要用自己的真情，感染和教育更多的人学法、懂法、守法。"

谭彦把人民法官的职责延伸到法庭以外，他在自己庭里建立了对缓刑罪犯的回访制度，定期把有关的法律书籍给他们看，教他们学法、懂法、守法，真正弃恶从善，重新做人。

一个缓刑罪犯见谭彦又一次来到他家，激动得泣不成声："谭庭长，我与您非亲非故，您却对我比亲兄弟还亲，我再不好好改造，还是人吗？"还有一个罪犯，听说谭彦病重，拿出了治疗结核病的独家偏方。

病榻上的谭彦向记者表达了这样的观点：法官不应只在法庭上惩罚罪犯，还应把执法工作当成普法的课堂，使广大群众受到法制教育。

1994年4月，一位60多岁的老大娘来到开发区法院，状告儿子虐待自己。谭彦受理后，立即赶到老太太住的偏远渔村。调查中，谭彦了解到，被告人的确经常打骂老人，是村里有名的"刺儿头"。谭彦随即将被告人传到法庭，对他进行严厉的批评教育。没想到被告人回村后，不思悔改，继续虐待老人。谭彦非常气愤，经请示准备依法将被告人拘留起来，然后在村里公开审判。可这时，老太太心疼起儿子来，找到谭彦要求撤回起诉。

按说，这个案子到此可以了结。但谭彦认为：在农村，不少人法律意识淡薄，虐待老人的现象时有发生，必须让他们知法、懂法、守法。于是，他提出将原来的公判大会改为法制教育大会。在全村人面前，谭彦以这个村民虐待老人的典型案例，给广大村民上了一堂生动的法制教育课。会上，不孝之子向母亲叩头认错，当众写下赡养老人的保证书。这件事在当地产生了很大影响。至今，村里再没发生打骂老人的事情。

在开发区法院，谭彦办案调解成功的比例全院最高。一些难以处理的案子，他总是苦口婆心地去做双方当事人的工作，用自己的情去打动别人的心。

热爱生命，热爱生活，更热爱工作。在自知不久于人世之际，谭彦对领导说："我干一天就少一天了，你就让我工作吧……"

1988年底，谭彦还是一名书记员，一个人要为5名法官当助手，承担着超负荷的工作量。由于过度劳累，他感冒发高烧持续20余天。但他仍然一边咬牙坚持工作，一边照顾临产的妻子。就在妻子分娩当天，谭彦再也支撑不住了，一头栽倒在床上。

同事们把他送到医院，经诊断：肺结核由于长时间高烧得不到治疗，恶化为"慢性纤维空洞型肺结核"——这是肺结核病中最严重的一种。从X光片上，肉眼就能看到两片肺叶上有四五个空洞，其中最大的如同鸭蛋大小。医生要他长期"全休治疗，否则，最多只能活5年"。

残酷的消息一下子让谭彦惊呆了：29年的人生经历，像电影一样，一幕幕从脑海中掠过。他想到家中年迈的双亲、身边年轻的妻子、襁褓中的儿子，想到儿时的伙伴、大学的同窗、单位的同事……而想得最多的，是他深深热爱的事业。人生的追求才刚刚开始，理想的翅膀怎能突然折断？连续几天的辗转反侧，一个朴素而深刻的道理慢慢占据了他的心：人迟早是要死的，生命的长短用时间来计算，生命的价值却用贡献来计算。即使像流星闪过，也要放射出绚丽的光彩。

想通了，谭彦的精神又振作起来：自己毕竟还有5年时间，与其在医院里等死，不如回去工作，活一天就要体现一天的价值。

谭彦这次在医院住了不到一个月，高烧一退就回法院上了班。医生留他，留不住；同事们劝他，他听不进去。妻子哭着说："不是不让你上班，是让你先养好了病，有了好的身体再工作。我不图名，不图利，只图你有个好身体。有你在，我有丈夫，孩子有爸爸，我们才有个完整的家，否则……"妻子说不下去了。

"丽娜，你快别这么说。不少结核病人长期住在医院也就那么回事。我这么年轻，在医院里憋得慌，还不如上班干点事情充实。"谭彦安慰着妻子。

开发区法院的考勤表上有这样的记载：1993年7月1日至1995年6月30日，扣除节假日，总共为560个出勤日，谭彦因病请假48天，实出勤竟多达512天。而这段时间恰恰是谭彦病情严重的日子，医生嘱其"全休治疗"。

病魔缠身，谭彦更热爱生活。闲暇的时候，他常与同事下棋、娱乐，虽然话语不多，但常

谭彦在病床上坚持工作

常一个笑话，就把大家逗得前仰后合。谭彦的妻子说，在死神和病魔面前，他从不退缩，凡是听到治疗结核病的偏方，他都要试一试。

质朴的生活陶冶情操，艰苦的环境磨炼意志，良好的教育塑造人格。谭彦说：“人不能愧对生命，干一行就要干出名堂。”

谭彦于 1960 年出生在吉林省集安县一个普普通通的农村。从小学到中学，多次被评为“三好学生”“优秀共青团员”“优秀学生干部”和“学雷锋先进分子”……

1981 年谭彦考入吉林大学法律系。从那时起，当一名人民的好法官，成了他最大的理想。

1985 年 7 月，谭彦大学毕业分配到大连市中级人民法院。不久，组织上派他与其他几名同志一道筹备组建开发区法院。当时，开发区还是个荒凉、偏僻的小渔村，荒草遍地，道路泥泞，距市中心 30 公里。没有宿舍，谭彦就住进四面透风的工棚里。白天，谭彦骑着自行车深入工地、渔民家中调查；晚上，由于电力不足，他常点着油灯看书、写材料。冬天，呼啸的北风吹来，工棚如同冰窖。与他一起到开发区的人，有的调走了，有的回到了市里，谭彦却留了下来。

谭彦刚刚参加工作不久，在一次执行公务中，因车祸受伤，领导和同事们立即把他送往

国内外来信关心谭彦

医院，经过一段时间的治疗之后，单位又让他回吉林老家休息。当年冬天，两位院领导冒着大雪千里迢迢赶去探望他。1989 年谭彦重病以后，院里更是千方百计为谭彦治疗，凡是能想到的办法都用上了。谭彦是个知恩图报的人。一次在重病之中，同事们劝他休息，他说：“我的生命是党给的，活着就要为党工作，死也要死在岗位上。”当时在场的夏宪平日前在接受我们采访时说：“这句话如果从别人嘴里说出来，可能会让人感到不可信，谭彦说得却那么真诚，我们知道，这确实是他的真情流露，让人听了直想哭。”

1990 年 3 月 16 日，谭彦光荣地加入了中国共产党。他在入党志愿中郑重地写道：“我是一名司法工作者，要坚持党和人民的利益高于一切，吃苦在前，享受在后，依法办事，刚直不阿，做一名忠于党、忠于人民、忠于祖国的司法战士！”

几年来，谭彦先后获得多种荣誉：大连法院系统先进工作者、大连市杰出法官、大连市特等劳模、辽宁省共产党员标兵。面对这些荣誉，谭彦说：“这是组织上对我的鼓励和鞭策，等我的身体好转了，我将加倍努力工作。”

（据新华社 1996 年 7 月 21 日电，新华社记者汪金福、阎平，人民日报记者段心强）

谭彦：无私奉献的“铁法官”

谭彦在学习

大连市经济技术开发区人民法院审判委员会委员、刑事审判庭副庭长谭彦，以其生命不息、工作不止的精神，秉公执法、无私奉献的形象，深得人们的赞颂。

1985 年 7 月，谭彦从吉林大学毕业后分配到大连市中级人民法院，他主动要求到开发区工作。当时，大连开发区刚开始建设，条件艰苦，荒凉而沸腾的土地上还没有法庭，谭彦与其他几位同志一道，在低矮而潮湿的简易房里，开始了开发区法院的创业历程。

由于工作过度劳累，3 年后谭彦重病缠身，医生诊断为“慢性纤细空洞性结核”。对于医生“长期全休治疗”的忠告，谭彦不但没有听从，反而更加忘我地工作。1993 年和 1994 年，开发区法院法官人均审判案件 74.8 件，谭彦审理了 108 件；人均结案 70.4 件，谭彦为 105 件。谭彦对工作高度负责，他审理的案子，无论条件多苦、自己身体状况多差，他都要亲自取证，决不放过一个疑点。他的办案数量、质量均为同事中最高的，并且无一退还改判。

谭彦为政清廉，爱岗敬业，在身患重病的情况下，他仍然执法如山，认真办案。谭彦被群众誉为“铁法官”，曾荣获“全国优秀共产党员”“全国法院模范”等光荣称号。

（据新华社 1999 年 9 月 8 日电）

“铁”法官谭彦走完最后人生路

11 月 28 日 10 时 45 分，44 岁的生命走完了最后的人生历程——“铁”法官谭彦因病医治无效在北京逝世。

谭彦 1985 年 7 月大学毕业后，主动放弃市区优裕的生活环境，志愿到刚刚起步、条件比较艰苦的大连开发区工作。在因工作过度劳累而身患重病之后，面对医生“必须长期全休治疗，否则最多能活 5 年”的忠告，他义无反顾，以惊人的毅力与生命争夺时间，用更加忘我的工作来实践自己“活着就要工作，死也要死在工作岗位上”的誓言。1993 年和 1994 年，他的病情再度加重，但是在这两年间他克服常人难以忍受的疾病折磨，审结案件 105 件，高出全院法官平均结案数的 49%，而且无一发回改判，真正做到了生命不息，奋斗不止。

谭彦具有坚强的党性，在开发区这种特殊的工作环境中，无论是面对创业时的艰辛，还是身处初步繁荣后的灯红酒绿的环境，都能经受住考验，做到遵纪守法、清正廉洁、秉公执法，被誉为“铁”法官。

即使在生命的最后时刻，谭彦依然忘不了他所热爱的法官事业。他说：“作为法官，清廉如水是立身之本，秉公执法是生命之魂，枉法裁判是天大的耻辱……我是一名普通法官，只是做了一点应该做的工作，党和人民却给了我很多荣誉，心中时常不安。我的生命是有限的，矢志将青春年华献给党的事业，只叹身患重病，壮志难酬……”

谭彦曾荣获“全国优秀共产党员”“全国法院模范”等光荣称号。谭彦逝世前，任大连经济技术开发区人民法院党组成员、审判委员会委员、副院长。

（原载《光明日报》2004 年 12 月 3 日，记者高文）

人民英模：谭彦

虽身患重病，却仍然以自己钢铁般的意志与疾病作斗争，顽强地工作着……法官谭彦清正廉洁、秉公执法，生命不息、奋斗不止的事迹感染着许许多多的人，尽管他去世已经 5 年，但党和人民没有忘记他，今年 9 月他被评为“100 位新中国成立以来感动中国人物”。

谭彦 1960 年出生在吉林省集安县（现集安市）一个普普通通的农家。从小学到中学，多次被评为“三好学生”“优秀共青团员”“优秀学生干部”和“学雷锋先进分子”……1981 年谭彦考入吉林大学法律系。从那时起，当一名人民的好法官，成了他最大的理想。

1985 年 7 月大学毕业后，谭彦主动放弃市区优裕的生活环境，志愿到刚刚起步、条件比较艰苦的大连开发区工作。1989 年，在因工作过度劳累而身患重病之后，面对医生“必须长期全休治疗，否则最多能活 5 年”的忠告，他义无反顾，以惊人的毅力与生命争夺时间，用更加忘我的工作来实践自己“活着就要工作，死也要死在工作岗位上”的誓言。

1990 年 3 月 16 日，谭彦光荣地加入了中国共产党。他在入党志愿中郑重地写道：“我是一名司法工作者，要坚持党和人民的利益高于一切，吃苦在前，享受在后，依法办事，刚直不阿，做一名忠于党、忠于人民、忠于祖国的司法战士！”

1993 年和 1994 年，他的病情再度加重，但是在这两年间他克服常人难以忍受的疾病折磨，审结案件 105 件，高出全院法官平均结案数的 49%，而且无一发回改判。

谭彦具有坚强的党性，无论是面对创业时的艰辛，还是身处初步繁荣后的繁华环境，都能经受住考验，做到遵纪守法、清正廉洁、秉公执法，被誉为“铁”法官。

1996 年 7 月，新华社播发长篇通讯《钢铁之躯托起神圣的天平——记秉公执法、无私奉献的“铁”法官谭彦》，全面介绍了谭彦的先进事迹，谭彦成为全国政法战线学习的楷模。

谭彦生前系大连经济技术开发区人民法院副院长，是中共十五大代表，被授予全国优秀共产党员、全国法院模范、十大中国杰出青年卫士等荣誉称号。2004 年 11 月 28 日 10 时 45 分，在与病魔顽强地抗争了十几年后，年仅 44 岁的谭彦带着对亲人的无限眷恋，对审判事业的无限热爱，永远地离开了人世。

即使在生命的最后时刻，谭彦依然忘不了他所热爱的法官事业。他说：“作为法官，清廉如水是立身之本，秉公执法是生命之魂，枉法裁判是天大的耻辱……我是一名普通法官，只是做了一点应该做的工作，党和人民却给了我很多荣誉，心中时常不安。我的生命是有限的，矢志将青春年华献给党的事业，只叹身患重病，壮志难酬……”

“生如夏花之绚烂，死若秋叶之静美。”谭彦用他短暂的一生，最好地诠释了印度诗人泰戈尔的这句名言。

（原载《经济日报》2009 年 11 月 19 日，记者闫平）

谭彦：清正廉洁“铁法官”

谭彦，1960 年 10 月生，吉林集安人，生前系辽宁省大连经济技术开发区人民法院党组成员、副院长。

他在审理案件中，始终坚持以事实为依据、以法律为准绳，不向恐吓低头。由于长时间超负荷工作，1989 年被诊断患有纤细空洞性肺结核，他以惊人的毅力与病魔进行抗争，用更加忘我的工作实践自己“活着就要工作”的誓言。在 1993 年至 1994 年身患重病的情况下，审理案件 108 件，高出全院人均审案件数 44%；结案 105 件，高出全院人均结案 50%，两项工作指标都名列全院第一，而且无一发回改判。

任法官 20 年间，谭彦始终不为钱物所动、不被人情左右，坚决不办关系案和人情案。谭彦常说：“我们是人民法官，在法庭上，要忠实地捍卫法律的尊严；在法庭外，还要用自己的真情，感染和教育更多的人学法、懂法、守法。”他建立了缓刑罪犯回访制度，帮助他们弃恶从善、重新做人。

1994 年，谭彦连续 5 天高烧不退，仍坚持出庭。同事实在不忍心，就连拉带拽把他送进了医院。医生看过他的胸透片后，直呼“不敢相信这个人还活着”。在开发区法院 1993 年 7 月至 1995 年 7 月的考勤表上，总共 560 个出勤日，除去 48 天因病请假，剩余的 512 天谭彦保持全勤。

凭借对司法工作的满腔热忱，谭彦当选为党的十五大代表，荣获全国优秀共产党员、十大中国杰出青年卫士等荣誉称号。2009 年当选 100 位新中国成立以来感动中国人物。

2004 年 11 月 28 日，这位与病魔抗争了 15 年的“铁法官”永远倒下了。同事整理谭彦遗物时，在他的办公桌下发现了一张纸，上面写着：“生命就如一朵火焰，渐渐烧尽自己。但当一个孩子新生了，他就得到一个新的火苗。”

（原载《解放军报》2019 年 9 月 30 日，记者周高恒，特约记者李佳豪）

铁法官，不朽的法魂

——贾丽娜回忆丈夫谭彦

我和谭彦是1988年5月结的婚。当时，大连经济开发区刚刚创建，条件艰苦，我们的婚房是用车库改成的简易房。我们家，冬天屋里比外面冷，夏天屋里比外面热，可谭彦从来不在乎，他总是说，上大学，是国家培养的，现在又有这么好的工作，苦点累点算什么?

1985年，辽宁省大连市中级人民法院院领导到吉林大学挑选毕业生，谭彦就是这样进的法院。他来大连没多久，经济开发区法院筹备成立。那时的开发区，一片荒山，没有人愿意来。谭彦是主动报名过来的。刚来时，没有宿舍，他就寄住在金州区人民法院的宿舍里。每天上下班十几里的路程，没有公交、没有自行车，全凭他的一双腿，一步步丈量出来。

病而不倒

苦！现在回想起来，确实艰苦。可那时并不觉得，感觉只要和他在一起，就是幸福，别的什么都不重要。

婚后没多久，我怀孕了。白天，他一个人要做五六名法官的书记员，笔录、订卷、送达……晚上回家，还要照顾我，洗衣、做饭、烧炕……本就瘦弱的他，在我临产的时候，终于顶不住了。

1989年3月2日，我们的儿子出生了，也就是在这一天，谭彦病倒了。住院之前，他已经连续高烧20多天。可他一直坚持上班，直到烧得一点力气没有，直到晕倒，才被同事送进医院。

医生给他拍了片子，诊断结果是“慢性纤维空洞型肺结核”。那一年，他才29岁！

“他的情况全休住院治疗，最多只能活5年！”我到今天都记得医生当时的话。

我每天都在祈求，谭彦能多活几年，至少能让儿子记住爸爸的模样。可我怎么也没想到，高烧刚退，他就不顾所有人的反对出院上班了。

出院了，但病并没有好。白天去医院打吊瓶，他怕影响工作，晚上医院路远又不方便，他就让我在他身上练习扎针，学着给他打吊瓶。一年365天，不打针的日子数得过来。他的胳膊上密密麻麻全是针眼，后来连下针的地方都没有了。

为了治病，他吃的苦是常人无法想象的。

整宿地咳嗽，无法入眠。反倒是哪天他不咳嗽了，却把我的魂都吓了出来，生怕他“过去了”。1 米 76 的个子，被病痛折磨得只剩下 80 斤。可就在他身体最差、最艰难的时候，他的办案数也比全院人均办案数多出近 40%，所办的案子无超审限、无发回重审，结案数、调解率均为全院第一。

嫁给他后悔？怎么会呢。虽然瘦弱，但他是个男人，是个真正的男子汉，我从心里敬重他。为自己敬重的人、所爱的人，付出什么都是值得的，不是吗？

16 个年头，我和他一起和病魔抗争了 16 年，这期间什么苦没吃过，什么罪没受过？这不是一两句话说得清楚的，也不是常人能够想象和理解的。人不处于绝境真的不知道自己能有多坚强。

1994 年，他父亲因脑出血去世。当时他正住院治疗，怕他受不了打击，我和院里的同事一起瞒着他，骗他说父亲被派到外地出长差了。

谭彦出院后还联系不上父亲，就给二叔打了电话。二叔的同事接到电话说漏了嘴，告诉谭彦，二叔去给他父亲烧百日纸了。

放下电话，谭彦趴在桌子上哭了起来。我在对面的办公室看到，赶紧跑过来。他趴在那里，全身颤抖，却强忍着不哭出声。

院长劝他：“大家怕你身体不好受不了才瞒着你……你回家休息吧，今天下午就别开庭了。”

中午同事帮他打的饭他也没吃。就一直面无表情地直视着前方，眼泪不住地掉下来。我坐在他旁边，心被紧紧地揪着，想安慰安慰他，喉咙里却像噎了块大石头，什么也说不出来。那一刻，我觉得时间都凝固了。

不知过了多久，他抬头看了看挂钟，擦了擦眼泪，站起身，戴上帽子，一步一晃地走出了办公室。

他走到法庭门口，停住了，正了正帽子，理理衣服，然后挺直胸膛，走进了法庭。

我不放心，跟了进去，坐在旁听席上。真担心他会顶不住，可他端端正正地坐在审判席上，有条不紊地开着庭，像什么事也没发生。看着他，我的眼泪忍不住哗哗地流。这时，他狠狠地瞪了我一眼。我知道，他是怕我影响他开庭，只好流着泪走出法庭。

秉公执法

“秉公执法无私奉献”这几个字说起来容易，做起来比登天都难，但是，他做到了，这也是他让我最敬重的地方。

谭彦办案，不唯亲、不唯上、只唯法。我爸的一位老同事的亲属犯了案，他来找我爸，想让我爸出面跟谭彦求求情。我爸太了解谭彦了，不想让他为难。可这位老同事一次次地找，实在推不掉了，就跟谭彦说了。

谭彦回家后跟我说：“亲是亲、法是法，咱们可得分清楚呀！”后来这个被告人依法被判了刑。

为了案子，不少人来我家送礼，也有送到我爸妈那儿的，他都一律拒绝了。他常说：“如果收下了人家的东西，我就对不起我这身法官服！”

我记得，有一个案子，被告人的代理律师是大连很知名的律师。那天，她来到谭彦办公室，言语中透露出她老公是市里一位领导，亲戚是某局的局长，想以此施加压力。她不了解谭彦的脾气，谭彦当时就很不客气地把她顶了回去，“不管什么领导，案子在我手里，就得依法审理！”

“作为法官，清廉如水是立身之本，秉公执法是生命之魂，枉法裁判是天大的耻辱。”就在谭彦走的前三天，他在病床上，用已经拿不稳笔的手，写下了这一行字。

一心为民

谭彦身体那么差，可即使自己再辛苦，他也不会放弃一次可能的调解机会，不会放过一个查明真相的细节。开发区人住得散，取证难，他经常下班后或者上班前去堵当事人。喘得太厉害，走不动了，就停下来，休息一会儿接着走。

听他说起过一个案子，是一起刑事附带民事赔偿案。一名民工和包工头发生纠纷，包工头纠集一帮人殴打民工，民工夺过棍棒，把包工头打成重伤。包工头的妻子起诉，索要80多万元。

谭彦带着病一趟趟地去两家做工作，看他太辛苦，我心疼他。他说：“太穷了，被告家里连件像样的家具都没有，看他们桌上，吃的都是果树上掉落的烂苹果。老人现在靠借钱生活。简单判了，是把他们往绝路上逼。我多跑几趟，把案子调了，对当事人双方都好。”

后来，原告的妻子看谭彦病得连气都喘不上来，也忍不住掉泪说：“谭法官，你说得对，事情是由我丈夫引起的，我们有错在先，要求确实高了，你身体这么不好，还让你为我们操心，我们过意不去。”这个案子最终调解了，被告一次性赔偿原告1万元。

谭彦不仅是秉公执法，他还真心为当事人着想，为老百姓着想，所以，知道他生病后，好多人关心他，不仅是法院的领导、同事，当事人、律师，甚至他审理的还在狱中的犯人都为他提供各种治疗信息和偏方。

这些年，我要感谢的人太多了。

（原载《人民法院报》2018年8月7日，记者陈冰）

“铁法官”奋斗的身影从未走远

——走访“最美奋斗者”谭彦生前所在的大连经济技术开发区人民法院

落叶纷飞，传递着思念。

这些天来，谭彦妻子贾丽娜多次抚摸着不久前代丈夫领回的“最美奋斗者”荣誉奖章和证书，禁不住落泪，“15 年过去了，党和人民始终没有忘记谭彦”。

2004 年 11 月 28 日，大连经济技术开发区人民法院原副院长谭彦积劳成疾，生命永远定格在 44 岁。

2019 年 9 月 25 日，“最美奋斗者”表彰大会在北京人民大会堂隆重举行，谭彦妻子贾丽娜走上领奖台，代领了“最美奋斗者”这份沉甸甸的荣誉。

15 年，弹指一挥间。任时光飞逝，“铁法官”奋斗的身影从未走远，谭彦的事迹激励着更多的法官忠于职守、拼搏奋斗。

日前，记者再次走进谭彦生前所在的大连经济技术开发区人民法院，追寻这位“铁法官”秉公执法、无私奉献的英雄足迹。

把有限的生命投入到无限热爱的审判事业中

“我是一名普通法官，只是做了一点应该做的工作，党和人民却给了我很多荣誉，心中时常不安。我的生命是有限的，矢志将青春年华献给党的事业，只叹身患重病，壮志难酬……”

这是谭彦的遗言，朴实而悲壮。

1985 年 7 月，怀着“当一名人民好法官”的梦想，谭彦告别校园，来到大连市中级人民法院工作。不久，因开发区法院筹备急需法官，谭彦主动请缨加入筹备组。

“面对艰苦的创业环境和超负荷的工作压力，他毫无怨言，浑身充满了干劲儿。可是 1989 年春，就在我分娩当天，他病倒了。”回忆过往，贾丽娜总会替丈夫感到无比惋惜。

英雄虽已远去，但他为审判事业兢兢业业奋斗的身影犹如一盏明灯，始终带给大家前进的动力。

据开发区法院副院长孟祥志回忆，最初与谭彦的接触，是在一起刑事案件的审判庭上。

“当时我作为一名检察公诉人，而他是案件的主审法官。饱受病痛折磨的他已是瘦骨嶙峋，法官服的领子得用夹子在后面收紧领口，纤细的腿在裤管里打晃儿，但印象深刻的是他那双炯炯有神的眼睛，时刻流露着执着和坚定。长达五六小时的庭审，他始终端坐在审判席上，有条不紊地主持庭审。”这一场景令孟祥志终生难忘，一直激励着他日后的工作和生活。

作为谭彦当年的书记员，现仍在开发区法院工作的于韶华连连感慨：“自己很幸运，在参加工作之初，就遇到谭彦这么一位好领路人。”

于韶华说，面对前几年法官入额时，是继续保留行政职务还是放弃职务回归一线审判部门办案，他毫不犹豫地选择了回归一线。他说：“身为一名法官，就要时刻牢记秉公执法、一心为民，要把有限的生命投入到无限热爱的审判事业中，这是我在谭彦身上学到的。”

在开发区法院资料室里，记者在考勤表上查到这样一段记录：1993 年 7 月 1 日至 1995 年 6 月 30 日，扣除节假日，总共为 560 个出勤日，谭彦因病请假 48 天，实出勤竟多达 512 天……也就是说，谭彦除了生病请假外，一天也没休息过。

一组看似枯燥的数据，却道出了一位人民法官对党、对人民、对事业的无限忠诚。

时至今日，回忆起丈夫生前对工作的执着，贾丽娜依旧会心痛得落泪，“谭彦办案不唯亲、不唯上，只唯法，他是一个顶天立地的男子汉，他对得起胸前佩戴的法徽！”

谭彦的奉献精神激励着法官忠于职守努力拼搏

走进开发区法院的荣誉室，记者注意到，最醒目的位置挂着谭彦的多幅照片。在二楼走廊的文化墙上，谭彦的事迹介绍和生前同事专门为他创作的《老铁之歌》仍占据重要位置。

“虽然现在好多年轻法官都没见过谭彦，但他的先进事迹大家早已耳熟能详。他是我们全院乃至全省、全国法院系统一笔宝贵的精神财富，他秉公执法、无私奉献的精神已成为激励法官忠于职守、努力拼搏的强大动力。”开发区法院院长王志文说。

数据是最有力的注脚。

2015 年立案登记制实施以来，法院收案量大幅增加，案多人少的矛盾在基层法院尤为突出。统计数据显示，2018 年，开发区法院共收案 16083 件，法官人均办案达 320 件。今年前 9 个月，收案量就已达 13512 件。

顶住压力，开发区法院连年交出一张张优异的成绩单：

被最高人民法院授予“全国优秀法院”和“全国法院文化建设先进单位”称号；2015 年以来，4 次被省法院、大连市委记“集体二等功”；相继涌现出全国优秀法官夏明宇、全国法院办案标兵谷晓霞等先进典型……

“成绩的取得，离不开一支秉公执法、无私奉献的法官队伍。在这里，人人都是‘铁法官’的践行者。”孟祥志一语中的。

榜样的力量是无穷的。

如今在开发区法院，大家已形成这样一种共识：这里是英雄战斗过的地方，我们要接过英雄手中的接力棒，去更好地完成他未竟的事业。

“谭彦之所以被称为‘铁法官’，不单是秉公执法、铁面无私，更是因为他业务精湛，办理的每一起案件都经得起历史和法律的检验。”对标英雄，分管立案的开发区法院立案庭庭长时丽丽倍感责任重大，“立案，是老百姓打官司的第一步，只有认真钻研业务，带领团队服务好当事人，才能让人民群众从中体会到实实在在的获得感。”

身为“90后”的王艺文已在开发区法院工作两年，她说：“谭彦法官是我们全院的骄傲，在英雄精神的感召下，我们更加坚定了前进的步伐，人人都在全力以赴做好本职工作，以实际行动践行和传承谭彦无私奉献的精神。”

英雄不朽，精神永存！眼下，越来越多的“谭彦”正怀着对审判事业的高度责任感，积极践行“让人民群众在每一个司法案件中感受到公平正义”的庄严承诺。

（原载《辽宁日报》2019年10月28日，记者刘乐）

【辽宁相册】辽宁英模：为人民燃烧生命的“铁法官”谭彦

辽宁是英模辈出的热土，新中国成立以来，全省各地多条战线涌现出一大批爱岗敬业、忘我奉献的先进人物，他们身上所具有的“信念的能量、大爱的胸怀、忘我的精神、进取的锐气”，是我们民族精神的最好写照，是新时代辽宁精神的生动诠释。辽宁英模是辽宁人的代表，是辽宁形象的符号。中共辽宁省委网信办联合新华网辽宁频道，共同制作10期《辽宁相册——辽宁英模》，传承辽宁英模精神，凝聚振兴发展力量。

大连经济技术开发区人民法院原副院长谭彦29岁时，便被医生断言如果不全休治疗，最多只能活5年。谭彦心想，自己毕竟还有5年时间，与其在医院里等死，不如回去工作，活一天就要体现一天的价值。

法院的考勤表上有这样的记载：1993年7月1日至1995年6月30日，扣除节假日，总共为560个出勤日，谭彦因病请假48天，实出勤多达512天，而这段时间恰恰是谭彦病情严重的日子。

不为人情所动，不受金钱诱惑，不被权力左右，不向恐吓低头。谭彦说：“人民法官头顶国徽，肩扛天平。绝不能在我们手中办一件错案。”

44年的人生固然短暂，但谭彦却用自己的高风亮节谱写了一曲不朽的生命赞歌。

（原载新华网，2020年7月9日）

宋鱼水

Song Yushui

女，汉族，山东蓬莱人，1966 年 2 月出生，中共党员，1989 年 8 月参加法院工作，十九届中央委员会候补委员，现任全国妇联兼职副主席，中国女法官协会会长，北京知识产权法院党组成员、副院长兼政治部主任。作为从基层成长起来的优秀法官代表和优秀女性代表，曾受到习近平总书记的亲切接见。从事法律工作 30 多年来，宋鱼水同志始终坚持“公正司法、一心为民”理念，参与并见证我国民商事审判事业的发展进步，办理了一批“全国首例”案件和有重大社会影响案件，被人民群众誉为“辨法析理、胜败皆服”的好法官。党的十八大以来，她和同事们在事关国家知识产权质量和企业知识产权布局的授权确权案件、事关国家科技进步和经济竞争力的技术类案件、事关国际竞争和贸易优势的涉外案件中积极发挥作用，为服务国家创新驱动发展战略实施、首都“四个中心”功能建设提供坚实的司法保障。荣获全国优秀共产党员、全国先进工作者、最美奋斗者、时代先锋、全国模范法官等称号。

学习决定、通知

中央政法委员会
关于深入开展向宋鱼水同志学习活动的通知

政法〔2005〕5号

各省、自治区、直辖市党委政法委，新疆生产建设兵团党委政法委，中央政法各部门党组（党委）：

宋鱼水同志是北京市海淀区人民法院知识产权庭庭长，自1989年参加审判工作以来，她自觉实践“三个代表”重要思想，以对党的事业的无限忠诚，对人民群众的真挚情感，对司法公正的不懈追求，公正高效地审理了各类案件1200余件，其中300余件属于疑难、复杂、新类型案件，有效地维护了法律的尊严、人民的利益和社会的稳定，在平凡的岗位上做出了突出贡献，多次立功受奖，最近，被中央保持共产党员先进性教育活动领导小组确定为全国保持共产党员先进性教育活动的第一个重大典型向全社会推出。

宋鱼水同志作为一名基层法官，充分发挥审判职能作用，以扎实有效的工作业绩、高效文明的审判作风和清正廉洁的高尚品德，很好地维护了人民群众的利益和社会的公平与正义，赢得了群众的信任和爱戴。宋鱼水同志作为一名普通共产党员，充分体现了党的优良传统和作风，集中展现了当代共产党员的浩然正气、昂扬锐气和蓬勃朝气，为广大党员干部树立了光辉的榜样。宋鱼水同志是新时期政法干警忠实实践“三个代表”重要思想，全面落实执法为民要求的优秀代表，是政法机关增强执法能力、提高执法水平的杰出典范。中央政法委员会号召各级政法部门和全国政法干警迅速开展向宋鱼水同志学习的活动。

一、认真学习宋鱼水同志牢记宗旨、执法为民的崇高理想。宋鱼水同志贯彻党的宗旨坚定不移，对人民群众的感情真挚深厚，始终把执法为民作为开展审判工作的座右铭。在审理案件时，不管案情简单还是复杂，不管标的额是大是小，都公平对待，一视同仁。她怀着对党的无限忠诚，对人民的无限热爱，以“甘化我身守正义”的铮铮铁骨和耿耿丹心，坚决捍卫宪法和法律的尊严，坚决维护人民群众的合法权益。学习宋鱼水同志，就要像她那样，牢记党的宗旨，深怀爱民之心，恪守为民之责，力行为民之举，永葆对人民群众的真挚情感，始终将全心全意为人民服务作为理想的起点、信念的支点和事业的轴心，心里装着群众，凡事想着群众，一切为了群众，真正做到权为民所用，情为民所系，利为民所谋。

二、认真学习宋鱼水同志胸怀大局、公正司法的坚定追求。宋鱼水同志从维护改革发展稳定大局出发，努力追求法律效果和社会效果的统一，公正高效地审理了各类民商事案件，均取得良好的法律效果和社会效果。她在实践中探索出一套最大限度化解矛盾纠纷的方法，确立了“准确把握公正尺度，引导当事人用信任的方式解决纠纷，鼓励和促进交易，确保经济繁荣和社会稳定”的办案思路。她尤其重视调解作用，把法庭当作社会关系的调节器，不辞劳苦做当事人的调解工作，使许多面临破产的企业起死回生，使许多针锋相对的对手握手言和，使大量的矛盾和纠纷得到有效的疏导和化解，博取了“辨法析理，胜败皆服”的赞誉，赢得了最佳工作效果。学习宋鱼水同志，就要像她那样，以公平调整利益，以耐心化解纠纷，以真情赢得信任，围绕中心，服务大局，全面落实科学发展观要求，以实际行动为建立社会主义和谐社会增砖添瓦，努力奋斗。

三、认真学习宋鱼水同志清正廉洁、无私奉献的高尚道德。宋鱼水同志严守政法干警职业道德防线，坚持对公平和正义的信仰与追求。面对同学、老师、亲戚、朋友的请托，面对人情与法律的冲突，她始终坚持依法办案，努力用公正的判决去赢得人们对法官的理解、尊重和支持。面对其他高收入职业，她耐得住寂寞、抵得住诱惑、经得起考验，在她身上，体现出共产党人“贫贱不能移、富贵不能淫、威武不能屈”的浩然正气，体现出政法干警忠诚党和人民、不谋私利、不徇私情的崇高思想境界。学习宋鱼水同志，就要像她那样，牢固树立马克思主义的世界观、人生观、价值观，始终坚持正确的权力观、地位观、利益观，严格遵守政法干警的职业道德，努力树立政法干警的良好形象。

四、认真学习宋鱼水同志求真务实、锐意进取的优秀品格。在全面建设小康社会新的历史阶段，面对新形势、新任务、新要求，宋鱼水同志始终坚持求真务实的学习作风和工作态度，不断汲取新的知识，不断更新司法理念，很快成长为一名专家型法官。她学以致用，把新理论、新知识运用到办案实际当中，她撰写的论文、提出的观点、做出的判例，在理论界和审判部门都受到广泛关注和好评。在宋鱼水同志的带动下，她所在的知识产权审判庭成为北京市海淀区人民法院勤于学习、善于思考、勇于创新的先进集体。学习宋鱼水同志，就要像她那样，坚持与时俱进、开拓创新、奋发有为，不断增强执法能力、提高执法水平，使政法工作紧跟时代的脚步，适应新形势的需要。

中央政法各部门和各级党委政法委要把学习宋鱼水同志作为加强政法队伍建设的一项重要任务，按照中央关于开展保持共产党员先进性教育活动的统一部署，紧密结合“公正执法树形象”和“争创人民满意的政法单位（干警）”活动，教育和激励广大政法干警以宋鱼水同志为榜样，深入学习“三个代表”重要思想，进一步落实执法为民要求，以对党和人民高度负责的精神，以维护社会公平和正义为己任，坚定信念，牢记宗旨，振奋精神，开拓进取，为全面建设小康社会创造和谐稳定的社会环境和公正高效的法制环境。

2005 年 1 月 21 日

最高人民法院

关于认真贯彻落实中央领导同志重要指示精神深入学习宋鱼水同志模范事迹的决定

法〔2005〕23号

日前，中央领导同志就开展向北京市海淀区人民法院民事审判第五庭庭长宋鱼水同志学习的活动作出重要指示，对宋鱼水同志的模范事迹作了高度评价：宋鱼水同志作为一名基层法官，充分发挥审判职能作用，以扎实有效的工作业绩、高效文明的审判作风和清正廉洁的高尚品德，很好地维护了人民群众的利益和社会的公平与正义，赢得了群众的信任和爱戴，是一位人民的好法官。全国政法干警都要学习宋鱼水同志牢记宗旨、爱岗敬业的精神，不断提高执法能力和执法水平，争做人民满意的政法干警。要通过开展向宋鱼水同志学习的活动，出现更多的像宋鱼水同志一样的基层法官。

中央领导同志的重要指示，充分肯定了宋鱼水同志牢记党的宗旨，自觉实践“三个代表”重要思想，认真落实司法为民要求的高尚品格和奉献精神，对深入开展向宋鱼水同志学习活动提出了明确要求；对于在人民法院扎实有效地开展保持共产党员先进性教育活动，进一步加强人民法院队伍建设，增强司法能力、提高司法水平具有重要的指导意义。

为深入贯彻落实中央领导同志的重要指示精神，最高人民法院决定，在全国法院深入开展向宋鱼水同志学习的活动。全国各级人民法院要高度重视，加强领导，精心组织，将开展向宋鱼水同志学习的活动作为当前和今后一段时期的重要任务来抓，并以此为契机，采取切实有效措施，不断推动人民法院各项工作的发展。全国广大法官和其他工作人员要认真学习、深刻领会中央领导同志的重要指示精神，迅速掀起向宋鱼水同志学习的热潮，以宋鱼水同志为榜样，牢固树立马克思主义的世界观、人生观、价值观，始终坚持正确的权力观、地位观、利益观，进一步在全社会和人民群众当中树立人民法院和人民法官的良好形象。

宋鱼水同志是近年来人民法院大力加强队伍建设中涌现出来的公正司法、倾心为民的先进典型。作为一名基层法院法官和一名普通共产党员，宋鱼水同志虽然没有轰轰烈烈的壮举，没有血与火的经历，但她在平凡的岗位上做出了不平凡的业绩，于细微之处折射出可贵的精神。她无限热爱审判事业，恪尽职守，以出色的工作业绩和良好的职业道德，展现了新时期人民法官的卓越风采，生动地阐释了共产党员先进性的深刻内涵，是新时期人民法官忠实实践“三个代表”重要思想，全面落实司法为民要求的优秀代表，是人民法院增强司法能力、提高司法水平的杰出典范，被当事人称赞为“辨法析理，胜败皆服”的好法官。党和人民给予宋鱼水同志高度评价和崇高的荣誉。她先后荣立一等功两次、二等功两次，荣获“十大杰出青年法官”、“全国法院系统人民满意的好法官”、“十行百佳”妇女、“全国三八红旗手”、“全国模范法官”、“中国法官十杰”、全国“五一劳动奖章”等荣誉称号。

前不久，中共中央宣传部确定宋鱼水同志为“加强党的执政能力建设先进典型”；最近，中央保持共产党员先进性教育活动领导小组又确定，在保持共产党员先进性教育活动中，将宋鱼水同志的模范事迹第一个向全社会推出。日前，中央政法委员会发出《关于深入开展向宋鱼水同志学习活动的通知》，要求全国各级政法部门和广大政法干警迅速开展向宋鱼水同志学习的活动。宋鱼水同志作为新时期共产党员的优秀代表，她的先进事迹和高尚精神，充分体现了党的优良传统和作风，集中展现了当代共产党员的浩然正气、昂扬锐气和蓬勃朝气，为广大党员干部树立了光辉的榜样。在全国法院深入开展向宋鱼水同志学习的活动，具有十分鲜明的时代意义。

（一）向宋鱼水同志学习，要学习她牢记宗旨、坚定信念的崇高情怀。宋鱼水同志时刻牢记全心全意为人民服务的宗旨，将司法为民要求落实到审判工作的每一个环节。她以坚强的党性、坚定的信念和无私奉献的实际行动，模范地践行“三个代表”重要思想。宋鱼水同志对人民群众怀有深厚的情感，正如她所说，让老百姓感受到法律的公道、社会的关怀和正义的力量，是我们法官的神圣责任。宋鱼水同志从事审判工作以来，审理了大量民商事和知识产权案件，不管案情简单还是复杂，不管标的金额是大是小，她都严格依法审理，公平地对待每一个当事人，始终把维护人民群众的合法权益作为开展审判工作的执著追求。她信念坚定，始终怀着对党和人民的无限忠诚，始终怀着对人民司法事业的无限热爱，为崇高的审判事业默默奉献自己的心血和青春，以“甘化我身守正义”的铮铮铁骨和耿耿丹心，坚决捍卫宪法和法律的尊严。胜败是司法的结果，信任是无言的丰碑。学习宋鱼水同志，就要像她那样，深怀爱民之心，恪守为民之责，力行为民之举，永葆对人民群众的真挚情感，始终将全心全意为人民服务作为理想的起点、信念的支点和事业的轴心，正确对待、公平行使手中的审判权，真正做到权为民所用，情为民所系，利为民所谋。

（二）向宋鱼水同志学习，要学习她辨法析理、胜败皆服的职业追求。宋鱼水同志自从独立办案 11 年来，公正高效地审理了各类民商事案件 1200 余件，其中 300 余件属于疑难、复杂、新类型案件，均取得良好的法律效果和社会效果，探索出一套最大限度化解矛盾纠纷的方法，确立了“准确把握公正尺度，引导当事人用信任的方式解决纠纷，鼓励和促进交易，确保经济繁荣和社会稳定”的办案思路。她尤其重视调解作用，不辞劳苦做当事人的调解工作，使许多面临破产的企业起死回生，使许多针锋相对的对手握手言和，使大量的矛盾和纠纷得到有效的疏导和化解，当事人给予她“辨法析理，胜败皆服”的赞誉。学习宋鱼水同志，就要像她那样，深刻理解法律精神实质，准确把握国家政策，从改革发展稳定的大局出发，全面落实科学发展观要求，努力实现法律效果和社会效果的有机统一，努力为经济社会的全面协调可持续发展提供公正、高效、文明的司法保障。

（三）向宋鱼水同志学习，要学习她清正廉洁、淡泊名利的职业道德。宋鱼水同志严守法官职业道德防线，坚持对公平和正义的信仰与追求，恪守清清白白做人、公公正正办案的原则，她告诫自己：“在人情关、利益关上失守，也许可能得到一些看得到的东西，但是失去的是作为一个法官最神圣的公正和尊严。”并始终以此自警自省。面对同学、老师、亲戚、朋友的请托，面对人情与法律的冲突，她始终坚持依法办案，努力用公正的判决去赢得人们对法官的理解、尊重和支持。面对其他高收入职业，她耐得住寂寞、抵得住诱惑、经得起考验，在她身上，体现出一名共产党员“贫贱不能移、富贵不能淫、威武不能屈”的浩然正气，体现出人民法官忠诚党和人民、不谋私利、不徇私情的崇高思想境界。学习宋鱼水同志，就要像她那样，以无私无畏、无贪无求的精神境界和不偏不倚、不枉不纵的浩然正气，依法公正地审理好每一件案件，在金钱、关系、权势、人情面前始终做到坚持立场不妥协，坚守原则不退缩，坚定信念不动摇，把每一件案件都办成经得起历史检验、经得起社会评价、经得起法律衡量的铁案。

（四）向宋鱼水同志学习，要学习她求真务实的工作作风和锐意进取的拼搏精神。在全面建设小康社会新的历史阶段，人民法院承担的任务更艰巨，对人民法院和法官的要求更高。面对新形势、新任务、新要求，宋鱼水同志始终坚持求真务实的学习作风和工作态度，不断汲取新的知识，不断总结司法经验，很快成长为一名专家型法官。她学以致用，把新理论、新知识运用到办案实际当中，她撰写的论文、提出的观点、作出的判例，在理论界和审判部门都受到广泛关注和好评。在宋鱼水同志的带动下，她所在的知识产权审判庭成为北京市海淀区人民法院勤于学习、善于思考、勇于创新的先进集体。学习宋鱼水同志，就要像她那样，既要坚持求真务实、立足实际、扎实工作，又要坚持与时俱进、开拓创新、奋发有为，不断增强司法能力、提高司法水平，努力促进在全社会实现公平与正义。

在刚刚闭幕的全国高级法院院长会议上，最高人民法院强调指出：在以胡锦涛同志为总书记的党中央领导下，以马列主义、毛泽东思想、邓小平理论和“三个代表”重要思想为指导，按照全国政法工作会议提出的增强五个方面的执法司法能力的要求，以“公正与效率”为主题，以司法为民为基点，以司法体制改革为动力，以人民法院基层建设为基础，以建设高素质法官队伍为保证，全面增强司法能力、提高司法水平。全国各级人民法院要充分认识开展向宋鱼水同志学习活动的重要意义，将学习活动与贯彻落实十六届四中全会精神和中央领导同志的重要指示精神结合起来，与学习贯彻全国高级法院院长会议精神结合起来，纳入保持共产党员先进性教育活动之中，切实抓紧抓好。全国广大法官和其他工作人员要在宋鱼水同志先进事迹和高尚精神的鼓舞和激励下，进一步振奋精神，立足本职，扎实工作，开拓进取，以昂扬的斗志和崭新的时代风貌，牢固树立科学发展观，全面落实司法为民要求，始终保持共产党员的先进性，努力为促进经济社会全面协调可持续发展、构建社会主义和谐社会做出新的更大的贡献！

2005年2月28日

先 进 事 迹

公正司法的好法官　倾心为民的好党员

宋鱼水是海淀区人民法院知识产权庭庭长。1988 年入党，1989 年从中国人民大学毕业后，分配到海淀法院，先后从事经济和知识产权审判工作。她作为一名普通共产党员，热爱审判事业、恪尽法官职责，公正执法、倾心为民，先后荣立一等功两次、二等功两次，曾获“十大杰出青年法官”“人民满意的好法官”“全国模范法官”“中国法官十杰”“全国三八红旗手”“全国五一劳动奖章”和“北京市人民满意的政法干警标兵”等荣誉称号，被人民群众誉为“辨法析理、胜败皆服”的好法官。

宋鱼水坚持公正执法，把法庭作为公正的殿堂，努力使每一起案件都经得起历史的检验。

作为基层法院的法官，宋鱼水经常面对很多“不起眼”的小案和法律知识欠缺、又请不起律师的当事人。为此，她给自己约法三章：第一，不轻视小额案件，因为小额案件往往涉及百姓生活；第二，公平对待每一个当事人，不管是外地人还是本地人，无论是掏不起诉讼费的贫民百姓还是腰缠百万的富翁，都本着善良和正义来适用法律；第三，不论什么样的当事人，都以宽容的态度对待，充分尊重他们的尊严和利益。

有位大学教师，牵头把几位同事凑起来的 60 多万块钱，借给了某市政府驻京办事处。原以为能得到高额回报，没曾想几年过去，连本金都收不回来。每次催要，办事处都以种种理由拖延。学校要集资建宿舍楼，教师们急着用钱，他们三天两头找牵头人，无奈之下，这位教师来到法院。

案子到了宋鱼水手里。刚开始，被告很不配合，甚至提出海淀法院对这个案子没有管辖权，要打官司也得去当地。宋鱼水决定先做被告代理人的工作，向他说明海淀法院拥有管辖权的法律依据，详细介绍老师们等房多年的迫切心情，并明确指出，政府部门作为民事诉讼的一方，更应该表现出高姿态，给人民群众树立诚实信用、崇尚法律的榜样，即使存在困难，也要拿出积极的措施来。入情入理的分析说服了这位代理人，他当天就返回本地，向该市政府报告并制定还款计划。第二天，又急忙赶回北京，与大学教师达成协议，承诺本金与约定利息一次偿还。

教师拿到钱，十分感叹地说："自古民不与官争。我们打赢了官司，都是因为法律，因为遇到了秉公执法的好法官！"

法官执掌着审判权，因而，一些当事人总想通过托人情、拉关系来达到自己的目的。面对这种情况，宋鱼水始终认为，作为一个人，不可能没有私情；但作为一名法官、共产党员，必须是一个高尚的人，一个牢守正义永不动摇的人。

宋鱼水就读过的学校，就在海淀。老同学有的当了律师，有的下海搞企业、办公司。这些年，他们也难免因为有纠纷来到法院，当然也希望老同学宋鱼水经办。每遇到这种情况小宋就劝说他们：要相信法院，相信每一个法官。对分配给她的案子，只要发现有需要回避的，她就主动申请回避。有人问小宋，有没有难以推却的人情？她说："人情和利益往往连在一起。只要不贪，就没有什么推不了的人情！"

当事人对裁判满意，也会真诚地感谢她。有的邀请她出席企业的活动，有的邀请她参观旅游。宋鱼水总是告诉他们："我有权代表国家审判，但无权代受谢意。裁判一下，案子和关系就应该一块儿了结。"

十余年来，宋鱼水所承办的案件，没有一件裁判不公，没有一件被投诉或举报。她没有

宋鱼水参加北京知识产权法院著作权委员会 2020 年度第二次法官专业会议

收过当事人一件礼品，没有办过一件人情案。在海淀法院，只要谈起宋鱼水，领导都会说："小宋这人，我敢打保票！"

宋鱼水坚持辨法析理，把法庭作为宣传法律的课堂，努力使当事人赢得堂堂正正、输得明明白白。

一家国家级地图出版社，长期编辑出版中小学教学地图册，并在全国发行。这家出版社出版作品所需内容、图廓、图例、引注等，主要由一个测绘单位提供。后来，随着市场经济发展，这个测绘单位也成立一家出版社，自行出版中小学教学地图册，并在北京、四川、陕西等地试用。双方由此引发争执告到法院。原告认为，对方擅自出版发行中小学教学地图册，侵犯了自己的著作权。被告辩称，作品是利用自己合法取得的资料，组织人员创作完成的，市场经济不允许再有垄断！

这个纠纷，因涉及市场利益重新划分，双方争执很大。宋鱼水认真地询问了原、被告双方，并走访了他们的上级单位，了解到问题的症结所在。随后她邀请双方领导，认真讲解了著作权法的一般原则、地图作品和教材著作权的特殊性，还帮助双方从社会经济发展趋势、企业发展前景等角度来考虑纠纷的解决，最终让双方冷静地坐了下来，面对面地拿出了一个解决方案，使这起漫长的争诉彻底了结。

宋鱼水认为，法官不仅要确保案件公正审判，也要把道理讲清楚。在她的法律文书里，枯涩的法律条文往往被转化成为通俗易懂的生活规则，她常常为一个问题的说明而认真推敲，目的是能将法律的原则表达得合情合理。她也常常为了一句话的表述而反复斟酌，目的是找到一种让当事人能接受的语言。宋鱼水主持庭审的能力也是公认的。一位多年担任法院监督员的市人大代表旁听后，感慨地说："审判长准确的判断，透彻的说理，不偏不倚、不怒自威的气质不仅让旁听群众折服，就连败诉方当事人也频频点头。旁听一次好的审判，就是上一堂生动的法制课，给人一种全新的启迪和力量。"

法律效果和社会效果的统一是法律的最高境界，也是党和人民赋予法院权利的前提和基础。一句话，全社会都认为我们实现了公正，才叫真正的公正，这就是社会效果。

民商事案件总有一方败诉，许多案件往往双方互有输赢，让双方满意一下子难做到，但宋鱼水相信，只要法官真心实意为群众解决问题，把道理讲清楚，终究能赢得老百姓的理解和信任。

一家电子租赁公司，经小宋打过两场官司，一胜一败，他们第三次打官司时，又是宋鱼水承办，结果法院只支持了他一部分诉讼请求，另一部分被驳回，租赁公司有些难以接受。代理人拿着有关法条找到宋鱼水询问，宋鱼水一条一条地解释，一讲就是两个多小时。临走时，这位代理人说："在你这打官司不是一次两次了，还真是赢得堂堂正正，输得明明白白，我服判！"

两天后，一面鲜红的锦旗送到了海淀法院，上面写着："辨法析理，胜败皆服"。

宋鱼水坚持情系社会，把法庭当作化解矛盾的"调节器"，努力使纠纷得到有效的疏导和化解。

宋鱼水从事审判的十几年，正是我国经济体制转型期，她不仅深刻理解法律精神，还注意把握国家政策，从改革、发展、稳定的大局出发，考虑每个案件的处理。

1997 年前后，北京市政府决定在城区内淘汰所有"面的"汽车。一时间，几乎所有出租公司都向司机提出解除合同、收回车辆进行更新的要求。出租车是这些司机主要的生活来源，因此，他们纷纷要求补偿。一些司机还为此上访、静坐、围堵交通。有的到法院告了状，成为当时的一个社会热点。宋鱼水迅速了解案件背景、性质、特点，她认为，此案事关首都稳定，不能草率，不能延误。她及时传唤双方，明确告知出租公司：用司机的钱买车再租给他们，这种行为政策不允许，司机每天工作十几个小时，公司应该考虑他们的利益；同时，宋鱼水也给司机们讲解车辆更新的社会意义，要求他们顾全大局，相信法律，不要做出事与愿违甚至违法的事。最后，多数司机与公司达成了协议，个别未达成协议的，也及时进行了判决。那些观望的公司和司机，也都依照法院裁判的原则，自行解决了纠纷。出租公司很快恢复了经营，司机们的合法利益也得到了保护。

在长期的审判实践中，宋鱼水发现：大量的经济纠纷是因为市场机制的不完善产生的，仅靠法律很难解决，而企业之间的无休止缠诉，可能把双方都拖垮。法院在审判工作中，要积极寻找双方的认知点，平衡双方的利益，尽可能地引导当事人和解，使经济损失和社会矛盾减少到最低限度。宋鱼水确立了"准确把握公正尺度，尽量引导当事人用信任的方式解决纠纷"的办案思路。从事审判工作 10 多年来，她审理各类民商事案 1200 余件，其中 300 余件属于疑难、复杂、新类型案件，调解率达 70%以上，都收到很好的法律效果和社会效果。

宋鱼水坚持与时俱进，把学习创新作为不懈追求，努力使自己走在审判实践的最前沿。

海淀区人民法院坐落在面向近万家高新技术企业的"中国硅谷"中关村，各种新类型案件层出不穷。宋鱼水敏锐地意识到，仅靠过去的知识底子，以往的工作经验和一张笑脸、两袖清风，已适应不了办案的需要，要行使好手中权力，就必须掌握更多的知识和技能。她为

在海淀区人民法院任职时期的宋鱼水主持合议庭评议

自己确立了争当专家型法官的目标，也就是法学理论要达到一定的学术水平，能站在学术前沿进行思考；能在办案中运用理论解决疑难问题，办出高质量的案件。为此，她再次走进中国人民大学，取得法律硕士学位。2001 年，通过严格的外语考试，被派往国外进修学习。

宋鱼水的勤奋努力在海淀法院是出了名的。茶余饭后，别人休息她学习，上下班坐车的时间，她也要利用起来听外语。一次，我们组团去美国考察，我和小宋住一个房间。日程安排得很紧。白天，她与大家一起学习交流，提问最多；晚上，她整理笔记、阅读资料，睡得最晚。她负责撰写全团的考察报告，在回国的航班上，还在改改写写。回国的第二天，一份内容丰富、颇有见解的报告就交到了领导手中。

受小宋的影响，我们法院很多年轻人都乐于学习钻研。下班后、节假日，总有一些人还在办公室忙碌。知识产权庭尤为突出。他们的论文在全国获奖，审判的案例被《最高人民法院公报》刊载，与人合著的专业书籍受到学界关注。他们每周的英文案例讲解，更是我们法院学术氛围的写照和工作亮点。

宋鱼水善于思考，不断将学到的知识、新的司法理念运用到实际办案中。早在 1996 年，她就提出这样的观点：不应轻易判令合同无效。保护经济效益是司法公正的应有之义，只要当事人双方都是善意的，在不违反国家法律法规的情况下，已经形成的利益就应当受到法律一部法律的交响乐正在这个时代上演，我们作为法律工作者，肩负的使命是让那些最不和谐的音符与社会相和谐。

保护。她以《无效合同的认定和处理》为题撰写了论文。发表后，在法律界引起关注，并在全国法院论文评比中获奖。

刻苦学习，勤奋实践，使宋鱼水的办案能力不断提高。担任审判员，她在庭里结案最多；当副庭长时，负责全庭积压半年以上的疑难复杂案件，并在较短时间内一一审结；作为知识产权庭庭长，她带领大家争优创先，为知识经济的发展和知识产权的保护而不懈努力。

在宋鱼水的审判生涯中，有的当事人折服于她高超的审判能力和法学修养，主动修正了自己的诉讼请求；有的当事人有感于她严谨、真诚的作风，愉快接受了法院的调解建议；有的当事人听了她的解释，自动撤回了起诉；有的当事人读了她的判决书，自觉履行了法律义务。有的当事人尽管出于利益的考虑提出上诉，但对小宋的工作充分肯定，甚至委婉地表示歉意。

宋鱼水认为，鲜花和掌声固然是一种鼓励，但更重要的是人民群众的信任。胜败是执法的结果，信任是无言的丰碑。作为共产党员、人民法官，必须牢记党的宗旨，把司法的公正、司法的温暖，用自己的行动传达给人民群众，让他们正确对待裁判，理智接受输赢。

宋鱼水是首都政法战线这块沃土上成长起来的新型法官，她以公正的审判实践回答了“什么是司法为民，如何服务发展，怎样让人民满意”。她是新时期共产党员的杰出代表，是人民信任的好法官，是我们学习的榜样！（陈琦）

他们为科技园区发展护航

多年来，一批批国内外企业家、留学归国人员来到中关村创业，是什么吸引了他们？都说是机遇大、环境好。我们觉得，作为企业来说，好环境，最重要的是有好的法制环境。说起海淀的法制环境，就不能不说给予我们很大帮助的海淀区人民法院知识产权庭宋鱼水庭长和她的同事们。

中关村科技园区是全国第一个国家级高新技术区。从 1988 年国务院批准建立，16 年间，主要经济指标以每年 20%以上的速度递增，GDP 占了全国 53 家高新区总量的六分之一，在 100 平方公里范围内，聚集着上万家生机勃勃的高新技术企业，已经发展成为世界瞩目的高科技园区。回过头来看，园区的迅猛发展，离不开良好法制环境的保障。作为全国第一家基层法院知识产权庭，宋鱼水和她的法官同事们，为此付出了艰辛的努力。

在园区探索前行的进程中，确立规则始终是头等大事。1995 年，国家在园区进行软件知识产权保护试点。当时，企业对知识产权的认识还很肤浅，品牌意识、创新意识比较淡薄，还不懂得知识产权是高新技术企业的核心竞争力，是企业发展的“命根子”。在试点一年多的时间里，知识产权庭的法官们经常来园区咨询讲课、座谈研讨，解答我们遇到的法律难题。当时建立的一整套软件知识产权保护规定，都浸透着他们的汗水，申请注册程序、产品推广方式、与员工签订保护商业秘密协定等措施，至今发挥着重要作用。他们主动为园区提供法律服务，指导企业设立法律机构、制定《技术秘密保护章程》《商标保护制度》，引导企业使用法律武器捍卫知识产权，同时通过审判工作，加大知识产权保护力度。10 年过去了，“保护知识产权” 成了中关村最醒目的广告，也成了每一个企业最自觉的行动。

联想、方正、用友等一批科技企业，从小到大，从弱到强，走向全国，走向世界；拥有我国自主知识产权的 CPU 芯片，结束了中国无芯片时代；一些外企进入园区，担心知识产权得不到保护，听了我们对知识产权庭的介绍，就觉得有了底儿。一大批世界知名企业都在中关村设立了研发机构或子公司。他们的耕耘，获得了丰厚回报！

规则有了，还得当好向导。2002 年，园区发生了一件某著名学者诉一家数字图书馆的著作权侵权案。数字图书馆不属于传统意义上的图书馆，过去图书馆是“书上架”，现在数字图书馆是“书上网”。过去借书必须到图书馆，现在通过网络就可以同时实现多人借阅。这些优势决定了建立数字图书馆具有很大的赢利空间，因此，许多人瞄向这个行业，跃跃欲试。数字图书馆的经营者将图书资料扫描上网，是否需要取得作者的许可呢？但与上千万的作者逐一签订协议又是一项十分艰巨的工作。对此，本案的被告提出：这是一个争得世界市场，为读者提供便利的公益性活动，应该得到法律的支持和政策上的鼓励。但本案的原告坚持：没有著作权人最初的辛勤劳动，就没有人们得以分享的精神成果。当时，我们都很关注这个案子，因为对数字图书馆侵不侵权，法律没有明确的规定，理论上存在争议，实践中也没有先例。这起案件的审理，不仅影响到双方当事人的实际利益，而且事关中国数字图书馆的发展方向。

宋鱼水和她的法官同事们，知道这起案件的分量。他们查阅了大量国内外信息资料，把握国际发展趋势，立足国情，在作者和经营者之间慎重进行利益平衡。他们认为，鼓励创造性的劳动更重要，尊重知识、尊重权利人的利益有利于科教兴国。最终判决，被告的行为侵犯了著作权人的信息网络传播权。这个案例当年被列入全国十大知识产权案件，登上了《最高人民法院公报》。

像这样“全国首例”“全国第一起”的案件，宋鱼水和她的同事们办理了多起。他们通过追求法律精神，给出明确判断，使一个案件，引导着一个行业向正确的方向发展。企业说，发展没有坦途，法律就是“路标”，沿着走，就走不了岔道。实践证明，处在“转型期”，从无序到有序，让企业形成理性的市场运行模式和思维，法律说话最有说服力！

在园区发展的每个阶段，起诉到法院的案件特点各有不同。前些年的倒卖假货、合同违约、债务纠纷等案件，近几年的互联网纠纷、著作权侵权、侵犯商业秘密等案件，每一时期的案件都对市场秩序形成了冲击，影响着企业的正常发展。这些问题不解决，就会使市场陷入盲动和紊乱，成熟健康的竞争环境就难以形成。

对此，宋鱼水和她的同事们着眼发展大局，创新适用法律，平等保护企业的合法权益，促进法律与社会行为规范的整体互动，推动企业在法制轨道上健康运行。

园区两家公司因著作权纠纷打起了官司，这起案件涉及民间剪纸作品著作权界定、权利瑕疵等复杂的法律问题，短时间不可能审理完。原告觉得，公司为了创作作品，花了很长时间，投入了几十万元，当成主打产品投放市场，由于盗版成本低、价格低，严重影响了正版作品的市场竞争力，不仅使自己的预期利润实现不了，而且对自己已经占有的市场可能造成毁灭性打击，甚至影响公司的生存。对法院能不能尽快判决，这家公司全体员工焦急等待。宋鱼水和她的同事们针对这种情况，果断使用“诉讼禁令”，裁定被告立即停止制作和销售。我们了解到，“诉讼禁令”是为了避免当事人损失扩大，法官在判决之前对侵权行为下达的停止令。这是 2001 年《著作权法》修改时新增加的规定，他们是在全国首次适用。大胆使用这一规定，反映了他们对法律精髓的把握和对当事人认真负责的精神。

宋鱼水和同事们为了攻克法律难题，马不停蹄地到中国工艺美术学院、中国戏曲学院请教作品中涉及的京剧脸谱问题；利用节假日，还到天津杨柳青、河北蔚县找到剪纸民间作品发源地，追根溯源，详细考证。在此基础上，依法作出了准确的判决。这个案件判决后，即便是胜诉公司也受到了法律的教育，他们反过来查找自己，觉得自己的作品中有的部分也侵犯了他人的权利，于是主动找到权利人申请授权。公司经理说，打完这场官司，使自己明白了“出牌”要按“牌理”，起诉别人前自己首先要做好。

我们还了解到，在审理园区另外一起案件中，宋鱼水和她的同事们在全国首次依法适用“部分判决”。2002 年，国内两家著名经销杀毒软件的企业，因为不正当竞争，官司打到法院。这是两家每年赢利上千万元的企业，官司的输赢，将直接决定其未来市场份额的分割。对此，他们进行了精心审理，经过审理，证据表明，侵权成立。但由于对双方投资成本、销售价格、市场份额等问题需要考证，短期难以评估损失程度、确定赔偿数额。拖下去，两家公司都会受到更大影响。于是他们大胆使用“部分判决”，先宣判侵权方停止侵权、消除影响，然后再专门拿出时间进行调查、审理。这样，既避免了胜诉方损失的扩大，也减少了败诉方的赔偿数额，胜负双方的利益都得到了保护。

这些年，许多企业怕打官司，一个重要原因就是耗不起时间。“诉讼禁令”“部分判决”的使用和他们公正、快速结案的作风，打消了企业的担心，赢得了企业的尊重。企业深切感到，法官确实是为经济发展着想的。法律，也是生产力！

多年来，海淀区人民法院知识产权庭的法官们，通过一份份判决，维护公平，倡导诚信，规范发展秩序；通过案件宣传法律，使法律进入企业，让企业在正确的航道前进。我们深切体会到，建设法治诚信的中关村，让企业生存在一个秩序规范的公平环境里，就等于为企业化解了风险，就是给发展上了“保险”。

党的十六届三中全会提出要树立科学发展观。落实中央要求，促进全面、协调和可持续发展，还有许许多多工作要做。宋鱼水和她的同事们时刻关心着园区的发展。他们精选 3 个典型案例，指导

我们这个时代需要法官的善良，尤其在矛盾的突显期，和人们面临巨大的压力、困惑而失衡的时候，让善良变成法官的一张名片，去抚爱我们的人民，去点燃大家对人民法院的期待，对公正的期待，而这种期待就是司法权威的源泉。

企业注意保护商标、避免商业利益受损。针对 41 件虚假宣传案件反映出来的问题，给我们提出了 4 条司法建议。为了优化中关村法制环境，他们积极参与制定《中关村科技园区条例》，梳理了大量案例，从法律的角度提出许多有价值的建议。其中，关于鼓励取得自主知识产权、保护网络信息、规范使用网络行为等内容都被采纳。这个《条例》是我国第一部关于科技园区的法规，实行后，在园区起到了很好的规范作用，并被国内许多高新技术区借鉴。他们还和我们一起研讨制定有关商业秘密保护和避免人员“跳槽”引发纠纷的有关规定。

宋鱼水和她的同事们，就是这样用一个个具体实际的行动，使抽象的法律活化于时代发展之中，充分展示出新型法官高超的司法能力；就是这样立足审判岗位，真心服务社会，生动诠释着新时期优秀共产党员心系发展的情怀！（杨东起）

我所熟悉的宋鱼水

2002 年的 3 月，宋鱼水调到我们庭任庭长。那时候，我对她的了解不多，除了外表很朴实之外，最深的印象就是讨论法律问题时她这人很坚持自己的意见。随着共事交往增多，我对她的了解也越来越深。

知识产权庭不大，案件涉及的领域却相当广泛，大家熟悉的盗版案件其实只占较小一部分，还常常需要面对像弹性力学、建筑设计、音乐曲谱等非常专业的问题。这一年，也是我们庭建庭以来工作压力最大的一年，案件从原有的 130 余件增到近 200 件，3 名法官交流到其他庭室，有审判资格的只剩下宋鱼水、另一位法官和我。

从事知识产权审判的人都知道，即使有比较全面的理论知识，一般也要有至少两三年的实践经验，才能在对案件的处理上能较好把握。宋鱼水此前一直在经济庭工作，在公司、合同、票据方面拥有丰富的经验，但法律领域有时隔行也如隔山，她能够适应并且很快胜任知识产权审判吗？

记得她办的第一件案件是一位作曲家起诉一家企业在广告中使用了他的歌曲，广告制作者和电视台也同时被诉。案件的难点不在于是否侵权的判断上，广告侵权了，但是做广告的人与广告制作者，到底谁是侵权人，谁来承担责任？这种情况在现实生活中并不少见，这个问题不搞清，对于做广告的人、广告公司和电视台的行为，今后如何做就起不到一个良好的示范作用。宋鱼水征询我的意见时，我不假思索地回答："共同承担，因为有规定。""什么规定，为什么这样规定，这样规定的真实含义和法律意图是什么？"为了澄清这些问题，她连续几天去图书馆，查阅专业书籍，整理法律法规，又向相关部门了解广告制作的行业惯例，她还就这个问题反复与我讨论。一天下班，我们同行在回家的路上，一看到她要说话的神情，我连忙打断她："说了一天了，我的头都大了。"她笑了，"好、好、好，今天不说了。"在她的反复钻研下，最终我看到她在判决书中对委托人和受托人为何共同承担法律责任，从合同法、著作权法等几个方面作了细致而深入的阐述，拿着判决，当事人也很服气。

有时候，大家可能会有一种误区，办案件不就是用法条吗？其实，法律如何从枯燥的条文变成适用于案件的具体意见，需要法官对法律精神的精深把握，并且把法律的真知与案件的具体实际相结合。宋鱼水的敬业，不仅把法律的信息传递给了当事人，也在工作的点滴中传递给了我和我的同事们。

这件案件的审理，让我认识了宋鱼水作为一名法官的勤奋与智慧，也让我认识了她作为一名共产党员的求真与务实，开始理解为什么她能够得到同行、当事人一致的尊重和信任。有人称她是专家型法官。这是她无数个日日夜夜的伏案攻读、冥思苦想，与朋友、师长、同事面红耳赤的争论和上千件案件的磨砺中得来的。如果你留心海淀区人民法院九楼西侧那几间办公室，那里的灯光经常会亮到深夜，其中第二间就是她的办公室。梅花香自苦寒来，这句话被用了又用，但是当我寻找一句话来概括她时，却只能再次选择它，因为她的朴实无华、她的外柔内刚、她的吃苦耐劳，让我无以为言。

大家都知道，法官是处在中立的位置上裁决纠纷，当事人最关心的也是这一点。受一些法学理论的影响，我一直认为跟当事人保持距离是保证中立的方法。谈及此点，宋鱼水总会在表示同意之余委婉地提出补充意见："保持距离不等于保持冷漠。"

宋鱼水和我办过一起出版合同纠纷，一位老作家和出版社因为稿酬问题诉到法院，老作家的文笔好，但是对法律的了解显然不多。庭审中他用诗一样优美的语言详细阐述了自己的意见，但一直不能很准确地讲出法律上争议的焦点，反复十来遍就同一个问题进行论述，旁听席开始有人打起瞌睡，我的心里也开始烦躁。但担任审判长的宋鱼水却一直没有打断老作家的陈述。她神情专注，不时轻轻点头，目光一直没有离开正在发言的当事人。直到中午 12 点多，庭审辩论才结束。双方的情绪开始缓和下来，当事人表示没有新的说明了，宋鱼水才向他们讲解出版合同方面的法律规定，指出双方在合同履行中的不当之处。老作家一言不发，仔仔细细听着宋鱼水讲解，半晌，突然出人意料地说，"法官，我接受对方的方案。"他随后解释道："这事发生以后，您是第一个完完整整听完我讲话的人，您对我的尊重让我信任您。我尊重法庭的意见。"双方当场达成调解。

任何时候，我们都不要忘记，老百姓的眼睛是雪亮的，不公正很难蒙混过关。

让当事人把话讲完，这是宋鱼水开庭时一个朴素的观点。说起来容易做起来却很难。法官在法庭上正襟危坐主持庭审，不像听报告，当事人的每一句话、每个动作甚至每个眼神都是法官判断事实真假的根据，不能有丝毫的懈怠和忽略。在知识产权审判庭，像这样庭审时间长达四五个小时甚至更长的情况有如家常便饭，耐心和尊重不再是某个人的性格，已经成为法官的职业品格。

宋鱼水原来审理商事案件有一手绝活：调解。来到知识产权审判庭后她丰富的调解经验同样收到了良好的效果。她认为：和判决相比，调解更能消除当事人心理上的对抗，便于迅速审结案件、便于执行、减少当事人的诉讼成本，而且中国人讲究以和为贵，调解更适合我们的国情。我们常说，在她那儿，调解已经成了一门艺术。

桂香村是一个老字号，但是由于历史的原因，京城却有两家工厂都叫桂香村。其中一家还在多年前就注册并使用了"桂香村"商标。另一家注册的商标不同，但在产品包装上也使用"桂香村"字样。这一来，老百姓很难分得清。一次一家厂子的产品在报纸上被曝光，惹得另一家大为光火。也难怪，老字号这金字招牌擦亮不易，毁掉却易如反掌。这个案件受到了社会各界的广泛关注。按照商标法的一般规则，被告已经构成了对原告商标权的侵犯。审理中，宋鱼水从双方提供的证据中了解到，原被告在 1962 年前是同一家企业，被告现正在进行国有企业股份制改造。历史渊源、老字号的复杂性、国有企业的困难，都提示我们，简单的一判了之，可能并不是本案最佳的解决方案。为此，宋鱼水与原被告反复长谈，十几次苦口婆心的工作下来，终于促成了当事人的谅解，为了澄清老百姓的困惑，双方以调解的方式在报纸上公告了各自的身份和各自的商标，公共利益与私人利益的良好平衡使这一纠纷得到了圆满的解决。

宋鱼水心地善良，替当事人着想，但这绝不意味着没有原则。我最清楚，她在审理案件时始终把握着一条线——严格按照法律办事，分清责任，明确是非，决不"和稀泥"。

在一起抄袭侵权案中，某大学博士生刘某大段抄袭他人作品予以发表，但法庭审理过程中，刘某态度十分强硬，表示"纯属巧合，没有抄袭"，即使在原告举出"连错别字都一模一样"的证据时，仍然一概否认。宋鱼水和我连续开了两天的质证庭，将需要比对的内容，近 20 万字的论文全部核对了一遍。抄袭显然已经构成。

"审判长，我真觉得我没抄多少，就是参考的多了。我们这个圈子特别小，我明年就要毕业，要是大家知道我这事，做论文、找工作都黄了。宋法官，您就帮帮我吧。"庭审结束后刘某求情。

合议中，宋鱼水说：这个判决也许会对一个博士生的前途有影响，会让他觉得法官不近人情，但是如果纵容他，不仅害了他一辈子，也是对社会的不负责任。后来，合议庭还是依靠扎实的证据，依法宣判刘某构成对原告著作权的侵犯，责令他在专业报纸上赔礼道歉。

刘某如今已经毕业，也顺利地找到了工作，实际上判决的影响并没有像他想象的那样严重。有一年元旦，宋鱼水意外收到了他寄来的贺卡，贺卡上写道："我曾经恨过您，请原谅我的年少轻狂。我感谢您，是您启发了我怎样做人。"

宋鱼水宣判案件

人生，有很多再一步就误入歧途的时候。宋鱼水也经常以此案告诫庭里的年轻人：一个优秀的人不仅要有情，而且要有义，最重要的是正，正气永远感召人的觉悟。是啊，社会的土地一定会有杂生的荆棘，我们的心灵注定会有起落的潮汐，但我们都相信：正义的星斗必将缀满没有遮拦的天空，那是人民注视的眼睛。在她的带动下，不仅宋鱼水取得了一个个荣誉，我们庭也取得了出色的成绩，我们的法律文书、案件、论文在院内、北京市和全国法院系统都获过奖，2002 年我们庭立了集体二等功。2003 年，我们又因成绩突出荣立集体一等功。

那年年底，我被组织上委派出国学习，回国时已是腊月二十九清晨，要离开北京回老家已经来不及了。我推着行李车，低着头匆匆地走，不想看到那些翘首期待的人们和热烈相拥的眼泪。避过人群，我从机场出口向左转，突然听到熟悉的声音：小马、小马，看这儿！我扭头一看，宋鱼水正从人群中挤向我，手里捧着一束洁白的百合花。我一时怔住，她怎么会来，她怎么会去买花，她怎么知道我喜欢这种花？她爱人笑着说："我们家这位头一次这么浪漫，问了一圈才知道你喜欢百合，说你一个人在北京，没人接心里该难受了。"看着怀中洁白、素雅、溢着幽香的百合花，我轻轻地叫了一声："宋姐……"就再也说不出话来。

在这几年里，宋鱼水没有讲过一句豪言壮语，也没有惊天动地的壮举，但她用她沉默、温柔却无比坚强的法官的力量，用她对党、对人民的赤诚之心，启发了我怎样去实现一名共产党员的理想，永远为人民守护好心中的天平！(马秀荣)

辨法析理化干戈

我干律师工作已经10年了，代理过几百起案件，接触过的法官也有几百个。在这当中，宋鱼水的名字我记得最清，印象也最深。不仅是因为她判断准确、说理透彻和不偏不倚、不怒自威的气质，更多的是从她身上，我看到了一名法官的高尚情操，一名共产党员的浩然正气。说实话，我们律师就是愿与这样的法官打交道。

认识宋法官，还得从那起“老大难”的侵权纠纷案件说起。说它是“老大难”，是因为这个案子涉及的问题新、举证复杂，光我们一家所带的证据，就需要三四个人抬到法庭去，而且双方当事人的关系也不寻常。原告是公司的总经理，被告是副总经理，两个人还是同住一室4年的大学同学。可后来由于利益分配问题，被告离开了公司并成立了一家新的公司。原告认为，被告推出了与自己一样的产品，获得了可观经济利润，却给自己造成了几百万元的损失。为此，原告准备向法院提起诉讼。

作为原告公司的法律顾问，我与双方当事人都很熟悉。一开始，我也劝过原告：“你们是多年的老同学，有什么事不能坐下来好好谈谈。”但原告拍着桌子说：“谈什么谈？我这么信任他，公司大大小小的事都和他商量！可他呢，连同学的情面都不顾，给我造成这么大的损失。不为别的，我就是咽不下这口气。”原告坚持起诉，我接受委托，成了他的代理律师。

类似的案件，我也代理了不少。就这个案子而言，在收集大量证据的基础上，我心里还算有底。可真正进入诉讼程序后，这个案子的审理并不像我想象的那样顺利。光进行技术鉴定就用了一年多的时间。在这期间，原告出于多种考虑，曾找到被告，提出愿意协商解决，但却遭到了被告的断然拒绝。这件事让原告憋了一肚子的火，于是，以职务侵占为由向公安部门举报，被告因此进了看守所。同时，原告还向法院提出财产保全申请，冻结了被告银行的存款，并查封、扣押了包括房产、汽车、计算机等在内的财产。原告的这一举动，无疑使双方的矛盾进一步升级。

2003年3月，宋法官作为审判长接过了这个案子。很快，宋法官安排了第一次询问。这时，检察院刚刚对被告作出不予起诉决定。当被告从看守所出来第一次见到原告时，不顾法官和律师在场，情绪失控，对原告进行了人身攻击。原告也毫不示弱，反唇相讥，恶语相向。双方当时都十分激动，对立的局面随时可能演变成一场打斗。看到这一场面，我也吃了

宋鱼水开庭

一惊。宋法官见此情形，断然制止："这是法庭询问，请你们都放尊重一点。" 由于双方都需要对部分证据提出质证意见，加上双方当事人情绪异常激动，这一次的询问很快就结束了。

这个案子虽然复杂，但双方争议的焦点主要集中在原告主张的商业秘密是否存在，被告是否对原告构成侵权上。举证中，双方的证据材料不仅专业性强、技术含量高，而且种类繁多，数量巨大。质证整整进行了 4 天，面对一大堆的数据资料和专业术语，宋法官始终认真听取双方当事人的举证，直到弄清楚为止。法庭上，双方据理力争、互不相让，当事人几次发生摩擦，甚至是谩骂。宋法官一边采取限制控辩时间的方式，要求双方保持克制，稳定情绪，一边耐心细致地进行听证。

案件审理先后进行了 9 次询问、4 次勘验和 4 次开庭审理。随着调查和辩论的深入，宋法官征求双方意见，案件能不能调解解决。

在这个问题上，双方的态度一直都很强硬。据我所知，在这之前，双方的亲朋好友也从中多次撮合，希望双方能够和解，但都没有结果。从我的经验看，也没有调解的可能。双方争议大、积怨深，又都是很有个性的硬汉子，打官司就是想要一个明确的结果。让我说，案子到了这个份上，法院也只能判了，而且无论结果如何，败诉的一方都会上诉，这个案子指不定要拖到什么时候呢？

在等着法院判决的日子，我们都很着急，也有过担心，通过几轮质证，我感到双方都有一些不占理的地方，最终会是一个什么样的结果也很难说。可就在这时，原告突然打电话给我，说是双方准备调解解决纠纷。听到这一消息时，我几乎不敢相信自己的耳朵。

这事儿实在让我纳闷：双方那么深的矛盾还能和解的了？宋法官怎么就那么大本事？后来，我找到了答案。

就在等着法院判决的那几天，原告给宋法官打过电话，一心想知道结果，变着法儿地问。与别的法官不同，宋法官并没有一口回绝他，而是针对原告的疑惑一一解答，还指出了他在陈述时的漏洞以及证据不足部分可能带来的法律后果。宋法官客观公正的分析赢得了原告的信任，也使原告对案件的判决有了合理的预测：诉讼结果达不到自己的期望值。

原告陷入了沉默。宋法官说："在你看来，被告抢走了你的市场，但对被告来说，他在你公司的付出并没有得到完全的回报。你们之所以出现这样的分歧和矛盾，除了外部因素外，和你们只懂专业不懂法也有很大关系。如果你们当初合作时少一点哥们儿义气，多一点儿法律意识，从一开始就订立完善的劳动合同和商业秘密条款，就不会出现今天的被动局面。所以，诉讼的意义不仅只是官司本身的输赢，更重要的是今后如何用法律的手段规范公司的管理制度，处理好公司与员工的关系。只有员工的利益，特别是研究人员和管理者的利益得到充分的保护，公司才会有长足的发展。"

说到这儿，宋法官停顿片刻，轻声地说："老周，你们之间有没有可能协商啊？你们也曾经是合作伙伴。"

听了这话，原告也不禁感叹起来："说实话，被告是个硬汉子，而且经营有道，我们是大学同学，我一直很信任他。"

宋法官接着说："当法官这么多年，我的感觉是，如果双方没有信任基础，只能选择判决，但如果直到现在你还信任他，我倒觉得非常难能可贵。如果你们能重新走到一起，新的合作必将更牢固，因为所有的隐患和危机都已经用法律的手段解决了。"

原告问："我们这样还能走到一起吗？"

宋法官说："以往的合作是以感情为基础的，但经商追求的是利益的最大化，不允许夹杂太多的感情因素，像你们这样有才华的儒商，如果以理性、法制为重，我觉得一定更有希望。解铃还需系铃人，重新握手言和少了一份尴尬，多了几份舒畅。我给你们做做工作怎么样？"

对当事人像朋友一样的循循劝导，既彰显了法官的权威，又还他们以尊严，在劝说原告的同时，不知宋法官又用什么样的话语打动了被告，两个冤家终于走到了一起，成为盟友。在我看来，这样的结果远远超出了对案件判决的意义。

由于宋法官的调解被双方当事人接受，后面的事情变得简单了。从草拟调解方案到最后达成协议，双方仅用了 1 个月的时间。原告和被告共同组建一个股份有限公司，并按照《公司法》的规定，拟定了公司章程，明确了各自的权利义务。

2003 年底，我看到原被告携手出现在中央电视台“中国法官十杰”的颁奖晚会上，共同讲述他们与宋法官的那段难忘的经历。我还清晰地记得他们面对镜头时所说的那段话：“我们真的很庆幸，我们遇到了宋鱼水这样的好法官。不仅讨到了一个明明白白的说法，还为公司的发展找到了新的出路。她是当之无愧的‘法官十杰’。”

回想走过的路，一切在社会上有影响有认同的案件都取决于我们对人民的忠诚，对法律思想的正确理解。

作为有着 10 多年代理经验，处理过几百起不同类型案件的律师，有输有赢、胜了败了的事，我觉得都是再正常不过了。但就这个案子，宋法官不仅为当事人化解了纠纷，把双方的损失降到了最小，还使他们获得了重新发展的机会，得到了一个双赢的结果。这一出乎意料的结局，也使我经常地思考：公众对法律乃至整个社会的信任，一定程度上是对法官的信任，而这种信任必然来自这样一个信念：法官必须是正直的人，是真正把党和人民利益放在心中的人！而宋法官就是这样的人！

听说我参加了宋鱼水事迹报告团时，原告和被告，噢不对，应该说是两位公司的股东，让我告诉宋法官，也告诉大家：经过 1 年多的努力，公司走上了正轨，开拓了新的市场，取得了更大的经济效益。也许在今后的发展中，还会遇到各种各样的困难或是问题，但他们已经学会用法律来约束和保护自己，今后的发展之路一定会越走越宽。（何畏）

始终铭记人民法官的职责

1989 年我大学毕业，分配到海淀区人民法院工作。15 年来，我审理了上千起经济纠纷和知识产权案件，接触了许许多多急于向法律求助的当事人，他们对公平正义的强烈呼唤，激励着我始终牢记党的宗旨、法官的职责。

我办理的第一个案子让我记忆犹新，原告是个起早贪黑给小饭馆送菜的民工。我见到他的时候是个寒冬的早晨，他穿得非常单薄，破旧的衣服已经看不出颜色，尽管屋里有暖气，但他还是微微发抖。我从小在农村长大，看他这个样子，心里很不是滋味儿。民工告诉我，他给一家饭馆送了一年的菜，一直没给钱，临近年根，他冒着严寒一趟趟去要，求了服务员，求老板，饭馆的人烦了，连推带搡把他赶了出来。

对弱者的同情警醒我更加慎重，因为同情不能代替法律的公正。后来，我才知道这家饭馆因为经营不善，已经多次倒手，买了民工蔬菜的老板早就没了踪影。现在饭馆的老板对我说："法官，自从我租了这个店面，就没少遇到这种事，好多人天天追着我要面钱、米钱，我冤不冤？"我说："你冤，那个民工更冤，这账虽不是你欠的，但你承租了这个店，你就应该先还上！"那个老板一听就急了，说："前一拨人欠的钱算到我头上，这太不公平吧！"我说："按照法律规定，你可以向过去的承租人追偿，但你现在必须先把钱还上。"案件顺利结案后，那个民工捧着薄薄一沓钞票痛哭流涕，我才知道他重病的妻子和上学的孩子都在等着这点钱。

后来，我一直在想：小额案件与标的重大的案件相比，似乎不值一提，但一个公平正义的社会应该是一个不分贫富贵贱，一样充满关爱的社会。我一生中可能会审理几千件案子，但许多当事人一辈子可能就进一次法院，如果就是这唯一一次与法律的接触让他们受到不公正对待，让他们得到一个自己想不明白的结果，在他们心中会留下深深的伤痕。伤害了一个当事人，就多了一个不相信法律的人。而维护了一个当事人的合法权益，就会增加一分人们对法律的信仰、对社会的信心。

在我国经济转型期，诚信危机曾严重地制约着市场经济的健康、稳定发展，反映在经济审判中，就是大量涉及各个领域的欺诈案件被推上法庭。一方面是巨大的市场魅力使人们欢欣鼓舞，另一方面却是众多的欺诈陷阱使人们裹足不前，重建诚信成为全社会的呼声！

1998 年，我审理了一起经销权纠纷案件，事情的起源来自一篇报道，报道内容是：一家公司在经销各种品牌的啤酒时，把大量过期啤酒的生产日期进行涂改后倾销，这种违背诚信、违反法律的行为引起了消费者的愤慨。报道一出，这家公司经销的各类啤酒销量一落千丈，其中有一个品牌的啤酒损失最为惨重，不但在这个省的销售量下降，全国市场也受到影响。无辜受到牵连的总经销商把这家公司的经销权收回。这一下，这家公司不干了，起诉到法院。他们说："我公司从来没有拖欠过货款，也没有违反双方合同的约定，总经销商无权取消我们的经销权。"因为当时我国法律对经销权问题还没有规定，案件如何能得到公正审理，成为法院和企业界共同关心的问题。当时，有一种观点："这家公司既然没有违反合同约定，总经销商收回经销权似乎没有道理。"但这个案子如果就这样判了，对于无辜遭受损失的总经销商，公正体现在哪里？对于损害经营伙伴、欺骗消费者的行为，法律的导航作用又体现在哪里？一想到这个案子，我的心就难以平静。我翻阅了大量资料，向工商总局法规处等单位进行调查咨询，向有关专家学者请教，跑到图书馆查阅国外相关的判例，最终，我用法律原则作为裁判的依据，支持了总经销商。在这份长达6000字的判决中，我充分阐述了下面的观点：由于原告丧失商业信誉，被告授予原告经销权的预期利益将无法实现，双方订立合同的目的将无法实现，因此，被告解除经销权的行为并无不当。这个案件的庭审、判决书的说理得到了当事人的认可，判决的结果得到了上级法院的认同，并被作为范例引用。令人欣喜的是，后来颁布的《合同法》把诚实信用作为基本原则，进行了充分的肯定。

许多老审判员说，案件审得越多，下判决时的笔就越沉重。阅历渐长，我也渐渐有了体会，我虽然是一个普通法官，但我的一纸判决，可能导致一个企业元气大伤甚至破产。我就想，一个尽责的法官，不仅要通过判决引导市场主体走一条规范之路，更要使它们在诉争中共赢共存，从而实现社会利益最大化。

在审理一起技术秘密侵权案中，原告的4名员工跳槽注册了一家新公司，生产与原告公司同样的产品，被起诉到法院。由于这类案件证据发现的困难，历来被认为是知识产权审判中的难点，被告为此心存侥幸，不愿意承认带走了原告的技术秘密。我和合议庭的其他成员不得不对大量的技术资料进行比对，当我们把原告的密码输入被告电脑后，电脑屏幕上显示出来的生产设备原理图和原告的一模一样，侵权是铁定的事实。被告一下子蒙了，他突然站起来，说："公司完了，那我们全完了！法官，你给我们一条出路吧。"说实话，对这种技术秘密侵权行为，一旦判决，被告公司投入的大量资金将血本无归。

作为法官，我有权让不尊重他人权利的人受到制裁，也有责任维护社会的稳定、保护社会生产力的发展。我想，如果原告许可被告使用这项技术秘密，被告不仅可以转入合法运营，原告也可以得到一笔可观的补偿，调解可以实现双赢。在被告多次诚恳的请求下，我下决心进行调解，但原告公司发了狠，就想通过判决治治被告，说："调解可以，先给100万。"

海淀各界女性代表走进北京知识产权法院 宋鱼水陪同座谈

原告开的这个天价对产品尚未投入销售的被告来说，显然无法承受。我仔细分析情况后对原告说：“你许可被告使用这项技术秘密，不但可以得到经济补偿，还可以通过被告扩大你们的市场知名度。成为你生意伙伴的被告也会非常感激你！”原告终于放弃了起初的立场，双方达成了一项调解协议：“被告支付许可使用费 20 万元，同时停止部分产品的生产。”但在制作出调解书后，原、被告又一起来到法院，他们对我说：“宋法官，调解书的内容能不能修改啊？”我的心一紧，以为他们反悔了。原告抢着说，“宋法官，我们俩商量好了，所有的产品被告公司都可以生产，同时增加 10 万元转让费。”看得出，此时的原、被告已经跳出了官司的本身，而在考虑今后双方更好的合作和各自企业的发展。我调解了大量案件，虽然调解成功一个案子所付出的劳动和心血是巨大的，但通过调解，许多面临灭顶之灾的企业起死回生，针锋相对的对手握手言和，当事人能自觉履行义务。我想，这种双赢的结局应该是法官对社会发展、对人民群众期望的最好回报。

在从事法官职业 15 年间，我也遇到过托关系、走人情的事，我也有在人情面前矛盾的时候。记得我刚担任经济庭副庭长的那年，老家突然来了一个亲戚，他说找我帮个忙，看到老家的人，我真是挺高兴的，心想：老家的人上北京，一定想办法让他们玩好、吃好。但他一开口就让我犯了难，他让我帮他说一个案子，这个案子就在我所在的经济庭。他说：“你关照关照吧，好让我回去做人。”亲戚难得求我一次，如果是其他的事，我会毫不犹豫去办；如果我是律师，我会尽全力去帮他诉讼，可，我是法官……当时，我心里非常难受和矛盾，真不知道和他说什么好。看到我低头不语，他说了这么一句话：“你甭太为难了，我要做人，你更要做人，我不怪你！”这句话使我心中充满歉疚和感激。后来，老家的企业输了官司，输在很多约定没有落在纸面上。过后，我想，大多数老百姓托人情，只是希望得到一个公正的判决，只要公正，老百姓是会理解的。每次遇到人情与法的冲突时，我唯一能帮他们的是鼓励他们去收集最有力的证据，书写最有说服力的代理词，告诉他们：用充实的证据说服合议庭，才会赢得对他们有利的判决。

不久前，在做客中国法院网时，一位网友问我：“作为一名女法官，你是否要作出更大的牺牲？”我觉得，任何人为了他所爱的事业都必须心甘情愿地付出，作为一名女法官可能意味着更多的付出。

我刚独立办案那年初，工作特别忙，爱人又在远郊县工作，我只好狠狠心，把不满周岁的儿子送回山东老家。年底，我又承担起全庭到外地送达和调查的任务，从冰天雪地的东北小镇到寒风刺骨的中原大地，从茫茫无际的内蒙草原到阴雨连绵的岭南地带，四处奔波。

回到北京，我把手头的工作一交代清楚，就买好当天的火车票，迫不及待地往山东老家赶，一路上将要看到儿子的幸福和焦急使我坐立不安。当我蹲在儿子面前，满怀欣喜地伸出双臂，轻声叫着儿子时，儿子却紧紧贴在姥姥怀里，只是不断用眼睛的余光偷偷打量我，“儿子不认识我了！”在泪光中，时间似乎凝固了。过了好一会儿，儿子的眼神开始变得热切，他伸出小手试探着触了一下我的脸颊，突然，他一头钻到我怀里，轻轻地叫了一声：“妈妈！”。我的心一下子被揉碎了。猛然涌起的酸楚和委屈使我泪流满面。

假期一满，我毅然把孩子带回北京。为了工作，我可以把孩子放回老家；为了孩子有个完整的母爱，再苦再累我也要把孩子带在身边。

法官身处化解社会矛盾的前沿，有时也会遇到蛮横无理的当事人。在深圳出差，我就遇到这样一件事，我们要送达传票的一个当事人，由于住所变更，直到当天晚上 9 点，才从当地派出所了解到他的新住址。当事人是一个企业的老板，见法院的人找上门来非常恼怒。先是不开门，好容易叫开了门，一进门就命令我们脱鞋，说：“别弄脏了我家的地毯！”紧接着他打电话叫上来两个气势汹汹的彪形大汉。我示意同来的书记员出去联系当地公安部门，没想到他们一左一右横在门口。拦住去路，当时的气氛非常紧张，我镇定了一下，直视着他，一字一顿地说：“你现在面对的是处理民事案件的法官，如果你再这样嚣张地妨碍公务，站在你面前的将是审理刑事案件的法官。”我的镇定明显震慑了他，交涉到深夜 1 点，终于让这名当事人低下头，在送达回证上签了字。

千百年来，“富贵不能淫，威武不能屈”的凛然大义支撑起中华民族的脊梁，我想，作为一名新时代的共产党员、人民法官更应当有“甘化我身守正义”的铮铮铁骨，“毕生护法为人民”的耿耿丹心。

在向法制社会迈进的历史洪流中，我所做的，正是许多同志已经做的或准备做的，我没有做到的，有的同志已经做得很好，在这个法治的春天，我愿与大家一起努力不息，让法治公平的观念深入人心，让社会正义的大旗高高飘扬！（宋鱼水）

重要媒体报道

“鱼水情深”，劳模精神的时代诠释

什么是劳模精神？提起劳模精神，你首先会想起谁？

宋鱼水，北京知识产权法院副院长，全国劳动模范。“法槌一旦敲响，就意味着当事人把问题交给法律了。我工作近30年，也算老法官了，对法槌有了一种眷恋感。”当问及每次敲法槌的感受时，宋鱼水如是说。28年来，宋鱼水审理了各类民商事案件1500余件，法槌敲了几千次，每一次落槌都是对公平正义的孜孜追求。

1989年，大学毕业后，宋鱼水进入北京市海淀区人民法院，从做书记员起，开始了她的法院工作生涯。多年来，宋鱼水办理了一批具有影响力的大案，如《十送红军》著作权案、奥运口号著作权案、琼瑶案等，在500余件属于疑难、复杂、新类型案件的审理判决中，宋鱼水没有因为一起案件因裁判不公被投诉过，被当事人誉为“辨法析理，胜败皆服”的好法官。

胜败皆服，那么当事人服的是什么？宋鱼水认为，当事人服的是公正，服的是法律的标准，而这正是其秉持公正公平理念审理判决每一个案件的初衷。

2014年11月6日，是宋鱼水人生中的重要里程碑。在全球化背景下，产权保护越发重要，北京知识产权法院应运而生。就在这一天，宋鱼水也正式成为这个大家庭的一员。从此，宋鱼水在知识产权的新领域里，一边学习知识产权的多种知识，一边在实践中总结和提升自己。

人如其名，鱼水情深。在宋鱼水心里，群众的位置被擎地很高很高。在她看来，作为法官，一生中可能审理几千件案子，但当事人一辈子可能只进一次法院，打一次官司。如果这一生中仅有的一次官司，让他们受到不公正待遇，或让他们得到一个不明不白的判决，他们心里就会留下深深的伤痕。伤害一个当事人，就会多一个不相信法律的人，而维护一个当事人的合法权利，就会使人们增加一分对法律的敬畏、对社会的信心。正是秉持着这样的情怀审理每一个案件，宋鱼水赢得了群众对自己信赖，也培养了群众对我国法治的信心。

凭借在工作岗位上的兢兢业业，宋鱼水获得了很多荣誉称号：全国优秀共产党员，全国五一劳动奖章，全国“三八”红旗手，全国劳动模范和先进工作者，全国模范法官，全国十大法治人物，全国五四青年奖章……“劳模精神是时代精神的载体和符号，在任何情况下都应是时代精神的主旋律。”谈及新时代下的劳模精神，宋鱼水有着自己的思考，“新时代的劳模如果有新内涵的话，那就是职业素养要高，职业追求更加强烈，努力成为本职业本领域里的真正内行。”

“爱岗敬业、争创一流，艰苦奋斗、勇于创新，淡泊名利、甘于奉献”的劳模精神，是社会主义核心价值观的生动诠释，也是我们今日事业发展与前进的宝贵精神财富和强大精神力量。在960万平方公里的土地上，有这样一群模范带头者在各行各业努力劳动、创造生活，他们用自己的辛勤与汗水展现着践行与展现着劳模精神。

（原载《人民日报》2017年4月27日，记者赵兵）

最美奋斗者：宋鱼水

事迹简介

宋鱼水，女，汉族，1966 年 2 月出生，中共党员，博士研究生学历，山东蓬莱人。现任北京知识产权法院党组成员、副院长兼政治部主任，全国妇联兼职副主席。她是从基层成长起来的优秀法官代表和优秀女性代表，从事法律工作三十年来，承办了大量涉及国计民生的案件，被当事人誉为"辨法析理、胜败皆服"的好法官。她带领法院干警审理了大量新型、疑难的知识产权案件，并在国内首次将诉讼禁令、部分判决等措施引入到知识产权司法保护中。先后当选中共十七大、十八大、十九大代表，第十一届全国人大代表，十九届中央委员会候补委员，获评全国优秀共产党员、中国青年五四奖章、全国五一劳动奖章、全国三八红旗手等荣誉。

宋鱼水，现任北京知识产权法院党组成员、副院长兼政治部主任。曾任北京市海淀区人民法院党组成员、副院长，北京市第三中级人民法院党组成员、副院长等职务。

从 1989 年 9 月来到海淀法院经济庭工作起至今，宋鱼水成为法律工作者已经是第 30 个年头。她承办了大量涉及国计民生的案件，被当事人誉为"辨法析理、胜败皆服"的好法官。

宋鱼水始终坚持"公正司法、一心为民"理念。30 年间，她成为基层成长起来的优秀法官代表、新时代优秀的女性代表，曾受到习近平总书记、胡锦涛总书记的亲切接见，还作为电影《真水无香》的原型获得社会各界广泛赞誉。

公正公平、为民司法

上世纪 90 年代，中国经济社会快速转型发展，大量农民进入城市工作谋生，如何保护他们的权益成为整个社会关注的议题。

一个临近春节的寒冬，刚当上法官的宋鱼水接手了一个"小案子"。原告是一名起早贪黑给小饭馆送菜的农民工兄弟，他给饭馆送了一年的菜，可一直没收到菜钱。宋鱼水一直追查到小饭馆的现任老板，通过公正审理，让原告拿到了应得的钱。

在基层法院时，宋鱼水经常面对这类标的很小，但却又涉及当事人生活的紧急案件。每当遇到这类案件，她都是快速办理，尽量使纠纷彻底了结。她平等、公正地对待每一位当事人，对弱势群体怀抱着更多的理解、耐心和温暖。

有当事人给宋鱼水送了一面写有“辨法析理、胜败皆服”的锦旗，这句话也成为这名共和国法官身上的鲜明“标签”。

以“工匠精神”助推创新发展

进入 21 世纪，随着中国加入世贸组织，改革开放的大门越敞越开，知识产权战略的重要性愈加凸显。海淀区人民法院坐落在号称“中国硅谷”的中关村，新类型案件层出不穷，社会对法律工作者的各项能力的要求也变得更高。

2002 年，中关村科技园区发生了一起“著名学者诉数字图书馆”的著作权侵权案。当时数字图书馆还是新鲜事物，案件的办理不仅影响双方当事人的利益，还事关中国数字图书馆的发展方向。宋鱼水和同事们认真查阅分析了大量资料，最终保护了著作权人的合法权益。这个案例在当年获评“全国十大知识产权案件”，并被《最高人民法院公报》刊登。

在海淀区人民法院工作期间，宋鱼水带领知识产权庭干警受理了大量新型、疑难的知识产权案件，并在国内首次将诉讼禁令、部分判决等措施引入到知识产权司法保护中，为全国第一家国家级高新技术区——中关村科技园区的营商环境建设付出了艰辛努力。

走上国际舞台　为知识产权保护立言

进入新时代，宋鱼水和同事们继续回应经济社会发展的新要求，加大知识产权司法保护的力度，进一步提升中国知识产权司法公信力和国际影响力。

在北京市第三中级人民法院，宋鱼水牵头审理了具有广泛社会影响的“琼瑶诉于正侵害著作权纠纷案”，助力了国内影视行业健康发展。

2014 年 11 月 6 日，北京知识产权法院成立，这也是全国首家知识产权审判专业机构。自建院至 2018 年 12 月 31 日，该院共受理涉外案件 13147 件，占全院收案量的两成多，从涉及的国家和地区来看，共涉及五大洲 68 个国家的当事人。宋鱼水和她的“同仁”们在更为广阔的国际舞台上，发出了中国法官的声音，也表达了中国加大知识产权保护的决心。

今年 2 月，宋鱼水担任审判长的 7 人合议庭，刚刚收到外方当事人赠送的锦旗。这是一起涉及申请宣告专利无效的案件，外方当事人是著名的化工企业，也是全球知名的 LED 生产商，判决维持了涉案专利的有效性。外方当事人表示，判决不仅关乎他们公司的运营，更影响全球 LED 行业的技术发展，展现了中国法院的司法公正。

在宋鱼水和同事们的努力下，北京知识产权法院愈发成为国内外知识产权诉讼的“优选

北京知识产权法院由3名法官与4名本领域技术专家组成7人合议庭形式审理日亚化学工业株式会社的发明专利权无效行政纠纷案

地”，最高人民法院领导也多次提到，北京知识产权法院已经成为中国司法的重要窗口和亮丽名片。

用自身形象传播法治意识

作为全国法院系统的重大典型，宋鱼水坚持辨法析理，将法庭作为“法治公开课堂”。同时，还将传播法治声音，提高公众法治意识作为自己的重要使命。她参加的“宋鱼水先进事迹报告团”在全国开展巡回报告，受教育党员、群众达6万余人。

在依法治国的时代潮流中，宋鱼水先后当选中共十七大、十八大、十九大代表，第十一届全国人大代表，全国妇联副主席（兼），十九届中央委员会候补委员，获评全国优秀共产党员、中国青年五四奖章、全国五一劳动奖章、全国“三八”红旗手、全国模范法官等10余项国家级及省部级荣誉。

“法是善良和公正的艺术，是以善的方式去解决问题，对违法行为的惩处，也是希望把违法的人变成守法的人、善良的人，这需要我们付出更大的努力。”这是宋鱼水在接受媒体采访时的一段朴实的表达，也是这位“人民好法官”30年职业生涯最好的写照。

（据新华社2019年9月15日电）

时代先锋：国徽在上

——法官宋鱼水的故事

为充分展示当代中国共产党人的精神风貌，深入开展保持共产党员先进性教育活动，从13日起，本报与中央新闻单位、各省区市新闻单位共同推出《时代先锋》大型主题宣传活动，宣传报道各条战线、不同岗位的优秀共产党员和先进党组织，在改革开放和现代化建设的伟大征程中，在全面实现建设小康社会奋斗目标和构建社会主义和谐社会的伟大实践中，立足岗位，无私奉献，发挥先锋模范作用和战斗堡垒作用的典型事迹。

宋鱼水1989年毕业于中国人民大学，进入北京市海淀区人民法院经济庭工作，先后任书记员、审判员、副庭长，现任海淀区人民法院知识产权庭庭长。宋鱼水独立办案11年来，公正高效地审理了各类民商事案件1200余件，其中300余件属于疑难、复杂、新类型案件，均取得良好的社会效果，被当事人誉为“辨法析理，胜败皆服”的好法官。

哪怕是最简朴的中国法庭，都会在正中悬挂着中华人民共和国国徽。

国家和法律，就用国徽和法官身上披着的法袍这两个庄严的表征，把代表国家行使审判权的责任放在了法官肩上……

无言，却有力。

宋鱼水始终不能忘记那个民工，那是她办的第一个案子。

民工起早贪黑地给小饭馆送了一年的菜，饭馆一直没给钱。大冷天他一次又一次找饭馆，都被轰了出来。他穿着一件破旧的单衣，在宋鱼水房间的暖气旁止不住发抖。

事实上，饭馆已几经易手。宋鱼水见到现任老板：“按法律规定，你可以向过去的承租人追偿，但你现在必须先把钱还上。”

结案后，民工捧着终于追回来的薄薄一叠钞票痛哭——重病的妻子和上学的孩子急等着这一点点钱。

相对于其他人，更让宋鱼水动心的是弱势群体，她称他们为“门外的人”——就像是想听音乐会但没买到票，一边伸长脖子捕捉门缝里传来的美妙音乐，一边焦急地等着退票的人，宋鱼水觉得他们才是最值得关注的人。但她因此更加慎重，因为同情不能代替法律的公正。

她的同事评价，作为一个法官，最难的，往往不是人们所想象的拒绝办人情案，而是见怪不怪后，对当事人矛盾的麻木和漠然。优秀的法官，却总是拥有这样的品质：一个类型的案子，已经见过几百回了，但他们对案子的兴趣和努力，却永远像是第一次遇到的新鲜事一样。

洞察之力对一个法官肯定是十分重要的专业素质，但悲悯之心却是一个优秀法官的人格基础，将决定着这个法官是否能够透过案子本身，将目光投向社会和人生更深邃的远方。

宋鱼水是农村姑娘，她靠着每个月国家提供的 18 元钱助学金读完了大学。她来自于这个群体，也从没忘记过她曾经的归属。帮助民工追菜钱，是任何一个法院每天都要面对的众多小额案件之一。宋鱼水认为，小额并不等于小事。一个公平正义的社会，每个人都是重要的，每个人的权利和尊严都应受到同等的尊重，不管这个人是卖菜的还是亿万富翁。

她对自己约法三章：不轻视小额案件，因为它事关百姓生活；公平地对待每个当事人；不论是什么样的当事人，都宽容以待。

这个自我约定，对宋鱼水来说长期有效。

宋鱼水说，中国老百姓如果不到万不得已，是不会走进法院大门的。许多当事人可能一辈子就进法院一次，如果就是这唯一一次与法律的接触，却受到不公正的对待，得到一个想不明白的结果，就会在他们心中留下深深的伤痕；而维护了一个当事人的合法利益，就会增加一分人们对法律的信仰、对社会的信心。

也是因为这个原因，宋鱼水的法律文书风格非常平实，深入浅出，是浅显的通俗语言，而并非满篇法律工作者方可读懂的法言法理。她认为，既然判决书是给当事人的，应当尽量让他们能看明白。

法院每天要面对形形色色的当事人，其中大多数人从未有过诉讼经验，即使到了法庭，很多当事人连什么叫作诉讼请求都不明白。

一天，宋鱼水办公室来了一位老年妇女，她声称有人对她的著作进行了抄袭侵权。由于事隔多年，又经历了单位人事变动、文革以及家庭变故，当事人的精神受到了严重刺激。她不容宋鱼水说话，翻来覆去就要求法院为她做主。

宋鱼水耐心地告诉她，如果打著作权官司，就要带手稿以及与被告著作的比对表等。但一切有益的法律指导均对这位妇女不奏效。这样的谈话一直持续到晚上 6 点半。分手后到食堂吃饭时，宋鱼水突然意识到因为下班，老太太可能被锁在办公楼里了。于是，她急忙一层层寻找，并每隔十几分钟给其家里打电话询问。直到两小时后才与回到家中的当事人联系上。这位妇女非常感动，反复说，“没想到你还惦记着我。”

宋鱼水说，这个案子因证据不构成侵权我们没有支持她，但是，我希望让她明白，虽然生活有那么多磨难，但还有人关注她，爱她。

在如此的案子中，宋鱼水突然发现了法官的“诊疗”作用。法律在她手里具有了温度，这种温度可以暖和很多在社会复杂矛盾冲突中受到伤害的当事人，使他们感到被重视。心理得到释放的很多当事人其实要求不高，就是有重视他的人听他倾诉，在这样的当事人面前，有时判决结果倒在其次。

宋鱼水试图解释什么总是细声细气地说：“嗯，是这样的……”

但这只是她的外在形式，她内心非常有主见，只不过，内心的坚定并不通过外表的硬朗来表现。

她非常坚持，比如她的廉洁。

宋鱼水并没有一大套道理来说明她保持廉洁的根本原因。她理由非常简单：法官是用老百姓纳税的钱来培养的，是吃“官粮”的；我爱我的职业，所以我维护它。若是想赚钱，我可以不做这个职业。

在这种思想基础上，她说出了一句像是警句样的话：一个优秀律师后面可以有百万家产，一个合格法官背后，只能有洁白朴素的生活。

宋鱼水曾遇到一个当事人，几次打电话表示自己从未打过官司，要求宋鱼水给他推荐律师。

她回答：“法官不能给你推荐律师，理由很简单：我如果给你推荐了律师，你会怀疑我从中获取费用，对方也会怀疑我偏向你。”

挂断电话后，宋鱼水有些遗憾，甚至矛盾。正常情况下，法官根据律师的诉讼水平为当事人推荐合格的甚至优秀的律师对当事人来讲是件好事，会起到最好的帮助作用，但法官介入此事，一定有人认为法官有问题。

清白是法官必须坚守的职业和道德底线。宋鱼水的原则是，一朝湿鞋将一发不可收拾，所以决不给别人怀疑自己清白的机会。

一个当事人给另一个法官送化妆品，刚工作半年的年轻法官不知道如何处理，跑到宋鱼水那里问她该怎么办。年轻法官觉出了宋鱼水的难过，宋鱼水说，不应该让你们这些年轻人这么早就面对社会的阴暗面，这是对你们巨大的挑战。

宋鱼水说，这样的事情一旦有了开头就收不住了。同时，她也告诉年轻法官，打电话让当事人把东西拿回去，但态度一定要温和。

法官的收入并不高。偶尔，宋鱼水看到有的律师痛痛快快地花钱飞国外度假，手头拮据的自己也有一点失衡。但她会说服自己，“这只能说明法官在社会上的地位还不够高。”

她也会遇到人情案。宋鱼水不会对说情的人直来直去地说：“你别来，来了我也不理你。”那不是她的处世风格。接到那些邀她“出来坐坐”的电话，她会委婉地说：“哎呀，我很忙啊。”对方连打三四次，都是这样的回话，电话就不会再来了。“人情和利益往往连在一起。只要不贪，就没有什么推不了的人情！”

当事人对法院的裁判满意，也会感谢她，宋鱼水对这种事后的感谢也拒绝：“我有权代表国家审判，但无权代受谢意。裁判一下，案子和关系就应该一块儿了结。”

宋鱼水对为案子说情的人有着她的理解：说情的人绝大多数是为着得到公平判决而来，并非为要求法官向着自己。因此，她会很温柔，但很有力量地回绝，但是，给当事人留面子，让人家心里能够接受。同时，宋鱼水会鼓励当事人去收集最为有力的证据，书写最有说服力的代理词。她告诉当事人，在法庭上说服法官我吧，这样才能赢得对自己有利的判决。

她曾经多次为说明自己的观点举例：“如果我办了人情案，那么托我办事的当事人肯定感谢不已，可另一方面，他会在心里说，法官真黑。他的心里也会对生活留下灰色的印象。”

十几年来，宋鱼水没有收过当事人一件礼品，没有办过一件人情案，也没有利用庭长职务向审判人员施加过任何不公正的影响。她的领导说，对这个人，“我们敢打保票！”她的同事说：“能做到这点，真的很难。”

国徽在上，法袍在身，天平在心。法官的职业，宋鱼水从事了十五年。

宋鱼水，现任北京市海淀区法院知识产权庭庭长。至今，她的最佳状态，仍然出现在走上法庭，法槌一敲，说出“现在开庭”的时候。

（据新华社 2005 年 1 月 12 日电，记者朱玉、刘江）

“不轻视”就是重视

当法官的第一天，宋鱼水就给自己定下“约法三章”不轻视小额案件，不轻视困难群体，不轻视当事人的任何权利。办案10多年，无论案件大小，无论外地人本地人，无论掏不起诉讼费的贫困群众还是腰缠百万的富翁，宋鱼水都做到一视同仁。正是因为她的这些“不轻视”，让人们感到了爱心、阳光和公正。

这些年，常挂在人们嘴边的一个词是“重视”。“重视”当然好。问题在于，一些地方和部门的少数同志，喊得多，做得少；雷声大，雨点小。这里面有一些“讲究”。一为“唯上论”。有的人唯领导是从，唯领导是听，领导“轻视”他不重视，领导“重视”他才“不轻视”。二为“唯急论”。只有等火烧眉毛了，才能引起他的重视，平时则不管不问。三为“唯躲论”。一事当前，能推就推，能躲就躲，“事不关己，高高挂起”。

同样一件事情，你重视它，解决起来就顺手；你轻视它，解决起来就棘手。任长霞刚上任登封市公安局长时，当地治安形势严峻，大案积案较多，群众对公安工作意见很大。按说这是一个很大的挑战。但任长霞面对困难“不轻视”，走访群众，艰苦侦查，打黑碰硬，为民除害。受害者冯长庚泪流满面地说“像这样棘手的案件，她可以找一千个借口搪塞，找一万个理由推脱，可她没有，她情愿为咱百姓当靠山”这难那难，思想重视就不难。我们常说，“只要思想不滑坡，办法总比困难多”，也正是这个道理。

相对而言，有的同志面对重大、急迫、“上面”催得紧的事情，往往能做到“不轻视”，尚能完成任务。但在“寻常状态”下，有少数人的表现让人大跌眼镜。比如，有的人对简单的问题“轻视”，结果工作一团糟，局面难打开；有的人对细小的问题“轻视”，结果小洞不堵，终酿大祸；有的人对熟悉的问题“轻视”，结果虽经历过大风大浪，却沉没在小河小沟里。如果抱着“轻视”的态度，必将使一些简单的问题复杂化，小毛病变成大问题，甚至在自己熟悉的领域把持不住而翻船。可见，我们不仅要在大的问题上做到“不轻视”，同样不能忽视简单的事、细小的事和熟悉的事。因为在这些问题上，人更容易麻痹，问题更容易发生，因此就特别需要“不轻视”。轻视是成事的大敌，重视是成功的帮手。面对一项工作任务，是轻视还是重视，重视程度如何，将直接决定工作的成效乃至事业的成败。各级干部尤其是党员领导干部，务必认真负责、一丝不苟地对待手中的工作，急事难事要重视，大事小事不轻视，以饱满的热情、负责的态度、坚定的信心投入到工作中去。这既是一个工作态度和精神状态的问题，更是一个如何起到模范带头作用、如何始终保持共产党员先进性的问题。

宋鱼水的“不轻视”，值得各行各业来思考，来学习，来提倡，来弘扬。

（原载《光明日报》2005 年 2 月 21 日，记者蔡朝阳）

把公正视为生命

年终岁尾，“2004 年度十大法治人物”颁奖现场，获得殊荣的宋鱼水如往常一样，脸上挂着一丝淡定的微笑。正是这位看起来温婉、柔弱的女法官，用公正司法、倾心为民的天平，谱写了一曲共产党员勇作时代先锋的颂歌。

38 岁的宋鱼水，现任北京市海淀区人民法院知识产权庭庭长。在海淀法院荣誉室里，一面送给宋鱼水的锦旗这样写道：辨法析理，胜败皆服。

让宋鱼水格外珍视的是，这是一位官司打输了的当事人写的，“这说明当事人对法官公正判决的认可。”由此，宋鱼水真切领悟到：公正是法官永恒的生命与惟一的天职。

遇到这样的法官是我们的幸运

宋鱼水法官生涯 15 载，独立办案 11 年，公正执法的信念如润物细雨，融入到她所审理的 1200 余件大大小小、各类民商事案件中。在当事人眼中，宋鱼水这个名字，就意味着纠纷的化解、司法的公正。

2003 年 3 月，一桩商业秘密侵权纠纷案打到宋鱼水的案头时，原被告双方已势不两立，水火难容。

小周与小黄曾是大学同窗，一寝室住了四年，情同手足。毕业后，两人白手起家共同成立了一家软件开发公司。正当事业渐有起色时，原来哥们儿义气的草率引发利益纷争，两人一拍两散，小黄另起炉灶，生产同类软件产品。

小周认为小黄的行为侵犯了自己公司的商业秘密，造成几百万元损失，一怒之下把小黄告上法庭。

这个案件充斥着大量专业术语，交织着错综复杂的法律关系，卷宗浩如烟海。仅原告方带到庭上的卷宗证据，就捆成了几摞，需要三四个小伙儿抬到法庭上。宋鱼水一条条地梳理着案件的争点：原告主张的商业秘密是否存在？被告的行为是否构成侵权？

经过 9 次询问、4 次勘验、4 次开庭审理，案情愈发明了。原被告都等待下判了，这时，宋法官问了一个他们想都没想的问题：你们双方能不能调解？

调解？天方夜谭！为了这个案子，小周向公安部门举报小黄，小黄因此进了看守所，他的存款、房产等也被法院查封、扣押。宋鱼水第一次主持询问时，双方恶语相向，差点冲在一起撕打起来。

伤透了心的两个人怎么可能再走到一起？两人的头摇得像拨浪鼓。

“如果你们能重新走到一起，新的合作必将更牢固，因为所有的隐患和危机都已经用法律手段解决了。”宋鱼水慢声细语，但每字每句都如雨滴敲打在两个人板结的心田上。

宋鱼水仍旧不疾不缓地说：“经商追求利益的最大化，不允许夹杂太多的感情因素，你们是有才华、重感情的儒商，在今后的合作中应以理性、法制为重，完善公司的各类规章，这会让你们的合作如虎添翼。”

就这样，两个昔日“冤家”第二次握手，重整旗鼓，成为事业上的盟友。

这样的结果大大出乎原告代理律师何畏的意料，他曾对此案的调解不抱任何希望。一年多后，看到小周、小黄干得红红火火，何畏才逐渐明白宋鱼水法官的良苦用心。

“案子下判容易，而判决的方式只能生硬地解决纠纷，不管判决的结果怎样，双方的利益冲突仍在，社会矛盾依然没有化解。”何畏律师说，“宋法官巧就巧在，她找到了双方的‘心结’，并且想得更为深远，不仅化解了当事人间的纠纷，变竞争为合作，又保住了知识产权，获得双赢效果。”

“否则这个官司判下来，必有一方上诉，没准儿案子打到现在还结不了。”何畏由衷地说，“这样的结果远远超出了案件判决的意义。”

当事人小周的感触更深：“遇到宋鱼水这样的法官，是我们的幸运。”

看宋法官调解是一种享受

近两年来，宋鱼水所在的知识产权庭，审结 420 多件案子，调解结案率 70%。

案件审得越多，宋鱼水下判时的笔就越沉重。她发现，大量的经济纠纷是因为市场机制不完善造成的，仅靠法律很难解决。“企业之间你死我活的缠诉，可能把双方都拖垮。

一个尽责的法官，依职权调解，有利于彻底解决纠纷，使社会效益的损失和社会矛盾减少到最低限度，取得‘多赢’效果。”

“准确把握公正尺度，引导当事人用信任的方式解决纠纷”，在办理“桂香村”、“满福楼”这类北京老字号企业纠纷案件中，宋鱼水正是遵循这样的办案思路，很好协调了公共利益与企业利益的关系，鼓励和促进交易，不但保住了“桂香村”“满福楼”等老字号的金字招牌，而且使其发扬光大。

有人说，看宋鱼水调解，是一种享受。那是百炼钢化为绕指柔、滴水穿石的艺术，也有柔中带刚、决不迁就“和稀泥”的棱角。

博士生小刘写论文“走捷径”，从网上下载文章大段抄袭。宋鱼水与合议庭成员将近20万字的论文通读一遍，仔细比对，发现抄袭近5万字，连错别字都一模一样，侵权十分明显。国家培养一个博士生不容易，宋鱼水建议调解结案。但小刘态度强硬，声称“纯属巧合，没有抄袭”。

第二次开庭结束后，小刘虽愿意接受调解，但只答应赔钱，不承认抄袭，也拒绝公开道歉。“不行！”宋鱼水坚决地说，“这案子的要害就是侵权，原告不会同意你把抄袭的事抹过去，调解不是不分是非。”

“我真是没法承认啊。我们这圈子特别小，我明年就要毕业，要是大家知道这事，做论文、找工作都黄了。宋法官，您就帮帮我吧！”小刘带着哭腔。宋鱼水始终不为所动，最终判小刘侵权并道歉。

过后，宋鱼水说：“我也知道这可能会影响他的前途，可是纵容了这种行为，不仅害了他，更是对社会的不负责任。”

2003年元旦，宋鱼水收到了一张精致的贺卡，上面写道：“我曾经恨过您。请原谅我的年少轻狂，是您启发了我怎样做人。”这正是已经毕业上班的小刘寄来的。宋鱼水无比欣慰。

打民事官司，有输有赢，本是常理。但如何能让胜者堂堂正正，败者明明白白，并不是件容易的事。在宋鱼水的法官辞典中写着这样的话：法官要做到公正，不能仅仅一判了之，还必须将法律规定、法律标准向当事人“释明”，将法理与公正及时传达给当事人，这样才能赢得理解和遵从。

一家租赁公司败了官司，一时难以接受。代理律师抱着一堆法律条文找到宋鱼水“说理”。宋鱼水并没有因为案子结了而一推了之，她让那位代理人坐下来，一条一条详细解释。一晃两个小时过去了，代理人这才意识到宋鱼水的嗓音都沙哑了。代理人有些不好意思地说：“宋法官，您别再说了，我们是理亏，认了。”

在海淀法院打知识产权官司，当事人拿到的判决书最厚，也最耐看，生涩的法律条文后，往往蕴涵着深入浅出的生活规则，通俗易懂，就连不是案件的当事者，也看得清楚明白。

她那股较真劲儿，我们佩服

宋鱼水还在经济审判庭任副庭长时，就开始对判决书动“大手术”。

1998年，宋鱼水审理了一起经销权纠纷案件。一家经销品牌啤酒的公司，啤酒大量过期，这家公司瞒天过海，把生产日期涂改后继续销售，这种行为被媒体曝光，舆论哗然。该公司经销的各类啤酒销量一落千丈，其中一个世界知名品牌的啤酒损失最为惨重。总经销商决意把这家公司的经销权收回。

闯了祸的公司急了，诉至法院，称从未拖欠货款，总经销商无权取消自己的经销权。

当时，对经销权规定在法律中尚属空白。各种法律关系在宋鱼水脑海中翻腾起来：未违反合同约定，总经销商收回经销权有无道理？总经销商无辜被牵累，公正如何体现？消费者公共利益受损害，法律的导航作用又在哪里？

查资料，去工商部门调查，向专家请教，最终宋鱼水用法律原则作为裁判依据，支持了总经销商。

相对于原来判决书“原告诉称、被告辩称、法院认为”的传统模式，宋鱼水对判决书进行大胆改革。在长达6000字的判决中，她引入双方举证、质证，以及对证据的分析认定。面对逻辑清晰，说理充分的判决，原告无话可说，并为自己丧失商业信誉的行为懊悔不已。

说起宋鱼水这股子较真劲儿，当时经济庭的同事杨靖、戴国一帮年轻人，打心眼儿里佩服。

杨靖说：“老百姓的证据意识越来越强，每个上法庭的人，都带着一大堆证据，由于以往判决书上没有法官对证据的分析认定，他不知道法官确认了哪条证据、没采纳哪条证据，觉得法官还没听清我有没有理就下判，或者认为法官与对方做‘扣’，故意不采纳我这方意见，因此觉得判决不公。”

“我们也经常为此苦恼，怕当事人看不懂判决。”戴国说，宋法官判案的可贵之处在于，力求把当事人疑惑、关心的问题都说清楚，而不单纯侧重法理的分析，输了赢了都能做到心中有数，自然会信服判决，自觉履行。“只不过，制作这样的判决书，累多了，但宋法官乐此不疲。”

一位法学专家评价说，宋鱼水法官通过判决书把个案的公正标准向当事人释明，就是通过程序正义给老百姓看得见、看得明白的公正。

宋鱼水笑了笑：“其实，我的想法很简单：判决书是给当事人的，让当事人看得明白、得到认可，是对一个法官公正判案最基本的要求。”

如今，增强裁判文书的说理性、规范性，已成为法院司法改革的明确要求。

“2004年度法治人物”颁奖词这样写道：对一个法官而言，能做到业务精通、公平断案已经不辱使命。但宋鱼水却向前推进了一步，达到“辨法析理，胜败皆服”的境界。更多的人由此坚信了一个朴素的道理：是非总有公道，公道自在人心。

（原载《中国青年报》2005年1月13日，记者崔丽）

让老百姓抚摸到司法的温暖

“宋鱼水”，这个难得重名的名字，让很多人感到新鲜、有特点，而小时候的鱼水，却为这个与众不同的名字没少苦恼，甚至想过改名。

当了法官后，宋鱼水开始越来越喜爱这个名字，因为总有当事人跟她说：宋法官，你这个名字起得真好，我们在你这儿打官司，体会到一种鱼水亲情，你是真正把老百姓的事放在自己心上！

要充分尊重当事人的尊严和利益

作为基层法院法官，宋鱼水与普通百姓打交道最多，经常面对很多“不起眼”的小案子和各种当事人。而“小”和“弱”两个字，在宋鱼水心中分量却很重。她认为，虽然每个人的文化层次、生活背景不一样，但人们内心中对平等和正义的渴望是相同的。

当审判员后接手的第一起案件，宋鱼水至今记忆犹新。隆冬，寒风刺骨，一位农民工裹着一身雪花站到了原告席上，单薄的上衣，破旧得看不出颜色。尽管屋里有暖气，他还在微微发抖。这位农民工起早贪黑给一家饭馆送了一年的菜，却分文未得。临近年根，他一趟趟去要，求服务员，求老板，饭馆的人烦了，连推带搡把他轰了出来。

宋鱼水了解到，那家饭馆因经营不善，已多次倒手。现在饭馆的老板也一肚子怨气。宋鱼水依法向被告解释：“账虽不是你欠的，但你承租了这个店，就应该先还上。按照法律规定，你可以向过去的承租人追偿。”案件顺利执结，那位农民工捧着薄薄一叠钞票痛哭流涕，这是他患重病的妻子和上学的孩子的救命钱。宋鱼水的眼眶有些发潮。

办案中，她给自己约法三章：不轻视小额案件的审理，不轻视弱势群体，不轻视当事人的任何权利。

“因为小额案件、简易案件往往涉及百姓生活的切身利益，无论是外地人还是本地人，无论是掏不起诉讼费的贫苦群众还是腰缠万贯的富翁，抑或名人官员，作为法官，要公平对待每一个当事人，要充分尊重当事人的尊严和利益。”

保持距离不是保持冷漠

“宋鱼水在法庭上的细致、严谨但又平和亲切的风格，就仿佛阳光通过无形的力量让人折服。”北京市人大代表高扬说，“每听一次宋鱼水的庭审，我都好像上了一堂生动的法制课。”

和宋鱼水打过交道的当事人和律师，也都有这样的感受，她不像别的法官那样，在案件没审结时，拒人千里之外。如果你给她打电话，探讨案情，宋法官并不回避。

她有这样一句话：保持距离不是保持冷漠。

一次，一位当事人对某法官作出的判决结果不满，找到时任副庭长的宋鱼水要求将判决收回，重新审理。宋鱼水严词拒绝，但同时耐心细致地解释，告诉他解决问题的途径。当事人还是不接受，一摔门，气哼哼地走了。两天后，宋鱼水主动给这位当事人打电话，问他还有何疑问。当事人没有料到法官会主动给自己打电话，一改昔日态度，客客气气地请宋鱼水给“出出主意”。

同事马秀荣这样评价：“小宋就有这本事，既能让当事人平和地接受自己的观点，又不丧失法官的尊严和法律原则。”

在宋鱼水看来，法律除了要求公正，还是一门善良的艺术。正因为给看似冰冷的法律融入了善良的基因，尊重、信任、理解、耐心、倾听，这些给人温暖的词汇，才与宋鱼水的法官职业品格浑然一体。“唯有如此，才能拉近与当事人的距离，让当事人接近你，与你沟通，接受你的观点。”

法官是化解纠纷解决矛盾的没有资格发脾气

一次，一个出版合同纠纷案诉至知识产权庭。刚一开庭，原告滔滔不绝作起了长篇演讲。原来，这是一位老作家，他与人合作出书，出版社认为书中一些内容已公开发表，影响了书的销路，迟迟未给足约定稿费，几次协商未果。

老作家抑扬顿挫，慷慨陈词，却始终讲不到点子上，一个问题反复说上十遍，还生怕法官听不懂。旁听席有人打起了瞌睡。再看审判长宋鱼水，她的目光一直没有离开老作家，神情专注地听着，还不时轻轻点头。

从早上 8 点到中午 12 点，庭审整整持续了 4 个小时，老作家的情绪渐渐缓和下来，双方再无新的意见发表。宋鱼水开始讲解法律规定，指出双方在履行合同中都有不当处，并征求双方有无调解意愿。

法庭一片寂静。半晌，老作家出人意料地说，“宋法官，这事发生后，你是头一个完完整整听完我讲话的人。你的话，我信服。”双方当场达成了调解协议。

宋鱼水工作照

金维克在海淀法院当了 6 年的人民陪审员。说起给宋法官当陪审员，直爽的老金掰着指头总结了“三最”：开庭时间最长、问得最细、对当事人最客气。

“宋法官对当事人真是太客气了！一遍遍问当事人有没有再想说的。”老金有时心里着急，“真想替她打断当事人！”老金说，宋法官在调解上最下功夫，有一次为给当事人做工作，她往返双方当事人中间，不下六次。

慢慢地，老金琢磨出宋法官的用心。“就像病人去医院瞧病，医生只瞅了一眼就开方子，三言两语就把你打发了，病人这心里能踏实吗？”老金说，“宋法官是站在当事人的角度，替双方设身处地着想，什么是对你有利的、什么是不利的，把理儿掰开了揉碎了，将心比心，这么着，还有什么让人不信服的？”

有人不解，庭审枯燥漫长，当事人素质高低不一，宋鱼水就从没有冒火、发脾气的时候？宋鱼水一脸平和地说，法官是化解纠纷、解决矛盾的，没有资格发脾气。

伤害了一个当事人就多了一个不相信法律的人

宋鱼水懂得倾听。有的当事人因为走投无路，找到法院、法官，就是想找个人倾诉。“你倾听了，就会让她感到法院的大门是向她敞开的，自己并不孤独，这个社会上还有温暖，充满关爱和希望。”

一位老年妇女，声称有人抄袭她的文章，事情发生在上世纪四五十年代，证据难寻，官司难打。一天，她找到正值班的宋鱼水咨询。小宋解释一句，她竹筒倒豆子般说上二十句。小宋索性静静地听着，陪着。直聊到晚上六点半，老太太终于长舒了口气。分手后，小宋到食堂吃饭，突然想起那位老太太可能被锁在办公楼里。小宋一边给她家里打电话询问，一边楼上楼下跑，找了好几个来回。

当老太太在法院楼道里看到宋鱼水时，呆住了：“宋法官，你还记挂着我？”她拉住宋鱼水的手，一时说不出话来。

宋鱼水认为：一个公平正义的社会应该是一个充满关爱的社会，一个人人机会均等的社会。法官一生中可能会审理几千件案子，但许多当事人一辈子可能就进一次法院，如果这唯一一次与法律的接触使其受到不公正待遇，会给他心中留下深深的伤痕。

“伤害了一个当事人，就多了一个不相信法律的人。而维护了一个当事人的合法权益，就会增加一分人们对法律的信仰、对社会的信心。”正是用公正与善良、尊重与耐心，宋鱼水给每一位当事人送去鱼水般温情，让老百姓抚摸到司法的温暖。

（原载《中国青年报》2005年1月14日，记者崔丽）

宋鱼水：把爱与忠诚融入对公平公正的追求中

6月29日上午9时40分，北京知识产权法院3楼23法庭里，一位身着律师袍的原告代理律师满头大汗匆忙步入法庭，一边走一边向大家不停地点头致歉。

“别着急，准备好后开庭。”面对迟到的律师，审判长宋鱼水并没有责备，而是面带微笑，耐心等待。

这天，从9时40分到12时40分的3个小时里，身为北京知产法院副院长的宋鱼水一共开了7个庭。等她换下法官袍准备去食堂吃饭时，距离法院午餐结束只剩下10分钟。

熟悉宋鱼水的人都知道，这些年宋鱼水获得的荣誉无数，身兼北京知产法院副院长、党的十八大代表、全国妇联副主席（兼）等多个职务，但她心里分量最重的还是“法官”这个头衔。

1989年，23岁的山东妹子宋鱼水从中国人民大学毕业后进入北京市海淀区人民法院，从做书记员开始了她27年的法院工作生涯，她先后历任海淀区人民法院民三庭副庭长、民五庭庭长、副院长；2014年4月，宋鱼水离开她工作了25年的海淀区人民法院，赴任北京市第三中级人民法院副院长。半年后，宋鱼水又来到新成立的全国首家知识产权法院——北京法院担任副院长。

“她常说，对于法官而言，案子永远摆在第一位。”和宋鱼水共事过的法官都记得她的座右铭。

“当事人告抄袭，双方的剧本加起来可能要几十万甚至上百万字。无论多忙她都会看下来，用自己的专业知识和真实感受作出判断。写判决书时，她的标准是改到不能再改才发给当事人。对于败诉的一方，她尽可能地将判决理由写得更加深入、细致，让双方当事人心服口服，真正做到案结事了。”北京知识产权法院法官冯刚说。

在北京知产法院，院庭长带头办案是2014年建院伊始就规定的制度，尽管社会兼职占用了大量时间和精力，但宋鱼水在落实院庭长办案制度上从未打过折扣。2015年全年，宋鱼水办理的案件数量超过了50件，相当于每四个工作日就要办结一起案件，而这其中，有相当比例的案件属于疑难、新型案件。

如今，李颖已经是海淀法院中关村法庭的庭长，一直忘不了当年宋鱼水的言传身教。“宋院长常说，裁判文书是法官的名片，是她教会我撰写文书的技巧，让我得以领会法官的精神，并传承给更多的年轻法官。”

真水无香，大爱无痕。作为一名党员，宋鱼水把对党和人民的爱与忠诚融入对公平公正的追求中去。对待审判业务她精益求精，在宋鱼水心中，当事人的分量总是最重。

一起案件中，原告是一位上了年纪的老人，而且没请律师，带着对被告的情绪在法庭上将双方的纠葛从头到尾讲了个遍。宋鱼水不仅没有打断老人的话，在耐心地听完后，还结合法律规定归纳了老人讲话的要点，并向老人确认归纳得是否准确。

“案件是法官的立身之本。法官的职责不应该止于判决，而是以此为起点，引导社会树立规则意识。在这个过程中，尊重和保护弱势群体的合法权益，实现法官、律师和当事人的共同成长。”宋鱼水说。

在宋鱼水办公室的箱子里，满满当当地放着她获得的几十本荣誉证书，全国优秀共产党员、中国十大女杰、全国劳动模范和先进工作者、全国模范法官……对此，宋鱼水看得很淡：“我从来没觉得这是我个人的荣誉，也不在乎荣誉能给我什么，我在意的是荣誉能推动我去做些什么。”

北京知识产权法院院长宿迟，是和宋鱼水一起创建知识产权法院的同事，对宋鱼水，他最深切的感觉是，不管多累、多难，受到怎样的委屈，总能平静、温和地面对，用理性与思考面对改革难题。“忠诚、干净、有担当、接地气，宋鱼水是名副其实的优秀共产党员。”

（据新华社 2016 年 7 月 3 日电，记者涂铭、熊琳）

宋鱼水："工匠精神"护创新

宋鱼水，现任北京知识产权法院党组成员、副院长兼政治部主任。进入法院工作近30年来，宋鱼水办理了多起"全国首例""全国第一起"的案件，被誉为"辨法析理、胜败皆服"的好法官。获得"人民满意的好法官""中国法官十杰""全国模范法官"、全国三八红旗手、全国"五一劳动奖章"等荣誉。

法官宋鱼水、"劳模"宋鱼水、全国妇联兼职副主席宋鱼水、中央候补委员宋鱼水……进入法院工作近30年来，宋鱼水身上贴了很多"标签"。不过，法官，尤其是知识产权法官，是她身上最亮的底色。

"咚咚咚……"清脆响亮的法槌声在海淀区彰化路18号的法庭里响起，"打开音乐之门"侵害注册商标专用权纠纷一案公开开庭。这是北京知识产权法院于2014年11月6日挂牌成立仅一个多月，宋鱼水任审判长与法官张晓津、侯占恒审理的一起具有广泛社会影响的案件。

在法庭上与"音乐"结缘，宋鱼水不是第一次。

1989年，宋鱼水从中国人民大学毕业分配到北京市海淀区人民法院。她从书记员一步步干起，13年后成为海淀区人民法院知识产权庭庭长。正是那时，她与同事成功审理了《十送红军》著作权纠纷案。为了审好这一案件，宋鱼水看了不少音乐入门书，从头学起了音乐。

至今，说起该案，宋鱼水都常笑着与同事分享这段"学习"音乐的特殊经历。

合抱之木，生于毫末；九层之台，起于累土。在海淀区人民法院工作的20多年，是宋鱼水成长、成熟的时期，获得的诸多荣誉没有让她停下探索的脚步，反而激励着她养成了"工匠精神"。

为了攻克一道法律难题，宋鱼水和同事可以到中国工艺美术学院、中国戏曲学院虚心请教，也可以利用节假日到天津杨柳青、河北蔚县寻找剪纸民间作品发源地。

为了给中关村科技园这个全国第一家国家级高新技术区的创新发展保驾护航，宋鱼水和她的同事更是付出了不少努力。

把时间拉回到2002年。

中关村科技园发生了一件某著名学者诉一家数字图书馆的著作权侵权案。数字图书馆不属于传统意义上的图书馆，从以前的“书上架”发展到“书上网”，数字图书馆的经营者将图书资料扫描上网，是否需要取得作者的许可？

那时，中国刚加入世贸组织不满一年。

一方面是互联网技术方兴未艾，中国加速融入世界经济版图，争夺数字图书市场成了不少企业的当务之急；另一方面是著作权人权益的保护以及刚刚修改的著作权法，中国的知识产权保护问题正被世界放在放大镜下观察。

宋鱼水和同事知道这起案件的分量，他们查阅了大量资料，在作者和经营者之间进行慎重的利益平衡。

问渠哪得清如许？为有源头活水来。他们认为，鼓励创造性的劳动更重要，有利于尊重知识、尊重著作权人的利益，有利于科教兴国。最终判决，被告的行为侵犯了著作权人的信息网络传播权。这个案例当年被评为全国十大知识产权案件之首，上了《最高人民法院公报》。

“工匠精神”不仅是细心专注，还要把准时代脉搏，与时代同频共振，大胆创新、勇于进取，走前人没有走过的路。

为了一起民间剪纸作品著作权案件，宋鱼水和同事在全国首次使用“诉讼禁令”。

为了两家经销杀毒软件企业的不正当竞争案件，宋鱼水和同事在全国首次适用“部分判决”。

……

像这样“全国首例”“全国第一起”的案件，宋鱼水和她的同事办理了不少，还成功化解了“桂香村”“福满楼”等京城老字号商标权纠纷。

宋鱼水常说：“有创新必然有活跃的知识产权纠纷，我们在处理这些纠纷时，背后是国内外创新制度的相互比较与提升。”在海淀区人民法院工作时，她就牵头对知识产权审判流程运行机制改革进行了积极探索，减少企业的制度性成本，充分维护市场主体的创新积极性。

2014 年 11 月，宋鱼水到北京知识产权法院担任领导职务后，除了开庭审案，也花了很多时间思考知识产权司法保护的制度建设。

在宋鱼水和同事的谋划推动下，北京知识产权法院采取了一系列改革举措。“打开音乐之门”侵害注册商标专用权纠纷案就是北京知识产权法院探索院庭长办案常态化的积极尝试。

除此之外，北京知识产权法院还在全国率先探索由审判委员会全体委员直接公开开庭审理案件；设置专业法官会议，发挥案件咨询和前置过滤作用；成立技术调查室，帮助法官着力解决技术事实查明难题；成立全国首家知识产权法院志愿者服务队，引入服务型和专家型司法志愿者参与诉讼活动等。尤其是“在先案例”指导制度，得到了社会各界的支持和肯定，截至2017年底，北京知识产权法院已在816篇裁判文书中对“在先案例”进行援引和评述。

宋鱼水说：“当领导后，不仅要与当事人打交道，还要多与干警打交道。”多年来，她也探索出了一套带队理念。

在海淀法院任职时，宋鱼水就结合庭里审判人员素质较高、业务能力较强的特点，提倡不以简单的命令指导法官的工作，而是充分信赖法官、尊重法官，倡导“崇高的事业，美丽的心情”，摸索出了一条“人文化管理”的领导方式。

北京知识产权法院干警的整体素质也比较高，已有3名全国审判业务专家和8名北京市审判业务专家，如何激发这些“精英中的精英”再出发、再奋斗的初心使命？

在专业化的院党组统筹下，北京知识产权法院成立了独立自主开展调研活动的四个专业调研小组和法官助理、聘用制司法辅助人员、人民陪审员等自治委员会，定期召开由全院法官参加的法官联席会议，推行“自觉自律自治”的法官管理新模式，让法官切身感受到职业尊荣感。她和同事还立足人才建设大局，指导机关党委创新性地为每个党支部配备了党建联络员，建立了三级党建联络体系。

宋鱼水是一名真正的“司法工匠”，时刻牵挂着知识产权司法保护这份事业，用她的话说是“愚执”。

2014年，宋鱼水到北京市第三中级人民法院任职时，国内影视行业发展突飞猛进，业界呼吁保护编剧版权的声音也一浪高过一浪。宋鱼水与同事回应业界关切，牵头审理了琼瑶诉于正侵害著作权纠纷案，依法保护了琼瑶女士的合法权益，被影视专业人士评价为“彰显了原创权利至高无上，依法守护不可侵害”。

从业近30年，宋鱼水一直向当事人学习、向同事学习、向案件学习、向时代学习。

如果有人问，司法从业者的“工匠精神”是什么？不同的人可能有不同的答案。宋鱼水用自己近30年的行动作答：专业专注、求真求源，认真办好每一个案件，不忽视每一个主体的利益诉求，与时代同呼吸、共命运。

宋鱼水常说，不是她的水平有多高，每一份荣誉的取得，都是团队共同努力的结果。在成为全国审判业务专家、全国知识产权领军人才的今天，她一如那个多年前刚踏入法律大门的谦逊青年，坚守着公正司法、司法为民的誓言，秉持着辨法析理、胜败皆服的初心，传承着精益求精、敢于创新的精神。

岗位变了　初心不变

采风周刊：您在北京知识产权法院作为主管人才干部队伍建设的副院长，有哪些心得？

宋鱼水：在海淀区人民法院工作时，大家就倡导“崇高的事业，美丽的心情”，探索“人文化管理”的领导方式。

到北京知识产权法院后，在院党组统筹下，我院成立了独立自主开展调研活动的四个专业调研小组和法官助理、聘用制司法辅助人员、人民陪审员等自治委员会，定期召开由全院法官参加的法官联席会议，推行“自觉自律自治”的法官管理新模式，让法官切身感受到职业尊荣感。

采风周刊：您到北京知识产权法院已经三年多了，在新岗位上工作，有何感想？

宋鱼水：保护知识产权就是保护创新。有创新必然有活跃的知识产权纠纷，我们在处理这些纠纷时，背后是国内外创新制度的相互比较与提升。虽然，我的岗位发生了变化，但是，从事的事业没有变化。还是要求我牢记初心使命，专业专注、求真求源，认真办好每一个案件，不忽视每一个主体的利益诉求，与时代同呼吸、共命运。

（原载《人民法院报》2018 年 8 月 21 日，记者张道营）

郭兴利

Guo Xingli

男，汉族，四川剑阁人，1960 年 5 月出生，中共党员，1991 年 9 月参加法院工作，原任四川省剑阁县人民法院党组成员、开封人民法庭庭长（现已退休）。他扎根基层法庭近 30 年，坚守在服务群众、做群众工作的最前沿。为方便群众及时化解矛盾纠纷，他根据山区农村特点，长年用背篼背着国徽和卷宗翻山越岭、走村入户，巡回办案、宣讲法律、传播法治，足迹遍及辖区 15 个乡镇 169 个行政村。他在办案中努力从源头化解矛盾纠纷，将乡情民风融入法理，用诚心与热心拉进与群众距离，用公心与爱心打开群众心结，探索出了“四心三把握、两书一联动”调解工作法，公正高效审理案件，被誉为心里装着百姓利益、背着公平正义的“背篼法官”。荣获全国优秀共产党员、全国先进工作者、全国模范法官、四川省优秀共产党员等荣誉。

学习决定、通知

中央政法委员会
关于学习宣传郭兴利同志先进事迹的通知

中政委〔2014〕15 号

各省、自治区、直辖市党委政法委，新疆生产建设兵团党委政法委，中央政法各单位党组（党委）：

郭兴利，男，汉族，中共党员，四川剑阁人，1960 年 5 月出生，1978 年 3 月入伍，1991 年转业，现任四川省剑阁县人民法院党组成员、开封人民法庭庭长。郭兴利同志扎根山区法庭 23 年，用竹背篼背着国徽和卷宗，走遍辖区 15 个乡镇 169 个村巡回办案。他经手办理的 2400 多件案件，无一错案、无一信访，被群众亲切地称为“背篼法官”，先后荣获“全国优秀法官”、“全国模范法官”、“四川省先进工作者”、“四川省优秀共产党员”等荣誉称号。

郭兴利同志是新时期保持共产党员先进性、纯洁性的优秀代表，在他身上集中体现了信念坚定、执法为民、敢于担当、清正廉洁的优良品质和职业操守。中央政法委员会号召全国政法机关和全体政法干警，认真学习宣传郭兴利同志的先进事迹。

一、学习郭兴利同志信念坚定、对党忠诚的政治品格。郭兴利同志始终坚定理想信念，牢记一名基层政法干警、共产党员的神圣使命，不畏艰险，不辞辛劳，尽心履职，默默奉献。他 23 年如一日，扎根艰苦边远山区，坚持为人民群众排忧解纷，坚持以案说法开展法制宣传，全力化解社会矛盾，让当事人带着怨气而来、带着满意而走。23 年来，19 位同事因种种原因离开了这个偏远的山区法庭，他却背烂了 10 个背篼，磨坏了 37 副背绳，骑坏了 5 辆自行车。法院党组也多次准备调他回机关工作，但郭兴利选择了坚守。他说："能够为这片生我养我的土地服务一辈子，以我对法律的理解和尊崇，让法治的光芒照亮每一颗心；以我对党的事业的忠诚和坚贞，把党的温暖送进千家万户，让群众说党好，永远跟党走，这是我毕生的梦想和追求！"当地村民们称赞他说，在司法为民的山间道路上，郭兴利心里装的是党的事业和人民的利益，背篼背的是人民法官沉甸甸的责任。全体政法干警要像郭兴利同志那样，坚定政治信仰，坚持党的事业至上、人民利益至上、宪法法律至上，永葆忠于党、忠于国家、忠于人民、忠于法律的政治本色。

二、学习郭兴利同志忠于法律、公正司法的职业操守。郭兴利同志以播种公平正义、畅通群众诉求为己任，坚持少判决、多调解，努力做到案结事了、胜负皆服。针对一些村民法律意识淡薄，少数当事人甚至"油盐不进"的情况，他总结出一套"四心、三把握、两书、一联动"工作方法。"四心"指耐心、细心、热心、公心；"三把握"指把握好调解的前提、把握好个案特点、把握好调解时机；"两书"指《调解预约书》和《执行告知书》；"一联动"指与村社干部等人民调解员一起调解案件。他还给自己和庭里的同事订下案件回访的规矩，老百姓对案件处理适用法律有哪些不明了的地方、案件的落实情况、关系的修复情况等，都在回访的范围。每一次回访，他都能发现一些问题，也总能解决掉这些问题。除法官身份外，郭兴利还是当地乡镇干部和群众的义务法律老师。开封镇文庙社区党委书记顾守云每年都要请他来社区上课，"听郭庭长讲他办理的案件，是对我们干部群众最有效的法治宣传。"在他的努力下，开封片区渐渐养成了良好的守法氛围，多年到县"零信访，重大刑事案件"零发生"。全体政法干警要像郭兴利同志那样，坚守对社会主义法治的崇高信仰，不断满足人民群众对司法公正的期待，努力实现"让人民群众在每一个司法案件中都感受到公平正义"的目标。

三、学习郭兴利同志牢记宗旨、服务群众的公仆情怀。郭兴利同志始终牢记为民服务宗旨，始终坚守在服务群众、做群众工作的最前沿，常年翻山越岭、进村入户，化解矛盾、定纷止争，用真情帮助群众，用真心服务群众，同老百姓建立了鱼水深情。他深知，在相对封闭、落后的山区，外人看来不足挂齿的一个小案件，足以改变一个人甚至一个家庭的命运，对当事人来说是"比天还大的事"。1997 年，原开封镇党委书记梁福林为了给村小学修缮校舍，将自家房子抵押给银行贷款 10 多万元。2002 年，银行追缴贷款，乡政府无钱还债，梁福林的房子被银行拍卖抵贷。梁福林为此起诉乡政府，郭兴利坚持以法为据，晓之以理，动之以情，促使被告主动要求达成和解协议。为调解兄弟间纠纷，他冒着瓢泼大雨，连续翻越重重山岭；为帮助案件中的残疾当事人，他连续 5 年，在崎岖的山路上来回奔波；为劝解夫妻和睦，他曾连续 3 天走访群众近百名，用真情感化当事人。全体政法干警要像郭兴利同志那样，时刻牢记党的宗旨，始终做到对群众急需急盼的事零懈怠，勤勉务实，真抓实干，保障人民群众安居乐业。

四、学习郭兴利同志清正廉洁、克己奉公的高尚情操。郭兴利同志始终坚守清正廉洁，严于律己、清白做人，从不计较个人得失，从不为自己和亲朋谋取私利，以坦荡的胸怀、清廉的形象赢得了群众的信任和尊敬。平日里，郭兴利总是穿着法官服，他对此的解释是：穿着法官服，对自己多了一份约束，老百姓也容易找到他。在办结案子后，他依然牵挂着困难当事人的冷暖，经常送去粮食、衣被等，为他们提供生活上必要的照顾。多年来，他从未接受与公务有关的任何吃请和礼物。曾有乡亲执意送他些自家的米、面、鸡蛋等，实在拗不过，郭兴利就按照市场价把钱给老百姓送去。不仅如此，他还曾让下岗的妻子退出合伙经营的餐厅；主动申请回避弟弟的车祸索赔案件。老百姓都说：古代开封有个“包青天”，今天剑阁开封有个“郭青天”。全体政法干警要像郭兴利同志那样，恪守职业道德，坚守职业良知，守住廉洁底线，树立新时期政法干警的良好形象。

各级政法机关和全体干警要深入贯彻落实习近平总书记系列重要讲话精神，在深入开展党的群众路线教育实践活动中，认真学习、大力宣传郭兴利同志的先进事迹，坚持严格执法、公正司法，维护社会大局稳定，促进社会公平正义，保障人民安居乐业，为推进平安中国、法治中国建设作出新的更大的贡献。

2014 年 4 月 28 日

最高人民法院

关于深入开展向郭兴利同志学习活动的通知

法〔2014〕126 号

各省、自治区、直辖市高级人民法院，解放军军事法院，新疆维吾尔自治区高级人民法院生产建设兵团分院：

最近，中央政法委发出通知，号召全国政法机关和全体政法干警深入贯彻落实习近平总书记系列重要讲话精神，在深入开展党的群众路线教育实践活动中，认真学习、大力宣传四川省剑阁县人民法院党组成员、开封人民法庭庭长郭兴利同志的先进事迹，坚持严格执法、公正司法，维护社会大局稳定，促进社会公平正义，保障人民安居乐业，为推进平安中国、法治中国建设作出新的更大的贡献。

郭兴利同志是人民法院积极践行社会主义核心价值观、深入开展党的群众路线教育实践活动、大力加强队伍建设中涌现出来的先进典型，体现了当代共产党人为民务实清廉的价值追求，是新时期人民法院干警践行党的群众路线、坚持司法为民公正司法的优秀典范。各级人民法院和全体干警要认真贯彻落实中央政法委通知精神，在全国法院系统深入开展党的群众路线教育实践活动中，认真学习宣传郭兴利同志先进事迹，进一步改进司法作风，确保这项活动取得实效。

一、要学习郭兴利同志对党忠诚的政治品格，始终坚定理想信念。郭兴利同志始终牢记一名普通党员、基层干部、基层法官的责任和使命，对党忠诚，对民亲近，对事公道，对己严格，在政治上同党中央保持高度一致。他 23 年如一日扎根边远山区，始终坚持以党的事业为重，把理想、青春与温情寄托在了乡村土地。他用竹背篼背着国徽和卷宗，翻山越岭，走村入户巡回办案。山区条件非常艰苦，为调解兄弟间纠纷，他冒着瓢泼大雨，连续翻越重重山岭；为帮助案件中的残疾当事人，他连续 5 年，在崎岖的山路上来回奔波；为劝解夫妻和睦，他曾连续 3 天，走访群众近百名。23 年来，他背烂了 10 个背篼、磨坏了 37 副背绳、骑坏了 5 辆自行车。曾经的战友邀请郭兴利“下海”赚大钱，法院党组也多次准备调他回机关工作，但他选择了坚守。他说：“能够为这片生我养我的土地服务一辈子，以我对法律的理解和尊崇，让法治的光芒照亮每一颗心；以我对党的事业的忠诚和坚贞，把党的温暖送进千家万户，让群众说党好，永远跟党走，这是我毕生的梦想和追求！”全体法院干警要以郭兴利同志为榜样，始终坚守共产党人的精神追求，坚守政治信仰、坚定政治立场，把党的事业和人民群众放在心中最高位置，到党和人民最需要的地方干事创业，做信念坚定的好法官。

二、要学习郭兴利同志秉公办案的职业操守，始终维护司法公正。郭兴利同志把维护和谐稳定，促进公平正义作为最高价值追求，他直面工作难题和复杂矛盾，创新工作方法，畅通群众诉求，坚持公正办案。针对农村山区百姓特点，经过不断探索、用心琢磨，他总结出一套“四心、三把握、两书、一联动”工作方法：“四心”指耐心、细心、热心、公心；“三把握”指把握好调解的前提、把握好个案特点、把握好调解时机；“两书”指《调解预约书》和《执行告知书》；联动是与村社干部等人民调解员一起调解案件。他还给自己和庭里的同事订下案件回访的规矩，老百姓对案件处理适用法律有哪些不明了的地方、案件的落实情况、关系的修复情况等都在回访的范围，每一次回访，他都能发现一些问题，也总能解决掉这些问题。他还经常在田间地头义务进行法制宣传，几乎每办完一个案子，他都趁热打铁，召开坝坝会，讲法、普法，教育引导更多的群众明理守法，在当地形成了良好的守法氛围，多年来没有发生重大刑事案件和信访等事件。全体法院干警要以郭兴利同志为榜样，始终坚守人民法官公正司法的职业操守和对社会主义法治的崇高信仰，勇于担当、恪尽职守，最大限度地满足人民群众对司法公正的期待，努力实现“让人民群众在每一个司法案件中都感受到公平正义”的目标。

三、要学习郭兴利同志服务群众的公仆情怀，始终坚持司法为民。郭兴利同志始终牢记为民服务宗旨，始终坚守在服务群众、做群众工作的最前沿，常年翻山越岭、进村入户，化解矛盾、调息纷争，真情帮助群众、真心服务群众，同老百姓建立了鱼水深情。刚到法庭工作时，他曾经审理一起赡养案，两位老人天不亮就起床，走了 30 多里的山路，当他们终于气喘吁吁、步履蹒跚地来到法庭时，已经距原定开庭时间迟了近 3 个小时。郭兴利很受触动，决定主动到老百姓家中去开庭审理案件，最大限度地减轻老百姓的诉讼负担、奔波之苦。从此，他就开始背着背篓办案，这一背就是 10 年。郭兴利用背篼背出了干群鱼水情深，传递了社会正能量。面对人们的不解，他说“法官多动腿，群众就能少跑路。”后来法庭条件改善，除了不通公路的地方用得着背篼外，大部分时候都开车去。郭兴利说：“背篼很少背了，可背篼精神不能丢，为乡亲们服务的意识不能丢，法官的责任更不能丢。”全体法院干警要以郭兴利同志为榜样，时刻牢记党的宗旨，牢固树立群众观念，不断增进群众感情，真心听取群众意见，进一步增强群众工作本领，创新群众工作方法，多干让群众满意的好事实事，争当人民满意的好法官。

四、要学习郭兴利同志严于律己的高尚情操，始终保持清正廉洁。郭兴利同志始终坚持克己奉公、淡泊名利，从不为诱惑所动，从不谋一己私利，从不计较个人得失，以坦荡的胸怀、清廉的形象赢得了群众的信任和尊敬。平日里，郭兴利总是穿着法官服，他对此的解释是：穿着法官服对自己多了一份约束，老百姓也容易找到他。在办结案子后，他依然牵挂着困难当事人的冷暖，经常送去粮食、衣被等，为他们提供生活上必要的照顾。多年来，他从未接受与公务有关的任何吃请和礼物。曾有乡亲送些自家的米、面、鸡蛋等，实在拗不过，郭兴利就按照市场价把钱给老百姓送去。不仅如此，他还曾让下岗的妻子退出合伙经营的餐厅；主动申请回避弟弟的车祸索赔案件。老百姓都说：古代开封有个“包青天”，今天剑阁开封有个“郭青天”！全体法院干警要以郭兴利同志为榜样，恪守法官职业道德和司法良知，正确对待手中权力，守住廉洁底线，发扬艰苦奋斗、无私奉献的精神，始终做到不为欲望所绊、不为名利所累，树立新时期人民法官的良好形象。

各级人民法院要把向郭兴利同志学习的活动作为当前开展第二批党的群众路线教育实践活动、加强法院队伍建设的一项重要内容，与学习贯彻党的十八大、十八届三中全会和习近平总书记系列重要讲话精神结合起来，紧密联系实际，认真制定学习方案，明确目标、任务、要求、措施，切忌搞形式主义、走过场，扎实有效地把学习活动开展好。要激励和引导广大法院干警把学习郭兴利与学习身边的先进典型结合起来，以郭兴利和其他先进典型为镜，对照他们的先进事迹和崇高精神，查找自身差距和不足，切实改进作风、树立形象，激发爱岗敬业、无私奉献的工作热情，牢牢坚持司法为民公正司法，更好地肩负起维护社会大局稳定、促进社会公平正义、保障人民安居乐业的重任。

2014 年 5 月 21 日

先进事迹

郭兴利：心怀群众的背篼法官

有这样一个人，为了群众利益，28 年来用脚不停地丈量着 600 平方公里的土地！用走路、骑车、驾车的方式跋涉了 35 万公里的山路！这个人，就是四川省剑阁县人民法院党组成员、开封人民法庭庭长、“背篼法官”郭兴利！

作为一名基层法官，28 年来，郭兴利踏遍辖区 15 个乡镇，背烂了 10 多个背篼，磨烂了 30 多副背绳，骑烂了 5 辆自行车，巡回审判案件 4000 余件，无一件改判，无一件信访、无一件投诉，无一件不廉举报。他用背篓背出了山乡的干群鱼水深情，背出了法官的公平正义，将法治的阳光洒遍山乡大地，让和谐安宁萦绕着百姓，被群众亲切称为“背篼法官”。

“法治梦”从挫折中起航

郭兴利出生在四川省剑阁县正兴乡龙虎村，1991 年从部队转业，被分配到开封法庭工作。在郭兴利心中，有两个理想的职业——律师和法官。到开封法庭工作，在郭兴利看来，不仅圆了梦，离家也近，而且“基层法庭人手少，参与办案的机会肯定会更多”。怀揣朴实的情怀和感恩的心态，郭兴利就这样扎根基层，开始了司法为民的征程。这一扎，就是 28 年。

万事开头难。初到开封法庭，郭兴利就“栽了跟斗”。1991 年 9 月的一天，公店乡一位村委会主任带着两个村民来到法庭，找法官解决两人的山林纠纷。那天，庭长刚好去县城打印文书了。为了不让当事人再跑一趟，郭兴利大胆把这个官司接了下来。初次办案，多少有些谨慎。为了把双方的纠纷“摆平”，郭兴利动用了脑海中所有的法律术语，还利用自己掌握的法律法规知识，给两位村民讲法讲理，希望他们能相互协商，和谐解决问题。法理道理讲了一大堆，不管用，当事人根本不接受调解建议。更让郭兴利意想不到的是：两位村民竟然当着他的面，拉扯着要到离法庭不到 200 米远的文庙里去，烧香赌咒发誓，宁可用这种迷信

郭兴利深入田间地头走访群众

方式处理问题，也不服法官的调解。

“这件事对我触动很深，影响很大。”郭兴利后来分析，主要是“自己法律知识贫乏，对当地风土人情缺乏了解，说话没有说服力”。受此刺激，郭兴利进一步发奋钻研专业知识，自学心理学、逻辑学、社会学、人际关系学等课程，不断充实自己。更是将自己沉入大山深处的田间地头，为百姓解忧排难。“从此，我就再没有过离开偏远落后的乡村，到县级机关或者条件好一点的乡镇工作的念头了。”

春去秋来，28 年间，由于剑阁山区条件艰苦，先后有 26 名法官与郭兴利共过事，但都因种种原因，离开了这个地处三市交界，生活和工作环境很艰苦的偏远乡镇。唯独郭兴利，选择了坚守。郭兴利坦言：“我也有多次回院机关的机会，而我一次次选择留了下来。因为我舍不下 28 年用脚步丈量的民情，乡亲们也已经习惯了我的存在，习惯了找我办理他们的案件，习惯了向我咨询闹不懂的问题，习惯了闲时同我絮叨家长里短。”他早已把理想与青春、热血与温情寄托在了这片土地上。

放得下的背篼 放不下的责任

1999 年 3 月，刚担任开封法庭庭长不久的郭兴利，准备开庭审理一起赡养案。说好是上午 9 点开庭，老人的儿女早到了，可眼看都 12 点了，还没见两位老人的踪影。终于，两位老人气喘吁吁、步履蹒跚地来到了法庭。老人说，早上 5 点就起床，走了 30 多里的山路，可还是迟到了……

郭兴利的眼睛当时就湿润了，他心想：我们为什么就不能主动到老百姓家中去开庭审理案件，最大限度地减轻老百姓的诉讼负担、奔波之苦呢？当天下午，郭兴利召集大家商量，一致决定：送法下乡，上门办案。说干就干，第二天，郭兴利到集市上买了一只川北特色的竹编背篼，上大下小，郭兴利很满意：下面装卷宗，安全；上面放国徽，宽敞。从此，郭兴利法与情虽然有别，但并非完全对立、互不相容。只有司法者心存私情时，情才会干扰法的公正实施。

他们开始了“背篼法官”生涯。

这一背就是整整十年。十年间，很多时候郭兴利天不亮出门，摸着黑回家，两头不见天。十年间，有因为不熟悉路，“南辕北辙”的郁闷；有“老天爷”突降暴雨，人变成落汤鸡的狼狈；有被野狗围攻，孤独无助的惶恐；更有脚底磨泡，浑身散架，倒床便睡的疲惫。十年间，郭兴利用背篼把法庭“背”到了农家院落、田间地头、工厂学校；十年间，鞋磨破了一双又一双，背篼背坏了一只又一只。开封老百姓也给他取了个响当当的名字——“背篼法官”。

有人说郭兴利是自找苦吃，可郭兴利说：“法官多动腿，群众就能少跑路。我们多用心，群众就少烦心。”也有人说：背背篼审案，郭兴利是在作秀。可更多的人说：哪有坚持十年的作秀！郭兴利坚持说，如果这是作秀，我就秀个 10 年、20 年、30 年！秀出老百姓对法律的尊崇和敬仰，秀出共产党员的责任和担当，秀出人民法官的司法为民、公正司法的追求和情怀！

再后来，法院给开封法庭配了车，除了不通公路的地方用得着背篼外，大部分时候都开车去。“如今条件好了。说实话，背篼很少背了，可背篼精神不能丢，为乡亲们服务的意识不能丢，法官的责任

郭兴利下村向群众宣讲法律知识

更不能丢。”说这话时，郭兴利饱经沧桑的脸上露着坦诚。

“把国徽背上，出发，他的背篼里，装的是大山里的太阳，从此，他走到哪里，公平正义就相伴相随。他这一辈子没办过大案，却一样收获名声，他的双脚踏遍这一片泥土，山路上留下爱与奉献的诗行！”2014 年 12 月 4 日，CCTV 2014 年度法治人物颁奖现场，组委会给了郭兴利这样的评价。

群众利益大于天

农村法庭承办的案件，大多是家长里短之类“鸡毛蒜皮”的小事。但郭兴利心里清楚，在法律意识相对淡薄的农村，外人看来不足挂齿的一个小案件，足以改变一个人甚至一个家庭的命运。在当事人那里，这些都是“比天还大的大事”。在老郭的办公室，记者翻开他今年审理过的案件卷宗，发现除了几份判决书，其余全是调解结案。审理案件，“能调则调，当断则断”。但郭兴利发现，作为乡村法官，诉讼调解是案结事了最有效、最直接的方式。要从根子上解决当事人的“大事”，应该更多地选择调解。

郭兴利常常给庭里的同事讲，老百姓很质朴，他们懂道理但不一定懂法律，这个时候法官就应当是他们法律上的好参谋、好帮手。在农村，特别是山区，一些村民法律意识淡薄，少数当事人甚至是“油盐不进”，要做好调解工作，绝非易事。经过不断探索、用心琢磨，老郭因地制宜，总结出一套调解的工作经验——“四心、三把握、两书、一联动”。“四心”指耐心、细心、热心、公心；“三把握”指把握好调解的前提、把握好个案特点、把握好调解时机；“两书”指《调解预约书》和《执行告知书》；联动是与村社干部等人民调解员一起调解案件。

党和人民的哺育，让我坚定了对党忠诚、为民服务的初心和使命；部队的培养，让我懂得了担当和奉献。

郭兴利还给自己和庭里的同事订了个规矩：结了的案件必须逐件回访。老百姓对案件处理适用法律有哪些不明了的地方、案件的落实情况、关系的修复情况等都在回访的范围，每一次回访，他都能发现一些问题，也总能解决掉这些问题。这些看似简单的办法组合上阵，不仅成为调解案件的利器，也成为做群众工作最直接见效的“高招”。

郭兴利说："靠群众做群众的工作，事半功倍，没有他们，我啥事也做不了，啥事也做不好。"郭兴利认为，无论当事人怎么"犟"，他总有信服的人，让这些人来做工作，要容易得多。每次外出办案，郭兴利随身都带着一件"法宝"——一个小小的笔记本。翻开泛黄的笔记本，上面记满了辖区内所有村组干部、当地有威望的长者、七十岁以上老人的名字，每到一处审理或执行案子，郭兴利都会从裤兜里掏出这个小本子，邀请这些"名人"参与案件的审理与执行。

最慷慨的人和最抠门的人

2008年4月25日，涂光富应包工头贾安成之邀，为同村8组村民黄忠家修房子。在抬楼板时，涂光富从二楼坠下，导致腰椎断裂，涂家和贾家因此对簿公堂。身处农村，两户人家都不富裕，调解难度很大。在郭兴利的反复协调下，涂光富获得各项赔偿共计13万元。看到涂家家境贫寒，郭兴利自己主动跑到县民政局，帮助涂光富落实了低保，申请了民政救济。8年来，郭兴利不时为数十公里外的涂家送去轮椅、棉被和猪肉、糖等物质，为他提供生活上必要照顾。

这只是郭兴利帮助的众多当事人中的一个。对他们，郭兴利可谓慷慨解囊，但对自己却很"抠"。平日里，郭兴利总是穿着法官服，他对此的解释是：穿着法官服对自己是一份约束，老百姓也容易找到他。熟悉他的人却都知道，因妻子下岗多年，一直没找到正式工作，郭兴利家经济拮据，他舍不得为自己添置新衣服。家里依然使用着老式的木床、陈旧的木桌、过时的沙发；一台使用了十六七年的电视机，能听到声音，图像却不稳定；洗衣机是弟弟家的"淘汰品"。2013年5月，郭兴利妻子唐克谊患严重胃病，正在成都医院治疗时，儿子又在公安系统比武中意外手臂骨折，是他侄女赶来才帮忙交清了3万元的住院费用。有人说郭兴利傻，一辈子就窝在深山里，成天和农民打交道，当了大半辈子法官，日子却过得那么清贫，连妻儿的住院费用都付不起。每当亲友们说起这些时，郭兴利总是坦然一笑。

在唐克谊眼里，郭兴利是个"可恶的男人"。2008年，郭兴利获得"全国优秀法官"荣誉。剑阁县人民法院考虑到他10多年来从来没有休过公休假，特别奖励他携家属一起出去疗养。唐克谊计划去云南丽江，可郭兴利却是一忙再忙，这事就这样一天天耽搁下来。这事已经过去了多年，在唐克谊的朋友圈留下一个"笑柄"，大家问她：是不是你老公说谎哦！咋个还没有去旅游呢？尽管郭利兴是这么"可恶"，但唐克谊仍是心疼胜过埋怨。

从当法官的第一天起，郭兴利就告诫自己，法官的人品是第一位的，人品不好，案子办得再对，老百姓也会因为对法官人品的质疑而对案件的处理产生合理怀疑。早些年，有些乡亲也会送些米啊、面啊、鸡蛋啊之类的东西给我。他们都说："自家地里长的，自家鸡下的，不收，就瞧不起人了！”郭兴利实在拗不过，就按照市场价把钱给老百姓送去。时间久了，大家知道送东西也是给我增加负担，慢慢就不送了。

在郭兴利办公椅背后的墙上，挂着一个牌匾，上书“俯首甘为孺子牛”。那是郭兴利读过私塾的父亲给他的寄语。在法庭坚守 28 年，每一次办公室的搬迁，他最先悬挂的总是这块匾额。如今，郭兴利已经退休，但他坚持退休不褪色，离职不离岗，以郭兴利工作室和工作队为依托，回到家乡成立了“义务为民服务工作站”，奔波于服务群众的第一线，全力为打造“无讼村、无访村”发挥着自己的光和热。

“这是父亲对我的殷切希望，也是我对父老乡亲们的一份责任。我是农民的儿子，生在大山、长在大山，能够为这片生我养我的土地服务一辈子，以我对法律的理解和尊崇，让法治的光芒照亮每一颗心；以我对党的事业的忠诚和坚贞，把党的温暖送进千家万户，让群众说党好，永远跟党走，这是我毕生的梦想和追求！”郭兴利说。

把法治的种子播撒到大山深处

常言道："蜀道难，难于上青天"，我所在的开封法庭正处在蜀道的中心，辖区有 15 个乡镇 169 个行政村 17 万人口，村镇之间大山相隔、深谷纵横，村民依山而居，道路不通，常常是听声不见人。

我出生在剑门的大山里。小时候，家里穷，我们兄弟几个靠着乡亲们东家一把米、西家一棵菜帮衬着长大。18 岁那年的冬天，我应征入伍，乡亲们比我还高兴，敲锣打鼓把我送到村口。在车上望着模糊远去的村庄和乡亲们，我暗暗发誓："一定尽我所能回报父老乡亲，回报他们的深情厚谊"。

在部队这个钢铁大熔炉里，我严格要求自己，凭着较高的政治素养、过硬的军事技能，从士兵成长为一名干部，光荣地加入了中国共产党。部队的培养，让我懂得了责任和牺牲；党和人民的哺育，让我坚定了对党忠诚、为人民服务的初心和使命。

1991 年，部队转业时，我主动申请回到家乡法院工作。报到的时候，我被分配到院机关，但我坚持到全县最偏远、条件最艰苦的开封法庭。这里是基层的基层，离乡亲们最近，在我看来，这是践初心、担使命最合适的地方，从此一干就是 28 年。

现在还清楚记得，当时的法庭是借用镇政府位于地下一层的一间办公室，光线不好，更多的时候，我们点着煤油灯办公、开庭。夏天，阴暗潮湿，蚊叮虫咬；冬天，寒风呼啸，泥糊的墙四壁透风。

第一次办案就碰了一鼻子"灰"。那是 1991 年 9 月的一天，两个村民来到法庭，要求处理他们的山林纠纷。听完陈述后，我给他们讲法律法规。话没说完，一个当事人突然气冲冲地站起来对我说："郭法官，不说了，旁边有座庙，我和他去赌咒！"我正要劝阻，另一个当事人也腾地一下跳起来说，"赌咒就赌咒！"两人当着我的面拉扯着去了庙里。

信"神"不信法，烧香诅咒也不愿接受调解。这事深深触动了我。经济落后、交通不便，让偏远农村的法律观念愈发淡薄，而我的责任，就是要法治的声音传播出去，在这巍巍大山里播撒法治的种子。

早些年，法庭辖区很多地方不通公路，老百姓有事到乡上、到镇里，常常得半夜出门、翻山越岭、来回折腾。

每到一处开庭，挂国徽是第一件事

1993 年 3 月的一天，一起赡养案件定在 9 点开庭。儿女们早到了，两位老人却迟迟没有到庭。当老人气喘吁吁出现在门口时，已经过了 12 点。老人一进门就道歉：“郭法官，我们天不亮就起身，30 多里山路，紧赶慢赶，还是来迟了……”

看到老人疲惫的神态和惶恐的眼神，那一刻，我的眼睛湿润了……

作为共产党员，我们来自人民，为人民而生，看到群众有困难，我们怎能无动于衷、袖手旁观呢！那天之后，我作出一个决定：把法庭“搬”出去，“搬”到老百姓家里去！

背篼是川北老百姓用来背东西的生活工具。这个物件，上大下小，非常适合山区出行。上面放国徽，宽敞；下面装卷宗，安全。在田间地头、河谷滩涂、农家小院，背篼一放、几张桌子一摆，甚至几块石头一垒，再将国徽端端正正挂上，一个灵活方便，又不失庄严的“法庭”就立起来了。

20 多年来，我和同事们常常天不亮就出门，摸黑才回家，两头不见天。有因突降暴雨，淋成落汤鸡的狼狈；有被野狗围攻，孤独无助的惶恐；更有脚底磨泡，浑身散架，倒床便睡的疲惫。20 多年来，我们的足迹踏遍了辖区的每一个村寨，背烂了 10 多个背篼、磨烂了 30 多副背绳，骑坏了 5 辆自行车，巡回审判 2800 余件，无一改判、无一信访、无一投诉。

时间久了，乡亲们称我为“背篼法官”，我把这当作是他们对我最大的认同和信任。有人说“背背篼审案，郭兴利是在作秀！”我要说，如果这是作秀，我就秀个 10 年、20 年、30 年！秀出老百姓对法律的尊崇和敬仰，秀出共产党员的责任和担当，秀出人民法官的司法为民、公正司法的追求和情怀！

如今，我们那里交通状况有了很大改善，法庭也配了巡回审判车，背篼已经很少背了。可我觉得，背篼可以丢，但司法为民的初心使命不能丢，公正司法的责任担当不能丢，服务百姓的“背篼精神”更不能丢！

山区老百姓纯朴善良，大都没有多少文化，他们懂道理但不懂法律，要想案结事了，调解是最有效的方式。多年的工作经历，让我找到了个窍门，无论多“犟”的当事人，总有让他信服的人。我随身携带一个笔记本，上面记满了辖区的村社干部、乡贤长者，每到一处便邀请他们参与案件调解和执行。靠群众做群众工作，事半功倍。没有他们，我啥事也做不了，啥事也做不好。一切为了群众，一切依靠群众，从群众中来，到群众中去，是党的群众路线的精髓，也是做好法院调解工作的法宝。凭借这个法宝，我们法庭案件调解率每年都保持在 90% 以上！

法官办案，事关当事人的切身利益。每一桩案件，对于法官，是必须完成的工作；对于当事人，却是比天还大的事。

一些案件当事人本就生活困顿，意外的变故使他们雪上加霜、陷入更大的困境。案子结了，他们生活得怎么样？困难得到解决了吗？施工中摔断脊椎的涂光富、交通事故失掉双腿的罗子金、年过八旬的孤寡老人苟春英……从受理案件的那一天起，他们的冷暖我便记挂在心，给他们送去了轮椅、农药种子、生活用品，帮他们申请民政救济、办理低保医保、发展种养殖业。与困难当事人“结穷亲”，把党的关怀、司法的温暖带给每一位父老乡亲。在我看来，这更是一名法官、一名基层干部该有的责任和担当。

我还给自己和庭里的同事订了个规矩：结了的案件必须逐件回访，老百姓对案件处理、适用法律有哪些不明白的地方、裁判执行情况、双方关系的修复情况等都在回访的范围。每一次回访，都能发现一些问题，也总能解决掉这些问题。因为全体法庭同事的坚持和付出，我们辖区形成了良好的尊法守法氛围。28 年来，群众到县“零”信访、重大刑事案件“零”发生。山乡虽不富裕，但却和谐安宁。

我是农民的儿子，生在大山、长在大山，为这片生我养我的土地服务一辈子，让法治的光芒照亮大山深处；把党的温暖送进千家万户，让群众说党好，永远跟党走！这是我毕生的梦想和追求！

28 年来，先后有 26 名同志离开了法庭，我也有多次回院机关的机会，而我一次次选择留了下来。乡亲们已经习惯了我的存在，习惯了找我办理他们的案件，习惯了向我咨询闹不懂的问题，习惯了闲时同我絮叨家长里短。有人说我傻，当了法官，却成天和农民打交道，一辈子窝在深山里。可是我觉得，守初心、担使命，不是说说而已，更要执着的坚守和无悔的付出。在生我养我的地方，当一名

郭兴利在开封小学向学生宣讲法律知识，受到学生欢迎

基层法官，我很幸运。只要把工作干好、把案子审好、把当事人认为“天大的事”办好了，让山乡重归宁静有序、温馨和谐，我就觉得值得，这就是我最大的幸福。

28 年，弹指一挥间；28 年，艰辛而漫长。我也即将退休，脱下法袍，离开钟爱一生的法官岗位。夜深人静时，我一次次扪心自问：我是否守住了自己入党时、初任法官时的初心？我是否将自己的全部精力献给了这片土地？我是否将自己的人生融入了时代的洪流，推动了平安中国、法治中国建设的进程？我永远记得入党宣誓的那一刻，记得穿上法袍的那一天，记得面对党旗、面对国徽许下的庄重誓言。从刚进法院不被老百姓接受的毛头小伙，到如今成为党和国家给了许多荣誉、受到山区群众信赖的法官，我终于可以问心无愧地说：我做到了。

“俯首甘为孺子牛”，是我刚参加工作时，父亲写给我的，也是我对父老乡亲们的一份承诺。我是农民的儿子，生在大山、长在大山，能够为这片生我养我的土地服务一辈子，让法治的光芒照亮大山深处；把党的温暖送进千家万户，让群众说党好，永远跟党走，这是我毕生的梦想和追求！（郭兴利）

重要媒体报道

“背篼法官”郭兴利

23年办案“零差错”

今年夏天格外热，郭兴利也格外忙。作为四川省剑阁县人民法院开封法庭庭长，最近这两个月，他手里就接办了11宗案件。每办一起，他都是沿用老办法——身背背篼直接进村入户。

年头长了，当地老百姓都称他“背篼法官”，说他是铁脚进村，俯身为民。

郭兴利的背篼上口宽敞，好装国徽、标志牌，下端小，装卷宗安全。他与同事们跑乡镇、跑村组，在农家院落、田间地头、工厂学校，背篼一放，国徽一挂，几张桌子一搭，甚至几块石块一垒——开庭办案。

这“背篼”还真管用。23年里，郭兴利经办了3000余件案件，创下了审判、执行23年“零差错”的纪录，同时，调解撤诉率达100%。

法庭设在百姓家门口

开封法庭承担着原开封区、武连区、元山区共15个乡镇的调解、审判等工作。距离法庭最远的村组超过100公里，山高坡陡、道路崎岖，老百姓到法庭办事几乎全靠步行。一次，一对身体孱弱的老人怀揣干粮摸黑赶路，走走歇歇，30多里的山路，耗费了将近7个小时。望着两位疲惫的老人，郭兴利眼睛湿润了：“我们口口声声说为人民服务，为人民解忧，为什么不能最大限度减轻老百姓的诉讼负担呢？”

他与法庭内的同事商量：“能不能把法庭设在老百姓的家门口，到案发地开庭，减轻老百姓的奔波之苦？”此举得到上级的支持。从此踏上了巡回审判的路，开始了他的“背篼法官”

生涯。

7月初，开封法庭接到碗泉乡庙弯村一桩离婚案，当事人双方原本说好到镇法庭调解，谁知开庭头一天，被告电话里改口不来了："老婆要休我，这在村里已经够丢人了，还要到镇上去招人显眼，太没面子！"郭兴利没有怪他，爽快地回答说："我们上门来！"

第二天，郭兴利带着同事来到庙弯村，找到被告家，准备在当地进行调解，不料，被告还是躲了。有乡邻抱怨，这小子太不像话！郭兴利笑笑说，没关系，他的心事我理解。过了几天，他又和同事来到这个偏僻的小山村。就这样，一趟又一趟地跑，最后调解的那天，从早上开始，一直忙到下午。在他耐心的说服开导下，最后双方达成调解协议。

把当事人当亲人

把当事人当亲人，"背篼法官"对群众的爱心不仅仅表现在办理案件上。

8月16日，郭兴利再次踏上下乡的路。日头很毒，郭兴利一路不停地抹掉脸上的汗珠子，却不断加快脚步。急啥？他心里惦记着公店乡荣光村村民涂光户。

老涂是他的案件当事人。2008年4月25日，老涂受雇到公店乡荣光村八组修房子，被掉落的预制板砸成重伤。工伤事故虽得到及时、公正的调解，但老涂受伤至今瘫痪在床。天气这么炎热，涂光户成天躺在床上行不行？郭兴利惦记着，一早就往荣光村赶。

老涂坐在轮椅上，两人一见面，郭兴利就放下东西蹲下来替老涂捏腿捶肩，老涂赶忙说："哪能让你哥子动手，还是用你送的电动按摩器吧。"

原来，当时案件调解完，郭兴利看到涂光户被病痛折磨，心里很不是滋味。他突然想到侄女送给自己治疗腰肌劳损的一台按摩器，赶紧跑回家拿来送给涂光户。随后，郭兴利跑社保局、民政局，给涂光户落实了低保，申请了民政救济。

（原载《人民日报》2013年8月25日，记者刘裕国）

“背篼法官”郭兴利：一位基层法官的坚守

一位身着制服的人民法庭庭长，却总是背上竹篾背篼，在大山深处巡回办案，被当地人称“背篼法官”。他扎根山区 24 年，坚持能动执法，将公平正义扛在双肩，更把群众的利益记在心间。他就是四川省广元市剑阁县的一名基层法官——郭兴利。

说起“背篼法官”的称号，源于 1999 年一件老人状告儿女不依法赡养的案件。案子原定 9 点开庭，结果住在大山里的老人赶了 30 多里山路，中午才气喘吁吁赶到镇上的法庭。郭兴利回忆说：“当时心里一阵酸，心想为啥子我们不能把法庭设在老百姓家门口呢？与其等群众上门求助，不如主动为群众解难！”

于是，老郭从集上买来富有川北特色的竹篾背篼，装上国徽、卷宗、原被告标志牌和普法宣传资料，将巡回法庭开到田间院坝。24 年间，他走遍法庭辖区方圆 600 余公里的每一处角落，遍及 15 个乡镇 169 个行政村。所办理的 2600 多件案子，无改判、无信访、无投诉，无不廉举报，被当地群众誉为“郭青天”。

老郭说，现在条件好了，背篼换成了小汽车，但很多老百姓条件艰苦，住在大山深处。那里地势陡峭，车辆难行，仍要靠一双脚走出来。

“法官多动腿，群众就能少跑路，主动上门为乡亲们服务才是真正的‘背篼精神’。”剑阁县人民法院政治处主任何成通告诉记者。

郭兴利每一次下村巡回办案，还是他到基层普法的好机会。据他介绍，在山区群众法律意识淡薄，有些老百姓宁肯烧香拜佛也不信法律，有些村民和法院接触产生抵触情绪。但常年与山民们打交道的郭兴利，早已摸索出一套好办法。

“从摆龙门阵开始，拉近和他们的距离，然后再一点点做解释。每到农户家，我都要待上个把钟头，做通老百姓的工作才放心离开。”郭兴利说。

老郭认为，法官不单要在法庭上办案，诉讼调解才是基层办案最有效的方式。他的裤兜里常揣着一个磨得破旧的小本子，里面满满地记录了辖区内村组干部、当地有威望的人的名字。每遇棘手案件时，老郭就邀请他们协助调解，通过联合做工作，当事人之间很快就能达成协议。

于是，“亲情调解法”“圆桌调解法”“借力调解法”“联合调解法”……这些老郭总结出的基层办案经验，还被全市法院学习和采用。如今，郭兴利经手的案件调撤率达 90%，当地村民的法律意识逐渐形成，对法律的接受态度也有所改变。

郭兴利说："我就是个'田坎法官'，在维护法官形象和法律尊严的前提下，我应该在田间地头，在乡亲们的圆桌上、火堆旁，帮助他们化解矛盾，处理纠纷。"

如今，老郭有了接班人。在剑阁县最偏远的元山法庭，一位叫刘利的"80 后"法官接过郭兴利的接力棒。刘利没有像其他年轻人跑去大城市发展，而是甘愿留在这个山区法庭，将"背篼精神"继续传扬。

问起为何能扎根山区 24 年不动摇，老郭想了想说："30 多岁时摇摆过，但现在觉得自己就像一名'乡村医生'，老百姓需要我，我也离不开这座大山。当我看到经过法院的调解，愁眉苦脸的老人笑了，大打出手的乡邻握手言欢，闹离婚的小夫妻又言归于好……我觉得特别自豪和欣慰。"

（原载新华网，2014 年 12 月 22 日，记者姜潇、吴光于、易凌）

“背篼法官”郭兴利：一步一步走进百姓心里

在四川剑阁县开封人民法庭新办公楼二楼，一间不足 10 平米的办公室里，保留着法庭搬迁时舍不得丢掉的老物件：三个国徽、两个磨损严重的背篼、一辆老旧的 28 圈永久牌自行车、三套木制的法庭标牌和两幅巡回审理的横幅，还有老百姓自发送来的锦旗、各式各样的奖状挂满了墙壁，琳琅满目的奖杯和奖牌摆满了书桌。

这些，都来自郭兴利，四川广元剑阁县的一名基层法官，也是党的十九大代表。20 多年来他一直坚持自己多动腿、群众少跑路的理念，用竹背篼背着国徽和卷宗巡回办案，也被誉为“背篼法官”。

因为一次经历，他的法官梦生根发芽

1960 年，郭兴利出生在剑阁县正兴乡龙虎村一个贫苦的农家，初中毕业后辍学，18 岁时在乡亲们敲锣打鼓的欢送下入伍。在部队的 13 年里，他把父亲的叮嘱牢记于心，勤学苦练，很快加入了中国共产党，并先后三次荣立三等功。

16 岁时的一次经历，让郭兴利对转业后有了明确的规划。原来，那时家乡的亲戚因夫妻关系不和闹离婚，在民政局和法院之间，来回“折腾”了好几趟。年少的郭兴利感觉到，缺乏法律知识，很容易吃亏。从此，学习法律，使用法律，让更多的老百姓了解法律的“种子”在他的心里悄悄地生根。

于是，在部队服役期间，他参加了北京人文函授大学法律专业学习，通过 3 年的努力，系统地学习了法律知识。“转业回家乡，成为司法工作人员，回报养育自己的父老乡亲。”

背起竹篼背篓　把“巡回法庭”搬到农家院坝

剑门大山蜿蜒起伏、直冲霄汉。开封镇位于海拔 800 米的玉兰山脚下，距离剑阁老县城 59 公里，境内山高坡陡，沟壑纵横，荆棘丛生。20 多年前，老百姓外出办事几乎全靠步行，最远的村组距离场镇超过一百公里。

“老百姓什么时候到，我就什么时候开庭。”郭兴利制定并坚守着这个原则。一天，郭兴利开庭审理一对老人状告儿女赡养的案件。原定上午 9 点开庭，临近中午，两位老人才气喘吁吁、步履蹒跚地赶来。一打听，才知道老人们早上 5 点钟就摸黑出发，在 30 多里的山路上紧赶慢赶，走了近 7 个小时才赶到……

“等百姓上门求助不如主动上百姓家去解难！”左思右想之后，郭兴利决定采用马锡武审判方式，开设巡回法庭，走进农家院坝解决诉讼纠纷。怎样将法庭设到案发地巡回审判呢？看到山区的百姓赶集时人人背个竹篾编织的背篼。郭兴利觉得来了“灵感”，背篼上面装国徽宽敞，下面装标志牌、卷宗安全。就这样，郭兴利买来背篼，背着“法庭”开始了巡回审案的征程。

3300 件案件换回了老百姓的信任

巡回审案说起来容易，做起来难，坚持下来更是难上加难。夏天，不是炙热的阳光，就是倾盆而下的大雨；冬天，白霜满地，刺骨的寒风顺着脖子往衣服里面钻，常常冻得人牙齿打颤……

背篼一放，国徽一挂，几张桌子一搭，甚至几个石块一垒，走到哪里都可以开庭……面对困难，郭兴利从没有退缩，他和同事们跋山涉水、进村入户、深入田间地头，将法庭开到了村村寨寨，将法制的种子播撒到山山水水。

25 年来，他的足迹遍布辖区方圆 600 余平方公里的每一个角落，背烂了 10 个背篼，磨烂了 37 副背绳，累计步行 10 万余公里。巡回审判案件 2450 件，无一改判，无一信访、投诉，无一不廉举报。渐渐地，当地的老百姓一见了他，都亲热的喊到：“背篼法官”来了。

能够当选党的十九大代表，郭兴利说这是他一生中最重要的大事。“对党忠诚，爱岗敬业，党和人民会记住你。26 年，3300 件案件换回了老百姓对我的信任，在自己本职岗位上，实现了我初心的选择，也实现了我对党忠诚的诺言。”

（原载央视网，2017 年 11 月 10 日）

“背篓法官”郭兴利

郭兴利1991年退役后，转业到四川省剑阁县人民法院，被先后分配到武连法庭、元山法庭、开封法庭。他长期坚持自学，在法院党组领导的关心和支持下，先后通过国家法官学院业余学习、国家自学考试和最高人民法院法官资格考试。经过20多年的磨砺，现已获得高级法官职称，成长为名副其实的资深法官。在《人民法院报》和官方法律网站发表文章多篇，辅导实习生和“传、帮、带”，培养出多名优秀年轻法官，郭兴利的大调解工作经验和审判方法，正在全省法院系统被广泛推广和学习。

回访法官成“红娘”

郭兴利曾通过回访一件离婚纠纷案，促成了双方复婚，被群众以“法官回访离婚案，夫妻破镜重圆把婚复”和“回访法官成‘红娘’，夫妻复婚再续缘”为话题广为传颂。他还经常把执行款物亲手送到当事人的手中，送到当事人的病榻前。他曾三次来到剑阁县公店乡图光村瘫痪在床的涂光富家里，把执行款交到他的手中，并购买一些生活物品相送。他始终用朴素的平民意识和乡情与善良，尽心竭力为群众排忧解难。郭法官办完案，由于群众难舍，经常出现“炮声响锦旗红，感恩法官情意浓”和“巡回警车雨后滑，警民齐推谱和谐”的感人场面。

近十年来，他办案数量达2000多件，无一错案、无一改判、无一上访、无一缠诉发生，结案率达到100%。调解作为一种最高审判艺术，其调解率连续三年最高达到97%。法律文书自觉履行率达到95%以上。当事人的满意度基本达到了100%。

情系民生的背篓法官

郭兴利有着山里人淳朴善良、平易近人的品性和革命军人利索、严明的工作作风，更有法官公正廉洁的职业操守和对社会主义法治的信仰。作为乡村基层人民法庭，面对的当事人是农民群众，父老乡亲。受理的案件大多是婚姻家庭琐事、邻里矛盾或简单的人身损害等民生纠纷，但这些家长里短、鸡毛蒜皮的小事，对当事人来说，却是关乎民生的“天大之事”。上法庭打官司，望而生畏，且往往是他们几辈人都未曾有过的经历；加之偏远山区，交通不便，文化基础差，当事人进行诉讼是很困难的。

郭兴利承袭革命年代马锡五的巡回审判和调解的工作方法，树立调解为最高审判艺术的司法工作理念，用百分之百的努力去实现百分之一的调解可能，调解理念贯穿于诉讼活动始终，用最大的耐心去调解消融矛盾，这自然成为他的办案之道。面对各种纷繁复杂的民事纠纷及刑事自诉案件，郭兴利始终根据人民群众内部矛盾的性质，以其特有的细心、耐心和同情心，在法与情之间寻求最佳结合点，力求法与情完美结合。

乡间矛盾纠纷的“调解能手”

在长期的司法实践中，郭兴利总结和摸索出许多调解工作方式方法和原则，诸如“三三立案制”、三大调解联动机制、巡回调解制、立案、诉讼、执行之全程调解法、“五心调解”与情感调解法并用、面对面或背对背的调解方式等。在调解时，他释法析理，作精细剖析，将法院的生效判例和调解成功的一些案例进行举例说明，深入浅出，循循善诱，谆谆教导，并积极引导当事人转换角色、换位思考、权衡利弊，互谅互解。

郭兴利运用逻辑学、心理学、人际关系学，分析和处理各类复杂的矛盾。他的诚心、公心、热心、正直廉洁的人格魅力，往往能打动、感动当事人，从而促成调解，案结事了。在他所办结的案件中，有 90% 是通过调解结案的，95% 的案件是当事人自觉履行了义务，未交付强制执行。

2008 年，郭兴利被最高人民法院授予“全国优秀法官”称号；2010 年 4 月，被四川省委、省政府授予“四川省第六届劳动模范”称号；四川省高级人民法院还授予他“全省优秀法官”、调解先进个人”；广元市委、市政府授予他“人民满意的政法干警”；广元市中级人民法院授予他“人民满意的好法官”，记个人三等功一次；他所在的法庭两度荣获四川省高级人民法院授予的先进集体。

（原载《光明日报》2012 年 10 月 18 日，记者任生心）

“背篼法官”：肩负公平正义

——记心系群众的好法官、四川剑阁法院开封法庭庭长郭兴利

近日，四川省剑阁县人民法院开封人民法庭庭长、“背篼法官”郭兴利的先进事迹被全国数十家新闻媒体和网站报道后（《人民法院报》2011 年 10 月 11 日 5 版曾以《“背篼法官”20 年的大山情怀》为题做过报道），获得了社会各界的好评，也引起了四川省委群众路线教育实践活动领导小组的关注。郭兴利 23 年持之以恒的巡回审判之路，生动实践了党的群众路线，诠释了基层党员干部作为人民公仆的意义，传递了人民法官司法为民的职业操守和对社会主义法治的坚定信仰，为正在深入开展的党的群众路线教育实践活动树立了一个可信、可学的榜样。为此，记者再次来到郭兴利身边，聆听他，感悟他，为读者展示一个真实的郭兴利。

23 年，他的 19 位同事因种种原因相继离开了开封法庭这个偏远的山区法庭，只有他像剑门关古蜀道旁的千年翠柏，笃定而专注，一直没挪窝；

23 年，他办案 2450 余件，无一被发改、投诉，无一不廉举报，群众称他是“开封的郭青天”，组织授予他“全国优秀法官”等 30 多项荣誉；

23 年，他背烂了 10 个背篼、磨坏了 37 副背绳、骑坏了 5 辆自行车，当地百姓亲切地叫他“背篼法官”，媒体夸他是“铁脚进村，躬身为民”，网友说“一个背篼背出了干群鱼水情深，传递了社会正能量”。

他，就是四川省剑阁县人民法院开封人民法庭庭长——“背篼法官”郭兴利。

是怎样的情怀与力量，让郭兴利植根基层，23 年深情专注于这方水土？是怎样的执著和行动，让开封法庭服务的辖区 23 年零信访、恶性刑事案件零发生？

“法治梦”从挫折中起航

1960 年，郭兴利出生在剑阁县正兴乡龙虎村。6 兄妹中他排行老四。1991 年从部队转业，被分配到开封法庭。

在郭兴利心中有两个理想的职业：律师和法官。为何会喜欢法律工作？一切，得从他 16 岁那年的一件事说起。1976 年，家里有个亲戚因夫妻关系不和闹离婚。由于不懂法，为了这事究竟该谁管，两人在法庭和镇民政办之间来回折腾了好几趟。这让陪同的郭兴利明白，解

决纠纷不易，群众不懂法律是要吃亏的。

正是这样的记忆，让郭兴利深知学习法律知识的重要性。部队服役期间，他自学取得了法律文凭。

到开封法庭工作，在郭兴利看来，不仅圆了梦，离家也近，而且“基层法庭人手少，参与办案的机会肯定会更多”。怀揣朴实的情怀和服务乡亲的想法，郭兴利就这样扎根基层，开始了司法为民的征程。这一扎，就是 23 年。

万事开头难。初到开封法庭，郭兴利就栽了“跟头”。

1991 年 9 月的一天，公店乡一位村委会主任带着两个村民来到法庭解决两人的山林纠纷。郭兴利运用自己掌握的法律知识给两位村民讲法讲理。说了半天，让郭兴利意想不到的是：两位村民竟然拉扯着到离法庭不到 200 米远的文庙里烧香赌咒，宁可以迷信方式处理问题，也不服他的调解。

“这件事对我触动很深。”郭兴利后来分析，主要是“自己法律知识贫乏，对当地风土人情缺乏了解，没有说服力”。这让郭兴利意识到，像剑阁山区这样贫穷、落后、愚昧的地方，需要大力普及法律。

受此刺激，郭兴利进一步发奋钻研专业知识，自学心理学、人际关系学等知识，深入到田间地头，为百姓排忧解难。“从此，我就再没有过离开偏远落后的乡村，到县级机关或者条件好一点的乡镇工作的念头了。”

春去秋来，23 年间，由于剑阁山区条件艰苦，先后有 19 名法官与郭兴利共过事，但都因种种原因，离开了这个地处三市交界、生活和工作环境艰苦的偏远乡镇。唯独郭兴利，选择了坚守。

“老郭，你为什么没有要求到县城工作？”2012 年，四川省高级人民法院院长王海萍到剑阁县法院调研考察工作时关切地问郭兴利。

郭兴利脱口而出：“忘了。”

他早已把理想、青春与温情寄托在了这片土地。

放得下的背篼　放不下的责任

8 月 28 日一大早，记者前往开封法庭采访郭兴利。来到法庭，只有一名书记员在。一问，才知郭兴利天不亮就到乡下办案去了。

问明地址，我们决定前往。头天刚下过雨，车行半个小时后前面路就断了，我们只得弃车步行。走在荆棘丛生的乡间小道上，让我们真正体会到了“背篼法官”的艰难。

到了郭兴利审案的农家院子里，案子已经结了，老老少少有几十个人围在郭兴利身边，

带领同事下乡调查取证

帮助老郭将卷宗、法庭标识牌、国徽一件件地装进背篼里。

今年已经 53 岁的老郭，不像年轻时那样背着背篼在山路上健步如飞，但每当他背着背篼巡回办案时，依然充满无比的自豪和笃定。

使他下定决心走村入户背着背篼巡回办案，源于一次办案对他的启发。

1999 年 3 月，刚担任开封法庭庭长不久的老郭，准备开庭审理一起赡养案。说好是上午 9 点开庭，老人的儿女早到了，可眼看都 12 点了，还没见两位老人的踪影。终于，两位老人气喘吁吁、步履蹒跚地来到了法庭。老人说，早上 5 点就起床，走了 30 多里的山路，可还是迟到了……

老郭的眼睛当时就湿润了，他心想：我们为什么就不能主动到老百姓家中去开庭审理案件，最大限度地减轻老百姓的诉讼负担、奔波之苦呢？当天下午，郭兴利召集大家商量，一致决定：送法下乡，上门办案。

说干就干，第二天，郭兴利到集市上买了一只川北特色的竹编背篼，上大下小，郭兴利他们很满意：下面装卷宗，安全；上面放国徽，宽敞。从此，郭兴利他们开始了“背篼法官”生涯。

这一背就是整整十年。十年间，很多时候老郭天不亮出门，摸着黑回家，两头不见天。十年间，有因为不熟悉路，“南辕北辙”的郁闷；有“老天爷”突降暴雨，人变成落汤鸡的狼狈；有被野狗围攻，孤独无助的惶恐；更有脚底磨泡，浑身散架，倒床便睡的疲惫。十年间，老郭他们用背篼把法庭“背”到了农家院落、田间地头、工厂学校；十年间，鞋磨破了一双又一双，背篼背坏了一只又一只。开封老百姓也给他取了个响当当的名字：“背篼法官”。

有人说郭兴利是自找苦吃，可郭兴利说：“法官多动腿，群众就能少跑路。”也有人说：背背篼审案，郭兴利是在作秀。可更多的人说：哪有坚持十年的作秀！

再后来，法院给开封法庭配了车，除了不通公路的地方用得着背篼外，大部分时候都开车去。“如今条件好了。说实话，背篼很少背了，可背篼精神不能丢，为乡亲们服务的意识不能丢，法官的责任更不能丢。”说这话时，老郭饱经沧桑的脸上露着坦诚。

乡村法官就是要解决好群众“比天还大的大事”

在老郭的办公室，记者翻开他今年审理过的案件卷宗，发现除了几份判决书，其余全是调解结案。

“我这里判的案子少，几乎都是调解结案，每年的调撤率在95%以上。”因此，“调解书多，判决书少。”

巡回路上汽车爆胎，郭兴利当起了修理工

农村法庭承办的案件，大多是家长里短之类“鸡毛蒜皮”的小事。但郭兴利心里清楚，在法律意识相对淡薄的农村，外人看来不足挂齿的一个小案件，足以改变一个人甚至一个家庭的命运。在当事人那里，这些都是“比天还大的大事”。

审理案件，“能调则调，当断则断”。但郭兴利发现：作为乡村法官，诉讼调解是案结事了最有效、最直接的方式。要从根子上解决当事人的“大事”，应该更多地选择调解。

老郭也常常给庭里的同事讲，老百姓很质朴，他们懂道理但不一定懂法律，这个时候法官就应当是他们法律上的好参谋、好帮手。

在农村，特别是山区，一些村民法律意识淡薄，少数当事人甚至是“油盐不进”，要做好调解工作，绝非易事。经过不断探索、用心琢磨，老郭“因地制宜”，总结出一套调解的工作经验：“四心、三把握、两书、一联动。”“四心”指耐心、细心、热心、公心；“三把握”指把握好调解的前提、把握好个案特点、把握好调解时机；“两书”指《调解预约书》和《执行告知书》；联动是与村社干部等人民调解员一起调解案件。

老郭还给自己和庭里的同事订了个规矩：结了的案件必须逐件回访。老百姓对案件处理适用法律有哪些不明了的地方、案件的落实情况、关系的修复情况等都在回访的范围，每一次回访，他都能发现一些问题，也总能解决掉这些问题。

这些看似简单的办法组合上阵，不仅成为调解案件的利器，也成为做群众工作最直接见效的“高招”。

郭兴利说：“靠群众做群众的工作，事半功倍，没有他们，我啥事也做不了，啥事也做不好。”郭兴利认为，无论当事人怎么“犟”，他总有信服的人，让这些人来做工作，要容易得多。每次外出办案，老郭随身都带着一件“法宝”——一个小小的笔记本。翻开泛黄的笔记本，上面记满了辖区内所有村组干部、当地有威望的长者、七十岁以上老人的名字，每到一处审理或执行案子，郭兴利都会从裤兜里掏出这个小本子，邀请这些“名人”参与案件的审理与执行。

最慷慨的人和最“抠门”的人

8 月的天气，太阳毒辣，酷热难耐。记者跟随着老郭来到了他经常去看望的公店乡荣光村 6 组当事人涂光富家中。

一路上，老郭向我们讲述了当年发生的这起案子。2008 年 4 月 25 日，涂光富为同村村民修房子时，不慎受伤，腰椎断裂。两家都不富裕，调解难度很大。经过老郭耐心调解，涂光富获得 13 万元赔偿。

看到涂家家境贫寒，老郭又主动跑到县民政局，帮助涂光富落实了低保，申请了民政救济。5 年来，郭兴利仍不时送去轮椅、棉被和猪肉等东西，为涂光富提供生活上必要的照顾。

这只是郭兴利帮助的众多当事人中的一个。对他们，郭兴利总是慷慨解囊，但对自己却很“抠”。

平日里，郭兴利总是穿着法官服，他对此的解释是：穿着法官服对自己多了一份约束，老百姓也容易找到他。熟悉他的人却知道，因妻子下岗多年，一直没找到正式工作，老郭家经济拮据，他舍不得为自己添置新衣服。

采访中，我们跟着老郭来到了他家。房子是老郭用转业费和岳母、妻弟资助盖起来的，在四周刚修起来的高楼中显得陈旧而矮小。

问到老郭对家人的照顾，他的妻子唐克谊眼眶泛着红。

今年上半年，唐克谊得了重病。老郭把她送到成都治疗。住院时，要交3万元押金。这位有无数个办法让当事人握手言欢、摆脱困境的法官，此刻却蹲在墙角直掉眼泪。最终，妻子在成都做生意的侄女将钱送到医院，半开玩笑半当真地说："姑父，你站起都能挡住一大片天，还拿不出3万块钱？"郭兴利无言以对。

在唐克谊眼里，老郭是个"可恶的男人"。2008年，郭兴利获得"全国优秀法官"荣誉，县法院特别奖励他携家属一起出去疗养。唐克谊计划去丽江，可郭兴利却是一忙再忙，这事就这样耽搁下来。在唐克谊的朋友圈留下一个"笑柄"，大家说："是不是你老公说谎哦！咋个五年了都还没有去旅游呢？"尽管郭兴利是这么"可恶"，但唐克谊仍是心疼胜过埋怨。

在郭兴利办公室的墙上，挂着一幅写有"俯首甘为孺子牛"的匾额。郭兴利告诉记者，这块匾额是他刚从部队转业到法院时，父亲为勉励他努力工作送给他的。在法庭坚守23年，每一次办公室的搬迁，他最先悬挂的就是这块匾额。

"这是父亲对我的殷切期望，也是我对父老乡亲们的一份责任，我生在大山，长在大山，我离不开大山的百姓，这里，是我永远的家！"郭兴利说。

（原载《人民法院报》2013年9月1日，记者聂敏宁、何伟、苟宇）

“背篼法官”扎根泥土播撒公正

艰苦的地方总得要有人去，越是艰苦的地方，就越需要普及法律知识，越需要法律的护佑。

四川省剑阁县人民法院开封人民法庭门前是一条蜿蜒曲折的通村公路，举目四望，剑阁大山直耸霄汉，地理位置偏僻，交通条件差，法庭工作条件的艰苦一望便知。可1991年9月，郭兴利还是义无反顾地回到了家乡，成了开封法庭的一员。由于勤奋好学，他很快从一名书记员成长为了一名法官，并于1999年3月成为了开封法庭的庭长。

“艰苦的地方总得要有人去，越是艰苦的地方，就越需要普及法律知识，越需要法律的护佑。”郭兴利说，“所以，我必须守在这儿，这是一名乡村法官该有的责任！”

这一守，就是27年。27年里，曾有人邀请他一起“下海”赚大钱，县法院也考虑到他工作扎实想调他回院机关，可他总说：“我早已是这大山里的一员，我离不开这里淳朴、善良的百姓。”

“把国徽背上出发，他的背篼里，装的是大山里的太阳。从此他走到哪里，公平正义就相伴相随，他这一辈子没办过大案，却一样收获名声。他用双脚踏遍这一片泥土，山路上留下爱与奉献的诗行！”这是CCTV2014年度法治人物颁奖典礼上组委会给郭兴利的颁奖词。

法庭条件还比较艰苦时，郭兴利只能用背篼装着国徽和卷宗到乡镇、村社、农家院落、田间地头、工厂学校去审理案件，背篼一放，国徽一挂，几张桌子一搭，甚至几块石头一垒，他们就可以开庭审案。时间久了，老百姓就送了他“背篼法官”的外号。虽然现在法庭条件变好了，郭兴利已经很少再背背篼了，但他“背篼法官”的名号早已在当地家喻户晓。

有人说郭兴利是自找苦吃，可郭兴利却说：“法官多动腿，群众就能少跑路。”也有人说，背背篼审案，郭兴利是在作秀。可更多的人说，哪有二十年如一日的作秀！

在工作中，郭兴利逐渐摸索出“亲情调解”“圆桌调解”“借力调解”“联合调解”等工作方法，并在此基础上总结出“四心三把握两书一联动”的调解工作经验。在此基础上，广元市委、市政府决定在全市建立“郭兴利工作室”，学习推广郭兴利调解工作方法，将它覆盖到广元的每一个角落。

每个人都有对幸福的诠释，在郭兴利看来：“通过艰辛的付出，为这片生养我的地方服务一辈子，以我对法治的理解和尊崇，让法治的光芒照亮每一颗心，让山乡更加宁静而祥和，百姓更加和睦安康，我觉得这就是幸福！”

郭兴利：1960 年生，四川省剑阁县人民法院党组成员、开封人民法庭庭长。27 年间，郭兴利用背篼背着国徽和卷宗翻山越岭、进村入户巡回办案，足迹踏遍了 15 个乡镇 169 个行政村 156 平方公里的土地，被当地群众称为“背篼法官”。郭兴利先后获得“全国优秀法官”“全国‘最美基层法官’”“全国模范法官”“全国先进工作者”“全国优秀共产党员”等 50 多项荣誉，当选为党的十九大代表。

（原载《人民法院报》2019 年 10 月 1 日，记者陈冰、陆茜坤）

黄志丽

Huang Zhili

女，汉族，福建漳州人，1972 年 3 月出生，中共党员，1995 年 2 月参加法院工作，现任福建省漳州市芗城区人民法院党组成员、副院长。她长期扎根基层，忠诚履职、无私奉献，坚持又好又快办案，年均办理民商事案件近 400 件。为回应群众对司法的新要求、新期待，她把司法为民的理念落实到具体行动中，创设“黄志丽法官工作室”，坚持每周两次进社区、下农村，开展巡回办案、法律咨询，努力让纠纷不出村居。在长期的司法实践中，她总结出一套既符合民事审判规则、又符合群众需要的“三个贯穿始终”工作法，将调查研究、亲和调解、释法析理贯穿审理案件始终，被群众称为“知心法官”。荣获全国优秀共产党员、全国先进工作者、最美奋斗者、全国道德模范、时代楷模、全国模范法官等称号。

学习决定、通知

中央政法委员会
关于学习宣传黄志丽同志先进事迹的通知

中政委〔2016〕17号

各省、自治区、直辖市党委政法委，新疆生产建设兵团党委政法委，中央政法各单位党组（党委）：

黄志丽，女，汉族，中共党员，1972年3月出生，1995年参加法院工作，历任书记员、助理审判员、审判员，现任福建省漳州市芗城区人民法院党组成员、民事审判第一庭副庭长，二级法官。

黄志丽同志扎根基层审判一线14年，始终坚持忠诚履职，公正司法、为民司法、廉洁司法，先后审结民商事案件5100余件，无一申诉信访，无一投诉举报，被人民群众亲切地称为“知心法官”。她先后荣获“时代楷模”“全国敬业奉献道德模范”“全国三八红旗手”“全国最美基层法官”“全国先进工作者”，福建省“五一劳动奖章”“八闽楷模”等荣誉称号，荣立个人一等功、二等功各一次。

黄志丽同志是新时期弘扬社会主义法治精神、践行社会主义核心价值观和“三严三实”要求的优秀代表，其先进事迹真实感人、可敬可学，具有鲜明的政法特点、时代特色和很强的示范引领作用。中央政法委号召全国政法机关和全体政法干警，认真学习宣传黄志丽同志的先进事迹。

一、学习黄志丽同志忠诚于党、信念坚定的政治品格。黄志丽同志对党忠诚体现在坚持正确政治方向、坚守法治精神上，把坚定的理想信念体现在满腔热情地做好司法工作上，自觉把人民法院工作融入党和国家工作大局，努力实现个案公正与社会公正的有机统一、法律效果与社会效果的有机统一。她立足本职岗位，用实际行动践行一名党员法官对公平正义的执着和对社会责任的担当。为了提高办案效率，她巧妙地将同种类型的案件和有调解可能的案件集中在一起调解、开庭，将送达、调解、调查、判决穿插进行，加快办案速度。她经手办理的案件，40% 能在立案后的七天内调解结案，她办结的民商事案件调解撤诉率达到了 90% 以上。尽管患有胃病、咽炎、腰椎间盘突出等疾病，面对高强度的办案压力，她从不叫苦叫累，而是以严谨、细致的求实精神，高效、睿智的审判方法，促成当事人息诉罢访、胜负皆服，被当地群众誉为当代的“女包公”。母亲生前曾卧床 8 年，她白天一心扑在案件上，晚上床前尽孝，从未向组织提出过调换岗位的要求。全体政法干警要像黄志丽同志那样，坚定理想信念，永葆忠诚本色，切实增强政治意识、大局意识、核心意识、看齐意识，始终保持强烈的责任感和使命感，立足岗位，履职奉献，埋头苦干，勇挑重担，坚定不移做中国特色社会主义法治道路的建设者、捍卫者。

二、学习黄志丽同志扎根基层、一心为民的公仆情怀。黄志丽同志坚持把维护广大人民群众的合法权益作为审判工作的出发点和落脚点，把司法为民的理念融入到日常的审判工作之中，想当事人之所想、急当事人之所急，尽心竭力为群众排忧解难。一位 80 岁高龄的老大娘在交通事故中左腿粉碎性骨折，卧病在床无人照顾。黄志丽不仅远赴外省追讨赔偿款，而且悉心照顾老大娘 3 年多，直至老人去世。她创设了“黄志丽法官工作室”，坚持每周两次进社区、下农村，开展巡回办案、诉前调解、法律咨询，化解涉诉信访矛盾，开展法制宣传教育，把矛盾化解在基层。自 2012 年 6 月以来，“黄志丽法官工作室”为群众答疑解难 658 次，诉前联动化解民事纠纷 915 件，其中涉及老年人、妇女、未成年人的纠纷占 56.2%，社区诉讼案件下降了 5.27%。现在，芗城区已有 5 个“黄志丽法官工作室”，成为化解基层矛盾纠纷的品牌，得到社会各界的高度认可。全体政法干警要像黄志丽同志那样，始终牢记全心全意为人民服务的宗旨，想群众之所想，急群众之所急，把人民群众对美好生活的向往、对公平正义的追求、对安定和谐的期待，作为我们的奋斗目标和行动指南。

三、学习黄志丽同志公正司法、能动司法的职业追求。黄志丽同志把公平公正地审理好每一个案件作为自己的神圣职责，坚持公正审判、规范调解，妥善化解矛盾，努力维护社会和谐。她常说：“法官的价值不仅在于办案，也在于传递法治理念，树立公众对司法的信心。”她通过刻苦钻研，积累了丰富的审判经验和社会经验，总结出一套既符合民事审判规律、又符合群众需要的“黄志丽审判工作法”，把调查研究贯穿始终，让裁判最大限度地符合客观事实；把亲和调解贯穿始终，让群众感受到法官的爱心、司法的温情；把释法析理贯穿始终，让当事人理解并信服司法的公正。她在办案中既当裁判员，又当宣传员；既解“法结”，又解“心结”。在审理民间借贷案件中提醒当事人诚实守信；在审理相邻纠纷案件中倡导和睦相处；在审理赡养抚养案件中弘扬中华民族敬老爱幼的传统美德。因此，她办结的案件服判息诉率高达99.7%。全体政法干警要像黄志丽同志那样，带头信仰法治、坚守法治、厉行法治，以过硬的业务素质和优良的工作作风取信于民，以实际行动维护社会公平正义，让人民群众感受到公平正义就在身边。

四、学习黄志丽同志严于律己、清正廉洁的高尚情操。从事审判工作以来，黄志丽同志始终恪守清正廉洁的职业操守，严格规范自己的一言一行，不为金钱所诱，不为人情所惑，不为关系所扰，不为权势所迫，做到清廉如水、执法如山。正如她说的：“只有身清气正，才能让当事人相信自己手中那份薄薄的判决书就是一把重重的公平秤。”在办理一起商品房买卖纠纷案件中，作为被告的开发商打电话给黄志丽，说如果判决结果有利于他，可以安排海南五日游，被黄志丽一口回绝。黄志丽经手办理的一起交通事故索赔案，原告发生事故的当天在医院检查没有发现明显伤情，三天后却提出自己骶骨粉碎性骨折、腰椎陈旧性骨折，要求赔偿27万元。黄志丽接到案件后，就有人打招呼，说原告是某局长的母亲，请多关照。她坚持做司法鉴定。有人劝她：“不如直接判了，何必得罪人。”黄志丽回答：“不查清真相就下判，我良心上过不去。”最终，她根据鉴定作出公正判决。全体政法干警要像黄志丽同志那样，恪守职业道德，筑牢拒腐防变的警戒线，堂堂正正做人，清清白白做事，树立新时期政法干警的良好形象。

各级政法机关和全体政法干警要结合深入学习贯彻党的十八大和十八届三中、四中、五中全会精神，结合深入学习领会习近平总书记系列重要讲话精神，将学习宣传黄志丽同志先进事迹作为践行社会主义核心价值观、加强过硬政法队伍建设、开展“两学一做”学习教育的一项重要内容，教育和引导广大干警以黄志丽同志为榜样，在推进“四个全面”的征程中，振奋精神，攻坚克难，求实进取，奉献担当，为推进平安中国、法治中国建设作出新的贡献。

2016年6月6日

最高人民法院

关于学习宣传“时代楷模”黄志丽同志先进事迹的通知

法〔2016〕108 号

各省、自治区、直辖市高级人民法院，解放军军事法院，新疆维吾尔自治区高级人民法院生产建设兵团分院；本院各单位：

最近，中共中央宣传部授予黄志丽同志“时代楷模”荣誉称号，并在全社会进行广泛宣传。这是全国法院全体干警的光荣和骄傲，也是对深入推进人民法院队伍建设的激励和鞭策。

黄志丽，女，1972 年 3 月出生，中共党员，现任福建省漳州市芗城区人民法院党组成员、民事审判第一庭副庭长。

黄志丽同志扎根基层审判一线 14 年时间里，探索总结出“三个贯穿始终”工作法，先后审结民商事案件 5000 余件，无一发回重审，无一撤销改判，无一申诉信访，无一投诉举报；她始终饱含为民深情，以真心、真情为群众化解矛盾、排忧解难，以亲和司法赢得群众认同；始终胸怀公平正义，自觉追求法律效果与社会效果的统一，把握法律内涵，用活调解艺术，实现案结事了人和；始终坚守廉洁底线，树立了人民法官的良好形象，被人民群众亲切称为“知心法官”。黄志丽同志曾被中共中央、国务院授予“全国先进工作者”荣誉称号，被中央文明委授予第五届“全国敬业奉献道德模范”荣誉称号，被全国妇联授予“全国巾帼建功标兵”荣誉称号，被最高人民法院授予“全国模范法官”“全国最美基层法官”荣誉称号，先后荣立个人一等功、二等功各一次，两次入选“中国好人榜”。

黄志丽同志作为一名基层法官和普通的共产党员，在平凡的岗位上做出了不平凡的业绩。在深入学习贯彻党的十八大、十八届三中、四中、五中全会精神，扎实开展“两学一做”

学习教育的形势下，黄志丽同志以自身实际行动，为全国法院干警树立起践行“三严三实”和社会主义核心价值观的新典范，充分体现了当代人民法官信念坚定、司法为民、忠诚履职、无私奉献的精神风貌。黄志丽同志是新时期践行社会主义核心价值观和“三严三实”要求的优秀代表，其先进事迹真实感人、可敬可学，具有鲜明的时代特色和很强的示范意义。最高人民法院号召，全国法院系统广大干警认真学习黄志丽同志的先进事迹和高尚品德。

一、学习黄志丽同志信念坚定、无私奉献的政治品格

黄志丽同志始终保持共产党人的政治本色，恪守人民法官的使命担当。她说，选择了法官，就选择了奉献，我无怨无悔。她把理想信念时时处处体现在每一次司法活动中，把履职尽责、化解矛盾作为自己最大的快乐，积极满足群众日益增长的司法需求和期待。她自觉笃行公正高效权威的社会主义司法制度，在每一次庭审、每一次调解、每一处判决中向社会传递诚信守法、公平正义的正能量。她经常利用休息时间查阅卷宗、拟写法律文书，一年加班的时间多达 1000 多个小时。全国法院广大干警要以黄志丽同志为榜样，坚守政治信仰，坚定政治立场，大力弘扬社会主义核心价值观，勤勉敬业，忠诚履职，顾大局不计一己得失，讲奉献不求个人回报，把党和人民的事业放在心中最高位置，把个人的价值追求同党和人民的需要紧密联系在一起，为社会主义司法事业奉献自己的智慧和力量。

二、学习黄志丽同志扎根基层、一心为民的公仆情怀

黄志丽同志十几年如一日，扎根基层审判一线，真情倾听每一项诉求，真心解决每一起纠纷，真诚对待每一名群众。她最常说的一句话就是“群众是最亲的人，法官的根在群众。”她用接地气的方法化解纠纷，让群众听得懂，让法律有温情。她把法庭搬到家门口，设立“黄志丽工作室”，坚持每周两次进社区，开展巡回办案、诉前调解、法律咨询、法制宣传。工作室成立至今，诉前联动化解矛盾纠纷 900 多件，提供咨询服务 1000 多人次，成为司法为民的“桥头堡”，被群众亲切地称为“家门口的小法庭”。全国法院广大干警要以黄志丽同志为榜样，永葆对人民群众的拳拳爱心，把为人民服务的本领和能力发挥到党和人民最需要的地方，切实树立群众观念，不断增进群众感情，真心听取群众意见，进一步创新群众工作方法，增强群众工作本领，多干让群众满意的好事实事，让人民群众切实感受到司法的温暖。

三、学习黄志丽同志定纷止争、公正司法的职业追求

黄志丽同志始终把公平公正地审理好每一个案件作为自己的神圣职责，以一颗公心端稳天平、握牢法槌，严格依法秉公办案，不偏不倚，不徇私情。她始终坚持不查清案件事实不轻易下判，不找到纠纷根源不轻易调解，不化解矛盾不轻易结案。一起兄妹分家析产案件，黄志丽为了查找二十年前的房产卷宗，连续三天跑了十个部门，查阅了近百份原始资料，还

原了案件事实，帮兄妹找回了阔别已久的亲情。全国法院广大干警要以黄志丽同志为榜样，常怀对公平正义的孜孜追求，坚持做到“只服从事实，只服从法律”，在实践中努力提高司法技能、丰富司法经验，切实增强服务人民群众、维护公平正义、化解矛盾纠纷的能力，不断提高办案质量和水平，最大限度地满足人民群众对司法公正的期待。

四、学习黄志丽同志清正廉洁、乐观淡泊的高尚情操

黄志丽同志始终严格要求自己，从不向组织提个人要求，从不讲究物质享受，保持一名共产党员的党性修养和一名人民法官的高尚情操。面对人情世故的困扰，她有两大“法宝”：一是快审快结，能办的事马上办，能当庭判决的绝不择日宣判，让当事人找不到说情的时间。二是阳光司法，从不私下接待当事人，把审理案件的每一个环节摆在法庭上，让当事人找不到说情的机会。她工作上高标准，生活上低标准，坚持简朴的生活方式，虽然居住在只有60平米的老房子里，却保持积极乐观的心态，廉以养德，俭以修身。全国法院广大干警要以黄志丽同志为榜样，恪守职业道德，守住廉洁底线，在纷繁复杂的社会现象和各种困难险阻面前，始终做到立场坚定、头脑清醒，不为欲望所绊、不为名利所累，树立新时期法院干警的良好形象。

全国各级人民法院要迅速开展学习黄志丽同志的活动，将学习活动与学习贯彻党的十八大、十八届三中、四中、五中全会精神结合起来，与正在开展的“两学一做”学习教育结合起来，让黄志丽同志的事迹精神成为激励广大法院干警努力工作的重要动力，教育广大干警以黄志丽同志为榜样，紧紧围绕“努力让人民群众在每一个司法案件中感受到公平正义”的工作目标，牢牢坚持司法为民、公正司法的工作主线，坚定信仰、开拓创新、奋发进取、扎实工作，为全面推进依法治国、建设社会主义法治国家，为全面建成小康社会、实现中华民族伟大复兴的中国梦做出新的更大贡献！

2016年4月8日

最高人民法院

关于开展向“最美基层干部”黄志丽同志学习活动的通知

法〔2014〕246 号

各省、自治区、直辖市高级人民法院，解放军军事法院，新疆维吾尔自治区高级人民法院生产建设兵团分院：

近日，福建省漳州市芗城区人民法院民事审判第一庭副庭长黄志丽同志被中央组织部、中央宣传部确定为“最美基层干部”宣传对象，并在全社会进行了广泛宣传。这是继翟树全、姜霜菊、闫胜义之后，全国法院系统又一位获此殊荣的人民法官，是全国法院系统的光荣，是全体法院干警学习的榜样。

黄志丽，女，汉族，1972 年 3 月出生，中共党员，大学学历，现任福建省漳州市芗城区人民法院民事审判第一庭副庭长。黄志丽同志扎根基层审判一线 12 年，忠诚履职、无私奉献，坚持又好又快办案，年均办理民商事案件近 500 件，是公认的办案标兵。为了回应群众对司法的新要求、新期待，黄志丽把司法为民的理念落实到具体行动中，创设了“黄志丽法官工作室”，坚持每周两次进社区、下农村，开展巡回办案、诉前调解、法律咨询，化解涉诉信访矛盾，开展法制宣传教育，把矛盾化解在基层，让纠纷不出乡村、社区。在长期的司法实践中，黄志丽总结出了一套符合民事审判规律、又符合群众需要的“黄志丽工作法”，即：释法析理贯穿始终，调查研究贯穿始终，亲和调解贯穿始终，切实保护好人民群众的合法权益，满足人民群众对司法公正的期待。她把群众当亲人，把奉献摆在首位，将爱心延伸到庭外，身体力行传播着法与德，小心翼翼修复每段受损的社会关系，在重塑道德基石中让群众认同法治精神。由于工作业绩突出，黄志丽同志曾荣立个人一等功、二等功各一次，获得全国模范法官、全国优秀法官、全国法院办案标兵等荣誉称号，并于今年 6 月在最高人民法院和多家中央媒体主办的“谁是最美基层法官”活动中光荣当选“最美基层法官”。

黄志丽同志的先进事迹，充分体现了当代共产党员为民、务实、清廉的优良作风，集中展现了新时期人民法官司法为民、公正司法的精神风貌，是践行党的群众路线的杰出代表。在当前全党深入开展党的群众路线教育实践活动，大力践行社会主义核心价值观的形势下，学习宣传黄志丽同志的先进事迹和崇高精神具有十分重要的意义。最高人民法院决定，在全国法院系统开展向黄志丽同志学习的活动。

一、学习黄志丽同志坚守理想、无私奉献的政治本色

黄志丽始终保持忠于党、忠于国家、忠于人民、忠于法律的政治本色，把坚定的理想信念体现在满腔热情地做好司法工作中，兢兢业业、无私奉献。她把化解群众矛盾纠纷作为自己最大的快乐，面对高强度的办案压力，从不叫苦叫累。法庭上，她熟于应用法律、精于驾驭庭审，以一颗不偏不倚的公心握紧手中的法槌；法庭外，她用心发掘矛盾根源，加班加点阅卷、拟写庭审提纲、制作裁判文书。她常说：“选择法官，就选择了奉献，我无怨无悔。”全国法院广大干警要以黄志丽同志为榜样，始终把个人的价值追求同人民司法事业紧密联系在一起，以求真务实的过硬作风、心系百姓的博大情怀、爱岗敬业的奉献精神，努力维护公平正义，成为广大人民群众合法权益的守护者与捍卫者。

二、学习黄志丽同志牢记宗旨、一心为民的公仆情怀

黄志丽常说，“群众是最亲的人，法官的根在群众。”她始终牢记党的宗旨，常怀爱民为民之心，把司法为民理念贯穿执法办案全过程，真情倾听每一项诉求、真心解决每一起纠纷，真诚对待每一名群众，赢得了群众的认同。一起抚养权纠纷，黄志丽像照顾自己的孩子一样关爱着父母都不愿抚养的女孩，她的真情和行动深深地感化了女孩父母冰冷的内心。最终双方协议女孩仍由母亲抚养，父亲答应每周抽出时间陪女儿。有一次，女孩开心地趴在她耳边说：“法官妈妈，是你给了我幸福生活，长大了我也要当法官”。全国法院广大干警要以黄志丽同志为榜样，牢记党的宗旨，始终站在群众的立场考虑问题，真正把人民群众当亲人，把人民群众的事当家事，在感情上贴近群众，在思想上尊重群众，在行动上深入群众，在工作上服务群众，让人民群众切实感受到司法的温暖。

三、学习黄志丽同志公正司法、定分止争的职业追求

黄志丽始终把公平公正地审理好每一个案件作为自己的神圣职责，妥善化解矛盾，维护社会和谐。黄志丽注重深入群众加强调查研究，努力查清案件事实真相，修复受损关系，实现群众需要的公正。她坚持因案施策，在审理离婚案件中大力宣扬家庭传统美德；在审理民间借贷案件中教育当事人诚实守信；在审理相邻纠纷案件中主张谦恭礼让、和睦相处；在审

理赡养抚养案件中弘扬敬老爱幼美德，等等。一件又一件关系百姓民生的纠纷在法、理、情的完满结合中得到成功化解。她不仅严格依法公正审判，还认真做好释法说理取信，通过案件审判弘扬和践行社会主义核心价值观，赢得人民群众认同。全国法院广大干警要以黄志丽同志为榜样，恪尽职守、敢于担当、大胆创新，不断满足人民群众对司法公正的期待，努力让人民群众在每一个司法案件中都感受到公平正义。

四、学习黄志丽同志严于律己、清正廉洁的高尚品格

从事审判工作以来，黄志丽始终严格规范自己的一言一行。她认为，司法作风无小事，法官做的工作都是由一件件小事组成的，群众观点就深刻地蕴含在那些微不足道的小事中。出差保全，原告好意提出派专车接送，她坚持坐硬座吃泡面；炎热的夏天，被告递来一瓶矿泉水，她婉言谢绝。面对金钱、人情、关系的诱惑时，黄志丽始终将“自谨其身，守诚守静”当作自己奉守的行为准则，坚守法官职业操守，保持清正廉洁的本色，绝不让司法的天平倾斜。生活中，她十分注重强化自身的个人修养，始终保持积极向上的人生态度，追求高尚的生活情趣。全国法院广大干警要以黄志丽同志为榜样，秉持职业良知，恪守职业道德，规范司法行为，守住廉洁底线，淡泊名利、洁身自好，保持良好的道德节操和生活情趣，努力维护人民法院和人民法官的良好形象，实现法官清正、法院清廉、司法清明。

各级人民法院要把开展向黄志丽同志学习的活动与深入学习贯彻党的十八届三中全会精神和习近平总书记系列讲话精神结合起来，与深入开展党的群众路线教育实践活动结合起来，与大力践行社会主义核心价值观结合起来，紧紧围绕“让人民群众在每一个司法案件中都感受到公平正义”的工作目标，牢牢把握司法为民、公正司法工作主线，按照“三严三实”的要求，恪尽职守、奋发进取、扎实工作、廉洁奉公，为维护社会大局稳定、促进社会公平正义、保障人民安居乐业做出新的更大贡献！

2014 年 10 月 8 日

先进事迹

百姓的知心法官

电影《知心法官》在最高人民法院举行首映式，影片中女主角的原型，就是漳州市芗城区法院民事审判第一庭副庭长黄志丽。在漳州市11个基层法院当中，黄志丽只是一名普通的民事法官，她当了六年书记员、六年助理审判员、四年审判员，然后才是副庭长，一步一个脚印走到今天。2002年以来，黄志丽办结五千多个案件，没有发回改判、没有信访投诉，在平凡的岗位上创造了不平凡的业绩。先后被授予全国模范法官、全国先进工作者、全国道德模范等荣誉称号，前不久又被中央宣传部授予“时代楷模”。黄志丽曾经对我说，在她心里，份量最重的，是被老百姓称为“知心法官”。

荣誉的背后，黄志丽付出了巨大的艰辛和努力。刚开始独立办案时，她常常感到压力很大，因为经验不足、案件繁多等。然而，一件件公正的判决，一次次成功的调解，一张张如释重负的笑脸，让黄志丽感觉到法律人的价值，也明确了人生的努力方向。她认为，要做一名合格的法官，不仅需要有精深的法律知识，还需要有司法为民的情怀、公平正义的执着和社会责任的担当。

为了提高办案效率，实行繁简分流，2002年芗城区人民法院在全省率先成立调解速裁组，规定简易民事案件在20天内办结。面对高强度的办案压力，黄志丽巧妙地将同种类型的案件和有调解可能的案件集中在一起调解、开庭，有时一天能安排五、六个庭，同时将送达、调解、调查、判决穿插进行，加快办案速度。她善于察言观行，只要和当事人一接触，分析当事人的言行举止，对他们的诉求就有了一个基本判断，进而提前制订审理方案，缩短办案期限。因此，黄志丽所办的案件，40%能在立案后的七天内调解结案，确实无法调解的也会尽快判决，被誉为办案的“快枪手”。

在长期的基层审判实践中，黄志丽除了不断学习法律知识外，还自学医药学、会计学、一次温情的调解远胜过一份冰冷的判决。我们法官要努力把刚性的法律条文和人性化调解紧密结合起来，实现案结、事了、人和。

心理学等知识，经常深入乡村、社区了解民风、民俗、民情，积累了丰富的审判经验和社会经验，总结出了一套既符合民事审判规律、又符合群众需要的黄志丽审判工作法："调查研究贯穿始终，让裁判最大限度地符合客观事实；亲和调解贯穿始终，让群众感受到法官的爱心、司法的温情；释法析理贯穿始终，让当事人理解并信服司法的公正。"

记得有这样一起案件。一家施工队起诉某建筑公司，要求支付拖欠已久的桩基工程款。由于桩基属于隐蔽工程，现场已经看不到，被告又拒不承认。开庭时原告只有项目经理及施工工人的证人证言，如果严格按照证据规则，法院可以驳回诉讼请求。但原告言辞激烈，甚至对天发誓说桩基款被欠是真的。黄志丽感到其中必有隐情，她向各方当事人做了认真调查核实，最终从设计单位的档案里找到了当年桩基施工的资料，在证据面前，被告只好接受判决并很快支付了拖欠的工程款。原告连连称赞黄志丽是当代的"女包公"。

黄志丽这种认真、执着的求实精神，高效、睿智的审判方法，促成许多当事人自愿调解、服从判决。她办结的案件服判息诉率高达99.7%。目前，黄志丽审判工作法已经在漳州法院全面推广。

黄志丽到社区走访

一般人认为，民事法官只是审理家长里短的案件，而黄志丽面对疑难复杂、矛盾激烈的群体性案件，也一样能够妥善处理。2008年春节前夕，一起百名建筑工人讨薪案件，当黄志丽赶到现场时，工人们围在办公楼前，场面非常混乱，冲突一触即发。黄志丽立刻走到人群前面，安抚大家。看到他们还没吃饭，她自己掏钱让人去买快餐。了解到欠薪的主要原因是工程款没拨下来，黄志丽马上找到开发商进行告诫并准备先予执行，开发商终于预付了30万元。工人们领到工资后，高兴地围着黄志丽，感动地说："黄法官，就冲着您，明年我们还来漳州打工。"

社会转型时期各种矛盾纠纷多发、易发，人民群众对法官的要求和期待越来越高。黄志丽在办案中既当裁判员，又当宣传员；既解"法结"，又解"心结"：在审理民间借贷案件中提醒当事人诚实守信；在审理相邻纠纷案件中倡导和睦相处；在审理赡养抚养案件中弘扬中华民族敬老爱幼的传统美德……黄志丽之所以能够得到同行和群众的高度肯定，是因为她能够不断培育和恪守自己的司法良知，将传统审判经验与现代规则之治有效融合，把法律的刚性和司法的柔性有机结合，成为当代法官讲政治、有信念，讲规矩、有纪律，讲道德、有品行，讲奉献、有作为的典范。

一个人的优秀是难能可贵的，但集体的优秀能够带来更大的影响力和凝聚力。为了回应人民群众的新要求、新期待，芗城区法院支持黄志丽大胆创新，把司法为民的台子搭进社区、乡村，于2012年6月在南坑街道创设第一个"黄志丽法官工作室"，开展巡回办案、诉前调解、法制宣传。现在，芗城区已经有5个黄志丽法官工作室，化解了大量的矛盾纠纷，得到社会各界的高度肯定。

我们迈出去的是脚步，带回来的是民心；俯下去的是身板，树起来的是信任。

十几年来，黄志丽用公正的司法、廉洁的操守和无私的大爱，把岗位作为奉献的舞台，将爱心延伸到庭外，努力让人民群众在每一个司法案件中感受到公平正义。这就是人民法官的别样精彩人生，这就是百姓心中所热切期待的知心法官。（王文平）

心中的标杆

今天，我想跟大家讲讲我和师傅的故事。

师傅这个称呼，自古以来，便有种特别的意义和分量，《太公家教》里说："一日为师，终身为父"，讲的就是师傅和自己的父母一样重要。

10年前，我来到法院做书记员，遇到了师傅黄志丽。当我得知要跟她办案，其实内心是有些忐忑的。传说中的黄志丽，不仅有着老一辈法官的吃苦耐劳，更有着双鱼座的执着投入。一年三百六十五天，她审结四五百个案子，为了一个案件，她有时会十几次跑去当事人家里做工作。天哪，我一个新手，跟着这样一位法官，我接下来的日子将会多么——坎坷！

还记得自己跟师傅开庭的第一个案子是一起有关古玩的案件，原告李某向古玩店朋友董某借了两万元，用一枚大义通宝铜钱做抵押。到了还款期限，董某却说，铜钱被小孩子玩丢了。庭审中董某表示："那枚铜钱市面上就值个800元左右，我愿意赔偿。"李某却称："铜钱是祖上留下的，年代久远很值钱，我不懂市面行情，请法院做个鉴定。"董某得意地一笑："就一张照片，鉴定就鉴定。"看起来董某很自信啊！这时，师傅开口了："被告，大义通宝是元末起义军陈友谅铸造的，有小平、折二、折三共三款，从照片上看，铜钱品相可不赖，既然是祖传的，那是存世款，可不是'生坑'，你是行家，没有三五千能出手？"董某一愣："黄法官，'生坑'你都懂啊？"师傅笑了笑。董某无奈地开始说实话："有个朋友新店开张，把这枚铜钱借去摆，一时也拿不回来。"师傅一看董某松口，立即组织原被告协商，最后李某同意把铜钱再借给董某三个月，案件顺利解决。回到办公室，我连连对师傅感叹："神啊，师傅，没看出你居然玩古董！"师傅马上笑了："古玩这水可深了，为了这个案件，我百度了半天，跑了几趟古玩城，才摸清了点门道。"

原来如此！民事案件有时看似一地鸡毛，但实际上涉及的知识面很宽泛，绝不仅仅是法律知识。不过我在心里也安慰自己，没关系，案子跟多了，以后自然会懂的，师傅比我多的就是经验而已。但很快，另一件事彻底改变了我的想法。

那是一起普通的离婚案，丈夫对妻子施以家暴，妻子无法忍受提起诉讼要求离婚。开庭的时候，丈夫承认存在家暴，双方同意离婚，财产、住房、孩子抚养也很明确，我一边飞快地用电脑打着笔录，一边心想这案子不是判决离婚就是调解离婚，可这时师傅突然宣布了休庭，让被告单独留下来谈话。怎么回事？我有些困惑。这么简单明了的案子还有什么好谈的？难不成还要调解和好？可这么暴力的丈夫谁能和他一起生活？我的心里一连串的问号。

只听师傅问被告："我看你情绪有些怪？怎么会老是打老婆？"那被告看了看师傅，沉默了半天，突然问道："黄法官，你看我会不会得了绝症？我这一阵食量特别大，人却一直瘦下去，我肯定是得了绝症了！老婆又不关心我，只想着孩子，我有时想想做人真没意思！"

"你有没有特别爱流汗？情绪容易激动的时候还会心慌？你看这么多人只有你满头大汗！"被告一下子愣住了，师傅接着说："你可能是得了甲亢，我学过一些医学知识，你赶紧去医院检查，甲亢不是什么绝症，早点治疗就好。"

过了几天，被告打电话过来，他真的只是得了甲亢。"你看，你就是老疑神疑鬼才会暴躁打人，快去跟老婆赔礼道歉吧！"师傅在电话里点拨他。

挂上电话，师傅马上又联系他的妻子："你爱人以为自己得了绝症，你又不关心他。现在确诊只是甲亢，他希望你能给他个机会，你是不是考虑一下。"

第二天，夫妻俩一起来到法院，案子以撤诉结案。

我被深深震撼了！我是法律专业毕业的大学生，我一直认为欠缺的是审判经验，进了法院只要多审些案子，也可以成为专业型的法官。但看着师傅办这起离婚案，让我真正开始反思。

如果是我审理这起离婚案，肯定庭审当中就做好原被告调解离婚的工作，我这样做也完全合乎法律的规定，没人会说我错。师傅就是多了那么一点点用心，一点点拿捏，彻底改变了一个家庭的命运。我突然明白了，我和师傅的差距不是一点点，而是很多很多。

几年后我自己也成为了一名法官，披上了神圣的法袍，我审理的第一起案件也是离婚案。开庭前，我把卷宗看了无数遍，还专门列出了十几个问题提纲。走进法庭的时候我信心满满，我觉得跟着师傅这些年，多少已经学到了一些真经。没想到，等到庭审结束，我拿着法槌的手心里全都是汗！我发现坐在审判席上的感觉真的不同，即便你有扎实的法律功底，娴熟的庭审技巧，你还有一份沉甸甸的责任，那份责任感让我感到法槌是那么沉重又庄严！

现在的我每天都在努力办案，有时候碰到疑难问题，第一个想到的就是问师傅，师傅常常说，她的师傅也是这样教她的，法院的好传统是一代传一代，她希望我将来能做的比她更好。（刘颖）

家门口的小法院

东园社区位于漳州市芗城区的中心地段，常住人口一万四千多人，矛盾纠纷时常发生，社区干部疲于奔命，特别是涉及法律问题，更难以应对。2012 年，黄志丽法官工作室进驻后，纠纷少了，社区干部的烦心事也少了。

说实话，一开始居民对黄志丽法官工作室也抱怀疑态度，法官那么忙，哪有功夫管这些婆婆妈妈的事，无非是挂挂牌、走过场。没想到，这些法官每周两次准时出现在社区，通过与街道、社区调解委员会等组织的密切配合，开展巡回办案、矛盾化解、法制宣传和法律咨询，强化人民调解、诉前调解、诉讼调解“三对接”，构建起多元化纠纷解决机制，为居民排忧解难，办了大量好事实事，被群众亲切称为家门口的小法院。

社区居民吴阿姨，一家三口都是残疾人，丈夫下岗，全靠吴阿姨做点手工活维持生计，每月收入不到 1000 元。一天，儿子骑车撞倒老人，造成骨折住院，老人告到法院，要求赔偿 3 万元，老人儿子威胁说：“不赔钱，就砍了他”。黄志丽找我了解情况后，说：“吴阿姨家这么困难，对她来说赔多少都是天文数字，原告的家属情绪激动，处理不好还可能走极端。”希望我帮这家人在赔偿上想想办法。她找到老人说：“按法律规定，最多赔偿一万元，可是被告家庭困难，你们是不是让让步。”老人态度坚决，不肯答应。黄志丽第二次登门，被拒之门外。第三次去，老人儿子吼着说：“你是不是收了好处，总替他们说情。”黄志丽没有辩白，恳切地说：“请你跟我到被告家看一看。”看到狭窄的房间里，都是残疾人，家徒四壁，老人儿子口气软了下来，说：“黄法官，我听你的。”案件解决后，黄志丽帮助吴阿姨的儿子介绍了工作，社区也为吴阿姨家办了低保。黄志丽在社区巡回办案，总能做到圆满结案，令人信服。

不查清案件事实不轻易下判、不找到纠纷根源不轻易调解、不化解矛盾不轻易结案。

黄志丽在法官工作室为群众调解和好

邻里纠纷在社区最常见，看似简单，处理好却不容易。黄志丽讲究调解艺术，善于解开当事人的“心结”，修复人与人之间关系的裂痕。刘阿婆为了给孙子豆豆补身子，在楼顶天台养鸡，邻居们意见很大。六楼住户说：“整天臭烘烘的，根本没法开窗。”五楼住户也很愤怒：“天没亮，鸡就叫，孩子睡不好，高考砸了谁负责。”其他住户也叫苦连天。他们去理论，阿婆不理不睬，全当耳边风。邻居们反映到社区，还说：“不处理就放老鼠药。”为避免事态恶化，我联系了法官工作室，黄志丽和我来到阿婆家。志丽讲法律规定、讲睦邻友好，都无济于事。阿婆说：“在自家屋顶养鸡，关别人什么事，谁也别来管。”通过观察，志丽发现，自从邻里闹僵，小朋友都不和豆豆玩了。一天，志丽在路上等阿婆接豆豆放学回来，上前打招呼，询问学习情况，豆豆不好意思地说：“这次考砸了，楼下同学都不理我，没人和我一起做作业。”志丽乘机说：“豆豆学习重要，为了几只鸡，让孩子受累，影响学习，不值。”第二天，阿婆主动找我说：“我一晚上都没睡，想把那些鸡处理了，你帮我给楼下孩子说说，还跟豆豆玩。”一起难缠的纠纷不用上法院，就解决了。

实践证明，黄志丽法官工作室能够化解大量矛盾纠纷，帮助社区建立一套解决纠纷的长效机制，让纠纷不出社区，把矛盾化解在萌芽状态，避免了很多纠纷诉到法院。

有个小区开发商已经交房五年多，因改变幼儿园配套规划，导致业主无法办证，又拒绝赔偿违约金，引发业主们强烈不满，上百户告到法院。诉讼期间，部分业主闹到开发商办公楼，拍着桌子说：“拿不到违约金，我们就把售楼部砸了。”黄志丽赶到现场，安抚大家说：“合理的诉求，用极端方式，只会适得其反。”她找到开发商，给他算了一笔账，开导说：“按合同约定，违约金想赖是赖不了的，幼儿园也得建，拖的时间越久，你的损失就越大，企业的形象也没了。”经过反复协调，开发商与业主达成调解协议。黄志丽当天就把办公桌搬到了小区里，和其他法官手把手教会社区干部制作协议书，没起诉的业主也通过社区与开发商签订了协议，并由法院进行司法确认。这一群体纠纷就这样化解了。

黄志丽法官工作室进驻社区后，一次次调解民事纠纷，也是一场场的实地培训，既为社区群众普及法律常识，又传授社区干部调解技巧，使我们的法治为民能力得到了很大的提高，有3名社区干部当上了人民陪审员。

随着车辆的增多，小区停车纠纷日益凸显。小吴为了停车，私自安装了地锁，引起邻居不满，闹到居委会。我们做了小吴的工作："法律规定，小区车位业主共有，先到先停，不能占为己有。"小吴认识到自己不对，主动拆除了地锁。如今我们也懂得，在化解矛盾纠纷时，既讲情理又讲法理，让居民更容易接受。

三年多来，社区风气好了，打官司少了，还被评为省级人民调解先进集体、省级文明社区。现在，黄志丽法官工作室已经推及到乡村、社区，成为化解矛盾、维护和谐的稳压器，成为普法宣传、为民服务的大舞台。（陈小红）

法官胜似亲人

从小被送养，养父家庭困难，没让我读书。16 岁开始，我就到处打工，养家糊口。有两次失败的婚姻，让我生不如死。在离婚官司中，我认识了黄志丽法官，在她的关心帮助下，我脱离了苦海，开始新的生活，我们成为好姐妹。

我的第一个丈夫是个酒鬼，经常打我，实在过不下去就离婚了。更不幸的是，我认识了第二个丈夫洪某。婚前，他每天给我做饭，问寒问暖，十分体贴。婚后，他好像变了一个人，好吃懒做，整天赌博不回家。当时，婆婆和小姑子也都没有工作，一家人的生活全靠我。我白天去鞋厂打工，晚上去餐厅端菜，才勉强过日子。不久，我怀孕了，反应得很厉害，也没人照顾，就回了娘家。没想到，他趁机把冰箱、空调拿去卖掉还赌债。我非常失望，想离婚，挺着大肚子，来到法院。黄法官热情地招呼我坐下，端来了一杯开水："来，先喝口水，慢慢说。"她挨着我坐下，轻轻握着我的手，温和地问："怀孕几个月了？怎么会想离婚呢？"我哭着把事情一五一十说了，告诉她："这婚我离定了，孩子也不能要了。"黄法官想了一会说："你的苦我都懂，但现在你有了身孕，要慎重考虑。离婚是双方的事，我还得问问你老公的意思。"我一听就急了，老公肯定不同意离婚，这日子还怎么过啊，忍不住大喊一声："不如死了算了。"就朝窗户跑去。黄法官冲过来，紧紧地抱住我说："不要冲动，听我慢慢说。"她安慰我，会找洪某好好谈谈，也许事情还会有转机。第二天，她到我家调解。洪某说："玉华的好我都知道，娶她就是想好好过日子，但是朋友一叫，我就忍不住又去赌。现在，有了孩子，这个婚我坚决不离。"黄法官说："你老婆怀孕了还打两份工养家，你不懂得珍惜，一旦离婚，到哪去找这么好的老婆？如果你能改，我做玉华的工作，让她回头。"洪某求着黄法官说："我改，一定改，会对这个家负责，你一定得劝劝她。"后来，洪某还写了保证书，承诺每个月给我 1000 元生活费，并且说会对我好，我又一次相信了他。撤诉后，我和他一起回了家。这是我婚后过得最幸福的一个月，有爱人的关心，感受到家庭的温暖。

可是好景不长，还不到两个月，洪某的旧病复发，又开始没日没夜地赌，甚至到处借钱。我忍无可忍，三天一大吵，两天一小吵，有时候就去找志丽姐诉诉苦。有一天晚上，债主逼上门，我们又大吵了一架。没想到，婆婆还护着他，指着我的鼻子恶狠狠地说："怀孕就了不起了。你现在又不能赚钱，光会吃饭，不满意，你就滚吧！"小姑子一把将我推倒在地，把我

黄志丽开完庭组织调解成功

赶出家门。外面下着大雨，我挺着大肚子，不知道往哪里走。豆大的雨点砸在我身上，天很冷，心更冷。走到下半夜，恍恍惚惚，不知不觉到了漳州大桥，万念俱灰。我只想找一个好男人，有一个温暖的家，怎么就这么难？眼看孩子就要出生了，我有家不能回，干脆跳下去一了百了。可又不甘心，那一家人这样对我，真想跟他们同归于尽。这时，肚子里的孩子踢了我一下，我下意识摸了摸肚子，心里在滴血，孩子是无辜的，但又能怎么办呢？我突然想起来，志丽姐曾经说过，有困难就去找她。已经凌晨四点了，我犹豫很久，还是给她挂了电话。她很快赶来，非常严厉地对我说："命只有一条，办法却有很多。他们犯错，你去跳江，值得吗？实在过不下去，可以离婚。你能养活一家人，还怕养活不了自己？"她带我到旅馆住下，第二天给我安排了住处。对我说："有困难，我们一起想办法解决。"那段时间，她有空就来看我，不是带东西，就是给钱，陪我渡过了难关。女儿出生后，我再次起诉，法院判决离婚，我终于解脱了。

可我一个人带着女儿，实在太难了。为了生活，我不得不打零工，从早干到晚，女儿只能托邻居照顾。一次，我回到家，邻居说孩子发烧，哭了整整一天。看着她满脸通红，我心如刀割。女儿营养不良，经常生病，我实在没有信心把她养好。这时，听邻居说，有个香港富商想领养一个孩子。我心想，与其跟着我受苦，不如给她找个好人家。我抱着熟睡的女儿，怎么也睡不着。这是从我身上掉下来的一块肉啊，我真的那么狠心吗？犹豫不决的时候，我又去找志丽姐。她说："你想让孩子过好日子，我能理解。但你能保证那一家人一定会对她好吗？再说，送孩子也要经过洪某同意。困难再大，总能克服，千万不要做让自己后悔的事。"想想我自己一出生就被送人，也恨过亲生父母只生不养，如果把女儿送人，她是不是也会恨我？志丽姐说的对，我不能让女儿重复我的命运。志丽姐帮孩子找了一家幼儿园，垫付了学费。她还协调妇联资助我，联系社区让我当保洁员。我的生活慢慢稳定下来。有时孩子生病，我实在忙不过来，志丽姐还赶来帮忙。看着她为我四处奔波，我下定决心要做个坚强的女人，当个好妈妈，将孩子抚养成人。

如今，女儿已经四周岁了，我们过得很快乐。没有志丽姐，就没有我和女儿的今天。现在女儿见到她，就会甜甜地叫一声："姨妈！"志丽姐开心地说，这就是对她最好的回报。（游玉华）

同心共筑法治梦

三年前，我带着采访任务，走近了黄志丽。她说了一句话，让我印象深刻。她说："法官的价值不仅在于办案，也在于传递法治理念，树立公众对司法的信心"。当时我就觉得，这个法官特别有思想，不那么简单。因此，我格外关注黄志丽，一次次走进她的工作和生活，感受她对法治信仰的坚守。

一次采访中，黄志丽接到电话：有个案件的原告方几十个村民正围堵工地，强行阻止施工。黄志丽说："对不起，我要赶去看看，以后再聊。"我也跟着她到了现场。只见工地上一片混乱，有人大声叫骂，有人往里扔石头，村民情绪激动。原来，开发商在村边开发新楼盘，打桩产生的强烈振动，引起周边民宅墙体开裂，村民向开发商索赔100万元。开发商认为，索赔过高，还担心解决了这拨人，又会有另一拨人，没完没了。就这样，双方争执了一年多，冲突不断。当日，村民们刚到法院起诉，就又围堵了工地。了解情况后，黄志丽挤到人群前面，表明身份，说："你们放心，法院会给大家一个说法。"她竭力安抚村民情绪，留下村民代表商谈，劝导其他人离去。这个案件，若按一般程序，要经过鉴定、评估等过程，最快也得半年结案。黄志丽深知，再拖下去，施工无法进行，拆迁户不能按期回迁，还会引发更大矛盾。为尽快化解纠纷，连续五天，她东奔西走，一方面深入走访村民，反复核实情况；另一方面，多次找到开发商，晓之以法，协商解决。在她的努力下，双方最终确认受损村民32户，共赔偿35万元。一起持续一年半的群体纠纷，在五天内得到化解。从黄志丽身上我看到，民事法官肩负着千钧重担：一头挑着社会稳定，一头系着群众利益，定分止争，责任重大。由此我想，如果每个司法者，甚至每个人，都能够以社会和谐为己任，敢于担当，法治中国的梦想就不再遥远。

公平正义是人民群众的热切期盼，也是黄志丽办案的唯一准则。林某开车撞到王某，当即把她送到医院检查。医生拍片后，没有发现明显伤情，双方私了。三天后，王某腰椎越来越痛，到医院做CT，发现骶骨粉碎性骨折、腰椎陈旧性骨折，住院治疗。于是将林某告上法庭，要求赔偿27万元。黄志丽接到案件后，就有人打招呼，说王某是某局长的母亲，请多关照。林某直喊冤枉："三天后才说有伤，肯定是她后来摔的。"黄志丽决定做司法鉴定。这下有人不高兴了，责怪她多此一举。也有人劝她："不如直接判了，何必得罪人。"黄志丽回答：

“不查清真相就下判，我良心上过不去。”鉴定出来，骶骨10级伤残是新伤，腰椎7级伤残是旧伤。她据此判决，被告只承担10万元新伤赔偿。面对办案干扰，依然不偏不倚，这就是黄志丽始终坚持的法律底线。她凭着一身正气，通过公正办案，在百姓心中植入司法的信心，托起法治的信仰。

黄志丽把每个案件的办理，都当成一次普法宣传的生动实践。一村民小组在分配征地补偿费时，沿用村规民约，不分给女性，被女村民告到法院。开庭当天，被告来了一大帮人，声称：“你判也是白判，我们都得按老祖宗的规矩来。”双方冲突的激烈程度，让黄志丽始料不及。调查发现，周边村子也有类似村规民约。她决定走访释法，阐明妇女权益，引导村民依法办事。判决原告胜诉后不久，村里召开村民大会，修改了村规民约。此后，当地类似的诉讼案件日益减少。黄志丽把普法作为维护社会和谐的重要途径，总是在办案过程中，把相关法律向当事人和群众讲清楚，这种贴近生活的普法方式，更容易让群众接受。谁执法谁普法，是法治建设的要求，是法官的社会责任。黄志丽坚持以案释法，以高度的责任感，向社会传递着依法治国的脉动，让法治之树深深扎根于人民群众的沃土之中。

我在采访中发现，黄志丽很有威信。村民王某和李某联合承包的鱼塘被征用，因赔偿款分配产生纠纷，积怨已久。一次，村里举行舞狮表演，王某乘机用力踹了李某一脚，两人大

黄志丽法官工作室向群众宣传法律知识、收集群众意见

打出手，李某受伤住院。在协商赔偿时，双方针锋相对，各自纠集一伙人闹到村部，剑拔弩张。村干部苦口婆心劝说，没有结果。宗亲长辈也没能劝散人群，于是提议：“那就请黄法官来主持公道。”黄志丽赶过去，了解情况后说：“老王和老李留下，其他人回去吧。”人群渐渐散去。在黄志丽主持下，两人很快达成和解。我问李某：“为什么就愿意听黄法官的？”李某说：“她之前解决了很多纠纷，都非常公正，我们相信她。”听了这话，我很是感慨。一名法官能让百姓这样推崇，让百姓如此信服，这就是人格魅力。有了人格魅力，就能举重若轻，化干戈为玉帛；就能润物无声，事半功倍。

黄志丽的先进事迹告诉我们，法治是一种精神，更是一种实践。“法治梦”是中华民族共同的憧憬，更是每个人的行动指南。法治大厦的构建，是法治工作者的使命，更是全社会的共同责任。（黄妍婷）

因为热爱　所以坚守

1995年，我考入芗城区人民法院。当时，在我眼里，法官就是“包青天式”的人，对这份职业，充满着崇敬和期待。

文秘专业毕业的我，刚当书记员时，一个人跟四个审判员，业余时间，还要完成7年的法律专业学习。那时候，母亲病重，我每天单位、医院、家里三点一线。家里的事，案子的事，一件都不曾放下。

2002年，我开始独立办案。那时候，因为缺乏办案经验，怕超审限，怕办错案，怕被改判发回，我常常处于焦虑之中。记得有一起相邻土地纠纷案，被告家的猪圈侵占了原告0.6平方米的地，我当庭判决被告返还侵占的土地。3个月后，当我在村里遇到一位90多岁的老大爷，他说的一句话，却让我五味杂陈。他说：那件事虽然结了，但堂兄弟两家人再也不来往了。一个小小猪圈，毁了三代人的亲情。

时至今日，我依然深感遗憾。这个案子的前后过程，犹如给我打开另一扇窗户。规则之治没错，但法律背后还有复杂的情感，事实之中还有难解的缘由，一份看上去无可挑剔的判决书，不一定就能修复受损的社会关系。从那以后，我更加注重发现纠纷背后的问题，努力寻找最佳的化解方法。我曾经办理过一个案子，六兄妹书面约定，瘫痪的父亲和患有精神病的弟弟由最小的妹妹照顾。等父亲百年后，父亲的房产全部归小妹妹所有。父亲过世后，哥哥姐姐却主张协议无效，要求分家析产。这起案件若简单判决，省时、省力，但因有了前车之鉴，我多次走访了社区、邻居，了解真相，并分别找到几个原告，我问他们：“你们摸着良心告诉我，对父亲、对弟弟，你们都尽了赡养、抚养的义务了吗？想想你们的小妹付出多少！”在我反复的劝解下，几个原告都沉默了，撤回了起诉。我更加坚信，我们迈出去的是脚步，带回来的是民心；俯下去的是身板，树起来的却是信任。

社会发展越来越快，案子越来越多。刚开始一年结案几十件，渐渐地，两三百件，甚至四五百件。为了又好又快办案，“五加二”“白加黑”，对我来说是常有的事。每天还会有当事人来找，诉苦的、流泪的、吵闹的，什么样的人都得接待。有一次，为劝说一个想要自杀的当事人，我深夜才拖着疲惫的身体回到家。推门看到老爸在客厅的沙发上打盹。我眼睛一热，说：爸，你怎么还没睡？老爸笑着说：在等你啊，知道你忙，不敢给你打电话。你没回来，爸

黄志丽在审判法庭

爸睡不着。

面对家人，除了感恩，我更多的是愧疚。那些年，母亲身患重病需要高额治疗费，我的工资只有五六百元，我也曾经犹豫过是否要辞职，但我又是那么热爱法官这个职业，可以靠自己的智慧和能力，为更多的人排忧解难！所幸的是，家里人都理解我，最困难的日子就这么熬过来了。

很难找到一份职业，让你看到人生百态、感受到喜怒哀乐；很难找到一份职业，让你每天都面对挑战，哪怕同样的案由，不同的当事人、不同的起因，会将事件引向什么样的结局，都需要你的智慧和耐心。每一份裁判文书，必须有缜密的逻辑，每一起案件的审结，都有一种获得成就感的满足和喜悦，这个过程体现了价值衡量的美妙、利益博弈的精巧，我时常陶醉其中，乐趣无穷。

始终牢记党的宗旨，以一颗爱民为民之心，真诚对待每一名群众，真情倾听每一项诉求，真心解决每一起纠纷。

做法官这么多年，我也常常遇到各式各样的人情考验。案子到了法院，有的人就是想托个关系，找个人情，求个心安。遇到说情打招呼的，我除了讲清政策和法律，还会说服说情人助力化解纠纷；碰到送礼的，我也会委婉拒绝；有时压力太大，我就会直接请领导出面解释。我始终记住：在当事人眼里，法官代表的不是个人，而是一个群体，所以一言一行至关重要。

这几年，我在想怎样从源头上化解矛盾纠纷？领导非常支持我的想法，于是，黄志丽法官工作室正式成立。从现在来看，效果很好，路子走对了，受到群众的欢迎。我想：怎样让这种受欢迎的工作模式，走出一条可以复制的路子。

我们都知道，司法事业需要一代又一代的传承。我不希望大家都变成黄志丽，我希望的是大家都超越黄志丽。当年师傅怎么带我，如今我就怎么带徒弟，没有传帮带是会断代的。领导成立工作室的初衷，也是希望它能成为年轻法官的培训基地，让他们学一学怎么跟群众打交道，田间地头再脏，我还是毫不犹豫地坐下去，家长里短的矛盾再激烈，我还是无怨无悔地耐心调处。我想教会他们怎么沉下身子、放下架子，怎么做群众的贴心人。一个法官打动当事人不仅要靠法律的力量，更要有爱民的情怀。

随着司法实践的深入，我越来越热爱法官这份职业。当前，司法体制改革正在稳步推进，需要我们这一代法官的坚守和奉献。面对改革的大潮，我将同全国法官一道，义无反顾，砥砺前行，共同迎接更加美好的明天！（黄志丽）

重 要 媒 体 报 道

中宣部公开发布“时代楷模”黄志丽事迹

中央宣传部25日在中央电视台向全社会公开发布“时代楷模”黄志丽和李培斌的先进事迹。

黄志丽是福建省漳州市芗城区人民法院党组成员、民事审判第一庭副庭长。她扎根基层审判一线，坚持公正文明司法，自觉抵制金钱案、关系案、人情案，有力地维护了群众合法权益和社会公平正义，展示了新时期人民法官司法为民的良好形象，被授予“全国道德模范”等荣誉称号。

前不久，黄志丽和李培斌的先进事迹宣传报道后，在全社会引起热烈反响。广大干部群众认为，他们的先进事迹和崇高精神，对党忠诚、信念坚定的政治品格，一心为民、心系群众的公仆情怀，恪尽职守、迎难而上的担当精神，淡泊名利、严守纪律的道德情操，体现了“三严三实”要求，诠释了社会主义核心价值观的内涵，不愧为新时期基层干部的杰出代表，不愧为广大政法干警的学习楷模。党员干部纷纷表示，要结合正在开展的“学党章党规、学系列讲话，做合格党员”学习教育，向黄志丽和李培斌等优秀共产党员学习，以先进典型为榜样，始终同以习近平同志为总书记的党中央保持高度一致，坚持党和人民利益至上，立足本职，奋发进取，为决胜全面建成小康社会，实现“两个一百年”奋斗目标、实现中华民族伟大复兴的中国梦作出新的更大贡献。

“时代楷模”发布以“我们的价值观、我们的中国梦”为主题，现场发布了黄志丽和李培斌的先进事迹，宣读了《中共中央宣传部关于“时代楷模”黄志丽和李培斌的表彰决定》，播放了反映他们先进事迹的短片，展示了中国楹联学会、中华诗词学会创作的反映他们先进事迹的楹联、诗词和小传，颁发了“时代楷模”纪念章和荣誉证书。中宣部有关负责同志，“时代楷模”的亲属及社会各界代表等参加。

（据新华社2016年3月25日电）

只因多了“一点点”

在别人的嘴里，她被称为“大姐”“妹子”“闺女”“阿姨”，满满是亲情，偏偏少威严；在同事的嘴里，她被称呼为“小豆豆”，就是“吃饭睡觉打豆豆”里的那个“豆豆”。满满是欢乐，偏偏没烦恼；在她自己的嘴里，她自称“全宇宙无敌青春美少女”，满满是自谑，偏偏缺世故。

脱下制服，她就是一位普普通通的邻家姐姐；穿上制服，她就变成一位 14 年办案近 5000 件，九成以上调解撤诉、七成以上自动履行，至今无一错案改判、无一投诉上访的出色法官。她，就是福建省漳州市芗城区人民法院法官黄志丽。

“要不是各有苦衷，谁也不会与谁选择在法庭上相见”

小张是在快绝望的时候，无意中认识的黄志丽。2009 年，小张在漳州一处新开发的小区买了套房子。本想着从此乐居于此，可没想到钱都交了快两年了，房产证、土地证仍然不见踪影，整个小区还三天两头停电、停水，绿化也没完成、道路也不完工，甚至还风闻开发商要卷钱逃跑。

忍无可忍之下，小张组织小区里五六十位业主天天围在售楼部前维权，眼看着就要过了拿到违约金的时限了，可还没扯出个头绪，小张一伙直奔法院。“听说这种纠纷是归民庭管，我们也顾不得取号、排队，直接冲上二楼，看见有个民庭的办公室就闯了进去。”接待他们的正是黄志丽。

黄志丽说话很和气，还答应第二天就着手处理。“有人管总比没人管强，‘死马当做活马医’，其实大家心里挺没底的。”小张回忆，半个月，他们就拿到了首笔违约金，今年初又拿到了第二笔。

来自福州的这名开发商，第二天见到了黄志丽。原本想着这位法官肯定是义正辞严、大义凛然。“谁让咱是外地来的呢？不向着当地还能向着我？”没想到，黄志丽开口的第一句话却是：“要不是各有苦衷，我相信谁也不会与谁选择在法庭上相见。你的苦衷能告诉我吗？”

“我欠业主的，大家委屈了就来围堵，不让做生意；可地方欠我的，我又该找谁诉苦呢？电不给我拉，要排号；水不给我通；要排号。我又能怎么办？”话说开了，气也就顺了。黄志丽又一次“没事找事”，主动答应要帮开发商协调通电通水；开发商也痛痛快快答应了先赔违约金，再抓紧收尾小区建设。

“拿到违约金后，我们也就没再去围堵了。又过一个多月，小区就正常通水通电，绿化、道路也都完工了，今年‘两证’也开始办理了。黄法官实在太神了！”

说起黄志丽的特别之处，芗城区人民法院副院长陈成刚感慨：“她总比别人多一点点倾听、多一点点了解、多一点点细心、多一点点担当。可每个多一点点都加起来，年复一年，平凡变成不凡、普通变成神奇。”

“每一次判决不仅是法理的对错，更是社会道德的风向标”

身为法官，面对纠纷，黄志丽有调有判。要调，就以情动人；要判，就以理服人。

2008 年，一位阿姨乘公交时，为图方便，要求司机没在停靠站而在红绿灯前下车。司机耐不住央告好心开了门，阿姨下车时又忘了雨伞，一转身再取时，被一辆同样已经停在红绿灯前的电动车绊倒，摔成骨折。纠纷由此而起，谁是主责呢?

该案最大争议在于：保险公司认为电动车因为是超标的，所以应该算机动车。既然是机动车，就应该投保第三方强制险。但他又没投，所以理应要多赔，达到数万元；电动车主自然觉得很冤，可从理论上又辩不过，而且在过往的类似纠纷中，也都是采用了这个理由。

和过去接手的每个案子一样，黄志丽开始查阅大量相关资料——电动车是否超标、超标后算不算机动车? 如果算，要不要强制保险?

数月后，黄志丽以判决的形式提出了她的意见：电动车的确超标，也的确属机动车、也的确应该进行投保第三方强制险，但全国各地至今未有此强制要求、也未有哪家保险公司已开展此业务，故而超标电动车主仅承担“未尽到停车时应确保他人安全的责任”，只需赔偿千余元。保险公司不服，上诉至中级人民法院，二审维持了黄志丽的判决。此后，整个漳州地区，发生的类似案件，均是依照黄志丽的这次判决为例。

“法官的每一次判决，其实都不仅仅是简单的一次关于法理的对错，判决的结果更是关乎社会道德的一个风向标。”陈志荣是芗城区人民法院民事审判第一庭庭长，也是黄志丽的老同事、老领导，在他的眼里，黄志丽平时非常外向、话多，凡有她必热闹；但她又比一般人更“较真”，“她每接一个案子，都先自学、学透一番相关知识，这也是她从事司法工作以来，判决案件服判息诉率达到惊人的 99.7% 的原因。”

翻开黄志丽的抽屉，记者看到了厚厚一摞各种各样的证书。原来，为了做好当事人的贴心人，准确把握每一个不同对象的心理，她考取了心理咨询师，率先将心理学知识应用于司法；为了解决伤者、患者纠纷，她又自学中医、医药学知识，每每与他们谈起总是让人感同身受；为了解决农村土地、财产纠纷，她把自 1983 年漳州开始实行家庭联产承包制度以来的各种文件、政策、法规，翻了一遍又一遍，说出的话、判定的事竟成了当地的村规民约……

“如果让我重新选择，我还是会选择当法官。不是因为有权力，而是因为它在群众心目中意味着最终的公正。”面对记者，黄志丽坦言。

普通与不普通之间（短评）

认识黄志丽的人，都觉得她普普通通：讲起话来快言快语、办的案件鸡毛蒜皮、平常生活也爱唱歌。当翻看起她的事迹时，又觉得不同寻常：办过的几千个案件，无一错案改判、无一投诉上访。领导交待她工作，觉得放心，因为没有她办不下来的；群众找她打官司，觉得放心，因为一定是公道合情的结果。

“普通”与“不普通”之间，距离到底有多远？其实就是那“多了的一点点”。这是社会对每一个人的呼唤。细究起来，这是一种责任与担当。每个岗位都可以是平凡或不凡，心中有责任、胸中有担当。少一点对外界的抱怨、多一点对自己的不甘，便是平凡也不凡。

（原载《人民日报》2016 年 3 月 25 日，记者赵鹏）

时代先锋：“倾听每一次心跳的声音”

2012 年，随着黄志丽在当地法院系统成为学习的榜样，福建省漳州市芗城区人民法院提出，能否让黄志丽工作法在更广泛的基层中进一步实践，让法律服务更有针对性地沉入基层，也让发展中的社会更多地得到法治的保障。于是，“黄志丽法官工作室”在漳州市芗城区社区和农村中悄然设立。

深入基层，润物于无声之中

在农村中第一个设立“黄志丽法官工作室”的是芗城区南坑街道古塘村。一提起这个村，在漳州几乎无人不知，不是因为穷或富，而是因为乱——曾经连续三届选不出一名村主任。

古塘村人口 4000 多人，是个大村。却自古因宗姓原因，分成多个派系，又尚武好斗。一村之中，有两座祠堂、两尊香火、两家拳馆、一姓两族……离漳州市区只有几公里，地理位置本是极好，却是一片“破旧”。2007 年以前，各种城市开发建设项目根本进不来，因为没人敢进来搞拆迁；全村水系纵横，本是养鱼的宝地，村民也很富裕，到了晚上却连出租车都不敢进来。

2008 年芗城区特地选派法院对口联系古塘，并选派法院干部来村里担任第一书记，强化基层组织和村风文化建设。古塘渐渐由乱向治、由封闭向开放、由停滞向发展。

发展了就没啥问题了吗？恰恰相反。渐渐地，发展过程中能想到的、想象不到的各种利益矛盾浮出水面。刚刚当选的村支书蔡伟志一上来便碰到笔“旧账”：第五村民小组土地征迁补偿款，怎么也分不下去。

古塘有 20 个村民小组，2013 年 12 月征地时用了第五小组的 4 亩多地，共计 50 多万元。面积不大，金额也不算多，却是头一次涉及个人的自留地部分。按以往的规则就是按人头分。但第五小组的老会计坚决不同意，“女儿不能算！男丁都得算！”这下，连第五小组组长也不敢开口了，因为他家就是女儿。

纠纷闹到黄志丽那，乍一听，也是一头雾水。“面对听不懂的问题，最好的办法就一条：慢慢听。”这一慢，黄志丽几乎把上世纪 80 年代后所有国家和地方关于土地承包制度的政策法规都翻了一遍，又把农村中各种乡规民约查了一圈，终于搞明白了真正矛盾：男丁是家族的象征和未来，即使户口不在村里，也要分上一笔，那是地位的代表；女儿给了别人，户口在村里的还拖着外人进来，少算一个，就能少算一户，村里平均每人就能多分至少 400 元。

“症结”找准了，“药方”就有了。黄志丽依据法律条文，在按人头分的基础上再加一条：以户籍是否在村里，以及是否在村里生产生活来确认当事人是否具有农村集体所有制经济组织成员资格。一份裁判文书，就这样以“润物细无声”的方式化解了村里的利益矛盾。

剩下的事就是有法的说法、没法的论理、无理的讲情。“利益之外，中国文化更讲一个情字。他们愿意跟我讲‘情’，就是因为他们觉得我听到了他们每一个人每一下的心跳声。”黄志丽说。

条文之外，更需有热度的关切

“黄志丽法官工作室”是一种法律工作模式，更是一种关切基层、服务群众的延伸。如今，芗城区人民法院已在当地的 2 个街镇、2 个社区、1 个行政村建起工作室，而每个工作室背后都有一支由黄志丽亲手带出来的团队。林晓萍就是其中一员。

2008 年才毕业的小林和黄志丽一样，也是当地人。一水长发、一副腼腆，先是给黄志丽当书记员，通过司法考试后，2 年前开始成为独立判案的法官。可接手第一起案件时，她就急得差点没哭出来。

案子不大，是个离婚案。面对着只有女儿般年龄的小林，当事人大姐爱答不理，问十答一，最后来一句：“你没结婚你不懂。”首次出马的小林只好再次把老师请出来……另一次也是桩离婚案，当事人也是位大姐，赌咒发誓死要离婚，怎么调解都不听。可当法官们试着真要判离时，大姐便又哭得昏天黑地，“你们这不是把我往死里逼吗？”最后才搞明白，她就是希望法官们帮助她劝爱人“吃饭前要洗手、上床前要洗脚”。

“法律不只是冰冷的条文，更需要有热度的关切。”这是黄志丽给她的团队中未来的法官们最经常的告诫。热度在哪里？就在于对法律条文以外，各种各样社会知识的了解与把握。关切在哪里？就在于对法律规定以外，全部的、复杂的人情、亲情、世情的理解与尊重。

芗城区人民法院将黄志丽长期在民事审判实践中积累的经验，总结为“五种方法”：现场走访法、创伤治疗法、心理调解法、婚姻分析法、最佳切入法，并将此作为培养年轻法官们的方法。如今小林已成为助理审判员，每天在阅读案件卷宗、拟写庭审提纲、制作裁判文书中成长、成熟……

（原载《人民日报》2016 年 3 月 26 日，记者赵鹏）

“坚守法治信仰，常存人文关怀”

黄志丽是福建省漳州市芗城区人民法院民事审判第一庭副庭长。多年来，她以一颗公心端稳天平，握牢法槌，严格依法秉公办案，让人民群众在每一个司法案件中感受到了公平正义。

“不查清案件事实不轻易下判，不找到纠纷根源不轻易调解，不化解矛盾不轻易结案”——这是黄志丽始终秉持的工作原则；“调查研究贯穿始终，让裁判符合客观事实；亲和调解贯穿始终，让群众感受司法温情；释法析理贯穿始终，让社会认同法治精神”——这是黄志丽办案牢牢坚持的工作方法。

记者采访了解，在一起侵害集体经济组织成员权益纠纷案件中，芗城区某村民小组在分配征用土地补偿款时，沿用多年传统的村规民约，即分男不分女。多次调解不成，黄志丽依法判决该村民小组支付原告的征地补偿款。但在领取判决书时，村民小组长带着一群村民围堵黄志丽的办公室，声称“下次再分配征地款，除非她们去告，否则依旧不分”。

耐心听完他们的表述后，黄志丽重点对该村男性村民、村里宗族长者及村干部进行走访释法，除了告诉他们哪些村规民约与法律相悖，还共同探讨如何解决村里女子出嫁后为分得补偿款回迁户口的问题，为顺利化解纠纷奠定基础。

1 个半月后，该村民小组召集村民大会，特邀黄志丽参加。村民小组在会上修改了村规民约，承认了村里妇女在相关权益上与其他村民享有同等资格。

“黄志丽不只是一个法官，更像我们的亲人。”这是很多与黄志丽打过交道的当事人的感慨。

多年的办案，黄志丽深感审理基层案件，不但要做到于法有据，还要化解当事人心里的气；只有达到法、情、理的统一，才能实现“案结事了人和”。

黄志丽处理过这样一起家庭遗产纠纷案件，这个家庭老人有四个儿子、两个女儿，最小的儿子患有精神疾病，老人在世时前，六兄妹签订协议：由小女儿照顾老人和患病的弟弟，老人百年之后，小女儿继承老人房产，并继续照顾弟弟。十几年过去，小弟、父亲先后过世，兄妹们翻脸不认账，要求平分老人的遗产。

黄志丽接案分析，若严格按照法律规定，这份兄妹合同无效，但如此判决将伤害这家小女儿情感和心理。

黄志丽来到社区开展调查，了解到在小女儿照顾老人的十几年间，其他子女很少探望，几乎没有履行赡养老人的职责。于是，黄志丽将这家人召集一起调解：“你们想一想，小妹妹为赡养老人、照顾弟弟十几年付出了全部的青春，你们付出了多少？将心比心，你们忍心反悔十几年前的亲情约定吗？”

在黄志丽入情入理的开导和劝解下，其他兄弟姐妹低下了头，默不作声，不再要求平分房产。一度伤心欲绝、打算断绝兄妹关系的小女儿也回心转意。一个剑拔弩张、将要进入司法程序的案件峰回路转。

“民事案件中很多是家庭内部、邻里之间的矛盾纠纷，如能通过庭前调解得以化解，既可以提高司法效率，还可以彰显公序良俗。”黄志丽表示，多年办案经验告诉自己，一个案件往往折射出某些社会关系的裂痕，法官不仅要捍卫法律尊严，更肩负着维护社会秩序、修补社会关系的责任。

自2002年以来，黄志丽先后审结民商事案件5000余件，无一发回重审，无一撤销改判，无一申诉信访，无一投诉举报。

“作为一名基层法官，只有坚守法治信仰，常存人文关怀、提升业务素质，才能让人民群众在每一个司法案件中感受到公平正义。”黄志丽说。

（原载新华网，2016年3月24日，记者王成、郑良）

群众知心人　正义守护者

“我只是基层法官里很普通的一员。”

黄志丽开朗、直率，拒绝被脸谱化。这个从小有着侠女梦的女子，在成为“全国先进工作者”“全国敬业奉献模范”之后，多了一丝返璞归真的气质。

几天来，记者细细翻看她经手的案件，发现又很难让人觉得她普通。这个福建省漳州市芗城区人民法院的女法官，从2002年任助理审判员以来，审结民商事案件5199件，无一发回重审、无一撤销改判、无一申诉信访、无一投诉举报。人人都知道这个个子不高、快言快语的女法官是办案能手，经过她手的案件大多案结事了、胜败皆服。

亲和调解，她让法律有了温度

黄志丽最常说的一句话就是，法理之外，还有人情。相对于判决，调解往往需要付出几倍的时间与精力，但在黄志丽看来，调解最有利于实现司法圆满解决纠纷的作用。

曾经有一起案件让黄志丽后悔不已，那是她刚刚走上审判岗位时，一起简单的村民土地纠纷。某城中村的两家兄弟比邻而居，弟弟因哥哥的猪圈侵占了自己的宅基地而把哥哥告上法庭。黄志丽见证据充分，双方又没有异议，就迅速作出了判决。

后来，在一次走访城中村的过程中，这对兄弟的叔公告诉黄志丽，兄弟二人将猪圈占地问题闹上法庭是因为两妯娌不和。“一个小猪圈，断了兄弟情。”尽管判决并没有错，但黄志丽想，当初要是先到实地了解情况，让双方长辈出面调解，说不定就会是另一种结局。

这个案件让她下定决心，审理案件必须要如抽丝剥茧般追根溯源，探求事件内在的根源，让裁判最大限度地符合客观事实。

在一起遗产纠纷案件中，黄志丽就遇到了法理和人情的冲突。

该案一家六个孩子，原本兄弟姐妹之间有协议，由最小的妹妹照顾老人和患有精神疾病的弟弟，同时老人遗产也归妹妹所有。但十几年后，老人和弟弟相继去世，几个哥哥姐姐一起来到法院主张这份协议书无效，要求老人的房子按照遗产重新分配。

从严谨的法理来讲，父亲去世之前，兄弟姐妹无权处分父亲的财产，这份协议应当无效。但从公序良俗来讲，小女儿出资出力照顾父亲和弟弟多年，了解真实情况的人可能又会觉得遗产平均分配有失公正。

黄志丽把主张协议无效的哥哥姐姐以及老父亲的街坊邻居叫到法官工作室进行调解。

“当着街坊邻里，你们摸着良心说，是否已经尽到了照顾父亲和弟弟的义务？如果你们都肯定，我就开庭。”

几个哥哥默不作声，最终的调解结果是照顾老人和弟弟的小女儿拿到了全部房产。

“我相信每个人都有良知，只是有的时候被淹没在物欲里，我的义务就是去唤醒这份良知。”黄志丽说。

法官工作室，把“小法院”开到百姓家门口

在古塘村，黄志丽法官工作室紧邻着村里的国术馆。当地人对记者称，这个村子曾经民风彪悍，有尚武之风，村民有了矛盾，往往通过武力来解决，械斗和肢体冲突都十分常见。

古塘村治保主任蔡伟志告诉记者，自从黄志丽法官工作室进驻村子以来，大家懂得“有事找黄法官”，打架斗殴的少了，村子的整体风气和过去大不相同。

“一开始居民对法官工作室也抱怀疑态度，法官那么忙，哪有工夫管这些婆婆妈妈的事，无非是挂挂牌、走走过场。没想到，这些法官每周两次准时出现在社区，不仅开展巡回办案、纠纷调解、法制宣传，还为居民排忧解难，被群众称为家门口的‘小法院’。”在东园社区居委会主任陈小红眼中，黄志丽法官工作室不仅为社区化解矛盾，同时也让他们这些基层工作人员的法律素养得到提升，解决起纠纷来更有底气。“黄志丽法官工作室进驻后，社区和谐了，我的烦心事也少了。”

2012 年 6 月，首个黄志丽法官工作室成立。目前，已有 5 个黄志丽法官工作室分布在芗城区的多个社区、乡村，共为群众答疑解惑 793 次，进社区、企业、居（村）民家中巡回办案和法律服务 229 次，帮助解决实际困难 129 件次，诉前联动化解民事纠纷 1132 件……

“我一直在思考，什么样的当事人在工作室得到的帮助比在法院更多更有效。”黄志丽直言，在法官工作室成立以后，她将更多的精力投入到走出一条既结合传统审判经验，又符合现代法治思维的新路。

“很多当事人到了法院就非要争出个子丑寅卯，本身很小的摩擦也要对簿公堂，这样不仅浪费司法资源，也未必能真正解决问题。”黄志丽表示，法官工作室对于诉前化解、诉中调解、诉后释法、法制宣传等均有重要意义。

以案释法，既解“法结”又解心结

在一起村民小组侵害妇女权益纠纷案中，19 名妇女按照村规民约无法分到土地补偿款。

黄志丽告诉记者，在福建，这种与法律相悖的风俗不在少数，尤其是农村地区，“农嫁居”身份问题的解决，如果仅仅是作出判决，而不能让观念和风气改变，后续的赔偿工作仍然很难开展。

为了让当事人心服，黄志丽带着曾经判决过的“农嫁居”案例，数次造访村里的老人和族长，并利用下班时间逐户走访调查解说，力求消解村里人的抵触情绪。

黄志丽一边根据土地管理法等法律法规向村民普及法律知识，一边站在这些村民的立场上替他们出谋划策。“这些村民也有出嫁的女儿，也是涉及他们利益的事，站在他们的立场，他们更容易被说服。”黄志丽说。

历经五六个月的调解，这 19 名妇女最终拿到了本应属于自己的土地补偿款。更重要的是，村里人从思想上发生了转变，将村规民约中不合理的部分予以改写，真正让她们体会到重男轻女风气的逐渐消弭。

黄志丽总是将法律规定一一释明，把案件蕴含的情理讲透，对于当事人，既解“法结”又解心结。

芗城区人民法院副院长陈成刚表示，黄志丽每年都要走访近千名群众，足迹遍布乡村、社区的每个角落。这种认真执着的求实精神，促成许多当事人服从判决，案件服判息诉率达 99% 以上。在处理案件时，黄志丽善于运用调解的金钥匙，打开当事人的心扉，消解矛盾隔阂，这一点难能可贵。

“做一名公正的守望者、法律的守望者、人民的守望者，是多么幸福的一件事。”黄志丽这样评价自己的工作。

（原载《人民法院报》2016 年 3 月 24 日，记者乔文心）

“总是选择比别人更难的路”

黄志丽并不愿过多谈及自己的生活，对她而言，对工作的真诚投入和由此带来的获得感，可以延伸到对个人生活的感受中去。她认为，缺失了对职业的热爱和对工作的激情，生活也难有精彩的呈现。

无论是工作还是生活，黄志丽似乎都有意选择逆流而上的路，她将大量的时间放在那些需要更认真、更耐心、更辛苦的事上，从未疲倦。

记者在福建省漳州市芗城区采访过程中，听到最多的评价就是：“她做了许多人难以做到的事，对当事人尽了普通法官难以尽到的心。”

有困难，找黄法官

凌晨 1 点，阿华本想在漳州大桥上结束生命，但她突然想起，黄志丽说过：“有什么事就找我。”虽然仅仅是为自己调解过婚姻矛盾，有过数面之缘，阿华还是决定信任这个笑容温暖、语气坚决的女法官。

黄志丽接到电话后立即赶到漳州大桥，看到怀有身孕、被家人赶出无家可归的阿华，严厉地说：“命只有一条，办法有很多。有困难，我们一起想办法解决。”黄志丽陪阿华待到凌晨 4 点，打消了她轻生的念头，并为她安排了住处。

“这段时间，她有空就来看我，不是带东西，就是给钱，陪我渡过了难关。”阿华告诉记者，离婚后，黄志丽还帮她介绍工作，给她女儿找幼儿园并垫付学费等，“没有志丽姐，就没有我和女儿的今天。”

很多时候，黄志丽感到自己的角色已经不仅仅是法官。

曾经有老人因儿子不尽赡养义务而找到黄志丽，明确表示“不要打官司”“不要判决书和调解书”，因为会引人非议，只是想请黄志丽帮忙“调解一下”。这样的案件在黄志丽法官工作室中并不是少数。

在一起关于购买墓地的经济纠纷中，调解时的胶着期较长，当事人是一位阿婆，每次跳完广场舞后如果瞄到黄志丽在法官工作室里工作，便从门外探进头来：“小黄，你在哦！等我一下！等我一下！”边说边跑到卫生间里套上孝服，坐在工作室里大哭。

黄志丽与合议庭成员研究案件

对此，黄志丽哭笑不得，只能每次开庭前就早早来到阿婆家安慰她，告诉她案件进展情况。这个案件先后调解了 8 次，最终调解成功。

尽管曾经一年结案 500 余件，平均每天都有一两件案件，但对于黄志丽来说，最耗费精力的并不是案件本身，而是案件之外的群众需求。她把爱心延伸到案外，耐着性子，去做别人不愿做或做不好的琐事、难事。多年来，黄志丽先后走访近万名当事人，足迹遍布辖区的每个角落，群众常亲切地喊她“丫头”“闺女”“妹子”。

“以和善、勇气、智慧赢得认同”

芗城区人民法院的黄倩茹永远记得自己作为书记员和黄志丽共同办案的日子。

在商品房逾期交房的案件中，群众情绪激动，很容易就会演变成群体性事件。第一次到小区驻点的黄倩茹一进入社区就被维权的业主围住，内心十分害怕。她偷眼观瞧黄志丽，发现她很快就控制住了场面，先用耐心解释让业主们心里有底，疏导情绪，再让他们分批提交材料，有序排队。

“志丽姐气场真的很强大，情商也是超高的，才能在各种复杂情况下处变不惊。”黄倩茹表示，除了调解的技巧之外，黄志丽对于当事人的上心也令人佩服，“分家析产的案件，当事人有十多个，她能记得每一个人的特点，跟他们聊家常。”

“化解矛盾纠纷，就要受得了当事人的叫、受得了当事人的气、受得了当事人的难，以和善、勇气、智慧赢得认同。”黄志丽说。

曾经在一起农民工讨薪案件中，涉诉企业对黄志丽进行威胁。“说不害怕，那是假的。”黄志丽告诉记者，当时已近年关，因为担心会将报复引到家人身上，她不敢回家帮父亲打扫卫生。但她仍然依法采取了强制措施，第一时间把钱发到了农民工手里。在黄志丽看来，对当事人而言，也许一辈子才遇到一个官司，作为法官，就要付出百分之百的努力。

黄志丽还注重传统的“传帮带”手段，并期待法官工作室能够成为年轻法官的培训基地。她表示，年轻法官的成长背景更加优越，所以就更需要学习如何沉下身子去和群众打交道。

作为黄志丽的助理审判员，江晓筠表示，黄志丽经常能够观察到他们年轻人的困惑和压力，并及时进行开解。“跟志丽姐办案虽然很累，但能够得到锻炼，她经常把送达、调解、调查、判决这些穿插进行，办案效率很高。”

黄志丽始终坚持不查清案件事实不轻易下判、不找到纠纷根源不轻易调解、不化解矛盾不轻易结案，这些准则，也成为了后辈学习的样本。

“如果重新选择，仍愿做一名法官”

谈到自己的职业理想，黄志丽表示，在她眼中，法官是最美好的职业，因为逻辑之美，因为正义之美。

“我也有解不了的结。”黄志丽向记者谈道，她曾经有一次在村里开庭，是有关老人赡养纠纷的案件，调解十分困难，被告相当蛮横，一直在诅咒法官。开庭一上午无果之后，黄志丽和书记员在法庭默默整理材料，有一个老大伯拿着两个煮好的地瓜来送给她们，说：“孩子，吃点吧。”那一瞬间让黄志丽感动得无以复加，“我相信绝大部分的基层法官能够坚持下去，就是有这种来自群众的力量支持着我们”。

尽管收入微薄，又面临较大的生活压力，但黄志丽从未萌生退意。在母亲病重晚期，医药费动辄十几万元，依靠自己的工资很难支撑家庭开销，这时有企业高薪聘她去做法务。思忖再三，她还是拒绝了。“出去容易，但那样就再也没法回头了。”黄志丽说。

黄志丽称，当能够帮助一些当事人的时候，那种职业的幸福感、成就感是没办法用金钱衡量的，生命就是一种感受和体验，这份职业能够给她带来的乐趣远多于疲累。

“希望我接访过的每个当事人都能把我当成人生旅途中对他们有所帮助的朋友。”黄志丽说，“如果可以重新选择人生，我仍愿做一名法官。”她深信，迈出去的是脚步，带回来的是民心；俯下去的是身板，树起来的是信任。

（原载《人民法院报》2016 年 3 月 25 日，记者乔文心）

李庆军

Li Qingjun

男，汉族，河南济源人，1964 年 4 月出生，中共党员，1993 年 2 月参加法院工作，生前任河南省高级人民法院立案二庭副庭长、三级高级法官。2018 年 9 月 28 日因病医治无效不幸去世。李庆军同志理想信念坚定，热爱司法事业，参加法院工作 25 年来始终坚守在审判一线，在多办案、办难案中摸索总结经验、苦练过硬本领，以扎实的业务素养和过硬的案件质量赢得人民群众的尊敬和信任。他恪尽职守，忘我工作，2014 年确诊尿毒症后仍以常人难以想象的毅力坚守审判岗位，去世前仍审结上百起案件，工作业绩位列全庭第一。他牢记宗旨，司法为民，面对来法院打官司的群众，始终做到态度和蔼、耐心倾听，做公正为民的贴心人。他恪守法官职业道德，严于律己，一身正气，工作中从不向组织提个人要求，从不利用职务之便谋取私利，从不为亲戚朋友打招呼，展现了一名党员干部和人民法官的浩然正气。荣获全国模范法官、河南省优秀共产党员等称号。

学习决定、通知

人力资源社会保障部　最高人民法院
关于追授李庆军同志“全国模范法官”称号的决定

人社部发〔2019〕39 号

各省、自治区、直辖市及新疆生产建设兵团人力资源社会保障厅（局），高级人民法院（分院），解放军军事法院：

党的十八大以来，全国各级人民法院在以习近平同志为核心的党中央坚强领导下，高举中国特色社会主义伟大旗帜，坚持以习近平新时代中国特色社会主义思想为指导，紧紧围绕“努力让人民群众在每一个司法案件中感受到公平正义”的工作目标，坚持服务大局、司法为民、公正司法，充分发挥审判职能作用，为维护国家政治安全、确保社会大局稳定、促进社会公平正义、保障人民安居乐业作出重要贡献，涌现出一大批品格高尚、业绩显著、堪当楷模的先进个人，李庆军同志就是其中的杰出代表。

李庆军同志是中国共产党党员，生前任河南省高级人民法院立案第二庭副庭长、三级高级法官。他理想信念坚定，热爱司法事业，参加法院工作 25 年来始终坚守在审判一线，在多办案、办难案中摸索总结经验、苦练过硬本领，连续 11 年写下 19 本工作日记，以扎实的业务素养和过硬的案件质量赢得人民群众的尊敬和信任。他恪尽职守，忘我工作，2014 年确诊尿毒症后仍以常人难以想象的毅力坚守审判岗位，去世前仍审结上百起案件，工作业绩位列全庭第一。他牢记宗旨，司法为民，面对来法院打官司的群众，始终做到态度和蔼、耐心倾听，做公正为民的贴心人。他恪守法官职业道德，严于律己，一身正气，工作中从不向组织提个人要求，从不利用职务之便谋取私利，从不为亲戚朋友打招呼，展现了一名党员干部和人民法官的浩然正气。李庆军同志忠诚为民、勤勉敬业，表现突出、事迹感人，是新时代的人民好法官。为表彰先进、弘扬正气，人力资源社会保障部、最高人民法院决定，追授李庆军同志“全国模范法官”称号。

全国各级人民法院要坚持以习近平新时代中国特色社会主义思想为指导，广泛开展向李庆军同志学习活动，与“不忘初心、牢记使命”主题教育结合起来，采取多种形式广泛组织学习宣传，教育引导广大干警增强“四个意识”、坚定“四个自信”、做到“两个维护”，以李庆军同志为榜样，忠诚履职尽责，勇于担当作为，为推进新时代人民法院工作实现新发展拼搏奋斗，以优异成绩迎接中华人民共和国成立70周年，为决胜全面建成小康社会、实现中华民族伟大复兴的中国梦作出新的更大贡献！

2019年4月30日

中央政法委员会

关于学习宣传李庆军同志先进事迹的通知

中政委〔2019〕98 号

各省、自治区、直辖市党委政法委，新疆生产建设兵团党委政法委，最高人民法院、最高人民检察院、公安部、国家安全部、司法部党组（党委），中国法学会党组：

河南省高级人民法院立案二庭原副庭长、三级高级法官李庆军同志，是全国政法系统深入学习贯彻习近平新时代中国特色社会主义思想、自觉践行社会主义核心价值观的优秀干警，是不忘初心、牢记使命，为人民司法事业鞠躬尽瘁、死而后已的先进典型。李庆军同志于 1993 年 2 月参加法院工作，从业 25 年来，始终怀着对党和人民的无限忠诚、对司法事业的无限热爱，以高度的事业心、强烈的责任感和饱满的工作热情、忘我的精神状态，全身心投入工作。特别是在身患尿毒症后，他忍受着常人难以想象的病痛，坚守岗位、辛勤工作，直至生命最后一刻。2018 年 9 月 28 日，因病医治无效不幸去世，年仅 54 岁。李庆军同志用实际行动深刻诠释了新时代共产党员、人民法官忠诚履职、为民服务、公正司法、无私奉献的优秀品质，他的事迹集中体现了政法干警信念坚定、执法为民、敢于担当、清正廉洁的优秀品质和职业精神。

李庆军同志去世后，人民日报、新华社、法制日报等报道了他的先进事迹，得到人民群众普遍赞誉。2019 年 4 月，人力资源社会保障部、最高人民法院追授李庆军同志“全国模范法官”；2019 年 7 月，中共河南省委追授他为“河南省优秀共产党员”。2019 年 9 月 1 日，中央广播电视总台在《新闻联播》专题报道了李庆军同志的先进事迹。中央政法委号召，全国政法机关和全体政法干警要认真学习宣传李庆军同志的先进事迹和崇高精神。

一、学习李庆军同志对党忠诚、信念坚定的政治品格。

李庆军同志始终怀着对党的深厚感情，从书记员到副庭长，无论在什么岗位，始终把党的事业放在心中最高位置，时刻牢记自己的第一身份是共产党员，以坚定的理想信念，强烈的责任担当，忠诚履职、忘我工作，直至生命最后一刻。他经常以“一名离开大山深处当上省法院法官的农家子弟”自勉，将对党和国家的感恩之心转化为工作动力，认真负责地办好每一个案件。在他做肾移植手术的术前检查和透析间隙，强忍病痛给同事打了13个电话，交待调解工作，叮嘱案件细节。在生命的最后8个月，他结案121件，是全庭办案最多的法官。全体政法干警要向李庆军同志学习，切实增强“四个意识”、坚定“四个自信”、做到“两个维护”，将对党忠诚体现在对崇高事业的追求、对政法事业的奉献上来，切实履行维护国家政治安全、确保社会大局稳定、促进社会公平正义、保障人民安居乐业的职责使命，矢志不渝做中国特色社会主义事业的建设者、捍卫者。

二、学习李庆军同志牢记宗旨、心系群众的公仆情怀。

李庆军同志时刻牢记全心全意为人民服务的根本宗旨，对人民群众胸怀朴素而真挚的感情。他关注重视普通百姓疾苦，认为越是扛着麻袋、拎着大包小包行李来开庭的当事人，越要对他们倾注更多的心血和注意力，哪怕标的额再小，对普通家庭来说都是天大的事情，案件结果将直接影响他们对司法公正的信心。他坚持把人民群众的小事当作自己的大事。在办理农民工李某因3500元标的额劳动报酬申请再审的案件时，有合议庭成员认为一、二审已因证据不足判决李某败诉，建议予以驳回，但李庆军坚持组织听证，查明事实真相，让当事人打心眼里接受了处理结果。办案遇到情绪激动的当事人时，李庆军总是先端上一杯热水，认真倾听，真情做好释法明理和矛盾化解工作。全体政法干警要向李庆军同志学习，坚持以人民为中心，认真践行党的群众路线，牢记为民服务宗旨，站稳人民立场，不断提高群众工作本领，用真心倾听群众呼声，用真情感受群众疾苦，用真诚回应群众需求，通过优质高效的执法司法工作，切实维护人民群众合法权益，让人民群众感受到公平正义就在身边。

三、学习李庆军同志精研实干、担当负责的工作作风。

李庆军同志善于钻研业务、精益求精，对待工作严谨负责、追求卓越。他所在的河南高院立案二庭主要从事建设工程、房地产开发等合同纠纷案件一、二审裁判及再审审查工作，这类案件复杂繁琐、耗时费神。他挤出业余时间深入钻研业务，即使做透析时也书不离手，在河南高院2017年首批法官员额制入额考试中，他的民事专业考试成绩在全院名列前茅。他办理案件精益求精，对待每起案件都一丝不苟、仔细阅卷，搞清楚争议焦点和问题实质，不遗漏任何疑点，每份文书写完后都要反复校对3遍以上。他时常叮嘱同事，每当出具裁判文书时，要感到败诉方当事人就在眼前，一定要把法理说清楚。李庆军同志病逝后，留下了厚厚的19本日记，80%的内容与工作有关，写得最多的是当天工作中的问题和不足。李庆军同志勇于担当、敢于负责，每当遇到棘手的案件，他都秉持对法律的敬畏之心，坚守原则底线不突破，让团队只管依法办案，由他承担所有责任。全体政法干警要向李庆军同志学习，以对政法事业极端负责的态度，坚持实战实用实效导向，主动适应新时代政法工作新形势新任务新要求，刻苦钻研业务、提升专业水准，勇挑重任、担当作为，认真履行好宪法和法律赋予的神圣职责，不断提高运用法治思维和法治方式维护稳定、化解矛盾、处理问题的能力和水平。

四、学习李庆军同志严于律己、廉洁奉公的高尚情操。

李庆军同志始终秉持对职业的敬重、对司法的敬畏、对纪律的坚守，从不向组织提个人要求，从不利用职务之便谋取私利，从不为亲戚朋友问案情、打招呼，更从不向当事人伸手，是同事们眼中出了名的清正廉洁模范。有的当事人请托说情，他好言相劝送出门外，案子该怎么办还怎么办。老师或同学前来打听案情，他都是一句话："一切都得按法律来，谁也不能例外，请相信法院会公正审理。"每当有人对案件打招呼，他一贯态度鲜明、义正辞严："法院是说理的地儿，我做这份工作一定要对得起良心，对得起双方当事人，不给法院抹黑，不给法官抹黑。"全体政法干警要向李庆军同志学习，不断增强党性修养和党性锻炼，严守政法职业道德和职业操守，自觉抵制外界干扰诱惑，筑牢拒腐防变的防线，堂堂正正做人、干干净净做事，对权力永葆敬畏之心、对名利永葆淡泊之心、对事业永葆奉献之心，树立新时代政法干警的良好形象。

各级政法机关要把李庆军同志先进事迹作为开展"不忘初心、牢记使命"主题教育、加快推进政法队伍革命化正规化专业化职业化建设、践行社会主义核心价值观的鲜活材料，进一步鼓舞和激励广大政法干警汲取先进典型的精神力量，深入学习贯彻习近平新时代中国特色社会主义思想，坚定理想信念，牢记党的宗旨，勇于担当作为，公正执法司法，改进工作作风，保持清正廉洁，以实际行动谱写政法事业发展新篇章，以优异成绩庆祝中华人民共和国成立 70 周年。

2019 年 9 月 25 日

最高人民法院

关于学习宣传李庆军同志先进事迹的通知

法〔2019〕225 号

各省、自治区、直辖市高级人民法院，解放军军事法院，新疆维吾尔自治区高级人民法院生产建设兵团分院：

李庆军，男，汉族，1964 年 3 月出生，中共党员，1993 年 2 月参加法院工作，生前系河南省高级人民法院立案二庭副庭长、三级高级法官。2018 年 9 月 28 日因病医治无效不幸去世。

李庆军同志理想信念坚定，热爱司法事业，参加法院工作 25 年来始终坚守在审判一线，在多办案、办难案中摸索总结经验、苦练过硬本领，以扎实的业务素养和过硬的案件质量赢得人民群众的尊敬和信任。他恪尽职守，忘我工作，2014 年确诊尿毒症后仍以常人难以想象的毅力坚守审判岗位，去世前仍审结上百起案件，工作业绩位列全庭第一。他牢记宗旨，司法为民，面对来法院打官司的群众，始终做到态度和蔼、耐心倾听，做公正为民的贴心人。李庆军同志去世后，人民日报、新华社、光明日报等报道了他的先进事迹，在社会上引起强烈反响，得到人民群众普遍赞誉。2019 年 4 月，人力资源社会保障部、最高人民法院追授李庆军同志“全国模范法官”称号；2019 年 7 月，中共河南省委追授他“河南省优秀共产党员”称号。2019 年 9 月 1 日，中央广播电视总台在《新闻联播》栏目中专题报道了李庆军同志的先进事迹。日前，中央政法委发出《关于学习宣传李庆军同志先进事迹的通知》，号召全国政法机关和全体政法干警学习宣传李庆军同志的先进事迹和崇高精神。

李庆军同志是全国法院系统深入学习贯彻习近平新时代中国特色社会主义思想、自觉践行社会主义核心价值观的优秀代表，是不忘初心、牢记使命，为人民司法事业鞠躬尽瘁、死而后已的先进典型。为贯彻落实中央政法委《通知》精神，推进新时代人民法院队伍建设，最高人民法院决定，在全国法院系统广泛开展向李庆军同志学习活动。

一、学习李庆军同志对党忠诚、信念坚定的政治品格。李庆军同志始终坚定理想信念，对党的事业无限忠诚，对司法工作无比热爱。参加法院工作25年，他恪尽职守、默默奉献，在他身上集中体现了共产党人信念坚定、忠诚履职、坚韧顽强的崇高品质，体现了人民法官时刻以党的事业为重、以人民利益为重、以审判执行工作为重的政治品格。他常说："作为法官，要对得起良心，对得起双方当事人，不能给党抹黑，不能给法院抹黑。"全体法院干警要向李庆军同志学习，始终坚持以习近平新时代中国特色社会主义思想武装头脑、指导实践、推动工作，增强"四个意识"、坚定"四个自信"、做到"两个维护"，将对党忠诚体现在对崇高事业的追求、对司法事业的奉献上来，坚定不移走中国特色社会主义法治道路，永葆忠于党、忠于国家、忠于人民、忠于法律的政治本色。

二、学习李庆军同志坚守初心、为民司法的公仆情怀。李庆军同志始终牢记全心全意为人民服务的根本宗旨，始终把人民对公平正义的期盼作为努力方向。他连续11年写下19本工作日记，生动记录了日常办案的工作心得和心路历程。面对来法院打官司的群众，始终态度和蔼、耐心倾听，他常说："越是扛着麻袋，拎着大包小包行李来开庭的当事人，越要对他们倾注更多的心血和注意力，哪怕标的额再小，对普通家庭来说都是天大的事情，案件结果将直接影响他们对司法公正的信心。"全体法院干警要向李庆军同志学习，始终牢记党的初心和使命，认真践行党的群众路线和根本宗旨，坚持以人民为中心，站稳人民立场，增强群众感情，不断提高群众工作本领，不断改进司法作风，严格规范公正文明司法，积极创新司法便民利民举措，通过优质高效的司法服务，让人民群众切实感受到公平正义就在身边。

三、学习李庆军同志公正司法、坚守正义的职业追求。李庆军同志始终把维护社会公平正义作为毕生追求，始终坚守党性原则和法治信仰，在专业上求精，在细节上求严，认真对待每一起案件。他重病住院做检查和透析时还忘我工作，生命最后的8个月，结案121件，是全庭办案最多的法官；他坚持在实践中历练，在工作中提升，即使标的额仅为3500元的劳动报酬纠纷申请再审案，也坚持组织听证，查明事实真相，努力让当事人树立对法治的信仰。全体法院干警要向李庆军同志学习，牢牢把握社会公平正义这一法治价值追求，始终依法独立公正行使审判权，坚持以事实为依据、以法律为准绳，严把案件事实关、证据关、程序关和法律适用关，努力让人民群众在每一个司法案件中感受到公平正义。

四、学习李庆军同志清正廉洁、刚正不阿的优秀品质。李庆军同志坚持原则、秉公司法、清正廉洁，从不向领导伸手要待遇，不给同事朋友找麻烦，不向当事人伸手要好处，是同事们眼中出了名的"三不法官"。有的当事人请托对案件打招呼、找关系，他总是说："法律知识方面我可以全力帮助，找关系我坚决不办，这是我们的纪律。”25 年来，他所办案件无一关系案、人情案、金钱案，展现了一名共产党员和人民法官的浩然正气。全体法院干警要向李庆军同志学习，清清白白为官、干干净净做事、老老实实做人，始终保有正视问题的自觉和刀刃向内的勇气，进一步增强自我净化、自我完善、自我革新、自我提高的能力，崇法尚德、守住底线，永葆共产党员、人民法官清正廉洁的政治本色。

全国各级人民法院要坚持以习近平新时代中国特色社会主义思想为指导，充分认识开展向先进典型学习的重要意义，精心组织干警学习宣传李庆军同志的先进事迹，把向李庆军同志学习作为开展“不忘初心、牢记使命”主题教育的一项重要内容，与向邹碧华等先进典型学习结合起来，与突出问题集中整治活动结合起来，教育引导广大干警以李庆军同志为榜样，牢记初心使命，永葆忠诚本色，奋力拼搏进取，为实现“两个一百年”奋斗目标和中华民族伟大复兴的中国梦作出新的更大贡献。

2019 年 10 月 15 日

先 进 事 迹

新时代愚公法官李庆军

2018 年 9 月 28 日，我的好同事、新时代的愚公法官李庆军同志，永远地离开了我们，离开了他一生挚爱的审判事业。

庆军出生在王屋山脚下的一个小山村，从小听着愚公移山的故事长大，愚公生命不息、挖山不止的精神深深影响着他，让他在司法为民、公正司法的道路上无怨无悔；让他在患病期间，依然是全庭办案最多的法官；让他用有限的生命，书写了一名共产党员对党的无限忠诚，诠释了人民法官的初心和使命。

业务精湛，刻苦钻研法律知识

庆军是西南政法的研究生，他爱学习，白天办案、晚上学习是常态。刚到法院工作不久，带他的张古淮法官逢人就夸：“庆军有股儿钻劲，是个法官的好料子！”在办理一起证券交易纠纷案件中，为弄懂证券知识，他专门到郑州大学请教老师，连续好几天泡在图书馆里查阅资料，又先后到多家证券公司了解情况，他在办案中展示出来的专业知识，让当事人深深折服。前年，在全省法院首批法官入额考试中，庆军获得了全院第四的好成绩。

在办案中，庆军对每起案件都一丝不苟，对每份裁判文书至少校对 3 遍以上。他对我们说：“每当写判决书时，总感到败诉方当事人在看着我，所以一定要把道理讲清楚，让当事人输得明白。”他撰写的裁判文书曾被评为全国法院优秀文书，成为年轻法官写作的模版。

心系百姓，把群众权益视作头等大事

从农家子弟成长为一名法官，庆军对老百姓有着特殊的感情。面对来打官司的群众，他常说：“越是扛着大包小裹来法院的当事人，越要倾注更多的心血和精力。”有一次，他办理

一件标的额仅为3500元的劳动争议案件，一、二审均以证据不足判决李某败诉。李某不服，向省法院申请再审。审查时，为查明事实真相，庆军利用周末休息时间，开着自家的车，冒着近40度的高温，到100多公里外的建筑工地了解情况，从建筑工人到包工头先后走访了20多名知情人员，身上的衣服一直被汗水浸透着。李某感激地说："你真是个好法官，不管咋判，俺都认了。"

由于肾功能差，庆军不能多喝水，和当事人沟通时间长了，就会身体乏力、舌头发僵，实在坚持不住了，就喝口水漱漱口再吐掉。听他的妻子马老师说，庆军一直盼望着手术后能像正常人一样，渴了就喝水。渴了就喝水，这对我们来说，是再正常不过的事了，但对庆军来说，却是一种奢望。但他并没有因此减少与当事人的交流，他常对年轻法官说："法院是说理的地方，要让当事人把话说完，这样化解矛盾就容易了。"还记得有一年，他到商丘永城走访当事人雷某，雷某因一起人身伤害案件对处理结果不满，情绪十分激动，扬言要带着植物人儿子上访。见到庆军后，他拉着庆军的衣服说个不停，由于第二天还要开庭，晚上需要返回郑州，书记员急得团团转，一会儿一看时间，但庆军并没有急着离开，而是笑着坐下来耐心地为雷某分析，反复解释判决的理由和法律依据，一直谈到深夜十二点。他的真诚终于打开了雷某的心结，雷某说："听你这样一说，我心里的疙瘩算是解开了，我不再上访了。"庆军这才返回郑州，回到家里已是凌晨三点多钟。

淡泊名利，出了名的"三不法官"

对法律的信仰和审判事业的热爱，让庆军倍加珍惜身上的法袍。院里的同事都知道，庆军有个外号叫"三不法官"，就是不向领导伸手要待遇，不给同事朋友找麻烦，不向当事人伸手要好处。但我觉得，还应当再加上一个"不"，那就是不讲情面。庆军的好友侯怀乐，提起庆军既佩服又感动，还有点小埋怨，他说："庆军这个人啥都好，就是太不给面子。"有一年，侯怀乐的侄子因为承包盖房发生了纠纷，他想着自己和庆军是同学，又当过庆军弟弟三年高中的班主任，关系一直很好，就想让庆军给下级法院打个招呼。没想到庆军直截

"三不法官"：不向领导伸手、不向同事朋友伸手、不向当事人伸手。

李庆军翻阅案卷

了当地说:“咱是好朋友,但情谊归情谊,案件归案件,法律问题我可以帮你分析,案件我绝不能干涉。”

在完成繁重办案任务的同时,庆军四年如一日与病痛顽强抗争着。看着他日渐消瘦,庭长卜发忠多次对他说:“庆军啊,院里有规定,如果身体有病就必须休息治疗,你可不能拿身体当儿戏啊!”庆军总是笑着说:“没事儿,自己的身体我心里有数。”法官助理王卫霞回忆起来就泣不成声:“李庭长老说我孩子小需要照顾,不让我加班,自己却带病加班。”就这样,在工作面前,庆军总是冲锋在前;但在荣誉面前,他常常选择谦让。院里半年绩效考核时,因为办案多,庭里要给他评第一等次,他坚决推辞说:“把第一等次给年轻人吧,多鼓励鼓励他们。这样也能让他们多拿点奖金,年轻人生活压力大。”他从来没有想过,自己是个病人,治病也需要花很多的钱。

坚守初心,为司法事业战斗到最后一刻

2018 年 9 月 1 日星期六,也就是庆军做肾脏移植手术的前一天,他还在单位加班。18 时 30 分,省法院签到机上留下了他的影像。然而,这成了他最后一次下班。

9 月 2 日一大早,审判团队成员任方方还收到他的短信:“禹州电缆案,6 号以后联系双方当事人再谈一次,调不成还按原定方案办。”任方方万万没有想到,这条短信竟成为庆军给

她的最后留言，她流着眼泪说："我想着等案件处理完再去看望他，好让他高兴高兴，但是再也没有机会了……"庆军，他上有年迈的父母，下有未工作的儿子，在做器官移植这么大的手术前，想的不是自己家的事，甚至没有一句嘱托，他想的、说的全是工作。

在庆军生命的最后 8 个月，他带的审判团队结案 360 件，占全庭结案总数的三分之一，仅他个人就结案 121 件，是全庭办案最多的法官。这个工作量，对于一般人来说都很难完成，更何况是一个身患尿毒症、一天做四次透析的重病人。有人说，庆军就是新时代的愚公，明知道有办不完的案件，却还在一刻不停地办案。作为同事，我们深深理解他，当了 20 多年法官，对这份职业的热爱，早已融入了血液、融入了灵魂，工作就是他精神的寄托，仿佛只有工作，才是他医治病痛的良药。

人生因奋斗而出彩，平凡因坚守而伟大。李庆军同志二十五年坚守初心、践行使命，虽然没有轰轰烈烈、惊天动地的事迹，但在平凡岗位上，谱写了不平凡的人生华章。他用坚守与执着，彰显了新时代人民法官的忠诚和担当，激励着我们砥砺前行。（高光）

不忘初心　平凡人生亦伟大

确诊为尿毒症的那四年里，李庆军边治疗边坚持工作。他总想着，只要换了肾，一切就会好起来。

四年里，他一天审查案件十几件，每周接待几十个当事人。他大把吃药，日渐消瘦，但办案量在全庭名列前茅。

他渴望健康地生活，做自己热爱的审判工作，可病魔却把这简单的愿望无情地剥夺。噩耗传来，所有人都不敢相信这是真的。

朝夕相处的同事、远在大山里的乡亲、昔日的同窗，还有对他念念不忘的当事人……采访中，泪水一次次模糊大家的双眼，人们都说："庆军是个好人哪，可惜走得太早了！"

我记得第一次去李庆军家，推开卧室门，我愣住了，这里更像是医院的一间病房。屋里有股淡淡的药味儿，成箱的透析液几乎堆满一面墙，口服药多得拿盆子装。两个特殊的"床头柜"，一个是小冰箱用来保存针剂，一个是台式培养箱用来加热透析液，床边还架着紫外线消毒灯。这里，就是李庆军每天做透析的地方。

在桌子上，我看见一摞厚厚的笔记本足有一尺高。他的妻子马凤实轻轻拿起一本递给我，说："这是庆军留下的日记，在办公室找到的。"我数了数，一共 19 本。除了少量生活片段，大部分是记录工作，一写就是 11 年。

2008 年 8 月 20 日："赶公交车时确实跑不动，医生嘱咐不要上班，下午又来上班。"

2016 年 5 月 14 日："周六，中雨，到单位批了 30 多个案件，6 点回家。"

2011 年 3 月 3 日这天的日记很长，其中这样写道："近日身体特别不舒服，感觉要出大事。我不愿亲人为我担忧，给他人带来精神压力。我尽可能弱化自己的病情，装作若无其事，我想像常人一样享

李庆军日记本

受生活。班要继续上，工作要继续干……”

在日记中，我发现有几页字迹很潦草，而那段时间正是李庆军病情加重的时候，即便是这样，他还在日记中琢磨着怎么办好案件。看着这些日记，我简直不敢相信，这是位重度的尿毒症病人。我静静地，从字里行间，感受着他的疼痛和坚强、他的渴望和牵挂。

因为做透析，李庆军的腹部常年插着一根腹透管，有宽松的制服遮掩，连身边的助理也没有发现。大家见他脸色不好，都问他，他总轻描淡写地说：“没事儿，一点儿小问题。”然而，这四年，他每天被恶心、腹胀、疼痛折磨，血压一度高至200，可办起案来，他好像什么都忘了。

他热爱法官这个职业，公正处理好每一个案件，是他觉得最有成就感的事。

有个老太太叫周光华，与一家房地产商打了几年的官司。因为请不起律师，她对判决结果很担心。在听证会上，李庆军严肃地说：“不管是谁，不管什么案子，都得依法办！”后来，经过审理，周光华拿到了她期盼已久的胜诉判决书。采访时，她对我说：“每次见到李法官，他都赶紧给我端茶让座，耐心地听我说话，从来没有不耐烦过。”回忆打官司的那段经历，李庆军带给她的不仅是公平正义，还有亲人般的温暖。她逢人便说：“我遇到了一个好法官！”

得知李庆军去世，老人赶了几百公里来到郑州。她带着一篮土鸡蛋，在女儿搀扶下走进李庆军家，一眼就看到了桌上的遗像。老人颤抖着手抚摸遗像，泪流满面：“孩儿啊，俺再也见不到你了，这鸡蛋大娘多想让你尝尝啊！”

采访时，我了解到这样一件事：有位叫辛治庭的律师代理一起银行存款纠纷案，因为揽储员跑路，老百姓要不回钱，起诉到法院。银行申请再审的时候案件分给了李庆军。辛治庭认为揽储员已经被辞退，银行又在报纸上刊登了声明，而且自己还和李庆军是校友，关系不错，这次申请应该没问题。可是，李庆军丝毫没有顾忌校友的情面，他认真研究案情后，依法驳回了银行的申请。他说：“业务员揽储是职务行为，银行虽然刊登了免责声明，但老百姓对此没有注意的义务，他们把血汗钱存到银行，认的就是盖有公章的合同，这个钱银行该还。”

官司输了，可辛治庭心服口服，他说：“李庆军不徇私情，他是一个合格的法官！”

采访中，李庆军严于律己、宽以待人的性格给我留下深刻印象。

2016年秋天，他来北京看病，突然下起大雨，被困在路边。痛风发作，湿冷的裤子贴在腿上，每挪一步都钻心地疼。素来坚强的李庆军快要撑不住。他颤抖着拨通了同学卢有枝的电话：“老同学，我真是疼得很哪！”

说起这一幕，卢有枝几次哽咽：“我跟他既是同学也是老乡，认识几十年了，从没听他诉过苦，我埋怨他咋不给北京的同学联系。他却说：‘麻烦别人干啥，说两句话，转移下注意力，就不恁疼了。’”

从不麻烦别人，却不怕别人给他“添麻烦”。

每年春节回老家，乡亲们都围着他咨询个不停，团圆饭常常是热了又凉。家乡人为案子找他，他都热情招待，好言相劝：“我给你分析问题可以，但是说情打招呼可不行啊。”临走时还嘱咐：“生活上有困难尽管说，我在城里，工资高。”

马凤实告诉我，李庆军经常跟家人感叹，他是一个农家子弟，能从大山里走出来，上大学，做法官，觉得特别知足。“咱除了会办案没别的本事，办好一个案件社会上就少一个纠纷，我这辈子啊，值了！”

病魔无情，2018 年 9 月 28 日，李庆军永远离开了我们。

深夜的车站，再也看不到那个拎着药箱步履匆匆的身影；相濡以沫的妻子，再也等不到那回家的脚步。

李庆军去世后第三天，在济源一条小街上，年近 8 旬的母亲佝偻着背，费力地蹬着三轮车，她要去集市上买儿子最喜欢吃的柿子。等啊等啊，秋叶黄了，儿子没有回来；大雪落满了山坡，儿子还是没有回来……没人敢告诉年迈的父母，李庆军永远回不来了。老人以为儿子出远门办案了，天天站在门口，眼巴巴地望着，盼望那个孝顺的孩子突然又笑着回来了。

报社领导得知李庆军的事迹后，让记者一定要深入采访，用心用情还原一个真实的法官。河南日报在一版先后刊发三篇长篇通讯，并配发评论。网上网下哀思如潮，人们称赞他是新时代人民的好法官，是既干净又干事的好干部。

一年来，我一次次走近他的家人、同事、老乡、同学，还采访了许多当事人。我一直在想，为什么李庆军如此坚韧执着？为什么一个普通的法官，这么多人怀念他？从最初的不解，到逐渐明白，再到深深地震撼。

“丹青难写是精神”，李庆军以一颗滚烫的赤子之心，展现了出彩河南人的高尚品质。他像一滴晶莹的水珠，融入司法事业的大潮。没有惊天动地，却拼尽全力折射法治的光芒。

作为跑线记者，我经常去河南各地法院采访，从许多法官身上，我都看到李庆军的影子，也找到了想要的答案。他们肩扛天平，心系百姓，在平凡中坚守，在坚守中绽放。努力让人民群众在每一个司法案件中都感受到公平正义，这，是他们的使命，这，就是人民法官的初心！

不忘初心，平凡人生亦伟大！牢记使命，平凡岗位铸忠诚！（周青莎）

一位平凡但不容忘却的法律人

2019 年 7 月 3 日，我在亚太律师事务所参加了为李庆军法官举办的追思会，虽然已经过去了近 10 个月，但大家在讲起他时还是充满了怀念，充满了惋惜。武中文律师是李法官的老乡，他回忆说，庆军当法官后，他的父母反复叮嘱，老百姓打官司不容易，你断案子要讲良心，不要做挨骂的事！庆军立志要做一名有良心的法官，他做到了，而且一做就是这一辈子。

在我的印象中，李庆军法官对律师热心，对工作用心，对自己坚守初心，是一个平凡但又让人怀念的好法官。

他是一位尊重善待律师的好法官

李法官非常尊重律师职业，他曾在日记中写道，法官和律师是法律职业共同体，办理案件时虽然站的角度不同，但追求的目标是一致的，都是为了维护法律尊严，实现公平正义，理应互相尊重。

2015 年，我第一次参与代理李法官承办的案件，5 月初的一天，我接到一个电话，“我是省法院立案二庭李庆军，你代理的那个案件，准备定到 5 月 16 日开庭，时间怎么样？”我感到很意外。通常情况下，法官确定好开庭时间，直接通知律师就行了，李法官主动与我商量开庭时间，让我心里很暖，当时就冒出一个强烈的想法：这个案子我一定积极配合李法官后面的工作。后来，随着接触的增多，我了解到，李法官的案件基本都会提前商量开庭时间。这看似一件小事，给律师带来了很大的便利，但给他增加了不少的麻烦。把方便让给别人，把困难留给自己，这句话用在李法官身上再合适不过了。

张武律师说，与李法官接触时没有距离感，他很平易近人，没有架子。还有几个律师说，去见李法官，每次都是到时他起身相迎，走时又起身相送。这些都是小习惯，但体现出的却是大精神。李法官对律师职业的尊重是自觉的，他把自觉变成了习惯，又把习惯融入了生命。

2017 年的一个案件听证，对方律师是浙江人，地方口音很重，而且发言时不断重复，李法官没有丝毫的不耐烦，多次安慰说：“别着急，慢慢讲，让大家都听明白”，不清楚的地方还主动询问，直到确认对方的真实意思。再审听证一般比较快，基本一个小时就结束了，但这次用了三个多小时，结束时都中午一点多了。对方律师收拾材料时说："李法官，我普通话讲不好，一直担心法官听不清，对我们不利，没想到您这样有耐心，我为河南法官点赞！"。

细微之处见精神，正是这些点点滴滴的小事，让我认识了一个真实的李法官，他尊重律师，也赢得了律师们的敬重。

他是一位对案件认真负责的好法官

我们深知，法院案多人少矛盾比较突出，为了保证案件质量，"5+2""白加黑"是很多法官们的工作常态。李法官的一个同学说，他几次约庆军小聚都没能约成，一个周末又打电话，庆军还说在加班没时间，他认为是推辞，就到办公室去找，当看到桌上近一米高的案卷，就什么都说不出来了。李法官跟他解释，下周开庭的案子有几个问题还没理清楚，最近太忙，得利用周末时间再看看。

我曾经看到李法官的桌上放着几本医学、财会的书，就好奇问了一句，李法官说，手头的案子涉及这方面，就买来看看。我由衷的感叹，您下的功夫比我们律师都多，难怪办案件又好又快。

2016 年，我们团队代理了一起工程再审案件，案件比较复杂，证据材料近千页，争议点有十几处，我们花费了近两周的时间才弄清全案。当时我们觉得，法官手中的案件太多，估计很难在这个案子上投入足够的时间和精力，就告诉当事人，要做好打持久战的准备。但让我们没想到的是，开庭前几天，李法官先后五六次给我们打电话沟通案件情况，问的非常仔细。等到开庭的时候，李法官很快说服我们双方将争议点锁定为 4 个。庭审后，又一一指出我们双方证据存在的不足。大家既信服又敬佩，案件很快得到解决。当事人潘老板说："我一辈子都要感谢李法官，他在这个案子上下了很大功夫，才让我们两家企业重归于好，四五百个工人因此受益。"

把关要把严，不同审级有不同审级的职责、任务，办好案，是对自己最好的保护，对法律负责，对当事人负责，也是对自己负责。

律师们最担心的是拿到一份败诉而又不说理的判决书，这样既不好向当事人解释，又感到工作成果无法体现。前段时间，我们团队讨论一个案件的过程中形成了两种截然不同的意见，争执不下，

李庆军生活照

最后，申真律师从裁判文书网上检索到一份文书，其中记载的双方意见和我们争论的基本一致，这份文书对所有观点都进行了一一回应，特别是对不支持的观点，进行了充分说理，有了这份文书，我们很快就统一了意见。这份文书的撰写人正是李庆军法官。

世界上怕就怕认真二字，李法官用他的认真，化解了数不清的社会纠纷，我们对此充满敬意。

他是一位坚守初心公道正派的好法官

律师们有时候会在一起说起法官，这个法官好沟通，那个法官难说话；这个公道正派，那个会有想法。李法官的公正，在律师中是有口皆碑的。郑州的卢律师代理了一个系列案件，当事人先后找了好几个人约李法官吃饭，他不但没答应，还直接把卢律师叫到办公室，让他向当事人转达了严肃的劝诫。洛阳的李律师代理了一个对方是大国企的案件，担心案件受到其他因素影响，在律师打电话时，李法官让她不要多想，要相信法律、相信法院、相信法官，最终案件的结果非常公正。李法官的一个校友，说起十多年前螃蟹的往事依

平安一生，是家人最高的希望，也是最低的要求。做到了廉洁办案，才能平安一生，要想得到一生平安，也就不能有私心，生贪念，以案件做交易，拿公正换利益。

然历历在目：当年他们的一个师兄，从沿海带了两箱活螃蟹到河南，想让李法官帮忙立个案，都觉着活海鲜总不至于让再带回去，但最终的结果是，这位校友独自吃光了这两箱螃蟹。2017年，我们代理的一个案件，当事人不听劝阻，坚持找了一个说跟李法官关系很好的人去打招呼，后来李法官跟我提起这件事时说："你们律师还是要多劝劝当事人，别总想着找关系，有理不用找人，没理找人也没用，都把精力放在案件上，当事人也才更信赖你们律师。"其实，律师对代理的案件都有一个基本判断，那个案件李法官最后没有支持我们，但我对他更加敬重。

追思李庆军法官，我记住的都是这些琐碎的小事，但看到的是一个为了法治信仰、为了社会和谐而孜孜奋斗终生的身影。这是一个平凡的身影，散发的光芒并不耀眼，但正是这样一个又一个平凡的法律人，托起了司法的天平，谱写了公正的赞歌。

向法律人李庆军法官，致敬！（李亮伟）

平凡的岗位 坚强的人生

28 年前，我和庆军结婚，后来又有了儿子。庆军是个好丈夫，他体贴家人、孝敬长辈，结婚二十多年，我们很少红脸、也很少吵架；庆军是个好父亲，在他的影响下儿子学了法律，也很善良懂事；庆军也是个好儿子，每年腊月都把父母接到郑州，和我们一块儿过年，一家人一直过着平静而幸福的日子。

2014 年，庆军被确诊为尿毒症，彻底打乱了我们平静的生活。虽然我们不愿相信，但还得接受这个残酷的现实。医生告诉他，如果不透析，就会危及生命，并给出了两种治疗方案：血液透析和腹膜透析。血液透析效果好，但每周要到医院做 3、4 次，每次要 4 个多小时；腹膜透析的效果不如血液透析，但可以自己在家做，不影响工作。我当时多次劝他，咱做血液透析吧，他考虑了好几天，还是放不下工作，最终选择了腹膜透析。

就这样，四年来，庆军必须早上 6 点起床，做一天中的第一次透析，中午回家做第二次，下午下班后做第三次，直到晚上 11 点多再做第四次透析。正常透析半小时能做完，但不顺利时要一个多小时，肚子又痛又胀。有时夜里腿疼的厉害，睡不好觉，早上闹钟响了，他说想多睡会儿。我劝他晚点上班吧，他说："不行，今天约了好几个当事人，有的是从外地赶来的。"为了按时上班，他经常带着早饭去单位，又有很多次，中午原封不动地把早饭带回来。我埋怨他，他总是那几句话："今天接待了好几拨当事人没时间吃，今天忙着开庭来不及吃，今天感到恶心吃不下……"每天中午，他都要赶回家做透析，经常是做着透析就睡着了，简单吃几口饭又上班去了。庆军走后，我在他办公室看到，桌子的抽屉里，一个放着药、体温计和血压计，另一个放满了没有来得及吃掉的饼干点心。我想象不出究竟是什么力量支撑着他，每天靠大把大把吃药、透析在坚持工作，多少次带着重病、饿着肚子开庭看卷。

2016 年以来，按照医生要求，庆军每月都要去北京复查一次身体。为了少耽误工作，他总是坐周一晚上 10 点多的火车，周二早上 6 点多到。复查完后，坐下午的高铁返回。到郑州后他总是先去单位，晚上很晚才拖着疲惫的身体回到家。我不理解，他总说，我从高铁站回家，刚好路过单位，把一天落下的工作补上，心里踏实。

庆军从查出这病到去世，没有多少人知道。他不让告诉父母、亲戚，怕为他担心，也不想让单位同事都知道，说现在法院案件多，大家手里都有一堆活儿，如果都知道我有病，肯活着要有活着的质量，我不想让亲人为我的身体担忧，给他人带来精神压力，我尽可能弱化自己的病情，装得若无其事，这有点自欺欺人。我仍然想像常人一样享受美好的生活。

定会照顾，领导就会让我休息治疗，其他人办案的压力会更大。再说，一个法官不办案还有什么价值?

庆军的生活非常简单，他不抽烟、不喝酒，也没有应酬。周末每天要做 5 次透析，他就经常把卷带回家，透析后不是看卷，就是在阳台的躺椅上看书。他经常说，我喜欢这份工作，办好一个案件就有一种成就感。去年 7 月，他腹透管的伤口发炎，医生让他马上住院治疗，怕感染了有生命危险。庆军和医生商量半天，要求不住院，输液消炎。就这样，他白天去上班，晚上到医院输液到十来点，直到手术前。

2018 年 9 月 1 日，是星期六，庆军在单位加了一天班，晚上 7 点到家。正在做透析，医生打电话说有肾源了，我们以为听错了，连问了三遍才相信是真的。四年，等了四年，终于等到了。我们想象着他手术后能过上正常人的生活，再也不用每天透析，再也不用一天往返四趟上班，终于可以大口大口喝水了，这是一件多么的幸福的事。高兴之余，心里也很害怕，毕竟是个器官移植的大手术。那一夜，我俩都没睡着。

第二天早上，我俩来到医院，他空腹做了各项检查后，脸色苍白，面容憔悴，一个大老爷们因为这病瘦了近 40 斤，体重还没有我重。他躺在病床上，一边做透析，一边还不停地打电话，说的都是案件的事儿。我站在旁边，心疼地看着他，劝他也不听，内心焦虑不安。护士也多次劝他，马上要做大手术了，要好好休息，保持体力。后来我从他手机里看到，手术前他打的 13 个电话，都是打给庭里同事的。下午 2 点，庆军被推进了手术室。经过 3 个多小时的煎熬等待，手术室的门终于开了，医生说手术成功。我们一家高兴坏了，流着泪连声对医生说谢谢。

手术后，庆军在监护室，病情时好时坏。但就这样，庭里的同事来看他，还是谈工作，我说你是真不要命了。他还多次问医生，我什么时候能出院? 手里还有好多案子没结。我每天都提心吊胆，老是被噩梦惊醒。我劝自己，人都说梦是相反的，庆军那么正直，那么善良，他会好的，一定会好的。可是 2018 年的 9 月 28 日，只有 54 岁的庆军还是走了，再也回不来了。我再也闻不到他做透析的味道了，再也看不到他带着花镜看案卷了，再也不能晚饭后和他一起去散步了……庆军离世马上就一年了，到现在都瞒着近 80 岁的公公婆婆。我不知道还能瞒多久，不知道如何安慰患癌症的婆婆和残疾的公公，不知道怎样去面对老人那期盼儿子回家的目光。

庆军一生的愿望就是做一名好法官，为了这个愿望，他也奋斗了一生。我想，庆军是无怨无悔的，他把短暂的一生献给了最挚爱的事业。他只是一名普通的法官，做了应该做的工作，最高法院党组给了他这么高的肯定和荣誉，让我们感到了组织的关怀和温暖，也感到了做一名法官的光荣和骄傲！我在这里谢谢各位领导了，我给大家鞠个躬吧！

庆军，我想对你说，咱们的儿子已经收到了重庆大学的研究生录取通知书，学的也是法律。你放心吧，我一定会教育好儿子，让他沿着你的路继续走下去。(李庆军同志妻子马凤实)

重 要 媒 体 报 道

周强：学习李庆军同志先进事迹
牢记初心使命　忠诚履职尽责

周强出席追授李庆军同志荣誉称号表彰大会强调

学习李庆军同志先进事迹 牢记初心使命 忠诚履职尽责

王国生出席

7 月 26 日上午，最高人民法院和中共河南省委在郑州召开表彰大会，追授李庆军同志“全国模范法官”“河南省优秀共产党员”荣誉称号。最高人民法院党组书记、院长周强，河南省委书记、省人大常委会主任王国生出席会议。

周强强调，要坚持以习近平新时代中国特色社会主义思想为指导，认真开展“不忘初心、牢记使命”主题教育，深入学习李庆军同志先进事迹，不忘初心、牢记使命，忠诚担当、不懈奋斗，扎实推进服务大局、司法为民、公正司法，努力让人民群众在每一个司法案件中感受到公平正义。

李庆军同志生前系河南省高级人民法院立案第二庭副庭长，2018 年 9 月 28 日因病医治无效逝世。他身患重病仍坚守岗位，清正廉洁，忠诚履职，事迹在社会上产生强烈反响。表彰大会上，李庆军同志先进事迹报告团成员用质朴的语言、生动的事例，追忆李庆军同志感人事迹，在场人员深受教育和感动。

周强代表最高人民法院向李庆军同志表示深切悼念，向李庆军同志亲属表示诚挚慰问。周强指出，李庆军同志是人民法院深入学习贯彻习近平新时代中国特色社会主义思想、践行习近平总书记全面依法治国新理念新思想新战略的突出代表，是人民法官牢记初心使命，坚持司法为民、公正司法的优秀典型。李庆军同志用生命践行了对党的绝对忠诚、对人民的无限热爱、对司法事业的执著追求，在平凡中见伟大，在点滴中显精神，事迹感人至深，精神弥足珍贵，具有鲜明的时代性、先进性、代表性，为全国法院干警树立了榜样。

周强强调，全国各级法院要紧密结合“不忘初心、牢记使命”主题教育，深入开展向李庆军同志学习活动，教育引导广大干警以先进典型为榜样，永葆为民务实清廉的政治本色，坚定理想信念，坚守法治信仰，忠诚履职尽责。要旗帜鲜明讲政治，始终坚定正确政治方向，牢牢坚持党对人民法院工作的绝对领导，坚定不移走中国特色社会主义法治道路。要坚守初心使命，践行司法为民宗旨，站稳人民立场，增强群众感情，积极创新司法便民利民举措，切实维护人民群众权益。要坚持严格公正司法，坚决维护社会公平正义，确保每一起案件经得起法律、历史和人民的检验。要全面深化司法体制改革，勇挑重担、履职担当，争当司法改革的促进派和实干家，以扎扎实实的改革成效增强人民群众获得感。要坚持全面从严治党、从严治院，努力建设让党放心、让人民满意、忠诚可靠、清正廉洁的过硬法院队伍。各级法院要真心关心关爱干警，做到政治上激励、工作上鼓劲、待遇上保障、人文上关怀，努力营造健康向上、充满温情的干事创业氛围。

王国生指出，李庆军同志是习近平新时代中国特色社会主义思想的模范践行者，是新时代共产党员的先锋战士，是人民的好法官和出彩河南人的杰出代表。李庆军同志的事迹告诉我们，干一行爱一行，在平凡岗位上做出不平凡的业绩，就是高大；把党交给的每一天走好，把人民交给的每一件事情办好，就是理想；守住底色，不忘本色，永葆共产党员的初心，就是忠诚；始终同群众坐在一条板凳上，为群众发声，为群众代言，为群众解难，把为人民服务落实到具体行动上，就是宗旨。要把李庆军同志先进事迹作为开展主题教育的生动教材，以李庆军同志为榜样、为镜子、为标尺，在对党绝对忠诚中守初心担使命，在勇于担当作为中守初心担使命，在深深扎根群众中守初心担使命，在从严修身律己中守初心担使命。

周强、王国生在会前亲切会见了李庆军妻子马凤实，向她表示诚挚慰问。

表彰会上，周强、王国生向马凤实颁发荣誉证书和奖章。最高人民法院党组成员、政治部主任马世忠宣读人力资源社会保障部、最高人民法院《关于追授李庆军同志“全国模范法官”称号的决定》，河南省委常委、省委秘书长穆为民宣读河南省委《关于追授李庆军同志“河南省优秀共产党员”称号的决定》。

河南省人大常委会副主任张维宁，副省长、公安厅厅长舒庆，省政协副主席周春艳，省高级人民法院院长胡道才，省人民检察院检察长顾雪飞出席会议。最高人民法院有关部门负责同志，河南省委、省直政法单位有关负责同志，党员干部代表和政法系统干警代表等参加会议。

（原载《人民法院报》2019 年 7 月 29 日，记者孙航）

法官李庆军

——一心干事 一身干净（爱国情 奋斗者）

摘要：法官李庆军——确诊尿毒症两年，又遭脑梗，52 岁的李庆军仍坚持参加河南省高级人民法院 2016 年的员额制考试。李庆军是同事们眼中出了名的“三不法官”不向领导伸手，不向同事朋友伸手，不向当事人伸手。

确诊尿毒症两年，又遭脑梗，52 岁的李庆军仍坚持参加河南省高级人民法院 2016 年的员额制考试。

“法官不办案那还有什么价值？”李庆军曾对同事说。

“高龄”法官李庆军，最终以民事专业考试全院第四名的成绩过关。妻子马凤实忘不了那天，“我从没见他这么高兴过。”

李庆军生前是河南省高级人民法院立案二庭的副庭长。大家都知道他有个毛病：不爱喝水；不知道的是，2014 年被确诊为尿毒症，他需要严格控水。断案子说到舌头发僵，他就漱口，再把水吐掉。

怕耽误工作，李庆军选择了可以在家做的腹膜透析。1 天 4 次，常常来不及吃饭就匆匆上班。李庆军去世后，马凤实在他办公室发现了满满一抽屉过期的饼干点心，都是来不及吃的早餐。每月去北京复查，他总选择乘坐周一夜里的火车，周二做完检查直接回办公室加班。

“咱能不能歇歇？”听到妻子的“唠叨”，李庆军总说，“我一个农家子弟，能走出大山当上省高院的法官，多光荣多幸运啊！我就想好好办案。”

在与病魔抗争的几年间，李庆军的办案量在全庭名列前茅，生命的最后 8 个月，他依然是办案最多的法官。

“一个标的额再小的案件，对普通家庭来说都是天大的事，案件结果将直接影响他们对司法公正的信心。”李庆军说。

曾任李庆军法官助理的王卫霞记得，他曾办过一件农民工讨薪案，争议焦点只有 3500 元，因证据不足，农民工一二审均败诉。有合议庭成员建议驳回，李庆军不同意，

“钱不多，从现有证据看，也没发现原判决有什么大的问题，但我们不能从心理上轻视这类案件，要让当事人打心眼里接受处理结果。”后来，在他的努力下，虽然维持了原判，但农民工心服口服。

李庆军是同事们眼中出了名的“三不法官”：不向领导伸手，不向同事朋友伸手，不向当事人伸手。每当有人因为案件打招呼，他总是说：“我做这份工作一定要对得起良心，对得起双方当事人，不给法院抹黑，不给法官抹黑。”

2018 年 9 月 28 日，李庆军因病抢救无效离世。2019 年 3 月，当选“感动中原”2018 十大年度人物。2019 年 7 月 26 日，最高人民法院和中共河南省委在郑州召开表彰大会，追授李庆军同志“全国模范法官”“河南省优秀共产党员”荣誉称号。

“25 年，李庆军一心扑在工作上，从不计较个人得失，从不向组织提要求，从不向领导要待遇。”河南省高院院长胡道才说，“每位法官都应向李庆军学习，把案子办到让老百姓认可。”

（原载《人民日报》2019 年 9 月 1 日，记者龚金星）

用无私廉洁诠释公平正义

距离李庆军同志突然离世快一年了，可每每忆起他，河南省高级人民法院的一些同事依然泣不成声；他的一些老同学依然忍不住悲声。

李庆军，生前为河南省高级人民法院立案二庭副庭长。2018 年 9 月 28 日，年仅 54 岁的他因肾移植手术失败，永远离开了他挚爱的法律事业，离开了他眷恋的亲友和同事。

从事政法工作 25 年，他不贪图名利，坚守普通工作岗位，用点滴小事书写对党和人民的忠诚和对审判事业的热爱，被河南省委书记王国生评价为“是出彩河南人的代表，是新时代的好典型”，是“既干净又干事的好干部”。

他的突然去世，让人们发现了一位可歌可泣的好法官

“李庆军同志去世之前，忠厚低调，默默工作。他突然去世之后，党组在慰问家属、处理后事中了解一个 50 出头的庭长怎么会突然去世时，才从他身边同事、他妻子口中发现他近乎是一个完美无缺的好同志、好法官。”2019 年 8 月 20 日，河南省高级人民法院院长胡道才在接受媒体采访时，不禁感慨。

2008 年，李庆军患上严重的肾病，伴生的痛风症让他走路有点瘸拐。为了不让同事把自己当病号看待，不给同事增加办案负担，他没有把病情完整告诉领导和同事，一直忍痛坚持上班。

2014 年，肾病发展成尿毒症，他依旧选择隐忍。为不耽误工作，他选择了对饮水、作息都有严格要求的腹膜透析治疗：早、中、晚和临睡前各做一次，每次 30 至 60 分钟。从此，他每天中午从单位赶回家做透析，下午再按时返回单位工作。

就这样，他继续和正常同志一样，承担繁重的办案任务，一坚持就是 4 年，直至去世。

去世后，妻子马凤实从他的办公室找到 19 本日记，大部分记录的是工作，整整 11 年。

2011 年 2 月 12 日（周六）的日记中写道：“正常上班……身体特别不舒服，腰部两侧有若隐若现的疼痛感……眼部一直处于浮肿状态……有种比较清晰的预感，身体要出大事……也许这是我工作的最后阶段……我尽可能弱化自己的病情，装作若无其事……班要继续上，工作要继续干……”

帮助整理物品的同事看到这段话时泪流满面，哽咽不已："庆军是我们身边的焦裕禄。"

一边坚守工作岗位，一边与病魔坚强抗争。李庆军用优异的审判成绩践行着自己的职业理想与追求。

2018 年 9 月 1 日，换肾手术的头一天，他还在上班。

进手术室前打出的 13 个电话，全部打给领导和同事，谈的全部是工作。

他办理的案件，没有一起群众投诉。

生命最后 8 个月，他的审判团队结案 360 件，占全庭总结案量的三分之一；其中他个人结案 121 件，是全庭办案最多的法官。

"法院是说理的地儿"

"法院是说理的地儿，大家做这份工作，一定要对得起良心，对得起双方当事人，不能给党抹黑，不能给法院抹黑。"

李庆军走了，但他的话却深深地留在同事的脑海里。

李庆军大学毕业后成为一名老师。作为大山里考出来的"文化人"，每次他回老家——河南省济源市邵原镇，乡亲们总爱登门请教，讲讲自己遇到的麻烦事儿。渐渐地，李庆军觉得学法律也许更能帮到群众，就攻读西南政法大学民诉法研究生，1993 年考录到河南省高级人民法院任法官。

2004 年，南阳市宛城区的周光华因土地和房屋使用权与一家企业打官司，但每到执行阶段，对方都提出新的异议阻挠案件执行。案件到了李庆军的案头，周光华担心："对方有钱有关系，我连个律师都没有。"李庆军在听证会上的话让她吃了定心丸："不管什么案子，都得按法按理来办！"不久，周光华收到了维持原判、自己胜诉的裁定书，案件得到顺利执行。

李庆军的老乡、同窗兼李庆军弟弟的高中班主任侯怀乐告诉记者，"庆军这个人什么都好，就是有点太不给情面！"

2005 年，侯怀乐的侄子有点法律纠纷想让李庆军帮忙。结果李庆军异常严肃地对侯怀乐说："我们是好友，但案子是案子。受害者就是受害者，我不能干涉！"

侯怀乐非常不痛快地离开了。

不止侯怀乐，李庆军的好友李国刚、表哥李继贤、妹妹李香莲……找他帮忙的亲朋故旧很多，都碰了钉子，但亲友们渐渐理解了他。

他是务实肯干优秀法官的代表

李庆军以顽强毅力默默坚守工作岗位，用无私廉洁维护司法公正的事迹在河南省法院广大干警中引起强烈反响。

“李庆军并没有轰轰烈烈的事迹。但是，他的坚守与执着，他纯粹的内心、忘我的境界，就像在每个人的心里点燃了一盏灯，它永不熄灭，默默无声，引领着我们砥砺前行。”省高院民二庭干警秦权说。

河南省高级人民法院院长胡道才说，全省三级法院不事张扬、热爱工作、公正司法、埋头苦干的法官比比皆是，李庆军是全体法官的缩影。他因平凡可亲而可学！

2018 年 10 月，河南省高级人民法院为李庆军同志追记个人一等功；

2019 年 4 月，人力资源社会保障部、最高人民法院追授李庆军同志“全国模范法官”荣誉称号；

同年 7 月，河南省委追授李庆军同志“河南省优秀共产党员”荣誉称号。

……

李庆军同志的生命之灯熄灭了，但他的精神之光更亮了！

（据新华社 2019 年 9 月 1 日电，记者李丽静、杨金鑫）

李庆军：坚守初心的模范法官

李庆军，生前是河南省高级人民法院原立案二庭副庭长。从事审判工作 25 年，他始终公正司法，所办的案件无一错案、无一上访。患尿毒症的最后 4 年里，他仍然带病坚持工作。9 月 1 日的《爱国情 奋斗者》，我们就来认识这位坚守初心的模范法官。

2018 年的 9 月 1 日是李庆军最后一次在单位加班，第二天他做了换肾手术。术后的第 26 天，因病情恶化，李庆军不幸离世，年仅 54 岁。

李庆军的家乡在济源市邵原镇北李洼村，1982 年他考上了河南大学，成为村里第一个大学生。毕业后，李庆军先是做了一名老师，后来他又考取了西南政法大学法律硕士，1993 年进入河南省高级人民法院。

南阳市的周光华老人因土地和房屋使用权和一家企业打官司，每到执行阶段对方都提出新的异议进行阻挠。案件分到李庆军手中后，他依法驳回了企业的再审申请，周光华收到了维持原判，自己胜诉的裁定书，案件得到顺利执行。

重乡情，但为案件说情打招呼的事李庆军从来不干。侯怀乐是李庆军的高中同学，有一次他的亲戚在济源跟人打官司，想少赔点钱，他找到李庆军帮忙，没想到被断言拒绝。

2014 年，李庆军被确诊患有尿毒症，为了不耽误工作，他放弃了治疗效果更好的血液透析，选择了自己能操作的腹膜透析。病痛发作时，疼得走路都困难，他依然坚持上班，妻子劝也劝不住。

手术后的监护期里，李庆军一边挂着氧气袋，透析输液，一边打电话给当事人讲解法律问题，妹妹急得在病房外哭，医护人员也不理解。李庆军去世后，家人在他的办公室里发现了 19 本日记，除了少量生活片段，大部分是工作记录。在同事眼中，李庆军是出了名的“三不”法官：不向领导要待遇，不给同事添麻烦，不向当事人要好处。

（原载中央电视台新闻联播，2019 年 9 月 1 日，记者郑辉、朱力严）

寻找李庆军

引言：李庆军是谁？他是河南省高级人民法院原立案二庭副庭长；是全庭办案量最多的骨干法官；是身患尿毒症仍坚守在审判一线的“燃灯者”。去年9月，李庆军因病去世。今年7月，最高人民法院、河南省高级人民法院追授他“全国模范法官”“河南省优秀共产党员”荣誉称号。近日，《法制日报》记者来到李庆军工作生活过的地方，通过周围人的口述，寻找这位忠诚、干净、担当的好法官的感人事迹。

到现在，河南省高级人民法院法官任芳芳手机里还保留着一条很久之前的短信：“我要休息一段时间，禹州电缆案6号以后让双方再谈一次，如调解不成，按原定提审发。卷在柜子上，签字等我补。李庆军。”

这是李庆军生前发给同事任芳芳的最后一条短信。一场意料之外的别离，把这些再平常不过的工作交接，变得不再寻常。

2014年，最高人民法院发布四五改革纲要，撬动法院全方位改革。也就在这一年，河南高院原立案二庭副庭长李庆军被医院确诊为尿毒症。“一个法官不办案还有什么价值？”他选择了隐瞒病情，坚守在审判一线。此后4年，他像一个陀螺，每天4趟，驱车8公里返家做透析。腹膜透析液一袋重2公斤，经一根硅胶腹透管灌入腹部再排出，最多的时候一天要用7袋。而这一切，除了近亲，无人知晓。

2018年9月，李庆军离世。

记者近日开始了对李庆军和他最后时光的寻找，随着采访的深入，这位不忘初心、始终如一的模范法官重现眼前。

“不管是谁，我按法办”

“这些年，我心里忘不了。”73岁老太周光华，在听闻李庆军去世的消息后，悲痛不已，拎上一篮土鸡蛋，坐了将近300公里的大巴车，专程从南阳赶到郑州吊唁。

2008年，周光华因为一起房产案子，敲开了李庆军办公室的木门。在参加河南高院的再审审查听证前，周老太的心里直打鼓：自己年纪大了，连律师都没有，而对方“有权有钱有关系”，一、二审都胜诉的案件，会不会到这里被推翻？

李庆军一句话让周老太悬着的心放了下来：“我按法办，你放心。”

“爸多次告诫我说，任何人都需要被尊重，不管他是高官还是普通老百姓。”在儿子李然的印象中，不管谁来咨询法律问题，父亲总是那么有耐心。

“无论手机还是办公室座机，电话一响庆军就接，从不看是不是陌生号码。”说话的人叫卜发忠，河南高院赔偿办主任，和李庆军是多年的同事。

尿毒症患者不能喝水，忌多说话，但李庆军和当事人一讲就是两三个小时，每周至少接待 10 个案件当事人。他并非不遵医嘱、不爱惜身体。北京大学第一医院的医生曾评价李庆军说：“他是我所有病人中，控水控得最好的。”

“有一次，案子调解到下午 1 点多，我说咱们出去吃个便饭。李法官连连摆手，说他带的有干粮，吃几口就中，下午继续调解。”周老太抹泪回忆。

“对法官身份的认同，庆军超乎常人，职业尊荣感强烈到舍生忘死的地步。”在周围人的讲述中，李庆军的形象是一个守土有责的法官，而非一个病人。

“老李常说，法院是说理的地方，大家做这份工作，一定要对得起自己的良心，对得起双方当事人！”李庆军这句话，对同事于保林影响很深。

同事们看得见的是，2016 年，河南高院立案二庭共结案 2610 件，李庆军团队共结案 849 件；2017 年，河南高院立案二庭共结案 2686 件，李庆军团队共结案 667 件；2018 年截至 8 月底，河南高院立案二庭共结案 1309 件，李庆军团队共结案 360 件，李庆军是全庭办案最多的法官。

同事们看不见的是，每周一 22 时 12 分，李庆军乘 K180 次列车离开郑州，次日 6 时 16 分抵京赶往医院复查，当天下午高铁返回单位。更赶的时候也有：早上 6 点钟赶到车站，搭乘第一班高铁去往北京医院，下午 4 点多返回郑州，到单位会见当事人，补上落下的工作。

为什么要隐瞒病情？在日记中，李庆军写道：“我不想让亲友为我的身体担忧，给他人带来精神压力，我尽可能弱化自己的病情，有点自欺欺人，装得若无其事。很多美好的东西，我仍然想像常人一样享受，享受生活。要是真倒下了，我也无力回天，随它去吧。生活要继续，班要继续上，工作要继续干……”

“分析案件可以，请吃饭不行”

车从济源市出发，过愚公隧道，到达 60 公里外的北李洼村。这个坐落于太行山与王屋山之间的小山村，是李庆军的老家、愚公移山故事的发源地。多年以前，他从这里走出农门，却始终不曾忘记脚下的泥土。

李庆军在郑州的家，是老家乡亲们的“接待处”。当初装修时，李庆军只提了一点要求：不能装木地板，老乡们不习惯换鞋，来家里觉得拘束。

李然依稀记得，在一个下雨的周末，父亲正做透析时接听了一通电话，后慌慌张张把硅胶腹透管收起来，起身到大门口接回一个老家来的人，脚上穿着一双沾满泥印的旅游鞋。“爸翻看他带来的材料，边问边答。眼看到了吃中午饭的时间，爸却完全没有时间概念。直到妈提醒才抬起头，看看墙上的表，让妈先打几个荷包蛋给老乡。”李然说。

乡土中国，一根根私人联系构成的关系网纷繁复杂，但是在乡亲们的叙述中，“找庆军，帮不上忙。”人情的迷宫中，李庆军底线很高。

“我工作 23 年，从来没有和河南高院的法官一起吃过饭。”表弟李卫东在济源市司法局的二级机构工作，他说：“我曾经想庆军哥搭线请合议庭法官吃饭，庆军哥不许，他说案件吃不准的地方可以帮我找思路、找法律依据，请吃饭不行。”

“我要干干净净地去做手术”

“不忘初心，方得始终，从终看始，庆军是个始终如一的人。”河南高院民四庭庭长周志刚回忆说，刚进法院的时候，李庆军就喜欢去听老同志聊案件，积极要求办案。“做了 25 年的法院工作，做了 25 年的法官，庆军的法官身份一直没有丢掉过。”

李庆军出生在 1964 年，他们这一代人，经历了由一元到多元的剧变，逃不掉地有一种大的责任感。对待身边事，从来不凑合。李庆军所在的立案二庭主要从事建设工程、房地产开发等合同纠纷案件，这类案件在民事审判中最为复杂、烦琐。“文书上一个标点符号错了，李法官都会给我们改过来。”法官助理王卫霞说。

1989 年李庆军考上西南政法大学研究生，1993 年 3 月经过遴选到河南高院工作。在漫长的时间流变里，他在西政的同学们的仕途渐优。“我是最落后的一个了。”李庆军嘴上这么说，对于荣誉却鲜少追求，连出去学习的机会都让给别人，自己要课件自学。“李法官说过，有了荣誉带不来什么，没有荣誉也带不走什么。”王卫霞回忆说。

生前鲜少追求的荣誉，生后如雪花一般纷至沓来：2019 年 7 月 26 日，最高人民法院和中共河南省委在郑州召开表彰大会，追授李庆军同志“全国模范法官”“河南省优秀共产党员”荣誉称号。

这些荣誉，不断唤起人们的记忆碎片，呈现出李庆军的最后时光。

任芳芳最后一次见到李庆军，是一个周六，两人都在加班，碰巧在楼梯口打了个照面：“我当时抱怨了几句案件太多，庆军法官说，明年就好了。”不承想，李庆军没能等到明年。

2018 年 9 月 1 日，正是在偶遇任芳芳的这个星期六，河南高院签到机留下的影像资料显示，李庆军当天晚上 6 时 30 分离开单位。与平时并无二致的背影，成了李庆军最后一次下班。

驱车回到家中，李庆军开始做一天中的第 3 次透析。这时郑州七院打来电话：有肾源了。

挂掉电话，李庆军把他身上的腹腔管全部用塑料布包住，去洗了个澡："我要干干净净地去做手术。"

临上手术台前，躺在病床上的李庆军拨出 13 个电话，与卜发忠交接工作。

手术成功。

"转出重症监护室时，庆军还跟我说，把阳台封一封，出院之后暂时不能去上班，让同事把案卷拿来，好好码一码，堆在阳台上。"妻子马凤实哽咽着说。

"住院期间我们通过一次电话，他挺高兴，说马上就要出院了，可以回去工作了。"周志刚说。

看似一切都在往好的地方发展。

2018 年 9 月 27 日，李庆军病情突然恶化，转回重症监护室，连做 8 小时透析，未能好转。次日上午，李庆军永远地离开了亲人、同事。

"庆军没了。"在医院长长的过道里，马凤实一一拨出电话。

"庆军怎么不打电话回来呢？"

一抽屉药物，一抽屉面包。

李庆军去世后，家属到办公室整理遗物时，泣不成声。"四年多里，庆军没在家吃过早饭，总是带个面包就走，原来都藏到了抽屉里。"

除去药和面包，马凤实还找到 19 本工作日记，每一本，都是李庆军人生的独白。字里行间，仿佛看到了他认真执着的脾气。

"我还是不能相信，他已经不在了。"在李庆军离世近一年后，卜发忠仍时有恍惚，仿佛李庆军还在隔壁办公室办案，还能听到他讨论案件的声音。

同事们到李庆军家里去悼念，一进卧室，便看见箱子摞得老高，占了大半面墙，是他生前没用完的腹膜透析液。两个特殊的"床头柜"并排摆着，一个是用来保存针剂的小冰箱，一个是用来加热透析液的台式培养箱，旁斜还放着一支金属色的拐杖，

李然拿起拐杖，说："2012 年到 2014 年，我爸尿酸高，经常痛风，从脚到膝盖疼痛难忍，没法正常行走。妈买来生姜，放在火上烧热，捣碎后用毛巾裹着敷在脚上。到单位上班时，爸不愿意拄拐杖，就穿着厚一点宽一点的裤子，盖住腿上的毛巾，一瘸一拐，慢慢挪步。"

李庆军的去世，仍是这个家中最隐秘的伤口。庆军父母双双 79 岁了，老母亲年前查出了食道癌，化疗掉光了头发，暑热到 39 度也戴着帽子。

“庆军表现好，单位送他去国外学习了。”一个家庭的伤痛，被一个善意的谎言遮盖着，家里人不敢告诉二老庆军培训多长时间，怕老人家掰着手指头算日子。

“庆军怎么不打电话回来呢？”老两口心中疑惑，每天把手机带在身边，生怕错过儿子打来的电话。两个老人终日坐在家门口，注定是一场徒劳的守望。

（原载《法制日报》2019 年 9 月 2 日，记者张晨）

关于平凡，他有一个不平凡的回答

平凡的人生应该怎样度过?

在许多人眼里，全国模范法官、河南省高级人民法院立案庭原副庭长李庆军是有资格回答这个问题的人。竭力走出贫困，是为了回报父老和社会；用无私守护正义，一坚持就是一辈子；鞠躬尽瘁，把成为一名好法官当成毕生的追求，直到尿毒症夺去他的生命……他用一生凝成了一个答案。

2018 年 9 月 28 日

宜：悼念，追思，缅怀，学习

忌：安于现状，停滞不前

荣誉来自身后。没有过力挽狂澜，习以为常的繁忙工作日复一日，庭审之外他只是一个安静内敛的倾听者，但从他那里得到过公平正义的老百姓，感受过他的温暖与赤诚的人们，都把他看作顶天立地的人。

在李庆军追悼会当天，一群群吊唁者从四面八方赶来，老家 100 多名村民自发聚集，面向省城方向深深地鞠躬，认识他的人、只有一面之缘的人、听说过他的人纷纷以各种形式表达怀念之情。

逝者无言，精神永恒。如今，李庆军的法徽仍然在家中客厅最显眼的地方端端正正地摆着，光洁而鲜艳，红得耀眼，与他的 19 本工作日记一起，默默诉说着一个平凡法官的不平凡故事。

自强不息，他是大山里走出的“愚公”

30 多年前，一位年轻人踏上了前往河南大学求学的路途。由于连日降雨，邵原镇通往济源市的客车无法通行，年轻人和为他送行的叔叔沿着绵延崎岖的山路，冒着野狼出没的危险，徒步了整整一天一夜才走到城里。

那个年轻人就是邵原镇第一个本科生李庆军。十年寒窗，终露曙光。

李庆军出生于大山深处的贫苦农家，是兄妹四人中的老大，父亲早年因车祸落下残疾，几乎是母亲一个人扛起了生活的重担。穷人家的孩子早当家，为了赚学费，李庆军一放假就整日上山砍柴、采药以换取微薄收入，但口袋里从不忘带着书。

由于家里人多地方小，李庆军只能住在院子外的牛棚里。临时搭建的狭窄的简易床上，铺着一条烂毯，放着一床薄被，其他的地方则摆满了书本。环境简陋，精神却富足，“身铺烂毯暂住牛棚，心系远方志在高山”，这副贴在牛棚里、由李庆军亲手写的对联是他少年时期的内心写照。

“改变贫穷是我们义不容辞的责任。我们别无出路，只有埋头读书，以此来改变自己的命运，改变家乡的贫穷。”时隔几十年，高中同学侯怀乐依然记得李庆军作为学习委员时在班会上的发言，这位起早贪黑、勤奋好学的班干部的身影仿佛仍在眼前。

从河南大学毕业后，李庆军被分配到郑州牧专教书，但他没有止步于此。

山里人法律知识贫乏，不会用法律维权。“我要帮助家乡父老懂法守法用法，更好地回报社会。”李庆军这么想着，决定继续深造法律专业。西南政法大学硕士毕业后，他成功考入河南高院，成为了一名人民法官。

77 岁的退休法官鲁福章一直记得李庆军的入党时间，那是 1997 年的 3 月。向组织汇报思想的时候，李庆军说：“我要求入党不是为了名声，而是想在党的关怀关心培养下，更好地用自己所学的法律知识为民服务，做一个思想上真正入党、勇于担当的共产党员。”

他是山里飞出的“金凤凰”，乡亲们心中的骄傲。如果需要帮忙，只要不涉及原则，李庆军几乎有求必应。因为经常有乡亲来家里咨询和借宿，李庆军执意放弃时髦的木地板装修，选择结实耐用、方便打理的瓷砖地，只为让鞋底沾泥的老乡们心里自在。

每当李庆军回老家的时候，咨询法律问题的乡亲就挤满了屋子，甚至追到田间地头。为了回答他们的问题，李庆军往往来不及吃顿热乎饭。“在法律知识方面，他对大家帮助真是不少，我们的法律意识比以前强了很多。”乡亲们都这么说。

李庆军的老家北里洼村在王屋山和太行山之间，“愚公移山”的故事便脱胎于此。一方水土养一方人，无比坚忍、不屈不挠、高度自律、敦厚实在，这个大山里走出的“愚公”有着山一般的品质。

守正无私，他的“公平秤”一尘不染

提到李庆军，周光华老人再次失声痛哭：“真是个好法官，这些年我心里忘不掉啊！”

2004 年，周光华通过拍卖获得了某企业的土地和房屋使用权，但企业不仅拒不交付，面对周光华的诉讼更是打起了拖延战。2008 年，一二审均败诉的企业向河南高院提出再审，案件交到了李庆军手里。

“人家有钱有势，我连律师都没有，案子万一被推翻，咋办？”官司拖了 5 年，面对蛮横无理的企业，周光华六神无主，心里直打怵。

“不管对方势力多大，咱都按法办。没有理，再有权咱也不支持。您别害怕。”李庆军温柔却有力的承诺让周光华吃了定心丸，很快她便拿到了驳回再审申请、维持胜诉的裁定书。

之后的十年，每到春节前夕，周光华都会挎着一篮子土鸡蛋，从南阳坐大巴赶将近300公里的路去李庆军家。而李庆军则会塞给老太太许多自家买的东西：“你要是不拿，鸡蛋我就不能收。法官是有纪律的。”

同事于保林记得李庆军经常对自己的审判团队成员说：“不管谁找，法律底线不能突破，要坚持原则。大家只管依法办案，有什么压力我来顶着！”

李庆军常挂在嘴边的一句话是“越是扛着麻袋大包小裹来省高院开庭的当事人，越要倾注更多的心血和注意力”。

法律是一种常学常新的东西，作为法官，李庆军深谙这一点。

有一个细节让高中同学赵功文怎么也忘不掉。“有一次我接李庆军去某地，见到他的时候，发现他把三个大包裹放在脚边，边看书边等我。我问他怎么还在看书，他说：‘法律是随时变化的，我需要学习。’”

据李庆军的妻子马凤实回忆，家里阳台的旧躺椅是李庆军生前最喜欢待的地方，他没有很多爱好，闲暇时候只是看书，主要看各种法律相关的书。天长日久，踏脚的地方磨出了一个洞。

儿子李然深受父亲言传身教的影响，也选择了法律作为自己的专业。他记得父亲说过：“你所看过的书，所学到的知识都会赋予你力量，尤其是法律。”

在认识李庆军的人眼里，“手不释卷”是他身上一个永恒的标签，穷苦撕不掉，辛劳泡不皱，病魔扯不碎。

早在2001年，李庆军拟写的裁判文书就获得了全国法院优秀民商事裁判文书评比三等奖，被评价为“针对性强，逻辑严谨，言之有据，判决结果具有说服力。体现了法官居中裁判的身份和地位，避免了法官凭主观之嫌，符合司法公正的要求”。

在同事荆伟的印象里，李庆军不善言谈，但讨论案件的时候却滔滔不绝，而且逻辑十分严谨。李庆军总是审慎地对待每一个案件，努力让当事人双方觉得判决有理有据，“每当我打开判决书时，总感觉败诉方当事人就在对面看着我”。

“‘办案做事要对得起自己的良心’，李庭长这句话对我影响特别大。”同事邓青林和李庆军在一个楼层办公，“我从来没有见过当事人因为李庭长办理的案件来大吵大闹。”据院里其他领导和同事了解，李庆军的确没有接到过一份投诉。

上个世纪90年代初，表弟卢朝辉下岗创业，因为缺少资金，找李庆军借了3万元钱，经济同样不算富裕的李庆军毫不犹豫答应了。而后来卢朝辉打官司的时候再去找李庆军，想请他打招呼的时候却碰了钉子，“他一口回绝我，说一切要以合理合法的手续解决。”

自从李庆军成了法官，类似事情便有很多，也有人因此抱怨李庆军“不办事”，但他从不会动摇自己的原则。

“廉洁办案，平安一生”是马凤实写给丈夫李庆军的亲情寄语，在一篇直到整理遗物时才发现的感悟中，他写道：

“仔细品味，慢慢地悟出了夫人期望之真切，也真实地体味到了院党组的用心之良苦。做到了廉洁办案，才能平安一生，要想得到一生平安，也就不能有私心，生贪念，以案件做交易，拿公正换利益。”

春蚕丝尽，他用一生践行法官之义

2014 年，李庆军被确诊为尿毒症。为了不耽误工作，他选择了可以自己在家操作的腹膜透析。从那以后，李庆军的腹部便多了一根用于透析的硅胶“腹透管”，在他的卧室，成箱的透析液几乎堆满一面墙。腹痛腹胀、乏力怕冷、恶心甚至呕吐，透析反应让他常常吃不下饭。

按照与医生的约定，李庆军每个月都要请假一天去北京的医院复查身体。周一下午下班后，他会带着透析用品乘上 22 时 12 分出发去北京的 K180 次列车，待次日检查完毕，再坐高铁于周二下午返回郑州，赶回办公室，把当天落下的工作补回来。

即使看病，也能让李庆军看出“法官心得”。北京的医院每个月都要对他就病情进行电话回访，从而适时调整治疗方案，他对此颇有触动，借此告诫团队：“咱们作为法官也要有这样的责任感，要注意回头看，从结果中找差距。”

2016 年是河南高院首批员额法官入额考试之年。入额意味着工作压力大幅增加，院领导劝身体不好的李庆军调离审判一线，但他不愿意放下手中的法槌，坚持参加考试，并拿到了全院第四名的好成绩。

重病 4 年间，李庆军每天需要透析 4 到 5 次，近乎滴水不沾，就算渴极了也只是抿一抿杯沿。不愿麻烦他人的李庆军竭力把自己伪装成一个正常人。腿部浮肿疼痛，难以正常走路，为了工作期间不拄拐，就左三层右三层包起来再套上裤子；遇到有人询问身体状况，只说没问题、休息一下就好；住院的时候同事来看望，他偷偷抽掉了写着病情的床头牌……

家人心疼，都劝他休息，李庆军却反过来宽慰他们：“我一到单位，浑身是劲，一工作起来病痛就都忘了。”截至 2018 年 8 月底，河南高院立案二庭共结案 1309 件，李庆军团队共结案 360 件，李庆军是全庭办案最多的法官。

共同生活 28 年，马凤实了解丈夫：“他太热爱法官这个职业了，他常说：‘我一个农家子弟，能从山里出来上大学，当上省高院的法官，多光荣多幸运啊！’”

2018年9月1日是一个星期六，18时30分，河南高院签到机记录了李庆军最后的影像。9月2日一大早，换肾手术前，同事任方方收到李庆军的短信：“我要休息一段时间。禹州电缆案，6号以后联系当事人让双方再谈一次，调不成还按原定方案办。卷在柜子上。”术前，李庆军的13个电话全部打给了同事交代工作。

术后，他也没有闲着，刚被允许用手机，就立刻回复那些找他求助的人，一如既往地耐心提供法律帮助。26天后，病情恶化，期盼着“像正常人一样喝水”的李庆军永远闭上了眼睛。

生前，纵然工作极其出色，但李庆军鲜有荣誉，他更愿意把这些身外之物让给年轻干警。“给我干啥，给年轻人吧，鼓励他们进步。”去世之后，他的办公室里除了堆成小山的案卷和书，就只剩满满一抽屉药，满满一抽屉永远来不及吃的早饭和沉甸甸的19本工作日记。

在日记里，能看到李庆军令人动容的奋进与坚忍。

“与别人比有差距，还有潜力可挖，要多学别人的长处，发挥我们的优点、长处。”“我们工作中有一些还可以更仔细一点，今年工作中要有重点，有亮点，配合更好一点。”

“活着要有活着的质量。我不想让亲人为我的身体担忧，给他人带来精神压力，我尽可能弱化自己的病情。很多美好的东西，我仍然想像常人一样享受。生活要继续，班要继续上，工作要继续干……”

肩扛主持公平正义、传播法律知识的责任，他无比虔诚，用一生践行了法官理想。李庆军质朴的剖白至今还萦绕在人们的耳畔，憨厚的声音、简单的话语，却字字重若千钧：

“我是真的喜欢办案，喜欢法官这个职业。”

（原载《人民法院报》2019年9月2日，记者姜佩杉）

胡国运

Hu Guoyun

男，汉族，江西南昌人，1964 年 11 月出生，中共党员，1987 年 7 月参加法院工作，生前任江西省高级人民法院二级高级法官。2020 年 5 月 6 日突发疾病因公殉职。胡国运同志参加法院工作 33 年来，始终以高度的事业心、强烈的责任感、饱满的工作热情和忘我的精神状态，全身心投入工作，在法官教育培训、民商事审判、司法体制改革等方面作出重要贡献。他敢于担当、勤勉敬业，面对重大疑难复杂案件，带头办案、冲在一线，直至生命最后时刻仍在办理案件。他锐意进取、勇于创新，积极投身江西法院家事审判、环境资源审判体制机制改革，牵头制定涉网络侵权、执行异议之诉等案件审理指导意见，是推进司法体制改革的实干家。他严于律己、廉洁奉公，严格教育约束家庭亲属，从不利用职权谋取私利，人称“铁面法官”。荣获全国模范法官、江西省优秀共产党员等称号。

学习决定、通知

人力资源社会保障部　最高人民法院

关于追授胡国运同志“全国模范法官”称号的决定

人社部发〔2020〕62 号

各省、自治区、直辖市及新疆生产建设兵团人力资源社会保障厅（局），各省、自治区、直辖市高级人民法院，解放军军事法院，新疆维吾尔自治区高级人民法院生产建设兵团分院：

党的十九大以来，全国各级人民法院在以习近平同志为核心的党中央坚强领导下，高举中国特色社会主义伟大旗帜，坚持以习近平新时代中国特色社会主义思想为指导，紧紧围绕“努力让人民群众在每一个司法案件中感受到公平正义”目标，坚持服务大局、司法为民、公正司法，充分发挥审判职能作用，为维护国家政治安全、确保社会大局稳定、促进社会公平正义、保障人民安居乐业作出重要贡献，涌现出一大批品格高尚、业绩显著的先进典型，胡国运同志就是其中的优秀代表。

胡国运同志是中国共产党党员，生前任江西省高级人民法院二级高级法官。他理想信念坚定，热爱司法事业，参加人民法院工作以来，兢兢业业、埋头苦干，在法官教育培训、民商事审判、司法体制改革等方面作出重要贡献。他敢于担当、勤勉敬业，面对重大疑难复杂案件，带头办案、冲在一线，直至生命最后时刻仍在办理案件。他锐意进取、勇于创新，积极投身江西法院家事审判、环境资源审判体制机制改革，牵头制定涉网络侵权、执行异议之诉等案件审理指导意见，是推进司法体制改革的实干家。他严于律己、廉洁奉公，严格教育约束家庭亲属，从不利用职权谋取私利，展现了一名共产党员、人民法官的浩然正气。胡国运同志忠诚尽责、担当奉献，表现突出、事迹感人，是新时代践行习近平总书记全面依法治国新理念新思想新战略的好党员、好法官。为表彰先进、弘扬正气，人力资源社会保障部、最高人民法院决定，追授胡国运同志“全国模范法官”称号。

全国各级人民法院要坚持以习近平新时代中国特色社会主义思想为指导，大力加强法院队伍革命化正规化专业化职业化建设，广泛开展向胡国运同志学习活动，紧密结合“两个坚持”专题教育，采取多种形式组织学习宣传。要教育引导广大干警以先进典型为榜样，增强“四个意识”、坚定“四个自信”、做到“两个维护”，不忘初心、牢记使命，恪尽职守、勇于担当，不断提升司法为民、公正司法的能力和水平，为统筹推进常态化疫情防控和经济社会发展，确保完成决战决胜脱贫攻坚目标任务，全面建成小康社会提供有力司法服务和保障！

2020 年 8 月 24 日

中央政法委员会
关于学习宣传胡国运同志先进事迹的通知

中政委〔2020〕45 号

各省、自治区、直辖市党委政法委，新疆生产建设兵团党委政法委，最高人民法院、最高人民检察院、公安部、国家安全部、司法部党组（党委），中国法学会党组：

江西省高级人民法院二级高级法官胡国运同志，是全国政法系统深入学习贯彻习近平新时代中国特色社会主义思想、践行社会主义核心价值观和党的群众路线的优秀代表，是牢记使命、恪尽职守和为人民司法事业鞠躬尽瘁、死而后已的先进典型。胡国运同志参加法院工作 33 年来，始终以高度的事业心、强烈的责任感、饱满的工作热情和忘我的精神状态，全身心投入工作。他敢于担当、勤勉敬业、锐意进取、勇于创新，在法官教育培训、民商事审判、环境资源审判、涉网络侵权审判方面作出重要贡献。他严于律己、廉洁奉公，严格教育约束家庭亲属，从不利用职权谋取私利，展现了一名共产党员、人民法官的浩然正气。

胡国运同志去世后，中央政治局委员、中央书记处书记、中央政法委书记郭声琨，最高人民法院党组书记、院长周强等领导同志分别作出批示，高度肯定了胡国运同志的先进事迹和崇高精神，对学习宣传胡国运同志提出明确要求。2020 年 7 月 18 日，中共江西省委追授胡国运同志"全省优秀共产党员"称号；8 月 24 日，人力资源社会保障部、最高人民法院追授胡国运同志"全国模范法官"称号。新华社、人民网、法治日报、人民法院报等媒体报道了他的先进事迹，产生积极广泛的社会影响，得到广大政法干警和人民群众的普遍赞誉。中央政法委号召，全国政法机关和全体政法干警要认真学习宣传胡国运同志的先进事迹和崇高精神。

一、学习胡国运同志对党忠诚、信念坚定的政治品格。

胡国运同志始终坚定理想信念，对党的事业无限忠诚，对司法工作无比热爱。他在《入党志愿书》里写道："我深刻认识到，在中国，法官的命运是和党的命运、国家的命运始终联系在一起的，法官应自觉地在政治上与党中央保持一致，自觉接受和维护党的领导。"参加法院工作33年，他胸怀赤诚、恪尽职守，勤勉敬业、默默奉献，工作中时刻注重政治效果、法律效果和社会效果的有机统一，平等保护各方当事人合法权益，审理了一大批重大复杂疑难案件，所办的逾千案件无一错案，直到生命最后一刻，身旁还放着翻开的卷宗。全体政法干警要向胡国运同志学习，坚持以习近平新时代中国特色社会主义思想武装头脑、指导实践、推动工作，坚持党的绝对领导，增强“四个意识”、树牢“四个自信”，做到“两个维护”，确保绝对忠诚、绝对纯洁、绝对可靠，把对党忠诚融入日常工作之中，矢志不渝做中国特色社会主义事业的建设者和捍卫者。

二、学习胡国运同志心系群众、为民解忧的公仆情怀。

胡国运同志时刻牢记全心全意为人民服务的根本宗旨，怀着一颗爱民为民之心，时刻把群众的事放在心中。他常说：“高院的判决多是终审判决，是司法公正的最后一道防线，一言一行、一字一句，都攸关一个人、一个家庭的命运。”在办理一起建设工程施工合同纠纷案时，有合议庭成员认为该案一审部分事实存疑，建议发回重审，但胡国运考虑到案件工程款中有很大一部分是农民工工资，如全案发回重审，农民工不能及时拿到工资，将严重影响基本生活，因此建议合议庭依法对案件中涉农民工工资的事实清楚部分先行判决，其余部分发回重审，依法保障了农民工的合法权益。全体政法干警要向胡国运同志学习，认真践行党的群众路线和根本宗旨，始终把人民放在心中最高位置，不断提高执法司法水平和服务人民的能力水平，全心全意为增强人民群众获得感、幸福感、安全感而努力工作，切实维护人民群众合法权益。

三、学习胡国运同志精研实干、担当负责的工作作风。

胡国运同志善于钻研业务、精益求精，面对重大疑难复杂案件，坚持带头办案、攻坚克难。2016年，在审理某起大气污染致苗木受损的纠纷案时，由于环境侵权损失数额难以鉴定，一审法院酌情判决污染者给予赔偿，受损方不服向江西高院提起上诉。面对没有先例的新型环境污染案，胡国运同志调阅案卷后提出，法庭可以依据当地林业部门提供的污染调查表，就苗木受损情况开展市场调查，从而计算损失额度，作为判决依据。该案判决后，被最高人民法院选为典型参考案例。他办理案件严谨细致，对每起案件都一丝不苟。虽然是全省审判业务专家，但在合议案件时，他总是与大家平等交流，充分尊重合议庭每个人的意见，他常说：“要将我发表的意见如实记录下来，如果是我的意见导致案件有差错，这个责任由我承担。”全体政法干警要向胡国运同志学习，以对政法事业极端负责的态度，认真履行好宪法和法律赋予的神圣职责，勇挑重担、善于作为，不断提高运用法治思维和法治方式维护稳定、化解矛盾、处理问题的能力和水平，努力让人民群众在每一起案件办理、每一件事情处理中都能感受到公平正义。

四、学习胡国运同志善于创新、锐意改革的时代品质。

胡国运同志具有强烈的创新意识，倾力推动相关审判领域体制机制改革。为充分发挥环境司法职能作用，维护环境公共利益和人民群众环境权益，他在深入调研的基础上，带领团队搭建江西省环境资源审判的基本框架，制定《关于锻造环境资源司法江西模式的实施意见》等规范性文件，全力保障江西生态文明先行试验区建设。为服务保障江西旅游行业健康发展，他推动在全省范围建立化解旅游纠纷协作机制，积极推进旅游法庭及巡回审判点建设。与此同时，他不遗余力地推动江西法院家事审判改革，积极推行心理干预、家事调查、人身保护令等制度，有效维护妇女、儿童和老年人的合法权益。全体政法干警要向胡国运同志学习，立足经济和社会发展大局，准确把握政法领域改革的前进方向，以只争朝夕、时不我待的责任感和紧迫感，推动各项改革措施精准落地，做司法体制改革的促进派和实干家。

五、学习胡国运同志严于律己、廉洁奉公的高尚情操。

胡国运同志始终秉持对法官职业的敬重、对司法事业的敬畏、对规矩纪律的坚守。他从事民商事审判工作多年，所办案件涉及房产、地产等纠纷，法律关系复杂，标的额动辄以亿计算。有的当事人想方设法动用各种关系打招呼，但是胡国运始终以“正义的人生才是幸福的人生”为信条，绝不让司法的天平倾斜。他常告诫本院的法官，“我们这些法官，尤其是民事口的法官，金钱的诱惑无时不在，但请坚持你的专业判断、坚守你的良知，不要沦为被金钱驯服的工具，宁愿得罪人，也不能得罪法律”。他对家人要求极严，有当事人得知他女儿大学刚毕业正在找工作，主动提出帮他女儿安排稳定工作，他断然拒绝。他对女儿说：“工作你自己去找，爸爸开这个口容易，但以后人家找我的时候，就不好办了。”全体政法干警要向胡国运同志学习，严守政法职业道德和职业操守，自觉抵制外界干扰诱惑，筑牢拒腐防变的防线，干干净净做事、清清白白做人，规范执法司法权力运行，不断增强自我净化、自我完善、自我革新、自我提高的能力，永葆清廉的政治本色。

各级政法机关要坚持以习近平新时代中国特色社会主义思想为指导，结合本地区本单位实际，将胡国运同志作为开展政法队伍教育整顿、弘扬英模精神和践行社会主义核心价值观的鲜活教材，鼓舞和激励广大干警汲取先进典型的精神力量，着力锤炼铁一般的理想信念、铁一般的责任担当、铁一般的过硬本领、铁一般的纪律作风，充分展现党领导的政法干警克己奉公、无私奉献的良好形象，以实际行动谱写政法事业发展新篇章，为统筹推进常态化疫情防控和经济社会发展，确保完成决战决胜脱贫攻坚目标任务，全面建成小康社会提供坚强有力的法治保障！

2020 年 9 月 11 日

最高人民法院

关于学习宣传胡国运同志先进事迹的通知

法〔2020〕254号

全国地方各级人民法院，各级军事法院，新疆生产建设兵团各级法院：

胡国运，男，汉族，1964年11月出生，中共党员，1987年7月参加法院工作，生前系江西省高级人民法院二级高级法官。2020年5月6日突发疾病因公殉职。胡国运同志参加法院工作33年来，始终以高度的事业心、强烈的责任感、饱满的工作热情和忘我的精神状态，全身心投入工作。他敢于担当、勤勉敬业，锐意进取、勇于创新，在法官教育培训、民商事审判、司法体制改革等方面作出重要贡献。他严于律己、廉洁奉公，严格教育约束家庭亲属，从不利用职权谋取私利，展现了一名共产党员、人民法官的浩然正气。

胡国运同志去世后，中央政治局委员、中央书记处书记、中央政法委书记郭声琨，最高人民法院党组书记、院长周强等领导同志分别作出批示，高度肯定了他的先进事迹和崇高精神，对学习宣传胡国运同志提出明确要求。2020年7月18日，中共江西省委追授胡国运同志“全省优秀共产党员”称号；8月24日，人力资源社会保障部、最高人民法院追授其“全国模范法官”称号。新华社、人民网、法治日报、人民法院报等媒体报道了他的先进事迹，产生积极广泛的社会影响。日前，中央政法委发出《关于学习宣传胡国运同志先进事迹的通知》（以下简称《通知》），号召全国政法机关和全体政法干警学习宣传胡国运同志的先进事迹和崇高精神。

胡国运同志是深入学习贯彻习近平新时代中国特色社会主义思想、践行习近平总书记全面依法治国新理念新思想新战略的突出代表，是在服务大局、司法为民、公正司法实践中涌现出的好法官、好干部，是全国法院干警的楷模。为贯彻落实中央政法委《通知》精神，推进新时代人民法院队伍建设，最高人民法院决定，在全国法院系统广泛开展向胡国运同志学习活动。

一、学习胡国运同志对党忠诚、信念坚定的政治品格。胡国运同志始终坚定理想信念，对党的事业无限忠诚，对司法工作无比热爱。1987年，胡国运同志从北京大学法律系毕业，放弃留在北京工作的机会，毅然回到家乡，投身江西的人民司法事业。他在《入党志愿书》里写道：“我深刻认识到，在中国，法官的命运是和党的命运、国家的命运始终联系在一起的，法官应自觉地在政治上与党中央保持一致，自觉接受和维护党的领导。”工作30余年来，他始终忠诚履职、秉公办案，平等保护各方当事人合法权益，所办的逾千案件无一错案，以实际行动践行了入党时的庄严承诺。全体法院干警要向胡国运同志学习，始终坚持以习近平新时代中国特色社会主义思想武装头脑、指导实践、推动工作，增强“四个意识”、坚定“四个自信”、做到“两个维护”，把向胡国运同志学习与弘扬伟大抗疫精神结合起来，强化党员意识，履行党员义务，把对党忠诚落实到热爱党的事业、执行党的决定、践行党的宗旨上，体现在严格公正司法的实际行动中，永葆忠于党、忠于国家、忠于人民、忠于法律的政治本色。

二、学习胡国运同志牢记宗旨、司法为民的公仆情怀。胡国运同志始终牢记全心全意为人民服务的根本宗旨，始终把人民对公平正义的期盼作为努力方向。他出生在农村，逐步成长为人民法院的高级法官，工作30余年来，始终怀着对人民群众深厚而真挚的情感，把群众的困难当成自己的困难，把群众的疾苦当作自己的疾苦。他特别关心妇女、儿童、老年人、农民工等弱势群体的合法权益，在案件审理中，积极创新审判思路，精准把握裁判尺度，在维护法律权威的同时传递司法温暖。在审理一起涉农民工工资的建筑工程案中，为切实保障农民工合法权益，合议庭根据他的建议，依法对部分事实清楚的工程款先行判决，农民工很快拿到了工资，保障了基本生活。全体法院干警要向胡国运同志学习，始终坚持以人民为中心的发展思想，走好新时代党的群众路线，依法公正高效审理各类案件，切实保障人民群众合法权益。要始终以人民呼声为第一信号，把着眼点放在解决群众实现公平正义过程中遇到的实际困难和问题上，不断完善司法便民利民惠民政策措施，全面推进一站式多元解纷和诉讼服务体系建设，让人民群众切实感受到公平正义就在身边。

三、学习胡国运同志精益求精、担当负责的敬业精神。胡国运同志善于钻研业务、精益求精，面对重大疑难复杂案件，坚持带头办案、攻坚克难。在审理一起大气污染致苗木受损的纠纷案时，由于环境侵权损失数额难以鉴定，一审法院酌情判决污染者赔偿，受损方不服向江西省高级人民法院提起上诉。面对没有先例的新型环境污染案，胡国运调阅案卷后提出，法庭可以根据当地林业部门提供的调查表，就苗木受损情况开展市场调查，从而计算损失额度，作为判决依据。该案判决后，被最高人民法院选为典型参考案例。虽然是全省审判业务专家，但在合议案件时，他总是与大家平等交流，充分尊重合议庭每个人的意见，他常说：“要将我发表的意见如实记录下来，如果是我的意见导致案件有差错，这个责任由我承担。”全体法院干警要向胡国运同志学习，以对人民司法事业极端负责的态度，牢牢把握社会公平正义这一法治价值追求，始终依法独立公正行使审判权，坚持以事实为依据、以法律为准绳，严把案件事实关、证据关、程序关和法律适用关，努力让人民群众在每一个司法案件中感受到公平正义。

四、学习胡国运同志敢于创新、投身改革的时代品质。胡国运同志具有强烈的创新意识，是积极投身司法体制改革的实干家和促进派。为充分发挥环境司法职能作用，维护环境公共利益和人民群众环境权益，他带领团队搭建江西环境资源审判的基本框架，制定《关于锻造环境资源司法江西模式的实施意见》等规范性文件，全力保障江西生态文明先行试验区建设。同时，他积极推动构建劳动争议裁审衔接及诉调对接机制，推进全省旅游法庭及巡回审判点建设，为全省法院民事审判改革作出重要贡献。全体法院干警要向胡国运同志学习，以迎难而上的奋斗姿态、舍我其谁的担当精神，进一步强化使命意识、责任意识和奉献意识，坚定支持改革，积极参与改革，不断深化司法体制综合配套改革，全面落实司法责任制，深入推进人民法院执法司法制约监督体系改革和建设，为加快推进审判体系和审判能力现代化，建设公正高效权威的社会主义司法制度不懈奋斗。

五、学习胡国运同志克己奉公、清正廉洁的高尚情操。胡国运同志正确对待手中的审判权，始终一身正气、一尘不染，人称“铁面法官”。他从事民商事审判工作多年，所办案件涉及房产、地产等纠纷，法律关系复杂，标的额动辄以亿计算，有的当事人想方设法动用各种关系打招呼，但是胡国运始终以“正义的人生才是幸福的人生”为信条，绝不让司法的天平倾斜。他对家人要求极严，有当事人得知他女儿大学毕业正在找工作，主动提出帮助他女儿介绍安排稳定的工作，被他断然拒绝。有人提醒他，太耿直容易得罪人，他都是一句话：“宁愿得罪人，也不能得罪法律。”胡国运同志的一生，是坚定理想信念、坚守法治信仰、献身司法事业的一生，更是坚持原则、秉公司法、清正廉洁的一生。全体法院干警要向胡国运同志学习，学习他信仰法治、廉洁奉公的高风亮节，加强党性修养和党性锻炼，正确对待和行使手中的权力，恪守职业道德，秉持司法良知，始终保持一身正气、两袖清风，树立惩恶扬善、执法如山的浩然正气。

各级人民法院要坚持以习近平新时代中国特色社会主义思想为指导，结合本地区本单位实际，将胡国运同志作为践行社会主义核心价值观、开展政法队伍教育整顿和弘扬英模精神的鲜活教材，鼓舞和激励广大干警汲取先进典型的精神力量，恪尽职守、勇于担当，不断提升服务大局、司法为民、公正司法的能力和水平，为统筹推进常态化疫情防控和经济社会发展，确保完成决战决胜脱贫攻坚目标任务，全面建成小康社会提供有力司法服务和保障！

2020 年 10 月 11 日

先进事迹

亦师亦友的好庭长

2020年5月6日，我的好领导、好老师、好同事，江西高院二级高级法官、民一庭原庭长胡国运同志突发疾病，倒在了工作岗位上。他去世时，身旁放着的是他正在翻阅的案卷。他在生命的最后一刻仍全身心地扑在他挚爱一生的审判事业上。胡庭长的微信里有这样一个签名："以负责的心，做好份内的事；以不变的心，坚守自己的理念。"这是他一生的真实写照。

我与胡庭长一起共事五年。2010年，胡庭长到民一庭当庭长，他让我做内勤和调研工作，兼顾办案。我也因此有了和他深入接触和学习的机会。

那时的民一庭有一帮年轻人，胡庭长很注重对我们年轻人的培养，从不吝惜将自己的审判经验分享给我们。我们刚开始办案时，他都自己担任审判长，他说："我来帮你们把把关，带一带你们，但你们自己要认真阅卷，吃透案情，找准法律问题。"在民一庭与胡庭长一起共事的五年，是当时我这个法官新兵业务进步最快、收获最大的五年。

胡庭长性格温和，很少批评我们年轻人，但他对我们的工作要求非常严谨。

记得2011年胡庭长安排我起草一份侵权责任法实施情况的调研报告。当时我手头上事情比较多，没有进行深入调研，就在网上找了一些资料放到报告里。胡庭长看完稿子，用笔把我复制粘贴未做修改的外地法院名称圈了出来，语重心长的对我说："雪林，这种低级错误不应该有啊！这是工作态度问题。不管写文章、还是办案子，工作态度是第一位的。"他的谆谆教诲，让我感到特别自责和羞愧，此后工作中，再也不敢有丝毫懈怠和马虎了。

胡庭长是全省知名的审判业务专家。他撰写的裁判文书格式规范、逻辑严密、论理充分，一直是我们学习的榜样。我们这群年轻同事都特别喜欢请他修改判决书，每次拿回来都互相传阅，反复推敲，他改得总是恰到好处，令我们佩服不已。对审判实务中的疑难问题，

胡国运开庭

他总能帮我们打开思路，找到妥善的解决办法。

有一次，我办理一个房地产开发的案子，原被告合作不下去，要对一个开发的楼盘进行清算，涉及金额 2 亿多元。

证据交换那天，原告拖来两大箱证据，被告拉着四五个小推车的财务凭证。我一看这么多证据，就傻了眼。这些证据要是由我一一组织举证质证，没有十天半月肯定弄不完！我首先想到的是委托会计鉴定，但原告不同意，说被告的凭证里面很多是假的。这下让我犯难了。

我赶紧向胡庭长求救，他听后略作思考，提示我："证据的真伪不审核，鉴定机构也没法鉴定。你可以指导双方自行进行预备质证，帮他们明确预备质证的规则。双方核对没有争议的凭证就不要再质证了，法院只对有争议的证据组织质证。"

胡庭长的一席话，让我豁然开朗。按照他的思路，我组织双方先签订了一份预备质证的规则纪要，再安排双方根据纪要确定的规则自行核对账目。后来，他们把账对清楚了，在合议庭组织下达成了调解。

我高兴地把案子调解了的消息告诉胡庭长。他听了也很高兴，进一步指导我说："处理民事纠纷思路很重要，有时要想办法充分调动当事人自己的积极性，法官既要做公正的裁判者，也要做优秀的诉讼活动指导员。"

胡庭长不仅办案业务精湛，还始终怀揣着一颗对法律赤诚的心。

在全省民事法官培训班上，他说，民事审判要坚持四个理念，公平、利益平衡、保护弱势群体、程序零瑕疵。

2012 年，庭里有一个夫妻共同债务案件，合议庭争议不下。该案女方上诉提出男方巨额借款从未用于家庭，其与男方已分居多年，不应由其承担共同还款责任。

当时处理这类案件时，法官们的思路普遍还是按夫妻共同债务处理。合议时，胡庭长却说："现实生活中很多夫妻一方借款，另一方不知情，特别是夫妻关系本来就名存实亡，只是由于各种原因没办离婚手续的情况下，要另一方承担还款责任是不公平的。应该把共同债务的举证责任分配给出借人，出借人要求夫妻共同签字，共债共签就可以避免风险。"

这是我第一次听到"共债共签"这个词。六年后，最高人民法院出台的司法解释和今年公布的《民法典》都明确了"共债共签"的夫妻债务认定标准。

我想这正是因为他秉持了公平正义的理念，对生活有着深刻的观察，对法律前沿问题时刻保持着关注，才能对法律的理解如此超前。

在办案和工作中，胡庭长总是把目光投向弱势群体，关注普通当事人的困境。

有一年院里分了 10 件劳动争议申诉案件给民一庭，我没有想到他会特别重视这批案子。他特意组织承办法官开会，提醒大家："这些案子标的虽然很小，但关系到普通劳动者的切身利益，你们要依法审查，多做调解工作，避免增加群众诉累。"

后来，他多次指导调解。经过努力，有 5 个案子双方达成和解，劳动者及时拿到了工资，撤回了申诉。当事人还专门送来锦旗，赞扬高院法官"执法为民、情系百姓"。

高院的判决多是终审判决，每一个步骤都要倍加严谨细致，一言一行、一字一句，都攸关一个人、一个家庭甚至一家企业的命运。

胡庭长是个有担当的好领导。以前分案时，他总是将疑难复杂、矛盾尖锐、压力最大的案件，留给自己。他说："庭长也是法官，办理疑难复杂案件是庭长分内的事！"我们办案遇到压力，他也总是顶在前面。

庭里一位年轻女法官碰到一个棘手案子，该案被上诉人采用各种办法缠访、闹访，施加压力，扬言案子改判就大闹，办案法官压力很大。胡庭长得知后，掷地有声地说：“只要案子证据充分，有法律依据，就不要怕，案子该怎么判就怎么判，案外的压力我来扛！”

一切按法律办，案外的压力我来扛。

案子依法判决后，被上诉人多次组织人员闹访。胡庭长主动接访，摆事实讲道理。但当事人不依不饶，接访时仗着人多，对胡庭长推推搡搡，在他的右手臂上抓出了一道血痕，甚至拳头都要打到他的脸上了。他眉头一皱，对带头闹事的，大声说：“案子没判错，威胁也没用，如果今天我成了烈士，你就是犯罪。”

案子没判错，威胁也没用，如果今天我成了烈士，你就是犯罪。

我被他的一身正气震撼了。他就是这样的人，表面性格温和，说话和风细雨，但骨子里有一股刚正耿直、无私无畏气质，他已经把对法治的信仰和尊崇化成了言行、融进了血脉。

一切必须按法律办，这就是人民法官刚正不阿的精神。

回首往事是那么遥远而又清晰。胡庭长就是我们这些青年法官成长路上的指路灯，他用一言一行教会我们如何当好一名合格的人民法官。如今，我也走上了庭长岗位，在办案的间隙或是遇到难题的时候，我总是不禁想起胡庭长说过的话、做过的事，想着如果是他，会怎么做、如何判。

斯人已逝，精神永存。传承是对他最好的追思。我们将以胡庭长为榜样，传承他的精神，在追寻公平正义的法治道路上，不忘初心，砥砺前行！（龚雪林）

一个令人尊敬的好法官

在得知胡国运法官因公殉职的消息时，我十分震惊，简直不敢相信。打开朋友圈，各界人士的悼念文字扑面而来，大家为此深感悲痛和惋惜。在遗体告别仪式的当天，众多律师自发前来送别。

究竟是什么原因，让一名普通法官的离世，引起律师界的集体追思和怀念？今天我想和大家讲述律师眼中的胡法官。

2009 年，我刚执业时，就听前辈们常常提起胡法官的大名。他的法律功底特别扎实，对法律条文信手拈来、如数家珍，是全省公认的民商事审判专家，被业界称为“行走的法律百科全书”，我也一直想见一见这位被律师们齐口称赞的“法律大咖”。

2013 年 8 月，我代理一起建设工程施工合同纠纷案。该案法律关系复杂，涉及合同法、建筑法、招投标法等多部法律，对方又是国有事业单位。说实话，我心里也直打鼓，不知道法官怎么判。

胡国运与民事法官合影

由于该案的证据材料很多，时间又比较紧迫，为了便于说清楚事实，我多次向胡庭长说明情况。他每次都很耐心地听取我的陈述，从不打断我的话语，还对疑难问题进行深入了解。与他沟通交流，没有高高在上的感觉，令人十分舒适。

开庭的时候，双方当事人分歧很大、情绪激动。胡庭长不急不躁，认真地倾听，不时用笔记录，一旦有一方当事人言语不当，他会立即提醒。他总是面带笑容，及时把握现场秩序和当事人情绪，把激动的双方拉回到庭审中，让大家心平气和地陈述意见。

庭审结束后，判决很快下来。胡法官对案情进行了全面深入分析，抽丝剥茧、层层递进，论证充分、说理透彻。虽然我方的部分诉求被驳回，但我对判决真的心服口服。

后来有几次，我遇到一些法律问题向胡法官请教时，他总是细心点拨，让我拨云见日、茅塞顿开。每次我说“谢谢，胡老师”，他总是很谦虚地摆摆手，微笑着说：“别客气，我们相互学习。”细微之处见精神，正是这些点点滴滴的小事，让我认识了一个更加真实、纯粹的法官，他尊重律师，也赢得了律师们的敬重。

“铁面如山、公道正派”，这是律师们对胡法官的共同评价。“聊法律热烈欢迎，打招呼请不要敲我的门”“心思要放在精攻法律业务上”，这是胡法官常常勉励律师们的话。

江西律师协会副会长刘卫东律师讲了个趣事。1995 年，刚做律师不久的他，听说省高院业余法律大学有个“北大才子”胡国运，很爱钻研法律。一次他遇到一个法律专业方面的问题，怎么也想不出答案。于是他就尝试给胡国运打电话，想当面请教，并邀请胡国运“到茶座坐坐”。听说是探讨法律问题，胡国运一口答应了，但胡国运的意见是，到江西师大青苑书店门口见。到了约定的时间，胡国运真的蹬个自行车就来见他了。就这样，两个年轻人倚在自行车上，在书店门口探讨了 50 多分钟法律问题，仿佛忘却了时间的存在。

“他黑白分明，从不屈服于任何外力”，何大年律师向我回忆一件往事时感慨道。2006 年，何大年代理一起涉及国有企业的担保纠纷案，标的额 3 亿多元，胡国运是主审法官。案件另一方以高额代理费，聘请了十分有背景的律师，声称要动用关系向胡国运“施压”。

我们这些法官，尤其是民事口的法官，金钱的诱惑无时不在，但请坚持你的专业判断、坚守你的良知，不要沦为被金钱驯服的工具。

何大年对案子能否公正审理很担心。等案子判下来，令他感到意外的是，判决结果非常公正，有效避免了巨额国有资产的损失。何大年后来几次想请胡国运吃饭表示感谢，均被严厉地回绝。

胡法官不仅公道正派，他的平易近人、处处为当事人着想，也在业界口口相传。

2020 年 1 月，律师邹玲代理了一起建设工程合同纠纷案，胡国运是主审法官，由于疫情原因无法正常开庭。考虑到该案涉及民生，为尽快解决纠纷，胡法官提议进行线上审理，很快得到了双方当事人的认可。所有的证据交换、各方意见，以及法官们的情况反馈，全部在网络云端公开。这个案子很快审结，双方当事人也服判息讼。

后来，邹玲才知道，那段时间胡庭长的父亲刚刚去世，他正在老家为父亲办理后事。邹玲觉得，这个审判长特别随和，对于双方当事人提出的各种意见建议、诸多疑难问题，没有半点“牢骚”，他总是耐心解答，及时回复。每忆及此事，邹玲总是内疚地说：“即使在他失去亲人的痛苦时，他仍然用心听取我们的意见，我打心眼里敬佩他。他就是我们心中的好法官。”

该案当事人刘某得知胡法官去世后，主动要求参加法院组织的追思会，他感叹道：“我没见过胡庭长，但通过微信交流，我觉得这个法官很亲切，充满正能量。我们做企业的，最怕打官司，但有胡国运这样的法官，我们就充满信心。”

这就是胡法官，他把为民的情怀根植于司法事业，把对律师的尊重贯穿于办案始终，才赢得了全社会的赞誉，当事人的好评，律师们的认同。

吴豪律师在悼念胡国运的诗中写道：“没有和你喝过一次早茶，没有和你吃过一顿晚餐，法官与律师淡如水的君子之交，才能结出公正裁判彰显法治的硕果。你是春蚕，生命不息，吐丝不歇；你是蜡烛，燃尽自己，照亮后人。”

我想，这就是一位律师对法官最好的评价！（魏忠）

红土地上的法治“追光者”

十多年来，我曾多次采访胡国运。是他，让我在民事案件报道上，总有权威的方向和独到的见解。

我从未想过有一天，我需要因为他的离去采访别人：“您好，请您谈一谈您眼中的胡国运是个怎样的人……”采访中，泪水一次次模糊了大家的双眼。进一步走进他的世界，我被他的专业素养、正直品格、法官情怀，深深地震撼了。

胡国运在自己的工作笔记中这样写道，“心中有光，何惧山高路长”。胡国运心中那道光，源自何处？

为了找到答案，我来到了胡国运初心萌发的地方——南昌五星垦殖场。1964 年 11 月，胡国运出生在这里。幼年时家境清苦，父母都是忠厚的农民，他从小就懂事，总是一边学习，一边帮家里做家务干农活。当时，北大、清华的江西分校都设在那儿，闲暇时光，他常与北京知青交流，青葱少年的心中早已埋下了“到北京读大学”的种子。

怀揣梦想，付诸努力。1983 年，他以优异的成绩考入北京大学法律系。他的北大同学万利平回忆说：“胡国运性格温和，但学习劲头却相当强劲，可以用没日没夜来形容。”

胡国运和同学合影（右一为胡国运）

四年后，胡国运面临毕业分配，抉择之间，他放弃了众多学子梦寐以求的留京机会，决定回到家乡。他写信告诉父亲：“江西是革命老区，现在作为法官，在面对压力和诱惑时，必须守住公平正义的底线。正义的人生才是幸福的人生。

比较落后，我要用自己的所学去回报家乡。”

我想，正是江西这片有着优良传统的红土地，涵养了胡国运的纯粹人格，燃起了他心中那道公平与正义的法治之光。

胡国运分配在江西省高级人民法院工作，刚开始在法官业余大学担任教师工作。现任三级高级法官的段亦枫，就是胡国运的学生。1990年，她因休产假错过了一门科目考试，需要补考。一边是嗷嗷待哺的婴儿，一边是补考的倒计时。她乱了阵脚，胡国运知道后，亲自帮她整理了简明扼要的串讲资料，帮她渡过了难关。

内心有光的人，总能带给人温暖。他常说自己是农村出来的，深知民生之重。

他时常对民一庭的法官说，学识是一个法官十分重要的素质，但是否拥有济世的情怀，才是一个法官能否担负起社会责任的重要体现。

法官吴玉萍向我回忆了她审理的一起案件，考虑到一审部分事实没查清，她打算发回重审。

发回重审的理由是充分的，但审判长胡国运了解案情后发现，案件涉及的400多万元工程款中，有很大一部分是农民工工资。他在合议时说：“如果案件简单发回，兜兜转转又得办上一年半载，农民朋友不容易，他们拖不起啊。”他提出对已查清的农民工工资部分先行判决，合议庭采纳了他的意见，近百名农民工工资得到了及时下发。

追光的人，总会冲破一切黑暗的枷锁，将清白留给世人。与胡国运相识的十余年，我一度认为他是一个有“洁癖”的人。这种“洁癖”表现在他对走后门、拉关系、不务正业的不齿与不屑。常有人提醒他，太耿直容易得罪人，胡国运却常说：“我宁愿得罪人，也不能得罪法律。”

我宁愿得罪人，也不能得罪法律。

采访中，民四庭副庭长徐快华讲起一件事，他承办的一起案件，依法判决了当事人胡某承担了法律责任。判决后才知道当事人胡某是胡国运的亲戚。亲属曾多次找到胡国运，要求给承办人打招呼。他却一直婉言拒绝。

早年间，胡国运的小舅子刘忠明下岗失业，他曾有过小心思，想着姐夫在省高院上班，能否让姐夫找找人帮他安排个工作。

没曾想，他一开口就遭到了姐夫的严词拒绝。刘忠明不理解，非常生气，这还叫亲戚吗？妻子刘新明也责怪丈夫有点儿不近人情。

胡国运对妻子说："我这个人不贪图享乐，不喜欢八面玲珑，更不愿意为利益向人低头。我这一生只想追求一个问心无愧、对得起自己的良心。"

妻子深深感受到了丈夫笃定的人生追求。其实，她并没有真的怪丈夫，她也比谁都清楚，自己的爱人并不是一个冷酷无情的人。

确实，胡国运一边鼓励小舅子找工作，一边主动把小舅子的孩子接到家里抚养和教育。岳父后来患老年痴呆症，胡国运也第一时间把老人接到家中一勺汤、一勺药地照顾。

在很多人眼中，胡国运既是审判业务专家，又是个具有开拓精神的领导。

他是江西多个民事审判改革的推动者。他提议设立了环资审判"博士合议庭"，推动了多个旅游法庭建设；推动了全省家事审判改革试点工作。

2016 年，南丰法院试点家事审判改革，但方向不清晰，局限于模仿其他法院的想法中。对此，胡国运花了大量时间钻研起南丰的历史文化，深入了解当地的风土人情，他提出，南丰是千年古邑又是才子曾巩的故乡，这不就是打造家事审判品牌最好的切入点嘛！

遵循着胡国运提出的改革思路，南丰法院从傩文化、桔文化中提取"和合"理念，从曾氏家风中提炼出经典的家风家训元素，完成了南丰家事审判制度建设、审判场所建设等一系列工作，南丰法院民事审判一庭被评为全国法院家事审判工作先进集体。整个江西的家事审判改革也跨上了重要的一步台阶。

如今，省高院民一庭的法官讨论案件到激烈处时，仍然会忍不住脱口而出，"问问胡庭长，听他怎么说。"可是，那个曾经对法律条文、经典案例都信手拈来的胡庭长，再也无法像从前那样，认真倾听并给出答案了。

加入中国共产党时，胡国运在《入党志愿书》里这样写道："法官肩上挂着的是天平，铁肩担道义，法官必须牢记法律的公平正义，全心全意为人民服务！我是这样理解的，在今后的工作中，我保证这样做！"

30 多年来，他信守承诺，立践誓言，是他，让许多人看到坚信理想坚守信仰并愿意为之付出一生去追寻的楷模，就在我们的身边。

作为一名政法工作的对口记者，我看到红土地上还有许许多多像胡国运一样的共产党员。"胡国运"不是一个人，他们是一群人，他们坚守着法治最纯粹的精神，就像一座座高山，默默矗立，却让人忍不住高山仰止。

向这样的法官致敬！（程呈）

我生命中的那座山

至今，那一幕还在我眼前，还记得 5 月 6 日的那天清晨，很少开车的他一反常态，提出开车送我去上班。一路上，他很开心，我们说了好多话。下车后，我回头看了一眼，国运微笑着向我挥了挥手，轻声嘱咐着我小心点、看着路……我站在原地，看着他的车慢慢地消失在视线中。可谁能想到，这竟成永别！

我与国运是 1989 年认识的。初次见面时的国运，瘦瘦的，话不多，很安静，言谈举止中透着浓浓的书卷气，这种纯净、踏实的气质深深地吸引了我。

1992 年 11 月，我们结婚了。婚礼非常简朴，婚后，我们就住在国运的单身宿舍里。国运喜爱下厨，烧得一手好菜。那时的日子虽然过得清苦，但平淡而幸福。

国运不善言辞，却又让人无比温馨。每年结婚纪念日，他总会发一段祝福的话给我，开场白永远是那句“执子之手，与子偕老”。每当收到这些温暖的文字，心里总是暖暖的。

国运还非常细心。每次出远门时，总不忘和我打电话，告诉我他在干嘛，生怕我担心。每次出差回来，总会带些小礼物给我。家里摆放的那对灰白猫，那是我们谈恋爱时，他送给我的。30 多年了，我们前前后后搬了五次家，每次我俩都会记着把它带上。看到它，就会让我回想起我们那段浪漫的岁月，回想起那个满怀法治梦想的安静男孩。

他是一个爱家、顾家的好丈夫。这么多年，他很少在外面吃饭、应酬，每天总会算好时间下班，一边烧菜做饭一边等我回家。空闲时间，他总是喜欢泡一壶茶在边上，默默地看着我插花，这就是他最放松、最享受的事情。他总喜欢偷偷地把我插花的作品，晒到他的微信群，“炫耀”一番。

我的眼睛不好，高度近视，有 1000 多度。原来的我，不用记眼镜放哪了，因为我知道，第二天早上，他总会从梳妆台或者餐桌的角落里帮我找好眼镜，小心地放到我手上；每次晚上出门散步，他总会牵着我的手过马路，他说：“新明，我就是你的眼睛。”

但是现在，国运他走了，再也回不来了。我每天只能把眼镜放在固定位置，反复提醒自己记着点，生怕落在哪个角落，第二天起床找不着。因为我知道，他再也不会早上给我找眼镜了，再也不会牵着我的手过马路了，再也不会给我发那温暖的文字了……

他对我很好，对女儿更是百般呵护。还记得女儿刚出生那会儿，刚当父亲的他，欣喜

胡国运生活照

不已，双手小心翼翼地托抱着女儿，看了又看，时不时还傻笑着对我说："这女儿，长得真像我！"

他爱女儿，生怕她受到一点伤害。还记得，女儿上高中的时候，有人因为案子没有得到支持，多次打电话、发短信相威胁，对方甚至准确报出女儿所在学校。国运回家后很担心，但对威胁却毫不所动。他请我谅解，说："宁愿得罪人，也不能得罪法律。我不能因为受到威胁，就枉法裁判，如果我那么做了，就不配做一个法官！"因为担心女儿的安全，他流泪了，但我理解，身披法袍，他别无选择。事后我才知道，国运安排我弟弟，悄悄跟在女儿身后，护送女儿上下课好长一段时间。

他对女儿有时又特别"狠心"。2018 年，女儿研究生毕业找工作。我说，女儿学的是法律，你找找人、找找关系，给女儿安排一个好点的工作，把孩子留在咱身边吧，没想到国运听后非常生气，他说："我认识的都是律师或当事人，如果今天我向他们开了这个口，明天他们就会因为案子找到我，我能去交换吗？我手上的裁判权是我的吗？"

后来，女儿凭自己的努力，考取了广州税务系统的公务员，国运为此非常自豪。上班报到后，他赶去给女儿送行李，女儿用惯了的水壶生怕打碎，放在被子里裹了好几层，然后自己一个人拖着两个行李箱，身上还背着 4 个大包，坐火车赶去广州，为女儿收拾房间。我想，他是用默默的行动弥补心中的亏欠吧。

女儿很像国运，有事都藏在心底，不轻易在外人面前表现自己的脆弱。每次在电话中，女儿总跟我说："妈妈，我好后悔，我应该快点成长起来。是不是我当初的选择错了，如果当初我选择留在南昌，也许爸爸就不会出事了。"6 月 21 日父亲节那天，国运的微信突然响了，原来是女儿，给他发了一条微信，"老爸，节日快乐！"我知道，她是想爸爸了。

爸爸再也不能像以前一样，在她学业上遇到困惑时，帮她分析解惑；再也不能在她工作中遇到挫折时，给她加油鼓劲；再也不能任由她撒娇耍性子了……

国运还是个孝顺的儿子，他总是想一切办法，为父母、为老人安排好一切。国运爸妈一直在农村老家生活，他牵挂不已，特别是 2020 年春节后 90 岁的老父亲去世了，88 岁的老母亲又卧病在床。每逢周末，国运只要一有时间，就赶回乡下看妈妈，亲手为妈妈擦脸，修剪指甲。国运走后，有好几次，婆婆打电话过来问："国运怎么这么久都没回来看我啊。"我真的不知道怎么说，不知道怎么告诉她老人家，她的儿子没了，再也不能回家看望她了。

国运爱我们、爱家庭，更爱他的法律事业。当了民庭的庭长以后，审理的案子金额越来越大，来找他说情打招呼的人也越来越多，但他从来没有动过歪脑筋。他很节省，他穿的袜子破了，也舍不得扔；他的背心，已经变形了还在穿。他常常说："我们都是农村走出来的不容易，做任何事都不能违背自己的初心，一定要守住自己的底线，走好人生的每一步。"

他是一个光明磊落的人，他不允许在案子里玩猫腻，更不允许亲戚打着他的旗号在外面胡作非为。记得 2010 年调任民一庭庭长，第一次家庭聚会上，他就跟亲戚朋友立下规矩，"民一庭案子多，你们绝不能去接触当事人。这是底线，底线没守住，我们这个家庭也不会安宁"。

聊法律热烈欢迎，打招呼请不要敲我的门。

还记得，有一年中秋节，有两名案件当事人找到我家，想过节拜访国运。国运硬是把对方挡在家门外，不肯开门，对方在家门口苦苦哀求半个多小时，我实在于心不忍，就劝说国运开门让客人进屋说，礼物不收就是了。国运当时非常生气，大声说："家里什么事都听你的，唯独我的工作你不能插手。"我从没有见国运发过那么大脾气。从此以后，凡是有案子当事人上门，"一概拒绝"成了我们家的铁家规，这些年，一直是这么做的。

国运，家里人都牢牢记着你的话，你应该感到很欣慰吧？你走的这么突然，还有那么多事情没来得及做，还有那么多想法没来得及实现。你说过，要为吃苦受累一辈子的老母亲养老送终；你也答应过我，等到新庭长到任，办完交接以后，就去做折磨了你很久的静脉曲张手术；你还答应过我，等我们结婚三十周年的时候，要陪我去拍婚纱照，以弥补当年结婚时的遗憾；你还说过，想见见女儿正在交往的男朋友，将来女儿结婚时，你要亲手将女儿交到女婿的手上……可是现在，一切都无法实现了。

国运常说，当一名法官，是他这辈子最值得骄傲的事。他为了这个职业理想，也奋斗了大半辈子。在此，我代表家人，感谢党和组织、各位领导同事对他的肯定和给予他的荣誉，作为他的家属，我很自豪。法官做的是为老百姓维护公平正义的伟大事业，公正执法、秉公办案就是对国运最好的追思和纪念。（胡国运同志妻子刘新明）

能做一名法官，是我这辈子最值得骄傲的事。

重 要 媒 体 报 道

周强：深入学习胡国运同志先进事迹
坚定理想信念　忠诚履职担当

周强出席追授胡国运同志荣誉称号表彰大会强调

深入学习胡国运同志先进事迹 坚定理想信念 忠诚履职担当

刘奇出席

9 月 29 日上午，最高人民法院和中共江西省委在南昌召开表彰大会，追授胡国运同志“全国模范法官”“江西省优秀共产党员”荣誉称号。最高人民法院党组书记、院长周强，江西省委书记、省人大常委会主任刘奇出席会议。周强强调，要坚持以习近平新时代中国特色社会主义思想为指导，紧密结合弘扬伟大抗疫精神，深入学习胡国运同志先进事迹，不忘初心、牢记使命，坚定理想信念，忠诚履职担当，扎实推进服务大局、司法为民、公正司法，为统筹推进常态化疫情防控和经济社会发展工作，实现“两个一百年”奋斗目标和中华民族伟大复兴的中国梦作出积极贡献。

胡国运同志生前系江西省高级人民法院二级高级法官，2020 年 5 月 6 日在工作岗位上突发疾病，因公殉职。胡国运同志长期奋斗在民事审判岗位第一线，始终坚持忠诚履职、秉公办案、无私奉献，直至生命最后一刻，他的先进事迹在社会各界引起强烈反响。表彰大会上，胡国运同志先进事迹报告团成员用质朴的语言和生动的事例，饱含深情地追忆了胡国运同志生前的点滴细节和感人事迹，在场人员听后深受感动和教育。

周强向胡国运同志表示深切的悼念，向胡国运同志的亲属表示诚挚的慰问。他指出，胡国运同志是深入学习贯彻习近平新时代中国特色社会主义思想、践行习近平总书记全面依法治国新理念新思想新战略的突出代表，是服务大局、司法为民、公正司法实践中涌现出的好法官、好干部，是全国法院干警的楷模。他在平凡的岗位上践行党的初心使命，坚守法治信仰，用生命诠释了一名共产党员、人民法官的忠诚与担当。他的先进事迹感人至深，具有鲜明的时代特征，是人民法院的宝贵精神财富，为广大干警树立了学习榜样。

周强强调，各级人民法院要认真贯彻中央政法委关于学习宣传胡国运同志先进事迹的部署要求，紧密结合弘扬伟大抗疫精神，深入开展向胡国运同志学习活动，不断巩固深化“不忘初心、牢记使命”主题教育成果。要学习胡国运同志对党忠诚、信念坚定的政治品格，永葆忠于党、忠于国家、忠于人民、忠于法律的政治本色。要学习胡国运同志心系群众、司法为民的公仆情怀，坚持以人民为中心，依法公正高效审理案件，保障人民群众合法权益。要学习胡国运同志忠诚履职、精益求精的敬业精神，不断提升司法能力和专业素养，坚持严格公正司法，确保每一起案件都经得起法律、历史和人民的检验。要学习胡国运同志务实创新、积极投身司法改革的担当，强化使命意识、责任意识、奉献意识，不断提升司法促进治理体系和治理能力现代化效能。要学习胡国运同志克己奉公、清正廉洁的高尚情操，加强党性修养，恪守职业道德，深入推进党风廉政建设和反腐败斗争。

刘奇指出，胡国运同志在司法战线默默奉献 33 年，坚守法律阵地，扎根红土圣地，把毕生心血都奉献给了党的司法事业，是新时代优秀共产党员的代表，是践行习近平新时代中国特色社会主义思想、习近平总书记全面依法治国新理念新思想新战略的杰出法官，是政法干警身边的好榜样。全省各级党组织和广大党员干部要向胡国运同志学习，学习他信念坚定、对党忠诚的政治品格，恪尽职守、精益求精的敬业精神，心系群众、司法为民的公仆情怀，清正廉洁、无私奉献的高尚情操，努力创造新时代的“第一等工作”。要深学笃行习近平新时代中国特色社会主义思想，切实增强“四个意识”、坚定“四个自信”、做到“两个维护”，始终把人民放在心中最高位置，充分发挥党组织的战斗堡垒作用和党员的先锋模范作用，永葆共产党人的政治本色，勇于担当，忠于职守，努力为建设富裕美丽幸福现代化江西作出新的更大贡献。全省各级人民法院要广泛开展向胡国运同志学习活动，教育引导广大干警以先进典型为榜样，对党忠诚、牢记宗旨，恪尽职守、勇于担当，不断提升司法为民、公正司法的能力水平，努力建设更高水平的法治江西、平安江西，奋力开创新时代法院工作新局面。

周强、刘奇在会前会见了胡国运妻子刘新明，并在大会上为刘新明颁发荣誉证书和奖章。

江西省委常委、政法委书记尹建业主持表彰大会。最高人民法院党组成员、政治部主任马世忠宣读《人力资源社会保障部、最高人民法院关于追授胡国运同志“全国模范法官”称号的决定》，江西省委常委、组织部部长刘强宣读《中共江西省委关于追授胡国运同志“全省优秀共产党员”称号的决定》。江西省高级人民法院院长葛晓燕出席会议，省直有关单位负责人、省直政法各单位党员干部代表参加会议。

会前，周强和江西省委副书记、省长易炼红，尹建业，葛晓燕在江西高院参观了胡国运同志先进事迹展。

（原载《人民法院报》2020 年 9 月 30 日，记者孙航）

用司法力量激活正义良知

5月6日，江西省高级人民法院二级高级法官胡国运在办公室突发疾病，55岁的生命永远定格在了这一天。他的手边，还摊着即将开庭案件的案卷。

春蚕丝尽，红烛泪干。胡国运33年司法生涯，25年坚守审判一线，办案逾千件，无一错案。人们自发深情地缅怀、追思他，称赞他饱含为民情怀，不舍公平正义。

日前，人社部、最高法追授胡国运同志“全国模范法官”称号；江西省委追授胡国运同志“优秀共产党员”称号。

他办案严谨细致出了名

在江西，胡国运是公认的民商事审判专家。2016年初，胡国运担任庭长的民一庭接手了一起大气污染纠纷案，一审法院在环境侵权损失数额难以鉴定的情况下，酌情判决污染者赔偿，受损方因数额过低而选择上诉。

面对这起此前没有先例的新型环境污染案，胡国运调阅案卷后提出，一审在环境侵权损失数额难以鉴定的情况下判决赔偿金额过低，实质上是环资案件普遍存在的“取证难”问题所致。法庭可以根据当地林业部门在污染后提供的调查表，就污染苗木受损情况开展市场调查，从而计算损失额度，作为判决依据。

“我们有理有据地将污染造成的损失计算出来，终于让双方服判。”当时的合议庭成员陈幸欢说。这起案件被最高人民法院评为典型参考案例，判决书获评全国法院优秀环资裁判文书一等奖。

在一起建设工程案件中，胡国运所展现出来的专业精神令法官陈慧至今印象深刻。

在胡国运的指导下，陈慧对这起案件共出具了三份文书。第一份是判决书，对事实清楚、证据充分的工程款先行判决。第二份是发回重审的裁定，对案件中工程造价不实，需要进行工程造价鉴定的部分发回原审法院重审。第三份是罚款决定书，对上诉人反复提出鉴定申请，滥用诉权的行为进行处罚。三份文书相结合，可以对上诉人查清事实的主张进行认定，对上诉人滥用证据的行为进行罚款，也对被上诉人的愤愤不平给予回应。

胡国运办案的严谨细致出了名。“判决书里的一字一句一个标点，都关系到一个人、一个家庭甚至一家企业的命运。”这是他经常挂在嘴边的话。

他把关注目光投向困难群体

因一起建设工程施工合同纠纷案，江西高院民一庭法官吴玉萍对胡国运肃然起敬。由于部分程序瑕疵，按照惯例案件要发回重审。胡国运了解案情后发现，案件涉及的400多万元工程款中有很大一部分是农民工工资。

“如果全案发回重审，按照规定程序走，兜兜转转又得一年半载，但是这些工资，农民工等不起啊！”胡国运建议，对部分事实先行判决，让农民工尽快拿到工资款。合议庭采纳了他的建议，农民工很快拿到了工资。

“他总是把关注的目光投向困难群体，总想着他们的悲欢苦痛。”吴玉萍说。

胡国运时常对民一庭的法官说，我们的每一次审判都连接着社会的神经，关系着法治的进步。法官不仅要做好个案的裁判，更要通过司法的力量去激活社会的正义和良知。

吴豪律师追思胡国运：“没有和你喝过一次早茶，没有和你吃过一顿晚餐，法官与律师淡如水的君子之交，才能结出公正裁判的硕果。”

他铁面无私扛住案外压力

胡国运从事民事审判工作多年，所办案件涉及金融、房地产等，往往法律关系复杂、标的额动辄以亿计算。因屡次将前来打招呼、说情之人拒之门外，胡国运被一些人嘲讽为“油盐不进”；而得到他公正判决的当事人，却称赞他为“铁面法官”。

有一年，胡国运正参加法官会议研究案件。这时，他的手机响了，打电话的是案件一方当事人。对方语带威胁，胡国运淡然回应：“不管你找谁，不管怎么威胁我，这个案子该怎么判就怎么判。”

2006年，律师何大年接手了一起标的额高达3亿多元的担保纠纷案。案件另一方斥巨资聘请了所谓“人脉深厚”的律师，并动用关系向主审法官胡国运“施压”。

“对于案子能否公正审理，我的心里一直在打鼓。”但让何大年大感意外的是，胡国运顶住压力作出公正判决，当事人息诉服判。

但坚守正义，谈何容易。曾有人发短信威胁胡国运：“别把事情办绝了！我知道你女儿在哪上学，老婆在哪上班！”因担心家人的人身安全，素来以“铁面法官”示人的胡国运落泪了，但身披法袍的他别无选择，只得再三叮嘱妻子注意安全，在接送孩子的路上多留心些。

“所有案件按法律办，案外压力我来扛。”为了让年轻同事不受人情世故干扰，胡国运这样告诉他们。

在他们看来，他们的庭长就是那个始终挺在前面，为他们遮风挡雨的人。

他坚守底线为家人立下铁规

十多年前的一个中秋节前，两名案件当事人手里拎满了礼品找到胡国运家，隔着一扇铁栅栏门，不停地请求胡国运把门打开，“说几句话就走”。

胡国运将其拒之门外。

面对来人的苦求，胡国运的妻子刘新明有些于心不忍，也感到这种待客方式实为不妥，便劝说丈夫开门让他们进来说话，礼物不收便是了。

“不行，这个门不准开！”“家里的事听你的，但是我工作的事你不能插手。”胡国运态度坚决。

僵持半个多小时，对方只得无奈离开。

自那件事情后，他们家就立下一条“规矩”：凡是案件当事人上门来拜访或送礼，“一概拒绝”。调任民一庭庭长之后，胡国运召集了一次家庭会，“民一庭案子更多，绝不能去接触当事人。”“这是底线，底线没守住，这个家庭也不会安宁。”

十余年，这个家规从未有过“破例”，“家规”成了“铁规”。

“弹指之间，年届五十……敬畏法律，坚守底线；力求公平，不欺弱势。”5年前，胡国运回顾自己的法官生涯时这样总结。

30多年来，胡国运在平凡的岗位上践行党的初心使命，坚守法治信仰，用生命诠释了一名共产党员、人民法官的忠诚与担当。

（原载《人民日报》2020年10月12日，记者徐隽）

其人如兰，既洁且馨

身着一袭法袍，静静地坐在椅子上，目光温暖和煦……这张照片中的样子，是他最常有的状态。

有人说他温文尔雅，有人说他刚正不阿。他的言谈中透着浓浓的书卷气，举止里却不失刚强的豪侠风。

他说："得罪人，可以；对不起法律，不行。"

他，就是胡国运，生前系江西省高级人民法院二级高级法官，于今年5月6日因公殉职。

2020年9月，胡国运被追授"全国模范法官""江西省优秀共产党员"荣誉称号。

"他是我们心中的好法官"

在江西法律界，胡国运是公认的民商事审判专家，被称为"行走的法律百科全书"。

2012年，江西高院民一庭接到一起夫妻共同债务案件。女方提出，男方巨额借款从未用于家庭，其与男方已分居多年，不应由其承担共同还款责任。

当时处理此类案件，法官往往按夫妻共同债务处理。合议时，胡国运认为，在夫妻关系名存实亡，只是由于种种原因没有办理离婚手续的情况下，一方欠下巨额债务，要另一方承担共同还款责任，是不公平的。

"胡庭长认为应该把共同债务的举证责任分配给出借人，出借人要求夫妻共同签字，'共债共签'就可以避免风险。"江西高院立案二庭庭长龚雪林回忆说。

六年后，最高人民法院出台的司法解释和今年公布的民法典都明确了"共债共签"的夫妻债务认定标准。

"我想正是因为他秉持一颗公心，对生活有着深刻观察，对法律前沿问题时刻保持关注，才能把握法律发展的趋势。"龚雪林说。

今年1月，胡国运审理了一起建筑工程纠纷案。

交流过程中，律师邹玲发现，胡国运对于双方当事人提出的各种意见建议、诸多疑难问题，总是耐心解答、及时回复。

这个案子很快审结，双方当事人服判息讼。邹玲后来才得知，那段时间胡国运的父亲过世，他工作之余还要为父亲料理后事。

“面对失去亲人的痛苦，他仍然耐心听取我们的意见，我由衷敬佩他。他就是我们心中的好法官。”邹玲说。

“身披法袍，我别无选择”

胡国运钟爱兰花，无论是在他的办公室，还是在家中，最多的除了书，就是兰花。

其人如兰，既洁且馨。

律师何大年曾代理一起涉及国有企业的担保纠纷案，对方当事人以高额代理费聘请了“人脉深厚”的律师，声称要动用关系向胡国运“施压”。

何大年对案子能否公正审理心存疑虑，但案件最终得到公正判决。

但坚守正义，绝非易事。

曾有人因诉求没得到支持，多次打电话、发短信威胁胡国运，甚至准确报出了他女儿所在学校和班级。

因担心妻女安全，胡国运潸然泪下。但他说：“身披法袍，我别无选择。”

2018 年，女儿研究生毕业，就业迫在眉睫。“让孩子去家好点的单位，不就是你一句话的事？”面对亲友的建议，胡国运直接顶了回去：“裁判权是我个人的吗？我能拿去交换吗？”

后来，女儿自己成功就业，胡国运为此非常自豪。

之后，他身背 4 个大包，拖着两个行李箱，坐火车到广州为报到上班的女儿收拾房间。担心打碎女儿用惯了的水壶，他用被子裹了好几层。

“国运很爱我们，但很沉默，总像是在默默弥补心中的亏欠。女儿很像他，有事藏在心底，不轻易在外人面前表现自己的脆弱。”妻子刘新明说。

今年父亲节那天，胡国运的手机突然响了，女儿给他发来一条微信：“老爸，节日快乐。”

刘新明知道，女儿想爸爸了。

“这些工资，农民工等不起”

在很多人眼里“不近人情”的胡国运，有一颗“柔软”的心。

2014 年，庭里接手一起建筑工程案，考虑到部分事实没查清，承办法官吴玉萍打算发回重审。

胡国运了解案情后得知，案件涉及的 400 多万元工程款中，大部分是农民工工资。如果发回重审，程序很长，农民工们等不起。

在他的建议下，法庭依法对部分事实先行判决，近百名农民工及时拿到了工资。

“他把他的‘柔软’留给了弱势群体。”吴玉萍说。

有一年，院里分了10件劳动争议申诉案件给民一庭，胡国运特意组织承办法官开会，反复提醒大家，相关案件标的虽小，但关系到普通劳动者切身利益，务必仔细依法审查，多做调解工作，减轻群众诉累。

后来，有当事人专门送来锦旗，赞扬江西高院法官“执法为民、情系百姓”。

胡国运去世后，同事们发现，他的手边放着一本仍翻开着的案卷，他工作到了生命的最后一刻。

江西省高级人民法院院长葛晓燕说，坚守审判一线，25年如一日，胡国运始终保持赤子之心。他执着法律事业、心系百姓利益，不惧威胁，坚守公平正义，践行了一位法官的本色。

（据新华社2020年9月30日电，记者赖星）

胡国运：坚守公平正义 践行为民初心

胡国运是江西省高级人民法院二级高级法官，今年5月，他突发疾病，倒在了工作岗位上，年仅55岁。参加法院工作33年来，他以自己过硬的本领和责任担当，诠释了人民法官的忠诚信仰和坚定初心。

在江西省高级人民法院的胡国运先进事迹展览室里，来自全省各地的法院干警仍时不时来这里学习他的先进事迹，一件件、一幕幕，一张张图片、一个个故事，都让人为之动容。江西省高级人民法院机关党委专职副书记杨伟："观看胡国运同志先进事迹展，听到的、看到的，是他的敬业、他的担当，感受到的是无穷的榜样力量。"

1987年，胡国运从北京大学法学院毕业后，就回到江西，投身人民司法事业。作为一名法官，胡国运长期坚守审判一线，练就了精湛业务本领的同时，心中也牢记司法为民宗旨。江西省高级人民法院民事审判第一庭员额法官吴玉萍告诉记者，2014年，她和胡国运参与审理了一起建设工程施工合同纠纷案，因一审法院对担保人的送达程序不符合法律规定，按照规定要发回重审，但案件工程款中有很大一部分是农民工工资，如果全案发回重审，重新走完诉讼程序，农民工就无法及时拿到工资，于是，胡国运根据相关规定提出，这个案子做两部分处理，主债权部分先行判决以保障农民工及时拿到工作，担保债券部分发回重审。

要坚守公平正义一线不但要有精湛业务，还要勇于担当，尤其是面对重大疑难复杂案件时，要有勇气不回避问题推卸责任。助理法官张满洋告诉记者，2016年，他和胡国运一起审理了江西省高级人民法院首例大气污染责任纠纷案件，一家化工企业生产废气泄露，造成一家生态农业公司300余亩苗木受到不同程度损失，一审中因取证困难，只判定赔偿16万，原告提出上诉。一直到现在，环境资源纠纷案都面临着取证难、损失认定难等情形，为了公平审判，胡国运提出根据当地林业部门在污染后提供的调查表就污染苗木受损情况开展市场调查，从而计算损失额度作为判决依据，让双方都接受了赔偿结果。这个案件的判决书也获得了全国优秀裁判文书一等奖。江西省高级人民法院环境资源审判庭法官助理张满洋："就是像一审的这种情况，你能提供多少（证物）我就判你多少，因为这个也符合法官居中裁判、消极中立的身份，案子如果维持一审的话，对于我们二审的人来讲风险是最小的，这个案子是要有担当的。"

为了坚守公平正义，胡国运始终要求身边的人不和当事方有任何牵连，妻弟刘忠明下岗后，想请胡国运帮忙介绍份工作，都被他一口拒绝。胡国运妻弟刘忠明："想到姐夫在省高院从事民事审判工作，而且他从事的这个审判工作都是跟大企业、大银行，大的这样一些金融公司有交往，那么我就想请他帮忙，给我安排介绍一个好一点的企业，给我安排一个职位，没想到我找到他以后，他就是一口拒绝的，当时我是非常生气的，我很难理解。"胡国运妻子刘新明："他就说家里的事啥事都听我的，但工作上的事我绝对不能插手。"

胡国运去世后，江西省高级人民法院组成胡国运同志先进事迹报告团，在各政府单位宣讲，还举办他的先进事迹展，开设网上 VR 展厅，号召大家学习胡国运同志的先进事迹和崇高精神。中央政法委日前也发出通知，号召全国政法机关和全体政法干警向胡国运学习。

（原载央视网—新闻直播间，2020 年 10 月 12 日，记者李文杰、李明）

新时代的杰出法官

披着一生挚爱的法袍，他悄无声息地走了。

5 月 6 日，江西省高级人民法院二级高级法官胡国运在办公室突发疾病，55 岁的生命永远定格在了这一天。他的手边，还摊开着即将开庭案件的案卷。

春蚕丝尽，红烛泪干。胡国运 33 年司法生涯，25 年坚守审判一线，办案逾千件，无一错案。人们自发深情地缅怀、追思他，称赞他饱含为民情，不舍公平正义。

日前，人社部、最高人民法院追授胡国运同志“全国模范法官”称号；江西省委追授胡国运同志“优秀共产党员”称号。

斯人已逝，法魂长存，明灯不灭。

“行走的法律百科全书”

在江西法律界，胡国运是公认的民商事审判专家，同事更是称他为“行走的法律百科全书”。

2016 年初，胡国运担任庭长的民一庭接手了一起大气污染纠纷案，一审法院在环境侵权损失数额难以鉴定的情况下，酌情判决污染者赔偿，受损方因数额过低而选择上诉。

面对这起此前没有先例的新型环境污染案，胡国运调阅案卷后提出，一审在环境侵权损失数额难以鉴定的情况下判决赔偿金额过低，实质上是环资案件普遍存在的“取证难”问题所致。法庭可以根据当地林业部门在污染后提供的调查表，就污染苗木受损情况开展市场调查，从而计算损失额度，作为判决依据。

“我们有理有据地将污染造成的损失计算出来，终于让双方服判。”当时的合议庭成员陈幸欢说。这起案件被最高人民法院评为典型参考案例，判决书获评全国法院优秀环资裁判文书一等奖。

在一起建设工程案件中，胡国运所展现出来的专业精神令陈慧至今印象深刻。

在胡国运的指导下，陈慧对这起案件共出具了三份文书。第一份是判决书，对事实清楚、证据充分的工程款先行判决。第二份是发回重审的裁定，对案件中工程造价不实，需要进行工程造价鉴定的部分发回原审法院重审。第三份是罚款决定书，对上诉人反复提出鉴定申请、滥用诉权的行为进行处罚。三份文书相结合，可以对上诉人查清事实的主张进行认定，对上诉人滥用证据的行为进行罚款，也对被上诉人的忿忿不平给予回应。

对罚款部分，胡国运还专门指导陈慧写了一篇调研文章，对全省法院在涉及工程款鉴定方面的案件进行指导。

胡国运办案的严谨细致出了名。“判决书里的一字一句一个标点，都关系到一个人、一个家庭甚至一家企业的命运。”这是他经常挂在嘴边的话。

今年1月，胡国运受理了一起建筑工程纠纷案，案件争议标的4000多万元，矛盾深、专业性强，案卷材料堆起来齐腰高。因疫情期间无法正常开庭，为减少当事人的诉累，他开启线上审判模式。

“所有的证据材料、意见公开交流分享，案件得以高效审结。”代理律师邹玲说，胡法官不仅专业精湛，更通过公开、透明的审判方式让她感受到了司法的公正。

拿到4万余字的裁判文书，案件当事人刘卫东感慨：“虽然部分诉求被驳回，但看完裁判文书，我心服口服。我们做企业的，最怕打官司，但多一些胡国运这样的法官，我们就充满信心。”

“这些工资，农民工等不起啊”

因一起建设工程施工合同纠纷案，江西省高级人民法院民一庭法官吴玉萍对胡国运肃然起敬。由于部分程序瑕疵，按照惯例案件要发回重审。胡国运了解案情后发现，案件涉及的400多万元工程款中有很大一部分是农民工工资。

“如果全案发回重审，按照规定程序走，兜兜转转又得一年半载，但是这些工资，农民工等不起啊！”胡国运建议：对部分事实先行判决，让农民工尽快拿到工资款。合议庭采纳了他的建议，农民工很快拿到了工资。

“他总是把关注的目光投向更弱势的群体，总想着他们的悲欢苦痛。”吴玉萍说。

胡国运时常对民一庭的法官说，我们的每一次审判都连接着社会的神经，关系着法治的进步。法官不仅要做好个案的裁判，更要通过司法的力量去激活社会的正义和良知。

那是多年前一个春暖花开的下午，法官李平特意选择这个好日子请假去办理结婚登记。胡国运恭喜她，叮嘱她好好度假，还让把初步合议的一起案件法律文书给他审阅。傍晚时分，兴冲冲的李平却被胡国运一个电话喊回了庭里。

“当时真是非常难以理解，感觉庭长好不近人情。”悻悻赶回单位的李平，心里直犯嘀咕。

原来，由李平主审的一起稀土买卖合同纠纷案中，合议庭拟根据在案事实依法判定稀土合同无效。但胡国运却有着不同的看法。

通过对本案证据的全面梳理，胡国运发现，氧化钆浓度低于合同约定只是本案纠纷的诱因之一，是不是氧化钆的行情急速下滑，导致买方不愿意继续履行条款？退货、返还货款固然符合法律规定，但这样处理恐怕难以收到最佳效果。

胡国运叮嘱李平，“这个案子还要再好好挖挖，不能就案办案，既要做到案结事了，更要注意到案件的审理对行业发展有没有影响。稀土产业是赣州的特色产业，我们应该尽可能鼓励交易。看能不能调解结案，促成双方继续履行合同？”

听了胡国运的一席话语，看到裁判文书上被密密麻麻修改的印记，李平心里的不悦飞到了九霄云外。

合议庭成员分工负责，积极做双方当事人的工作。李平则放弃蜜月休假，赶赴赣州市走访稀土贸易行业协会相关人士，了解商业交易背景和稀土价格走势，请行业协会出面力促和解，并就稀土贸易从司法角度提出了建议。

“看着当事双方握手言和，甚至眼含热泪，我终于明白了胡庭长的良苦用心。”李平回忆起胡国运指导她办案的点点滴滴，泪水铺满双眼。

“案件都按法律办，案外压力我来扛”

胡国运从事民事审判工作多年，所办案件涉及金融、房地产等，往往法律关系复杂、标的额动辄以亿计算。因屡次将前来打招呼、说情之人拒之门外，胡国运被一些人嘲讽为“油盐不进”；而得到他公正判决的当事人，却称赞他为“铁面法官”。

有一年，众人正召开法官会议研究案件。这时，胡国运的手机突然响了，来电是案件一方当事人。对方语带威胁，胡国运淡然回应：“不管你找谁，不管怎么威胁我，这个案子该怎么判就怎么判。”

2006 年，律师何大年接手了一起标的额高达 3 亿多元的担保纠纷案。案件另一方斥巨资聘请了所谓“人脉深厚”的律师，并动用关系向主审法官胡国运“施压”。

“对于案子能否公正审理，我的心里一直在打鼓。”但让何大年大感意外的是，胡国运顶住压力作出公正判决，当事人息诉服判。

但坚守正义，谈何容易。曾有恶势力发短信威胁胡国运：“别把事情办绝了！我知道你女儿在哪上学，老婆在哪上班！”因担心家人的人身安全，素来以“铁面法官”示人的胡国运落泪了，但身披法袍的他别无选择，只得再三叮嘱妻子注意安全，在接送孩子的路上多留心些。

“所有案件按法律办，案外压力我来扛。”为了让年轻同事不受人情世故干扰，胡国运这样告诉他们。

在他们看来，他们的庭长就是那个始终挺在前面，为他们遮风挡雨的人。

2012年，民一庭审理了一起房屋买卖合同纠纷上诉案，当事一方的诉求依法得不到支持，就试图通过聚众闹访给法院施压。

那天，一群人又来到法院。按照惯例，案件谁承办谁接访。考虑到承办法官邓相红是女同志，胡国运说："我跟你一起去吧。"

接访时，胡国运一直挡在邓相红的前面，他对她说："你不用害怕，我来顶着。"他耐心地给来访的众人做着解释工作。意想不到的情况突然发生，胡国运遭受到人身威胁，甚至被恶意围攻抓伤。胡国运无所畏惧地说："案件没判错，威胁也没用，如果我今天成了烈士，你就是罪犯！"

"他就是这样一个不畏强暴、勇于担当的好庭长。遇到困难和麻烦总是挡在前面，天塌下来也会顶着。"邓相红的眼眶湿润了。

"我手上的裁判权是我的吗？我能给吗?！"

"我从未见他发过那么大脾气。"胡国运的妻子刘新明说。

那是十多年前的一个中秋节前，两名案件当事人手里拎满了礼品找到胡国运家，隔着一扇铁栅栏门，不停地请求胡国运把门打开，"说几句话就走。"

胡国运将其拒之门外。

面对来人的苦求，刘新明有些于心不忍，也感到这种待客方式实为不妥，便劝说丈夫开门让他们进来说话，礼物不收便是了。

"不行，这个门不准开！""家里的事听你的，但是我工作的事你不能插手。"胡国运态度坚决。

僵持半个多小时，对方见开门无望，只得无奈离开。

自那件事情后，他们家就立下一条"规矩"：凡是案件当事人上门来拜访或送礼，"一概拒绝"。调任民一庭庭长之后，胡国运召集了一次家庭会，"民一庭案子更多，绝不能去接触当事人。""这是底线，底线没守住，这个家庭也不会安宁。"

十余年，这个家规从未有过"破例"，"家规"成了"铁规"。

妻弟刘忠明早年下岗失业，曾希望姐夫托些关系帮他安排个工作。没想到只提了个开头，就被胡国运拒绝："永远不要想这个事！"

"委屈"、"难以理解"，刘忠明向姐姐诉了苦，"这像个姐夫吗，这还算是亲戚吗？"

"我当时就说了国运，也不是说一定要帮到弟弟，只是觉得不该对弟弟如此态度。但我也理解他。"刘新明至今清楚记得，丈夫对她说的话。

"我现在帮他谋了个职位，明天人家找我要点什么，我有什么能交换的呢？人家看上的不就是我手上的裁判权吗？可是，这是我的吗？我能给吗?！”

其实刘新明心里明白，丈夫并不是一个“不近人情”的人。

考虑到刘忠明当时生活困难，胡国运便悄悄地交待她要给弟弟贴补些家用，鼓励弟弟学习法律知识，帮他整理人才市场的招聘信息，还主动把他的孩子接到家中抚养和教育。

……

“弹指之间，年届五十……敬畏法律，坚守底线；力求公平，不欺弱势。”五年前，钟爱兰花的胡国运回顾自己的法官生涯时这样总结道。

30 多年来，他坚守初心，践行诺言，一心为民，秉公办案，书写了“努力让人民群众在每一个司法案件中感受到公平正义”的时代篇章。他的突然离世，就像一朵晶莹美丽的兰花飘落在赣鄱的土地上……

（原载《人民法院报》2020 年 9 月 28 日，记者雷蕾）

“如果我今天成了烈士，你就是罪犯！”

“咔哒。”

5 月 6 日 21 时许，江西省高级人民法院 1301 室，门应声而开。

“灯大开着，窗户也开着。有几张案卷掉在地上了，应该是被风吹的。沙发上，沙发上——”刘新明顿了顿，有些哽咽。她看到丈夫胡国运，江西省高级人民法院的一名二级高级法官，倒在沙发上，披着法袍，身子已经凉了。

一大早才并肩出门、一同上班的丈夫，居然就这么没了鼻息。她觉得头脑发懵，眼前天旋地转。

“那天南昌起风了，下了好大的雨。”

5 月 5 日 21 时许，距离人们发现胡国运“睡着了”，不足 24 小时。

“淅淅沥沥——”断断续续的水声从阳台上传来。

“他在擦风扇。”刘新明回忆说：“五月的天热起来了。他清洗了风扇，打算给我爸用。”

把岳父接到家里照顾，是胡国运的主意。“我公公过完年去世了，他好伤心，觉得亏欠老人家。办完后事，他就和我商量，要把我爸爸接到家里来。”

为了“伺候”好岳父的胃，胡国运亲自下厨，每顿饭要烧四菜一汤，雷打不动。“鸭子肚片、墨鱼汤、黄鸭头炖老豆腐……”当晚的饭桌，丰盛一如既往，88 岁患有轻微老年痴呆的岳父，吃得乐乐呵呵。

结婚 28 年，刘新明一直安心得很。她习惯了胡国运的“打点照顾”，方方面面，周周到到。

“我比较忙，下班也晚，他担起很多家务，孩子也是他一把拉扯大的。”

然而，这么顾家的胡国运，却曾对着家人，立下一条“铁规”。

那是十多年前的一个中秋节，两名案件当事人找到胡国运家，手里拎满了礼品。

“我们说几句话就走。”隔着一扇铁栅栏门，两人连声请求。

“他们在外面站了半个多小时。”刘新明于心不忍，劝丈夫开门，让他们进来说话，礼物不收便是了。

“不行，这个门不准开！我手上的裁判权是我的吗？我能给吗?!”出乎刘新明意料，这一次，丈夫坚决得很。

“家里的事听你的，但是我工作的事，你不能插手。”在刘新明的印象里，胡国运一向随和，这是仅有的一次“大发脾气”。

自这件事后，他们家立下一条“家规”：凡是案件当事人上门拜访或送礼，一概拒绝。“这是底线，底线没守住，这个家庭也不会安宁。”

十多年从未破过。甚至于面对宠爱有加的女儿，他也未曾动摇。

2018 年，女儿胡君妍从中国政法大学毕业，就业难题摆上了桌面。

“让孩子去家好点的律师事务所，不就是你一句话的事？”面对亲戚朋友的建议，胡国运二话不说，顶了回去：“我今天开了这个口，明天岂不就要办亏心案？”

最终，女儿不负期望，凭借自己的努力，考取了广州市税务系统的公务员。

入职时，胡国运一人拖着 2 个箱子，背着 4 个大包，坐火车赶到广州，为女儿送行李。“他是想用行动弥补心里的亏欠吧。”

从审判员、副庭长、庭长、审判委员会委员，再到省高院二级高级法官，一路走来，胡国运手握裁判权，但“一尘不染”。

5 月 6 日早 4 点 46 分。距离人们发现胡国运“睡着了”，还有 17 个小时。

“长征五号 B 运载火箭首飞成功，我国空间站在轨建造任务拉开序幕……”

天尚未大亮，胡国运已经醒了，照例打开“学习强国”App，打卡签到，收听讲座。在院里的积分榜上，他位列第一。

爱学习，胡国运是出了名的。

他出生在江西南昌五星垦殖场，幼时家境清苦。

因时常与下放到垦殖场的北京知青交流，在年幼的胡国运心中，扎下了“去北京读大学”的种子。

1983 年，胡国运不负众望，考入北大法律专业。

填报志愿时，他选择了法律，“这是弱者手中对抗不公的武器，也是守护尊严的最后屏障。”

“国运性格温和，但学习劲头相当强劲，没日没夜的。”据北大同学万利平回忆，他曾节衣缩食，就为买个录放机，把外语学好。

临近毕业时，胡国运考虑再三，放弃了留京工作的机会。

他写信告诉家里人：“江西现在比较落后，我要用所学知识回报家乡。”

他选择法官作为终身的职业，一干就是 33 年。

“这 33 年，他踏实做事，不求名利，主办了一批有影响力的重大案件，所办逾千，无一错案。”

5月6日早7点40分。距离人们发现胡国运“睡着了”，仅剩14个小时。

一件格子衬衣，一条休闲裤，一双休闲鞋。

胡国运穿戴妥当，等着妻子，一同出门上班。

“他拎了一个公文包，皮的，咖啡色。好多年了，有些地方被磨得不成样子。”

胡国运是个特“俭朴”的人，大家都这么说。

“我唯一送给过他的一件东西，是一双几十块的回力步鞋。”江西省高级人民法院环资庭干警骆丽玲回忆道：“那还是我在家里收拾杂物时发现的。”

因为是新的，扔掉可惜，骆丽玲便在朋友圈里吆喝。

胡国运看到了，欣然回复：“这个码子我能穿。”

“他对自己很抠。”

袜子破旧得不成样子，脚掌处的线脱了，脚趾处是一个个的洞，看起来“千疮百孔”。

内衣也穿得松垮变形了，妻子几次劝他换下，胡国运就是不听，只留了个倔强的背影：“又没破。”

“他很朴实，不追求品牌，可能和农村家庭出身有关。唯一爱买的就是书了，尤其是法律专业书。”

胡国运生前在家中经常坐在此看书

在胡国运的办公室里，有一个三层的大书柜。里面满满当当的，全是书。

这不是摆设。

书里的内容，胡国运刻在了脑子里。

“他是一部‘行走的法律百科全书’。”江西省高级人民法院民一庭法官李平是胡国运的“铁杆粉丝”：“无论是对法律条文、经典案例，还是最高人民法院司法解释的条文，他都如数家珍。”

时至今日，李平在与人讨论案件到激烈处，仍会习惯地脱口而出：“问问胡庭长，听他怎么说。”

话音落下，却是一片沉默。

5月6日早8点左右。南昌的街上人来车往。距离人们发现胡国运“睡着了”，剩下13小时。

“小吴，今天你比我早了几分钟呀？”

“不多不多，就1分钟。”江西省高级人民法院民一庭的法官助理吴狄，正在打扫卫生。瞅着胡国运进来了，他笑得咧开了嘴。

“哈哈，节前我可是第一名！”胡国运边打趣，边加入到打扫卫生的行列里。

这次“清扫行动”，是为了迎接新庭长，即将接替他位子的人。

“他主动和院领导表达，要把庭长的职务拿出来，给年轻同志锻炼。他自己愿意做回一名普通审判员。”

李平一点都不意外。在她眼里，胡国运就是这么胸怀坦荡的一个人，淡泊名利，无私无求；在和后辈打交道时，不仅没架子，还总抱着一颗培养的心。

颜凌云现在是江西省高级人民法院研究室的副主任。她参加工作的第一站，就是胡国运任庭长的民一庭。

那时的她，还是个初出茅庐的小姑娘，有股初生牛犊不怕虎的劲儿，经常会因为观点不同，与胡国运争执。

“胡庭长总是耐心地和我讲事实、摆依据，从来不用领导身份压我，还鼓励我说出自己的看法。”

有一次，颜凌云的同学来找她，她正好向胡国运汇报一个案子，就让同学在隔壁办公室等。汇报时，她又因观点不同，和庭长起了争执，说话的音量也比往日大。

“汇报结束后，同学问我，怎么敢这样和领导说话，还特惊讶说，‘你们领导竟然也没生气’。”

颜凌云当下觉得理所当然，“对案子有不同意见，可以敞开了说”。后来她才知道，自己有多幸运，在刚开始从事审判工作时，就遇到了一位好庭长、好法官，得以拥有自由思辨的空间。

5月6日早9点左右。时针又前进了一格。距离人们发现胡国运“睡着了”，仅剩12小时。

“咚咚咚——”

一上班，李平就敲响了办公楼1301室的门。整个13层，数它最偏，离厕所最近。

上周省里下发了文件，要求报送妇女儿童权益保护方面的材料。“这项工作涉及法院多个部门，需要胡庭长出面协调。”

李平隐隐觉得，今天的胡庭长有些累。对于自己“喋喋不休”的汇报，胡国运并没有回应很多，只是认真地点头：“虽然我卸任了庭长职务，但新庭长还没到位。我会站好最后一班岗，协调好这件事。”

尽心尽责，是胡国运的标签。

2013年1月17日，有闹访者纠集了两百多号人，把法院门口围了个水泄不通。

“有打横幅的，还有举着喇叭大喊大叫的。带头的一脸横肉，戴一条金链子，一身都是Gucci，挺社会。”

邓相红是承办法官。按理说，该由她接访。“但是胡庭长叮嘱我，让我不要下去。”

胡国运自己下去了。一片吵嚷中，他被拖进人群中央、推倒在地，有拳头接二连三地落下来。

“案件没判错，威胁没有用。如果我今天成了烈士，你就是罪犯！”被法警救出时，胡国运气得手在发抖。

“所有案件按法律办，案外压力我来扛。”他是这么告诉庭里同事的，也是这么做的。

但坚守正义，谈何容易？有时候危险，不仅仅落在他身上。

曾有恶势力威胁胡国运：“别把事情办绝了！我知道你女儿在哪读书，老婆在哪上班！”

因为担心家人的安全，胡国运的眼泪止不住地掉。女儿是他的软肋，但“得罪人，可以；对不起法律，不行”。

那段时间，他拜托妻弟，每逢女儿放学，就开车跟在后面。听说女儿安全到家，他悬着的心，方才落下。

5 月 6 日晚 21 时许，钥匙入孔，1301 房门大开——

对刘新明，对胡君妍，对李平，对许多许多人来说，那个画面，不忍卒读。

——“我很内疚，我没照顾好他……他走得太急了。哪怕再有十年，再有十年，他能享享清福，我都不会这么后悔。”

——“我好后悔，我应该快点成长起来……如果当初我选择留在南昌，也许爸爸就不会出事了。”

——“我不该一大早就进他办公室的，絮絮叨叨说了那么多。他那天精神不太好，我怎么没早意识到。”

2020 年 5 月 6 日，站了 33 年岗，胡国运倒在了案卷旁。

2020 年 9 月，他被追授“全国模范法官”“江西省优秀共产党员”荣誉称号。

日前，中央政法委发出通知，号召全国政法机关和全体政法干警认真学习宣传胡国运同志的先进事迹和崇高精神。

他的好，正在被更多人看到。

可对女儿胡君妍来说，时至今日，爸爸离去这件事，她都不愿与旁人多谈。

6 月 21 日那天，是父亲节。

她悄悄捧着手机，给胡国运的微信发了一条消息：“爸爸，祝您节日快乐。”

（原载中央政法委长安剑，2020 年 10 月 12 日，长安君）

周春梅

Zhou Chunmei

女，苗族，湖南龙山人，1976 年 1 月出生，中共党员，2003 年 8 月参加法院工作，生前任湖南省高级人民法院审判监督第一庭副庭长、三级高级法官。2021 年 1 月 12 日，因多次拒绝向某为案件打招呼的非法要求，被向某残忍杀害，年仅 45 岁。在法院工作 17 年来，周春梅同志始终坚定理想信念，坚守法治信仰，精研实干、勤勉尽责、无私奉献，在平凡的工作岗位上作出了不平凡的业绩。她情系群众、公心持正，经常不辞辛劳、不怕麻烦，冒着严寒酷暑到现场组织勘查鉴定，疫情期间通过“云开庭”方式及时妥善审理涉疫情案件，最大限度降低因疫情给当事人权益造成的影响。她极富爱心、热心公益，关爱妇女儿童权益，积极资助困难学生，通过善行义举传递法官温情。她刚正不阿、秉公办案，严格执行防止干预司法“三个规定”要求，是不徇私情、不受干扰、严格公正司法的好法官，是新时代践行习近平法治思想的重大典型。荣获全国模范法官、全国三八红旗手、湖南省优秀共产党员等称号。

学习决定、通知

人力资源社会保障部　最高人民法院

关于追授周春梅同志“全国模范法官”称号的决定

人社部发〔2021〕16号

各省、自治区、直辖市及新疆生产建设兵团人力资源社会保障厅（局），各省、自治区、直辖市高级人民法院，解放军军事法院，新疆维吾尔自治区高级人民法院生产建设兵团分院：

党的十九大以来，全国各级人民法院在以习近平同志为核心的党中央坚强领导下，高举中国特色社会主义伟大旗帜，坚持以习近平新时代中国特色社会主义思想为指导，认真学习贯彻习近平法治思想，深入贯彻落实党的十九大和十九届二中、三中、四中、五中全会精神，紧紧围绕“努力让人民群众在每一个司法案件中感受到公平正义”的工作目标，忠实履行宪法法律赋予的职责，恪尽职守、勤奋工作，砥砺奋进、攻坚克难，为维护国家政治安全、确保社会大局稳定、促进社会公平正义、保障人民安居乐业作出突出贡献，涌现出一大批对党忠诚、品格高尚、实绩突出、敬业奉献的先进典型，周春梅同志就是其中的优秀代表。

周春梅同志是中国共产党党员，生前任湖南省高级人民法院审判监督第一庭副庭长、三级高级法官。在法院工作17年来，她始终坚定理想信念，坚守法治信仰，精研实干、勤勉尽责、无私奉献，在平凡的工作岗位上作出了不平凡的业绩。她情系群众、公心持正，经常不辞辛劳、不怕麻烦，冒着严寒酷暑到现场组织勘查鉴定，疫情期间通过电话询问及“云开庭”方式及时妥善审理涉疫情案件，最大限度降低因疫情给当事人权益造成的影响。她极富爱心、热心公益，关爱妇女儿童权益，积极资助困难学生，通过善行义举传播法治精神，传递法官温情。她刚正不阿、秉公办案，严格执行防止干预司法“三个规定”要求。因多次拒绝犯罪嫌疑人向某为案件打招呼的非法要求，2021 年 1 月 12 日，被向某行凶报复，不幸遇害，年仅 45 岁。周春梅同志用生命捍卫了维护社会公平正义的司法防线，兑现了对党和人民的铮铮誓言，是不徇私情、不受干扰、严格公正司法的好法官，是新时代践行习近平法治思想的重大典型。为表彰先进、弘扬正气，人力资源社会保障部、最高人民法院决定，追授周春梅同志“全国模范法官”称号。

当前，我国正处于“两个一百年”奋斗目标的历史交汇点，已经开启全面建设社会主义现代化国家新征程。全国各级人民法院和全体法院干警要更加紧密地团结在以习近平同志为核心的党中央周围，坚持以习近平新时代中国特色社会主义思想为指导，认真学习贯彻习近平法治思想，深刻认识和把握“十四五”时期人民法院面临的新形势新任务，大力加强法院队伍革命化正规化专业化职业化建设，认真抓好队伍教育整顿，严格落实防止干预司法“三个规定”要求，健全审判权运行和监督机制，确保公正廉洁司法。要广泛开展向周春梅同志学习活动，教育引导广大干警以先进典型为榜样，增强“四个意识”、坚定“四个自信”、做到“两个维护”，牢记初心使命，忠诚履职，勇于担当，以坚如磐石的信心、只争朝夕的劲头、坚韧不拔的毅力积极投身新时代人民法院工作，进一步提高服务大局、司法为民、公正司法的质量和水平，为全面建设社会主义现代化国家、实现中华民族伟大复兴的中国梦作出新的更大贡献，以优异成绩庆祝建党 100 周年！

2021 年 2 月 22 日

全国妇联

关于追授周春梅、魏晶晶同志全国三八红旗手称号的决定

妇字〔2021〕10号

周春梅，1976年1月生，中共党员，2003年进入湖南省高级人民法院工作，生前任湖南省高级人民法院审判监督第一庭副庭长、三级高级法官。她是湖南省审判业务专家，参加法院工作17年来，主审了多起重大、疑难复杂的一、二审、再审民事及行政案件，多次被评为院机关优秀共产党员、办案能手，多次获年度嘉奖，一次立三等功。2021年1月12日，周春梅同志因多次拒绝犯罪嫌疑人为案件打招呼的非法要求，被行凶报复不幸遇害，年仅45岁。

魏晶晶，1983年9月生，中共党员，安徽六安人，生前任安徽省六安市中级人民法院民事审判三庭四级高级法官。她十余年如一日扎根审判一线，主动请缨承办了大量疑难复杂案件，将宝贵的青春毫无保留地奉献给审判事业，多次受到上级法院和党委政府的表彰。2020年12月10日，魏晶晶同志在工作岗位上突发疾病，因公殉职，年仅37岁。

周春梅、魏晶晶同志坚持践行全心全意为人民服务的宗旨，把对党的无限忠诚转化为对人民司法事业的执着坚守，精研实干，勤勉尽责，在平凡的工作岗位上作出了不平凡的业绩，以实际行动兑现了对党和人民的铮铮誓言，是新时代中国女性牢记使命、担当作为、无私奉献的优秀榜样。

为深入贯彻落实习近平新时代中国特色社会主义思想，全面贯彻党的十九大和十九届二中、三中、四中、五中全会精神，大力表彰宣传周春梅、魏晶晶同志的先进事迹，全国妇联决定追授周春梅、魏晶晶同志全国三八红旗手称号。

全国妇联号召广大妇女向周春梅、魏晶晶同志学习，学习她们对党忠诚、信念坚定的政治品格，学习她们克己奉公、一心为民的高尚情怀，学习她们勇于担当、敬业奉献的优秀品质，更加紧密地团结在以习近平同志为核心的党中央周围，岗位建新功，奋斗新征程，为夺取全面建设社会主义现代化国家新胜利贡献巾帼力量。

2021年3月3日

中央政法委员会

关于学习宣传周春梅同志先进事迹的通知

中政委〔2021〕30 号

各省、自治区、直辖市和新疆生产建设兵团党委政法委，最高人民法院、最高人民检察院、公安部、国家安全部、司法部党组（党委），中国法学会党组：

周春梅，女，苗族，湖南龙山人，1976 年 1 月出生，2003 年 6 月加入中国共产党，同年 8 月参加法院工作，生前任湖南省高级人民法院审判监督第一庭副庭长、三级高级法官。2021 年 1 月 12 日，因多次拒绝犯罪嫌疑人向某为案件打招呼的非法要求，被向某行凶报复，不幸遇害，年仅 45 岁。

周春梅同志参加法院工作 17 年来，坚持践行全心全意为人民服务的宗旨，把对党的无限忠诚转化为对人民司法事业的执着坚守、精研实干、勤勉尽责，在平凡的工作岗位上做出了不平凡的业绩。她刚正不阿、清正廉洁，严格执行防止干预司法“三个规定”要求，面对人情干扰、金钱诱惑和暴力威胁，坚持立场不妥协，坚守原则不退缩，坚定信念不动摇，用生命捍卫了法治原则，以实际行动兑现了对党和人民的铮铮誓言。

周春梅同志不幸遇害后，中央政治局委员、中央书记处书记、中央政法委书记郭声琨，最高人民法院党组书记、院长周强等领导同志分别作出批示，高度肯定了周春梅同志不徇私情、严格公正司法、拒绝人情干扰的职业操守和崇高精神，并对学习宣传周春梅同志提出明确要求。中央纪委国家监委、中央政法委、最高人民法院、最高人民检察院等部门纷纷发声，强烈谴责凶手，对周春梅同志表示哀悼，表达敬意。人民日报、新华每日电讯、人民法院报等媒体报道了她的先进事迹，产生了积极广泛的社会影响。2021 年 2 月 22 日，人力资源社会保障部、最高人民法院追授周春梅同志“全国模范法官”称号；2 月 24 日，中共湖南省委追授周春梅同志“湖南省优秀共产党员”称号；全国妇联追授周春梅同志“全国三八红旗手”称号。

周春梅同志是深入学习贯彻习近平新时代中国特色社会主义思想、习近平法治思想的优秀干警，是司法人员严格执行防止干预司法“三个规定”的典型代表，是政法队伍在本职岗位上履行使命、践行使命的先锋模范。她的事迹生动诠释了政法干警对党忠诚、信念坚定、执法为民、敢于担当、清正廉洁的优秀品质和职业精神，具有鲜明的时代性、先进性和代表性，其崇高精神境界具有强大的感召力和凝聚力。

目前，全国政法队伍教育整顿已在各地政法机关全面展开，整治顽瘴痼疾和弘扬英模精神是教育整顿的重要任务。大力学习宣扬周春梅同志的感人事迹和崇高品质，对激励广大政法干警担当作为、推动政法工作高质量发展，具有重要意义和示范引领作用。中央政法委号召，全国政法机关和全体政法干警要广泛认真地学习宣传周春梅同志的先进事迹和崇高精神。

一、学习周春梅同志坚守初心、绝对忠诚的政治品格

出生于工人家庭的周春梅，从小对党组织充满尊崇和向往。大学期间，她曾先后 3 次递交入党申请书，积极向党组织靠拢。她在《入党志愿书》中写道：“党以如此博大的胸怀关怀爱护每一个中华儿女，我们拿什么回报党呢？我决心把自己的一生交给党，为大多数人民的最大利益而牺牲也是值得的、应该的。”她是这样说的，也是这样做的。工作中，她始终站牢群众立场、坚守法治原则，满腔热忱投入工作，以党的方针政策和专业知识，帮助当事人融化心结，消除成见，纠正偏见；在办理信访案件和接待来访中，她坚持党的群众路线，深入实际，耐心细致地化解一个个尖锐的矛盾。她在裁判文书制作心得《融通法、理、情，倾心谱写裁判乐章》一文中写道：“法官具有了法治信仰之初心，司法为民之情怀，则必然具备高度的责任感和担当。”全体政法干警要向周春梅同志学习，坚持以习近平新时代中国特色社会主义思想武装头脑、指导实践、推动工作，把对党的绝对忠诚、对法治的坚定信仰、对人民的真挚情怀体现在对崇高事业的追求、对政法事业的奉献上来，矢志不渝做中国特色社会主义事业的建设者和捍卫者。

二、学习周春梅同志坚持原则、守望正义的价值追求

在周春梅电脑桌面壁纸上有几个醒目大字——“说实话，办实事，脊梁不弯。”到法院工作以来，她从未办过一起“关系案”“人情案”，把坚持原则作为稳住公与私的砝码，坚守公正底线。向某与周春梅系高中及大学校友，与所在某公司发生劳动纠纷进入诉讼后，要求周春梅向一审、二审法院打招呼，周春梅以法院禁止过问他人所办案件为由，多次断然拒绝。案件进入再审审查后，恰好由周春梅所在的审监一庭负责审查，向某再次请求打招

呼依然被拒。后向某到周春梅家中拜访，离开时留下 2 万元现金和 1 个金手镯。周春梅发现后多次联系向某退还未果，遂向组织报告情况，最后请同事当面退还了向某所留财物。向某的再审申请被驳回后，对周春梅未能帮忙怀恨在心，蓄谋报复，将其残忍杀害。全体政法干警要向周春梅同志学习，严守政法职业道德和职业操守，自觉抵制外界干扰诱惑，干干净净做事、清清白白做人，用实际行动坚守社会公平正义的最后一道防线，永葆为民务实清廉的政治本色。

三、学习周春梅同志牢记宗旨、司法为民的公仆情怀

周春梅时刻牢记司法为民宗旨，注重用情、理、法融合的司法智慧定分止争，既解法结、又解心结，让每一名当事人感受到司法既有力量、又有温度。湖南常德桥南市场的火灾案极为复杂，仅卷宗就有 100 多卷，当事人情绪激动，社会关注度高。周春梅承办案件后，一一听取诉讼代表人的诉求，反复核对账目，确保他们的每一分辛苦钱都能得到法律的保护。同事们清理周春梅办公桌遗物时，发现一封 3 年前当事人的手写书信，信中感谢她耐心地为当地老百姓释法，把土地确权“确”到农民心坎上，化解了 30 年之久的矛盾。新冠肺炎疫情发生后，她积极通过电话询问和“云开庭”等方式审理案件，最大限度降低因疫情给当事人权益造成的影响。全体政法干警要向周春梅同志学习，坚持以人民为中心，认真践行党的群众路线和根本宗旨，用真心倾听群众呼声，用真情感受群众疾苦，用真诚回应群众需求，努力让人民群众在每一项法律制度、每一个执法决定、每一宗司法案件中感受到公平正义。

四、学习周春梅同志攻坚克难、敢于担当的时代品质

周春梅担任所在庭“繁案精审”团队的团队长，很多案件都是经过一审、二审甚至最高人民法院发回重审的再审案件，其中疑难复杂案件多，当事人双方矛盾大。为啃下这些“硬骨头”，她时刻保持着饱满的工作热情和忘我的工作干劲，午餐时为了节省排队时间选择错峰就餐，中午休息打会盹就去看案卷。从事审判工作以来，周春梅同志所办案件经评查无一超审限、无一因过错被发回或改判。在审理一起芦苇场经营权合同纠纷案时，为确定芦苇虫害损失责任分配，周春梅研读了十余部芦苇科专著，准确归纳出需要向专家证人提出的问题。在审理一起双方争议很大、案卷材料近 200 卷的建设工程施工合同纠纷时，周春梅赶赴工地实地勘察，调查核实账目 13700 余笔。当长达 122 页的判决文书送达后，双方当事人心悦诚服。全体政法干警要向周春梅同志学习，以对政法事业极端负责的态度，敢于担当，精研实干，善于作为，不断提高运用法治思维和法治方式化解矛盾、处理问题的能力和水平，让每一起案件经得起人民、法律和历史的检验。

五、学习周春梅同志乐于助人、大爱无疆的高尚情操

周春梅秉持“给予人者多、取与人者寡”的品质，积极投身公益事业，关爱妇女儿童权益，热心帮助困难群众。作为湖南高院“爱之光阴”义工团队的积极分子，她主动结对帮扶贫困学生，主动用自发募集的善款购买奶粉、尿不湿等物品慰问福利院儿童和白血病患儿，用善行义举传递温情关爱。周春梅兼任湖南高院妇女委员会委员，积极向组织反映女干警的诉求，为她们争取正当权益；策划并组织湖南高院“最具魅力女性”演讲比赛等活动，展现广大女同胞的风采；邀请专家给女干警作心理辅导以缓解大家的工作压力。在审判工作中，周春梅热心帮带同事，经常帮助书记员归档案卷，指导新来的实习生修改案件审理报告，引导他们从中感受法官审理思路，增长才干。全体政法干警要向周春梅同志学习，继承发扬优良传统，立足本职为群众办事实解难题，模范践行社会主义核心价值观，展示新时代政法干警的良好风貌。

各级政法机关要坚持以习近平新时代中国特色社会主义思想为指导，按照党中央关于开展党史教育和政法队伍教育整顿的决策部署，结合本地区本单位实际，迅速开展学习宣传周春梅同志先进事迹活动，深入挖掘政法干警在对敌斗争、执法办案、保护群众、承担急难险重任务中涌现出来的先进典型事迹，以此鼓舞和激励广大干警汲取先进典型的精神力量，牢记党的宗旨，公正执法司法，改进工作作风，保持清正廉洁，全力推动政法工作高质量发展，努力建设更高水平的平安中国、法治中国，为“十四五”开好局起好步创造安全稳定的社会环境，以优异成绩庆祝建党 100 周年。

2021 年 3 月 30 日

最高人民法院

关于学习宣传周春梅同志先进事迹的通知

法〔2021〕109 号

全国地方各级人民法院，各级军事法院，新疆生产建设兵团各级法院：

当前，全国上下正在开展党史学习教育，全国政法队伍教育整顿工作也全面展开。周春梅同志的先进事迹是开展党史学习教育和政法队伍教育整顿的感人教材。周春梅同志是学习贯彻习近平新时代中国特色社会主义思想、习近平法治思想的优秀党员，是人民法院严格执行防止干预司法“三个规定”的模范代表。为贯彻落实中央政法委工作部署，大力弘扬政法英模精神，激励广大干警忠诚履职、担当作为，推进新时代人民法院过硬队伍建设，最高人民法院决定，在全国法院系统广泛开展向周春梅同志学习活动。

周春梅，女，苗族，湖南龙山人，1976 年 1 月出生，2003 年 6 月加入中国共产党，同年 8 月参加法院工作，生前任湖南省高级人民法院审判监督第一庭副庭长、三级高级法官。2021 年 1 月 12 日，因多次拒绝犯罪嫌疑人向某为案件打招呼的非法要求，被向某残忍杀害，年仅 45 岁。

周春梅同志不幸遇害后，中央政治局委员、中央书记处书记、中央政法委书记郭声琨，最高人民法院党组书记、院长周强等领导同志分别作出批示，高度评价周春梅同志严格公正司法、拒绝人情干扰的先进事迹和崇高精神，并对学习宣传周春梅同志提出明确要求。中央纪委国家监委、中央政法委、最高人民检察院等单位纷纷发声，强烈谴责凶手，对周春梅同志表示哀悼。

人力资源社会保障部、最高人民法院追授周春梅同志“全国模范法官”称号；中共湖南省委追授周春梅同志“湖南省优秀共产党员”称号；全国妇联追授周春梅同志“全国三八红旗手”称号。人民日报、新华社、中央广播电视总台、光明日报等媒体报道了她的先进事迹，产生积极广泛的社会影响。日前，中央政法委印发《关于学习宣传周春梅同志先进事迹的通知》，号召全国政法机关和全体政法干警学习宣传周春梅同志的先进事迹和崇高精神。

一、学习周春梅同志对党忠诚、信念坚定的政治品格。周春梅同志参加法院工作以来，无论是办理信访信件还是从事审判业务，始终满怀热忱投入工作，以职业素养和专业技能调处纠纷，化解当事人心结，她深信，为党的司法事业，每一项本职工作都值得珍惜和自豪。多年办案经历中，她始终把对党的绝对忠诚、对法治的坚定信仰作为职业生涯的指路明灯，把党和人民利益放在心中最高位置，坚持司法为民公正司法，办好每一起案件，做好每一件小事。全体法院干警要向周春梅同志学习，坚持用习近平新时代中国特色社会主义思想武装头脑、指导实践、推动工作，真学真信笃行习近平法治思想，深入开展党史学习教育，增强“四个意识”、坚定“四个自信”、做到“两个维护”，不断提高政治判断力、政治领悟力、政治执行力，把对党忠诚落实到热爱党的事业、执行党的决定、践行党的宗旨上，体现在严格公正司法的实际行动上，永葆忠于党、忠于国家、忠于人民、忠于法律的政治本色。

二、学习周春梅同志不徇私情、坚守原则的职业精神。周春梅同志在办案当中、在法律面前，始终坚守原则、刚正不阿，“说实话，办实事，脊梁不弯”是她一直奉行的人生信条，“铁面无私、公道正派”是干部群众对她的一致评价，“为老百姓说话的好法官”是当事人的真心赞誉。面对同乡和校友找关系、打招呼，她严格执行防止干预司法“三个规定”，多次严词拒绝，甚至不惜以生命为代价，捍卫内心坚守的原则底线，兑现了新时代人民法官对党和人民的铮铮誓言。全体法院干警要向周春梅同志学习，坚定法治信仰，坚守职业道德，把严格执行防止干预司法“三个规定”作为检验是否树牢“四个意识”、坚定“四个自信”、做到“两个维护”的重要标尺，自觉抵制外界干扰诱惑，勇于同不法行为作斗争。要进一步整治突出问题，健全审判权运行和监督机制，确保防止干预司法“三个规定”在人民法院得到不折不扣贯彻落实。

三、学习周春梅同志心系群众、司法为民的公仆情怀。周春梅同志把以人民为中心作为毕生信仰追求，牢记司法为民宗旨，严谨审慎对待每一个细节，热心真诚对待每一位当事人，切实让人民群众感受到司法有力量、有是非、有温度。有的案件涉及几十上百名农民工工资的支付，她会一一听取诉讼代表人的诉求，反复核对账目，确保他们的每一分辛苦钱都能得到法律的保护。她不辞辛劳、不怕麻烦，冒着严寒酷暑深入社区农村调查，到现场组织勘查鉴定，查清案件事实。疫情期间通过“云开庭”等方式及时妥善审理案件，充分保障当事人诉讼权利。全体法院干警要向周春梅同志学习，认真践行党的群众路线和根本宗旨，聚焦民生短板弱项、痛点难点，切实实施民法典，依法妥善处理涉民生案件，把体现人民利益、反映人民愿望、维护人民权益、增进人民福祉落实到司法工作全过程各方面，让人民群众的获得感、幸福感、安全感更加充实、更有保障、更可持续。

四、学习周春梅同志高度负责、严谨细致的优良作风。周春梅同志时刻保持着饱满的工作热情和忘我的工作干劲，兢兢业业、埋头苦干、无私奉献。她始终坚持在专业上求精，在细节上求严，秉持“对案件负责、对当事人负责、对自己负责”的原则，认真公正办理好每一起案件。她作为所在庭“繁案精审”团队的负责人，善于钻研业务、勇于攻坚克难，平时注重总结办案经验，形成自己独特的“32 字诀”的“春梅工作法”，通过情理法融合的司法智慧定分止争，努力让人民群众在每一个司法案件中感受到公平正义。全体法院干警要向周春梅同志学习，以对司法事业极端负责的态度，牢牢把握社会公平正义这一法治价值追求，依法独立公正行使审判权，坚持以事实为根据、以法律为准绳，严把案件事实关、证据关、程序关和法律适用关，确保每一起案件都经得起法律、历史和人民的检验。

各级人民法院要坚持以习近平新时代中国特色社会主义思想为指导，认真学习贯彻习近平法治思想，按照党中央关于开展党史学习教育和政法队伍教育整顿的决策部署，结合本地区本单位实际，迅速开展学习宣传周春梅同志先进事迹活动，鼓舞和激励广大干警汲取先进典型的精神力量，筑牢政治忠诚，坚守为民情怀，公正廉洁司法，严格执行防止干预司法“三个规定”，以“功成不必在我”的精神境界和“功成必定有我”的历史担当，锐意进取、拼搏奉献，为全面建设社会主义现代化国家、实现中华民族伟大复兴的中国梦作出新的更大贡献，以优异成绩庆祝中国共产党成立 100 周年。

2021 年 4 月 13 日

先进事迹

只留清气满乾坤

我与春梅同志先后共事11年。我在民一庭当副庭长，她是我分管团队的审判长；我来审监一庭，她是我的副庭长、审判团队长。11年来，我和她一块工作、一同成长，一起经历了新中国成立以来最为深刻的司法体制改革，光荣地成为湖南法院的员额法官。春梅曾经跟我说，成为一名共和国的人民法官，是她这辈子最值得骄傲的事情；她很庆幸赶上了这个美好的年代，成为司法改革的参与人和实践者。

言犹在耳，恍然如昔。当时的天空也是和现在的春日般明媚，阳光下，春梅的目光是那样清澈和坚定，脸上洋溢着满满的幸福，那时那景永远定格在我的记忆中，深深地感动着我。春梅办起案子来，总是那么意气风发、充满活力，她把对法治的向往、对职业的热爱、对公平正义的坚守都融入了血脉中，汇聚成人民法官的初心。我听到她不幸遇害、因公殉职的消息，痛惜之情，久久不能散去。法院失去了一位好法官、好干部，我失去了一位好同事、好战友。

周春梅被授予民商法硕士学位

年轻时的春梅是一个品学兼优的好学生。2003年，她从湘潭大学民商法系硕士毕业，以招录考试第一名的成绩进入湖南省高级人民法院。入职后，春梅的第一份工作是纪检组内勤，主要处理群众来信来访。春梅曾和我说，当得知自己进入法院后没有立即从事审判工作，内心是有些失落的。但真正走上工作岗位，面对来信来访群众的殷殷期盼，她的想法发生了转变。每一次处理来信来访，都让她对当事人的诉求有了更深的理解，对审判工作有了更多的敬畏。两年的纪检工作，春梅始终满怀热忱，一丝不苟，以耐心细致和专业知识化解了一个个尖锐的矛盾，也涵养了她严谨细致、坚持原则、一心为民的品格和情怀。我想，正是这段纪检监察工作的亲身经历，让春梅更加坚定了做法官的操守原则，不徇私情、刚正不阿，严格按法律办事。

2006 年初，春梅进入审判业务部门工作。从助理审判员到审判员再到副庭长，从民商领域到审判监督，经历多次职务和角色的转换，但她从没有忘记自己的初心，她是真正从骨子里热爱这份崇高的审判事业。从事审判工作 15 年来，春梅所办案件无一超审限、无一因过错被发回或改判。因长期办案数量位居前列，春梅多次获得“办案能手”“优秀党员”“巾帼文明标兵”等荣誉。她撰写的裁判文书严谨规范、逻辑清晰、说理充分，是庭里同事们争相学习的典范，曾获评全国法院首届“百篇优秀裁判文书奖”。而这些成绩的背后，是春梅无数个日夜加班加点、忘我工作的坚持。中午吃饭，为了节省排队时间，春梅总会晚半个小时去或者拜托同事打饭回来，一个粉红色的简朴饭盒，陪伴了她无数个争分夺秒的中午。晚上下班，春梅也是迟迟不回家，每次我晚上加班离开办公室的时候，总能看到电脑前神情专注的她，噼里啪啦地敲着键盘。她常跟我说，夜深人静的时候，自己的思路最清晰，最适合写判决。即便在春梅二胎怀孕期间，作为高龄产妇的她，办案绩效仍超出法官平均绩效的 32%。湘西妹子的那股韧劲、拼劲，在春梅的身上体现得淋漓尽致。

头顶三尺是法律，脚下支撑是品节。

作为全省审判业务专家和省法院专业法官会议委员，春梅的职业素养和专业精神有口皆碑。她不仅案子办的多、办得好，还非常擅于总结办案经验，形成了独特的 32 字“春梅工作法”：“信守程序，明辨是非；善用法理、温情司法；准确衡平、中立公正；疏导调解、案结事了”。每次和春梅探讨案件和法律问题，她对条文的深刻理解、对法律适用的精准把握，总是给我很大启发。庭里有大要案、“骨头案”，我都会第一个想到她，而她也总能凭借敬业的工作态度、精湛的业务水平和情理法融合的司法智慧实现案结事了。

以理服人，以情感人，以细雨春风去抚平伤痕。

在一起批发市场特大火灾案中，上诉人多达 197 人，且诉讼标的巨大，各方利益矛盾交织，处理难度极大。春梅作为二审承办法官，为查明起火原因和商户损失，十多次深入现场走访调查，组织当地政府、市场方和上诉人召开协调会 30 多次，最终案件成功审结。在审理一起涉芦苇场合同纠纷案时，为了确定芦苇虫害损失责任分配，春梅研读了十多部芦苇科专著，准确归纳出需要向专家证人提问的问题，其专业程度令芦苇场场长都为之惊叹，同事们戏称她为“芦苇专家”。平常处见功力，细微处见真章。春梅就是这样一个“在专业上求精、在细节上求严”的法官，总是秉持着“对案件负责、对当事人负责、对自己负责”的原则，把每一个案件都办成经得起法律、历史和人民检验的铁案。

从湘西大山里走来的春梅，深知生活的艰辛、奋斗的不易，生活中处处与人为善，说起话来温柔又谦和。但办起案子、研究疑难问题的时候，春梅就像变了个人，讨论观点直来直去，从来不会顾及领导或同事的面子交情，决不人云亦云、随意附和。面对打招呼、找关系的请托，她更是严词拒绝，从不变通打折，就像铁板一块。

2020 年 9 月，正值全庭结案高峰期，有一天，春梅跟我说，最近有点烦，一个老乡有案子在法院，老是联系春梅，想让她帮忙打招呼、说说情，虽然春梅多次拒绝，可这个老乡还是纠缠不休，还借口看望小孩的名义，给春梅送来财物，然后就跑了，联系了多次也没能把财物退回去。我了解情况后，安排一名副庭长以送快递的方式及时将财物退还了。后来我才知道，这个她所提到的老乡，就是向她痛下杀手的犯罪嫌疑人向某。而就在事发前两周，春梅还在微信朋友圈中转发了《人民法院“三个规定”记录平台即将上线》的消息链接。我想，春梅这么善良的人，是用这种委婉的方式提醒亲朋好友不要来法院找关系办事，可惜，她的温柔没有换来理解的善意。

春梅走了，那么灿烂美好的生命，在那个即将迎来春暖花开的早晨戛然而止。坚守信仰，坚持原则，恪守公正，这是春梅灿若夏花一生中最鲜明而炽热的生命底色！她用自己的热血和生命，践行了落实“三个规定”的庄严承诺，立起了一座新时代人民法官的精神丰碑！

“我家洗砚池头树，朵朵花开淡墨痕。不要人夸好颜色，只留清气满乾坤。”春梅虽然凋落，但她的精神永远长存。她坚守正义的道路不会孤单，我们继续前行；她捍卫法治的脊梁不会摧折，我们继续坚挺。我们会一直和她一起守护公平正义，一同迎接梅花盛开的春天！（伍斐）

师傅教给我的三堂课

刚到湖南省高级人民法院工作，我就是春梅姐的书记员。记得第一次见春梅姐，她说话温柔、亲切，就像邻家的大姐姐一样，一字一句地给我讲办案纪律，手把手地教我整理案卷。她是我工作上的良师，也是我生活中的好友。我曾很多次地想象，以后要成为一个怎样的法官？遇见春梅姐后，我的目标渐渐变得清晰了，她就是我想要成为的样子。

春梅姐坚韧、善良、专业、正直，我是多么的幸运，在初为法律人的道路上能够遇到春梅姐这样的好师傅。这些年，师傅教给我很多很多，今天，我想和大家分享的，是师傅教给我的三堂课。

师傅教给我的第一堂课：做事再细致一点

师傅说话总是轻言细语的，一笑起来就会露出甜甜的酒窝，但只要面对案件，她就异常严格，不留情面，任何瑕疵都逃不过她的眼睛。

“做事再细致一点，记录再精炼一点。”这是我做书记员时一度最害怕听到的话。那时候的我，也会偷偷跟朋友抱怨，师傅要求太高了，弄得自己和大家都很累。

一个周末的晚上，我去单位取文件，发现师傅办公室的灯还亮着，她低着头，很专注地在看文书，连我路过都没有察觉。第二天我才知道，她利用周末时间对一份刚刚写完的近6万字的判决书进行了校对。看着判决书草稿上密密麻麻的修改痕迹，我才知道，细致、认真，不是她对我们的要求，而是她自己刻在骨子里的品格。

在民一庭时，师傅一直是全院三个民庭办案数最多的法官，但不管多忙，每次案件办结后，她都会先把案件资料整理好放在卷壳里，然后再交给我归档。

我经常说：“师傅，这些事务性的工作交给我就好了！”可师傅却说：“这案件材料的归档顺序，是我们法官审理思路的体现，对于案件的复查和理解很有帮助。不要觉得这是枯燥乏味的流水化作业，没有耐心做好细节，就无法承担起审判案件的责任！”

2020年，《民法典》刚颁布不久，师傅受邀参加一档电视普法节目。那段时间，我发现师傅总是面带倦容。询问之后才知道，为了更好地讲好《民法典》，师傅连续几晚加班修改稿子，研究如何用更通俗易懂的语言，来解释专业的法律名词。

法官具有了法治信仰之初心，司法为民之情怀，则必然具备高度的责任感和担当。

临近上台，师傅还在不停地校稿、整理着装。我和她开玩笑地说："差不多就行啦，反正也不是专业的主持人。"

师傅却一脸认真地说："我在意的不是自己的形象，而是观众心里人民法官的形象，一点差错都不能出。"

是的，细节关乎成败，态度决定一切。师傅对案件认真负责的态度，对法官职业的虔诚，指引了我前行的方向。

师傅教给我的第二堂课：当法官就要为老百姓多想一点

师傅审判功底非常扎实，是庭里的办案骨干，她撰写的文书逻辑严密、说理透彻，是我们年轻法官和法官助理争相学习的范本。我向她请教秘诀在哪里，师傅总是笑着说，哪有什么秘诀，只是"用心"罢了。只要用心，就能做出法理、事理、情理相得益彰的判决，就能够让老百姓感受到司法的温暖和关怀。

在一起劳动争议案中，原告因为工伤，双腿残疾，后来又因为单位改制下岗。师傅分析案情之后，发现原告的诉求无法得到支持。如何才能解决原告现实的困难？她一次又一次地跟当事人原工作单位协调，希望能为他争取一个工作机会。20多个电话后，师傅终于等到了一个肯定的回答。那天，师傅手舞足蹈，开心得像个孩子。

然而，没过多久，原告由于自身原因，放弃了这份工作。得知消息后，师傅满脸失落。我忍不住劝她："咱们案子办对就行了，哪能管得了这么多？"听到我说的话，师傅猛然转过身来望着我，语调也提高了三分，她说："那怎么行？案结事了，社会矛盾才能真正化解。在法律许可范围内为当事人解决实际困难，也是我们法官应该做的。"

的确，师傅就像一个善良的侠女，对世上的困苦有着超强的同理心。看到当事人因为缺少证据陷入困难，法律上得不到支持，师傅就去做大量的调解工作，帮助他们争取合法权益；在工作之外，她也会经常给生活困难的学生，提供她力所能及的帮助，让他们感受到温暖和真情，给他们带去战胜困苦的信心。

在师傅的言传身教下，我的工作风格和思辨方式，也逐渐有了她的影子。每每听到当事人由衷地感谢，我也明白了师傅的心情，

周春梅与送锦旗当事人合影

那是一种发自内心的喜悦，是让人骄傲的。当法官、办案子就是要为老百姓多想一点，多做一点。这也是一名人民法官的初心使命。

师傅教给我的第三堂课：严守“三个规定”，绝不向司法不公让步

“头顶三尺是法律，脚下支撑是品节。”这是师傅在她的一篇读书笔记中写下的，是她对法官职业的自我体会，也是她一生坚持依法办案的真实写照。

还记得师傅曾办理过的一起建设工程纠纷案，一方当事人到处找关系试图左右案件。一次，师傅挂了电话，严肃地对我说：“越来找关系，我们就越要审查得仔细一些，越要依法公正裁判。”为了还原案件事实，师傅带着我去了现场勘查，将近40度的高温，她的汗水夹杂着工地的尘土，混合成泥水流个不停，腿肚子被工地凌乱堆放的材料划伤了也都没发觉。

当时我心想，真是个女汉子啊！没想到，晚上回到宾馆，师傅敲开了我的房门，她跟我说：“菲儿，我俩睡一间吧，房间里空荡荡的，我有点怕。”

那一刻我才发现，师傅不是无坚不摧的，她也是个女人，一样会感到孤单、一样会感到

害怕。的确，法官之路注定充满着困难与挑战，充满着诱惑、干扰甚至是威胁。但是一旦选择了这份职业，选择了维护公平正义的执着坚守，就有了强大的内心，就能披荆斩棘、奋勇向前。这就是信仰的力量，这就是法治的力量！法治建设这个伟大工程，需要的不仅仅是汗水，甚至是鲜血和生命。昨天是春梅，明天可能是我，也可能是你。怕了吗？不怕！春天照样会来，梅花依然绽放！

师傅，您用生命践行了“三个规定”，用鲜血捍卫了司法公正，这最后的一堂课，我将终生铭记。您的精神力量将永远激励着我们奋勇前行，让人民群众在每一个司法案件中感受到公平正义，我们责无旁贷！（龙菲）

春梅默默向阳开

春梅遇害那天是2021年1月12日，一个再寻常不过的周二。和往常一样，我6点起床，做好早餐后叫醒儿子。6点40，春梅准时起床。看到吃早餐的儿子，春梅习惯性地摸摸他的头，叮嘱他上课认真点，然后目送我和儿子出门。

这是儿子上高中后，我们每个工作日的重复场景。所以我能想象春梅会在半小时内出门上班，会在晚上7点半左右回到家里，会笑着和我说起白天遇到的趣事。但是，一切画面在那个早上7点半定格。

再见春梅，我们已天人两隔。她倒在上班路上，倒在小区地下车库，倒在血泊中。办案民警告诉我，春梅身中数刀，刀刀要命。我无法想象，当春梅与歹徒搏斗的时候，是多么的无助，又受了多大的痛苦啊！

直到现在，我还时常处在恍惚之中，总觉得春梅的离开，是我的一场噩梦。我一直在等她，但这么多天过去了，我依然没能等到她拿钥匙开门回家的声音。

女儿圆圆不到3岁，还不懂什么是死亡，总是天真地问我："妈妈在哪里？"要我给妈妈打电话。大儿子弈周懂事了许多，最近我已经很少看到他流泪了，只是总问我，妈妈的过去是怎样的？

周春梅与丈夫陈文曲在母校合影

我想跟他说，孩子，其实我不愿意回忆和你妈妈的过去，却又总是无法控制自己的思念。

我永远记得第一次见面是在大学

校园，春梅留着短发，满脸笑容的样子，就像一朵梅花在我心头绽放。我们从相识到相知，有着说不完的话题。共同的法律信仰，让我们彼此吸引，很快确定了恋爱关系。

“养浩然正气，铸法治精魂”，这是湘潭大学法学院的院训。我们深受其熏陶，对法律心怀敬畏。读研期间，春梅攻读实体法，我研究程序法。在无数个本该浪漫的约会里，我们会为了一些法律观点争得面红耳赤，却又总是一笑而过。

我们志同道合，有说不完的话、探讨不完的法律问题。别人都说我们是法律夫妻、灵魂伴侣，我深以为荣。春梅进入法院工作后，日益发现程序的重要性，笑着和我说：“程序法与实体法就像我们俩，公不离婆，秤不离砣。”她还总结出自己办案的“32 字诀”，法院同事们称为“春梅工作法”，我也很赞同。这就是春梅，工作起来总有打破砂锅问到底的劲头。我想，这种热情其实源于她对法律和法官职业那发自骨子里的爱。所以我理解，她为什么经常在办公室加班到深夜，梳理裁判思路，撰写法律文书，40 多岁怀着女儿时还经常在单位加班加点。对她而言，能够全身心地投入审判事业，踏踏实实地办案子，是最为幸福的事。

法官手握一槌定音的权力，难免会有形形色色的人为案件请托，我们家自然也有登门拜访的。这种事我和春梅早有共识，不仅如此，她早早地和家里亲戚约法三章，她说：“为案子说情、打招呼，请不要敲我家的门！”记得侄儿子毕业那年，准备在一家律所实习。虽然后来并没有留下，春梅倒是早早地给他打了预防针，她说：“如果以后做律师，要靠自己的本事，千万不要指望婶婶去给你做什么！”春梅的亲弟弟靠开网约车谋生，她虽然心疼，但也没有给弟弟找份更稳定的工作。

春梅对工作全身心投入，对家庭也是全身心的付出，家里的一切都安排得井井有条。她是一个好妻子，为了我的事业和一双儿女，付出了很多、很多。2005 年，我们的大儿子弈周出生了，同时我也考回湘潭大学攻读法学博士。为了照顾孩子和我的学业，春梅放弃了自己考取博士的机会。生女儿圆圆的时候，因为羊水不足她几次住院。后来圆圆早产，在恒温室住了两个月，那段时间春梅总是很愧疚，觉得是自己因为忙于工作没照顾好孕期的女儿。直到一岁后，圆圆的全部指数与正常宝宝一样，她才放下悬着的心。从此，她整天把幸福写在脸上。她和我说，工作再苦再累，回到家看到女儿飞扑而来，所有的劳累都一扫而光。

春梅是个好女儿。她走后，我的岳父岳母崩溃了，每天以泪洗面。春梅一直是他们最大的骄傲，从小学习就特别好，从来不用家里操心，一路保送，小学时就会生火做饭，带着弟弟去上学，读大学后每年都拿奖学金为家里减轻负担，拿到的第一笔工资就给妈妈买了一件羊毛衫，工作以后每年年休假都会带着孩子和双方老人一起出去旅游，从不嫌麻烦……

春梅很孝顺。我年幼丧母，由继母抚养长大。2019 下半年，继母中风成了植物人，卧床一年多。期间，春梅不顾工作和要照顾小孩的劳累，总是周末抽时间带儿子回老家耒阳去看望照顾老人家，帮老人家洗澡、翻身，连邻居看了都大为感动。我知道，她是在以自己的行动，向儿子诠释孝道啊！

春梅对所有人都好，唯独对自己不够好。她也喜欢漂亮衣服，却舍不得花太多钱在自己身上，总是从网上淘些打折的衣服。就在春梅遇害前不久，刚好是她的生日，她看中了一枚戒指，我本想买给她做生日礼物。可她嫌贵，说等明年生日凑着一起买。没想到，这竟成了我永远无法送出的生日礼物！我欠春梅的太多太多啊！

春梅，你知道吗？儿子最近长大了，懂事了，越来越坚强了。他一遍遍地问了很多关于你的事情，才知道经常接送他上辅导班、给他洗衣做饭的妈妈是如此的优秀，是个如此受人尊敬的好法官。原本准备读理科的儿子，这个学期决定读文科了，他说："妈妈可能就是为了法律来到这个世界上的，为法律而生，为法律而死。我身上流淌着妈妈的血，我也要像妈妈一样学法律，将来也做个好法官！"春梅，如果你能听到，一定会很欣慰吧！

22 年了，我和春梅相识、相知、相恋、相守，从恋爱、成家到生儿育女，经历从恋人到亲人，从亲人再到灵魂伴侣。我是何其幸运，在茫茫人海中遇到了你，和你一起携手走过这些美好的岁月。我又是何其哀伤，半百之年痛失知己。春梅啊，我们上次争论的司法程序问题还没有说完，我写好的司法伦理论文又读给谁听啊？

春梅常说，能够身披法袍，手持天平，做一名为人民群众主持公平正义的法官，何其幸运、何其自豪！她为了这个职业理想，也作出了自己最大的努力。在这里，我代表家人，感谢党和组织、感谢各位领导同事对她的肯定和给予她的荣誉。作为法官家属，我感到很骄傲，同时，我也想借此机会，呼吁全社会能够更多地理解法官、支持法官，不向法官打听案情，不干预法官办案，不再发生血染法袍事件，让他们能够沉下心来，安安静静地、踏踏实实地办好案，以公正裁判守护人间正道、维护老百姓的合法权益。我想，这就是对春梅最好的追思和纪念！（周春梅同志丈夫陈文曲）

“脊梁不弯”的躬行者

2021 年 1 月 12 日，春梅法官被害当晚，我和同事第一时间赶到湖南省高级人民法院采访。一进大门，只见灯火通明，每个人的脸上，都挂满了泪痕。痛，是我感受到的第一个词。

走进 904 办公室，春梅法官的办公电脑打开着，10 个大字映入眼帘——“说实话，干实事，脊梁不弯”。

那些天，网上网下关于春梅法官遇害的悲痛文字喷涌而出，追忆和怀念的声音连绵不绝，有些词句总是反复出现：“脊梁不弯”“用生命恪守公平正义”“人们不知道春梅有多好，就无法想象我们的心有多痛”。这些场景和声音都在告诉我，这位有着美丽名字、照片上温婉如玉的女法官，内心深处一定有着不一样的精神力量。

当我们拨开云雾走进她的精神世界，感受到的是她恪守公平正义的执着追求，是用生命向不法行为抗争的铮铮铁骨，是以实际行动回应时代之问的法治践行。当前，全党正在开展党史学习教育。周春梅就像成千上万为党和人民事业牺牲的革命英烈一样，用生命铸就了一座巍峨的法治丰碑！

寒冬时节，梅花傲雪绽放。我突然理解了，“脊梁不弯”这几个字的深刻含义，不正是高洁不屈、傲雪凌霜的春梅精神吗？不断采访，不断深入，春梅精神在我们心里变得更加清晰、更加真实。

党以如此博大的胸怀关怀爱护每一个中华儿女，我们拿什么回报党呢？只有将自己毕生的精力献给党，为人民群众谋求更大的福利，才能报答党的恩情。

“脊梁不弯”，行动源于信仰。周春梅的初心理想始终滋润着她对法治的信仰。在湖南省高级人民法院采访时，春梅法官的同事们正在整理她的履历。一份份字迹娟秀的履历表上，记录着她优秀的人生轨迹。这个从湘西大山里走出来的苗家妹，从小就有一股自强不息的韧劲。小学到高中，年年成绩优秀，高中联考名列全湘西州第一。19 岁高考前夕，她在中学毕业鉴定中写道：“我现在虽然‘位卑’，但矢志不忘报国之志。”远大的理想抱负跃然纸上。

在家人的影响下，周春梅对法律产生了浓厚的兴趣，高考时毫不犹豫选择了湘潭大学法学专业。从此，她有了清晰的人生目标，更有了学法报国的初心理想。

一旦理想的种子被播撒，终究会长成参天大树。进入湘潭大学法学院后，“养浩然正气，铸法治精魂”的院训，深深刻印在她的脑海。刚读大一的她，就递交了人生中第一份入党申请书。她这样写道：“党以如此博大的胸怀关怀爱护每一个中华儿女，我们拿什么回报党呢？只有将自己毕生的精力献给党，为人民群众谋求更大的福利，才足以报答党对人民和我的恩情。”

初心易得，始终难守。党组织的高标准、严要求，不断考验着春梅，也引领她不断进步。我想，这就是春梅法官“脊梁不弯”的精神源头。因为，信仰不是用来谈论的，而是用来实践的。从此，学法报国的初心理想，始终激励着春梅，她以第一名的成绩考入湖南省高级人民法院，她以优异的审判业绩获评全省审判业务专家，她面对一个又一个困难迎难而上，面对不法之徒，她挺起了法官的脊梁。

“脊梁不弯”，就要说实话、干实事。周春梅以良善践行司法为民宗旨，为群众撑起一片正义蓝天。采访中，一个小细节吸引了我。在春梅办公桌的抽屉里，放着一份她遇害前 2 个月的住院病历单，而与病历单夹在一起的，是一封手写的感谢信。信中这样写道：“尊敬的周法官，你是人民的好法官。我们全组村民都敬佩你的办事效率和不畏权贵的作风……”信纸下方署名宋义明。

宋义明是株洲石板桥村的村民小组长。信中涉及的案件，是他代表数百名乡亲提起的一起土地纠纷“民告官”案。由于案情复杂，牵涉的人都是乡里乡亲，如果处理不好，很容易激发矛盾。在案件审理中，周春梅耐心地给大家解释法律，动之以情、晓之以理，把土地确权“确”到了大家的心坎上。最终，这起闹了 30 年的矛盾成功化解。得知春梅法官遇害，宋义明把噩耗告诉乡亲们，乡亲们伤心地说：“周法官办案公正，心里装着老百姓，我们永远都记得这位好法官！”

诉讼不是目的，真正实现案结事了人和，既是老百姓的心愿，也是周春梅一直以来努力的方向。在一起长达十年的合同纠纷中，两名当事人本是师徒关系，合伙经营企业，后因理念不和产生纠纷，积怨很深。周春梅接到案件后，准确找到症结所在，用心用情开展调解，既解了法结，又解了心结。在她的调解下，双方不仅握手言和，还进一步开展了合作。这就是周春梅，她用情理法相融合的司法智慧，彰显了正义，温暖了人心。

“脊梁不弯”，就要坚持原则、公正办案，明知前路艰难，也要奋勇向前。改革从来多艰难。今年 1 月，全国法院启用升级后的“三个规定”记录报告平台。1 月 11 日，严格执行“三个规定”的文章正在湖南法院系统的“朋友圈”里刷屏，没想到 12 日一大早，春梅法官就倒

周春梅接受锦旗

在了血泊中。瞬间，周春梅因不徇私情、严格公正司法、拒绝人情干扰而不幸遇害的消息，震惊了整个法律圈。

我在采访中发现，除了愤怒，春梅的离去进一步坚定了法院人捍卫司法公正的决心。一位法官说道：“如果恪守职业道德成为自私自利的绊脚石，那么每一个善良、公正、谦逊、无私的法官，都甘愿做那块绊脚石。”

在春梅法官的家中，她的丈夫陈文曲告诉我，春梅常和他在家探讨一些法律问题，但从来不谈具体案件和案情，一是担心干扰她的独立判断，二是涉及审判纪律，她绝不触碰原则。她的儿子对我说：“妈妈是个很正直的人，她经常教育我，无论做什么事，都要讲原则、讲底线。”

同事蒋琳告诉我，与春梅同事这么多年，从没见过她在案件上打过一次招呼、说过一次人情。只是，周春梅没有想到，就在这梅花盛开的季节，自己的再一次拒绝人情，竟成了生命的绝唱。

我从事新闻工作十多年，采访过成百上千的法官。这次采访，一个问题始终萦绕在我的脑海：怎样做新时代的好法官？我想，周春梅给了我们答案：要做“说实话，干实事，‘脊梁不弯’的躬行者”。做脊梁不弯的躬行者，就要坚定理想信念，坚信法治脊梁的力量；就要俯首甘为孺子牛，默默耕耘，无私奉献；就要面对邪恶挺身而出，用浩然正气守护公平正义的最后一道防线！这就是春梅精神！

“俏也不争春，只把春来报。待到山花烂漫时，她在丛中笑。”随着采访的深入，这首毛主席的《咏梅》，总在我脑海中闪现。周春梅就是法治春天的使者，她在生命的最后瞬间为法治中国建设绽放出最绚烂的色彩。

我看到，在许多法官身上，都有着周春梅的影子，他们忠实践行习近平法治思想，肩扛天平，心系百姓，在平凡中坚守，在坚守中绽放！我向这些默默奉献、坚守法治的人民法官致敬！我坚信，有这些优秀的人民法官，春梅精神必将薪火相传，法治中国的明天必将更加美好！我呼吁，让我们共同遵守防止干预司法的“三个规定”，因为法官守护的，不仅是他的公平正义，也是你的公平正义，更是我们所有人的公平正义！（张斌）

能够身披法袍，手持天平，做一名为人民群众主持公平正义的法官，何其幸运、何其自豪！

重要媒体报道

周强：深入开展向周春梅同志学习活动
大力弘扬英模精神 坚持严格公正司法

周强出席追授周春梅同志荣誉称号表彰大会强调

深入开展向周春梅同志学习活动 大力弘扬英模精神 坚持严格公正司法

许达哲出席 毛伟明主持

3 月 31 日上午，最高人民法院和中共湖南省委在长沙召开表彰大会，追授周春梅同志“全国模范法官”“湖南省优秀共产党员”荣誉称号。最高人民法院党组书记、院长周强，湖南省委书记、省人大常委会主任许达哲出席会议。周强强调，要坚持以习近平新时代中国特色社会主义思想为指导，认真贯彻习近平法治思想，深入学习周春梅同志先进事迹，扎实开展党史学习教育和队伍教育整顿，大力弘扬英模精神，坚持严格公正司法，推动新时代人民法院工作高质量发展，为全面建设社会主义现代化国家提供有力司法服务，以优异成绩庆祝建党 100 周年。

周春梅同志生前系湖南省高级人民法院审监一庭副庭长、三级高级法官，湖南省审判业务专家。今年 1 月 12 日，她因不徇私情，多次拒绝向某为其案件打招呼的非法要求，被向某残忍杀害，事迹在全社会引起强烈反响。表彰大会上，周春梅同志先进事迹报告团成员以质朴的语言、生动的事例、真挚的情感，从不同角度追忆了周春梅同志的先进事迹。事迹震撼人心、感人肺腑，报告团成员数次哽咽落泪，在场人员深受教育和感动，现场不时响起经久不息的掌声。

周强代表最高人民法院向周春梅同志表示深切悼念，向周春梅同志亲属表示诚挚慰问。他指出，周春梅同志是新时代学习贯彻习近平法治思想的楷模，是法院系统严格落实防止干预司法“三个规定”要求，坚持对党忠诚、公正廉洁司法的杰出代表。她牢记初心使命、坚守法治信仰，用生命捍卫了司法公正，诠释了新时代共产党员、人民法官的忠诚与担当，为全国法院干警树立了学习榜样。她的先进事迹是开展党史学习教育、队伍教育整顿的感人教材。

周强要求，各级法院要深入开展向周春梅同志学习活动，教育引导广大干警以先进典型为榜样，坚定理想信念、忠诚履职尽责，充分发挥审判职能作用，扎实推进服务大局、司法为民、公正司法。要坚持以习近平新时代中国特色社会主义思想武装头脑、指导实践、推动工作，真学真信笃行习近平法治思想，认真开展党史学习教育，传承红色基因，不断提高政治判断力、政治领悟力、政治执行力，永葆对党忠诚政治本色。要坚守初心担使命，坚持以人民为中心，忠诚践行司法为民宗旨，用心用情用法解决好人民群众“急难愁盼”问题，完善司法便民利民惠民举措，切实保障人民群众合法权益。要忠诚履职尽责，坚持严格公正司法，确保每一起案件都经得起法律、历史和人民的检验。要坚定法治信仰，坚持职业操守，严格执行防止干预司法“三个规定”，进一步健全审判权运行和监督机制、履职保护和正向激励机制，永葆为民务实清廉的政治本色。要大力弘扬英模精神，深入开展政法队伍教育整顿，加大先进典型宣传力度，持续推进人民法院党风廉政建设和反腐败斗争，努力建设一支德才兼备，党和人民信得过、靠得住、能放心的高素质过硬法院队伍。

许达哲指出，近年来，湖南法院系统为建设更高水平的平安湖南、法治湖南、清廉湖南作出了重要贡献，涌现了一大批对党忠诚、赤胆忠心、捍卫正义、坚守公正的先进典型。周春梅同志就是其中的杰出代表，她以不徇私情、无私无畏的实际行动兑现了“把自己一生交给党”的忠诚誓言，诠释了牢记宗旨、司法为民的人民情怀，展现了新时代人民法官的巾帼风采，不愧为习近平法治思想的坚定信仰者和忠实践行者，不愧为维护司法公正、推动法治进步的先进典型，不愧为新时代党员干部为民尽责的优秀代表。传承红色基因、弘扬英模精神，是开展党史学习教育的题中之义，也是政法队伍教育整顿的一项重要内容。全省各级党员干部特别是政法干警要向周春梅同志学习，永葆信念坚定、对党忠诚的政治品格，树牢人民至上、一心为民的公仆情怀，练就敢于担当、精研实干的职业操守，恪守无私奉献、严于律己的优秀品质。全省上下要大力弘扬英模精神，讲好英模故事，展示英模风采，发挥英模作用，倾情关爱先进典型，帮助解决实际困难，努力形成学习英模、崇尚英模、争当英模的良好风尚，为实施“三高四新”战略、建设现代化新湖南凝聚强大合力，不忘初心、牢记使命，开拓进取、不懈奋斗，以优异成绩庆祝建党 100 周年。

周强、许达哲在会前亲切会见慰问了周春梅同志家属。表彰大会上，周强、许达哲向周春梅同志丈夫陈文曲颁发荣誉证书。

湖南省委副书记、省长毛伟明主持表彰大会。最高人民法院党组成员、政治部主任马世忠宣读《人力资源社会保障部 最高人民法院关于追授周春梅同志“全国模范法官”称号的决定》，湖南省委常委、省委组织部部长王成宣读《中共湖南省委关于追授周春梅同志“湖南省优秀共产党员”称号的决定》。湖南省委常委、省委秘书长张剑飞，省委常委、省委政法委书记李殿勋，省高院院长田立文出席会议。湖南省直有关单位负责人、省政法系统党员干部代表900余人参加表彰大会。

（原载《人民法院报》2021年4月1日，记者孙航）

“头顶三尺是法律，脚下支撑是品节”

在法院工作 17 年来，湖南省高级人民法院审监一庭原副庭长周春梅始终坚守法治信仰，刚正不阿、秉公办案，严格执行防止干预司法“三个规定”要求；因多次拒绝为案件打招呼的非法要求，1 月 12 日，周春梅被人行凶报复，不幸遇害，年仅 45 岁。

今年 3 月的全国两会上，周春梅的事迹被写入最高人民法院工作报告；她的名字，回荡在庄严的人民大会堂。近日，追授周春梅同志“全国模范法官”“湖南省优秀共产党员”称号表彰大会在湖南长沙举行。人们含着悲痛深情怀念，讲述她的故事，追忆她的精神……

“法不能向不法退让，将以周春梅法官为榜样，不惧暴力，坚定排除干扰、坚持公正司法”

“老陈，快回家，你爱人和保洁员起冲突，被害了！”今年 1 月 12 日，中南大学法学院副教授陈文曲刚到办公室，便接到学校保卫处打来的电话……陈文曲一时没有反应过来：“春梅这么温柔善良的人，怎么会和保洁员发生冲突？”

陈文曲想不起自己是怎么开车回家的了，他只记得车进到地库，小区车位上那滩鲜红的血，给他当头一棒，“我家春梅出事了！”

当从警察嘴里听说保洁员叫“向某”，陈文曲彻底震惊了：“怎么会是她？她是春梅许多次开导、劝慰的老乡、同学。”

可现实就是这样：周春梅因多次拒绝向某为其案件打招呼的非法要求，被向某残忍杀害。

向某，曾因把部门领导打伤、在微信群发布不利于公司的言论，被解除劳动合同。她经过劳动争议仲裁，法院一审、二审，申请检察院抗诉，都没能达到“恢复劳动关系”的目的。

“根据劳动法，以及向某与公司的劳动合同，法院依法不能支持她‘恢复劳动关系’的请求。”湖南省高级人民法院审监一庭副庭长蒋琳说。

其间，向某找到身为老乡、同学，又在湖南省高级人民法院担任中层领导的周春梅，托她给审理此案的法官打招呼；周春梅明确表示“这不可能，我不能这样做”，拒绝了向某的非法请求，周春梅又从法律、道义、情理的角度开导、劝慰向某，可向某总听不进去。

当案件进入再审审查环节，到了周春梅所在的湖南省高级人民法院审监一庭，向某再次要求周春梅关照，并借口看望周春梅生病的孩子，送来水果等礼物。

陈文曲记得：那天，向某扔下果篮就走；周春梅打开一看，里面藏着 2 万元现金和一个金手镯……她连忙追出去，并拨打向某手机。但向某怎么也不接电话……第二天，周春梅把“礼物”带到单位，交给了审监一庭庭长伍斐；她们商量，派人给向某送回去。派的人来到向某家楼下，向某仍然不接电话；无奈，只能由干警假装“送快递”的，把这些东西送还向某。

“你背叛了我们的友谊，连这点忙都不肯帮我。”这是向某发给周春梅的微信。周春梅曾向同事刘柳感慨：“这个忙，我怎么能帮呢？她要怪，就怪我是个法官吧。”

“头顶三尺是法律，脚下支撑是品节。”这是周春梅在她的一篇读书笔记中写下的。周春梅拒绝人情干扰，严格公正司法，用生命捍卫了她所坚守的公平正义。

她的离去，激起了政法干警坚决贯彻“三个规定”的更大意志。许多政法机关干警通过微信朋友圈、微博发表评论，表达“法不能向不法退让，将以周春梅法官为榜样，不惧暴力，坚定排除干扰、坚持公正司法”的决心。

“法官具有了法治信仰之初心、司法为民之情怀，则必然具备高度的责任感和担当”

周春梅的办公桌上，立着一块警示牌，上面印着《湖南省高级人民法院“十二条禁令”》，第一条便是“严禁接受案件当事人及其代理人、辩护人、请托人或管理服务对象所送礼金礼品、消费卡等钱物……”

了解周春梅的人都知道，她把党纪国法铭记在心，从来不让正义蒙尘。

伍斐告诉记者，周春梅曾在法院纪检部门工作过，她对如何处理与当事人的关系，有着比别人更高的敏感度。

“我的侄儿毕业后，想在律所实习，春梅早早便给侄儿打‘预防针’，她说‘如果以后做律师，要靠自己的本事，千万不要指望婶婶去给你做什么’。”陈文曲说，老家的人知道她在省里法院“当官”，希望她能打听案件；周春梅为此给家人“支招”，“就说我人缘不好，打听不到”。

其实，周春梅“人缘”很好，每一个跟她接触的人，都被她的善良所打动。同事怀孕了，她把沙发让给同事午休，自己在地上打地铺；法官助理在业务上遇到困难，她耐心指导、无私帮助……她的脸上总是洋溢着温暖的微笑。

周春梅是温柔的，又是坚韧的。在她办公桌的抽屉里，静静躺着一封信，上面写道“尊敬的周法官，你是人民的好法官。我们全组村民都敬佩你的办事效率及不畏权贵的作风”。

写信的人叫宋义明，是株洲市渌口区石板桥村村民；之前，在一起“民告官”案件中，周

周春梅（左二）和审判团队一起梳理卷宗、研究案情

春梅直指当地行政部门的失误，维护村民的合法权益，成功化解了多年积压的矛盾纠纷。

听说周春梅被害的消息，宋义明，这位敦厚的汉子失声啜泣，连连说：“这是国家的损失啊！”

在一起劳动争议案中，原告因为工伤，双腿残疾，后又因单位改制下岗。“她一次次跟当事人原来的工作单位协调，希望能为他争取一个工作机会。20多个电话后，终于等到一个肯定的回答。”法官助理龙菲还记得：那一天，周春梅手舞足蹈，开心得像个孩子。

“法官具有了法治信仰之初心、司法为民之情怀，则必然具备高度的责任感和担当。”周春梅曾写道。从事审判工作以来，她所办的案件，无一超审限、无一因过错被发回或改判。她曾多次获得办案能手、优秀共产党员、巾帼文明标兵等荣誉，被评为湖南省审判业务专家。

“入党不是我的最终目的，
最重要的是努力的过程和全心全意为人民服务的宗旨永不变”

在湘潭大学法学院，一块巨石上镌刻着“养浩然正气，铸法治精魂”几个大字。周春梅就从这里毕业。

在湘潭大学，周春梅递交了人生中第一份入党申请书。

“入党不是好看好听，不是为了升官发财，入党不是我的最终目的，最重要的是努力的过程和全心全意为人民服务的宗旨永不变。”在向党组织提交的思想汇报里，周春梅郑重写道。

“春梅来自湖南龙山一个贫苦的农村家庭，靠自己的勤学苦读考入湘潭大学，还获得了湘潭大学校长奖。”追忆这位杰出校友，湘潭大学法学院党委书记黄德华的脸上满是自豪。

“春梅很有原则，她看不惯不良的社会现象，对弱者怀有一种天然的同情和悲悯。她痛恨通过不正当手段获得的东西；这种强烈的是非观、荣辱观一直贯穿始终。”周春梅的导师、湘潭大学法学院教授彭熙海回忆。

如今，周春梅的事迹感染着湘潭大学法学院的学生……“凶手杀害了铁骨铮铮的英雄，但无法摧毁‘法治精魂’。我们必将秉承周春梅的浩然正气，用毕生的努力去烛照法治前行的道路。”湘潭大学法学院一位学生这样评价。

陈文曲正是在湘潭大学与周春梅相识、相知的。共同的法治信仰，让他们相爱相守。“在学校时，我学诉讼法，她学实体法，我们‘公不离婆、秤不离砣’，经常切磋法律问题。”陈文曲回忆：周春梅还总结出自己办案的“32 字诀”，法院同事们称为“春梅工作法”。这种热情源于她对法律和法官职业那发自骨子里的爱。

周春梅经常在办公室加班到深夜，梳理裁判思路，撰写法律文书。对她而言，能够全身心地投入审判事业，踏踏实实地办案子，是最为幸福的事。

周春梅被害，给家庭带来沉痛打击。她的母亲长时间卧床不起，回想起当年和老伴下岗后白天当营业员、晚上摆地摊供养周春梅上学的日子，老人泣不成声……周春梅还有一个弟弟，在长沙开网约车，“这么多年，姐姐从来没有用手中的权力帮过我。”弟弟说。

事件刚发生时，儿子乐乐悲愤不已……陈文曲劝慰儿子：“爸爸妈妈都是学法律的；面对歹徒，我们不能以暴制暴，要用理性、用法律去解决问题。”原本准备读理科的乐乐，选择了读文科，他说，他想学法律，将来也要像妈妈一样，做一名好法官！

周春梅的女儿还不到 3 岁，不知道“妈妈走了”是什么意思，还以为她只是“出远门”，总有一天会回来，时不时地“找妈妈”。

“春梅，春天来了，但你却再也见不到了。”陈文曲哽咽着说，“你用鲜血换来了全社会对法官的更大理解和支持，让‘防止干预司法’的规定广为人知。法官们能够沉下心来，安安静静、踏踏实实地办好案，以公正裁判守护人间正道、维护老百姓的合法权益，就是对春梅最好的怀念。”

（原载《人民日报》2021 年 4 月 9 日，记者徐隽）

春梅凋零　芬芳永驻

清明前夕，陈文曲又翻出与妻子周春梅初入社会时的往来书信。字里行间，是这名淳朴湘西女孩对未来的无限期待。她本已活出曾经期待的美好，成为优秀法官、贤妻良母、良师益友……但这一切在 2021 年初被猝然打断。

2021 年 1 月 12 日，只因不徇私情拒绝为同乡打招呼，时任湖南省高级人民法院审判监督第一庭副庭长的周春梅被杀害，年仅 45 岁。事发近三个月后，同事、家人、当事人谈到周春梅过往点滴，仍深感悲痛。她以精湛的业务水平、深厚的为民情怀、高尚的职业操守，赢得广泛赞誉。

攻坚克难追求业务精湛

作为所在庭“繁案精审”团队负责人，周春梅接手的大部分为疑难复杂案件，双方当事人矛盾冲突激烈。一次次攻坚克难背后，是她的法治信仰和忘我付出。

同事们都记得，中午就餐高峰很难在食堂看到周春梅。她常常错峰就餐，避开排队高峰，只为多挤点时间在案卷上。

在审理一起芦苇场经营权合同纠纷案时，为确定芦苇虫害损失责任分配，她研读十余部芦苇科专著，准确归纳出需要向专家证人发问的问题。

新冠肺炎疫情发生后，为提升“云开庭”的庭审效率和当事人体验感，她会在开庭前学习涉案地方言。

她总结出办案“32 字诀”——信守程序、明辨是非；善用法理、温情司法；准确衡平、中立公正；疏导调解、案结事了。

“无论从哪一个方面看，春梅都是一个好法官。”湖南省高级人民法院副院长杨翔回忆，召集专业法官会议讨论疑难复杂案件时，他总是点名周春梅参加，因为她坚守法律原则决不人云亦云，总能提出独到见解。

从事审判工作以来，周春梅多次荣获“办案能手”称号。她所办案件经评查无一超审限、无一因过错被发回或改判。

温情司法践行为民宗旨

作为一名法学院副教授，陈文曲将周春梅视为志同道合的“灵魂伴侣”，两人在家经常探讨法律问题。在陈文曲眼中，妻子办案的核心理念是“为权利而沟通”。

“她从不把自己当成高高在上的人，更愿意架设沟通平台，平等对待当事人。法律是冰冷的，法律的温情需要通过法官来释放。”陈文曲说。

对经手的案件，周春梅慎之又慎，因为“案卷虽然没有温度，但最后形成的裁判结果足以影响到每一个当事人的冷暖人生”。

周春梅生前的法官助理刘寄清还记得，因为自己的一个玩笑，平日温文尔雅的周春梅提高音调较了真。

在一起劳动争议案件中，一方当事人因工伤导致双腿残疾，但周春梅研究发现这名当事人的诉求无法得到支持。她并未一驳了之，而是想办法帮助当事人纾困，为其争取工作机会。

“咱们案件办对了就行，法官哪能管这么多。”刘寄清开玩笑说。

周春梅当即回应：“一驳了之当然省事，但如果通过我们的努力能在法律许可范围内为他们解决更多的实际困难，社会矛盾才能真正化解。”

作为湖南省高级人民法院“爱之光阴”义工团队的积极分子，周春梅每年主动结对帮扶贫困学生，用募集的爱心善款购买奶粉、纸尿裤慰问福利院儿童和白血病儿童。

坚守原则捍卫公平正义

工作中，周春梅只唯法律与事实，捍卫公平正义。面对打招呼、找关系的请托，她均严词拒绝。即便是一般的“套近乎”，只要与案件有关，她都是冷面相待。

2015 年，北京德恒律师事务所长沙分所律师武生在周春梅手上有过一次胜诉。此后，其代理的另一起上诉案件仍由周春梅主审。递交法律文书时，他向周春梅提及上一起案件判决，表达谢意。

“上起案件是上起案件，我们严格依法判决。你把这次的上诉意见书放下就可以了。”周春梅的冷面形象让武生印象深刻。

无论关系亲疏，只要涉及案件，周春梅总是刚正不阿，坚守原则底线。向某与周春梅是高中、大学校友，与所在公司发生劳动争议进入诉讼后，多次要求周春梅帮其打招呼，被断然拒绝。

案件进入再审审查后，恰好在周春梅的审监一庭审查，向某再次请求打招呼被拒绝。后向某到周春梅家中拜访，留下 2 万元现金和 1 个金手镯。她发现后，多次退还未果，向组织报告情况后由同事退还。

向某的再审申请被驳回后，怀恨在心，蓄谋报复，在周春梅家地下车库将其残忍杀害。

向某案主审法官、湖南省高级人民法院审监一庭副庭长蒋琳告诉记者，此前虽与周春梅工作接触频繁，但从未听她提及此案。“事后，我们三级法官碰头研究此案确信，周春梅没有向任何人就此案打过招呼。”他说。

近期，周春梅被追授“全国模范法官”“全国三八红旗手”“湖南省优秀共产党员”等荣誉称号。

“要让法官队伍更有底气。除了他们自身的才华和智慧外，还需要制度保障，让他们理直气壮地守护这个社会的良知和底线。”陈文曲期待，各界能够进一步认清法官队伍的风险和压力，让发生在妻子身上的悲剧不再重演。

（据新华社 2021 年 4 月 8 日电，记者谭畅、刘良恒）

周春梅：用生命捍卫司法公平正义

近日，人力资源社会保障部、最高人民法院追授周春梅“全国模范法官”称号。周春梅，生前是湖南省高级人民法院审判监督第一庭副庭长，今年1月12日，她因坚守司法公正、不徇私情被人杀害，生命定格在了45岁。

打开周春梅的办公电脑，映入眼帘的是桌面壁纸上“说实话，干实事，脊梁不弯”几个大字。作为从湘西大山里走出的省高院法官，周春梅是乡亲们的骄傲。

行凶者向某是周春梅的老乡也是校友。因为一起劳动纠纷案件，向某多次找周春梅让她向下级法院及所在高院说情“打招呼”，周春梅拒绝了。后来向某的再审申请被驳回后，对周春梅未能帮忙心生怨恨。1月12日早上，周春梅在小区地下车库被向某杀害。

法不徇情，在维护社会公平正义的防线上周春梅坚守公正司法的初心。

周春梅在一篇观影笔记中写到：“在我们眼里是百分之一的事情，在老百姓那里就是百分之百”。从事审判工作的10多年里，周春梅所办案件经评查无一超审限、无一因过错被发回或改判。

周春梅遇害后，她的同事在朋友圈发了一段话：“怕了吗？不怕！我相信每一个法律人都心怀法律梦想，并会为之奋斗终身。”

（原载中央电视台新闻联播，2021年4月9日，记者张赛）

信仰为壤，你看，这是春梅在盛放

2021 年 1 月 12 日，一个本该寻常的冬日，却因一场蓄意行凶染上了血色。

湖南省高级人民法院审判监督一庭副庭长周春梅，由于坚决拒绝人情干扰，被怀恨在心的疑犯向某杀害。

在周春梅的卧室，一袭法袍熨烫得笔挺，沉默地挂在衣柜里。一切都是原来的模样，只不过少了那个温柔的声音。墙上微微泛黄的结婚照，无时无刻不在提醒着陈文曲，妻子不在了。

“妈妈呢？妈妈去哪儿了？”被哭泣的外婆抱在怀里，周春梅的小女儿圆圆用稚嫩的小手帮老人擦去眼泪。

两个多月以来，妈妈一直没有出现，家里多了一些神情严肃、进进出出的陌生人。圆圆才三岁，并不知道发生了什么，只是更加依赖父亲。小小的女孩不谙世事的眸子里，倒映着大人们的悲伤。

马彩云、傅明生、郝剑……周春梅的遇害，让人们再次忆起那些为捍卫法律尊严而牺牲的法官，再次感受到法治建设的道路竟然如此艰辛和沉重。

纵然崎岖，仍百折不挠。周春梅遇害的消息，带来的不仅仅是震惊与愤怒，更激发了法院人与不法斗争的勇气和捍卫公平正义的决心：

“如果恪守职业道德成为自私自利的绊脚石，那么每一个善良、公正、谦逊、无私的法官，都甘愿做那块绊脚石！”

“信仰所在，虽千万人吾往矣！”

“昨天是春梅，明天可能是我，也有可能是你。怕了吗？不怕！法治道路的建设不会因此停滞。”

……

法治精神不灭，只会愈发闪耀。信仰为壤，你看，这是春梅在盛放。

“我内心的理想就是做一名法官，维护社会的公平正义”
——播下公平正义理想之种

1976 年，周春梅出生在湘西龙山的一个普通工人家庭，从小到大，学习成绩始终名列前茅。高考前夕，19 岁的周春梅写下“我现在虽然‘位卑’，但矢志不忘报国之志”的豪言壮语。

从湘潭大学法学院毕业后，周春梅到吉首大学当了一年老师，之后回到母校攻读民商法学硕士研究生，并于 2003 年以公开招录第一名的成绩考入湖南省高级人民法院。

“我问过她，在大学当老师比现在要轻松得多，为什么会想到来高院工作？她浅浅一笑，说：‘因为我内心的理想就是做一名法官，维护社会的公平正义。’”周春梅去世后，研究室副主任唐艳在追思会上泣不成声。

一个个认真办理的案子，一天天毫无怨言的加班，一年年日复一日的坚守，为这个理想写下了生动而深刻的注脚。

在审理一起芦苇场经营权合同纠纷案时，为了确定芦苇虫害损失责任分配，周春梅研读了十余部芦苇科专著，准确归纳出需要向专家证人发问的问题，其专业程度令当地芦苇总场场长为之惊叹。

2020 年 11 月，审监一庭结案高峰期。那时，周春梅的颈椎已经痛得受不了，只能住院。为了兼顾工作，周春梅没有选择离家较近的医院，而是去了单位附近的医院。

“上午在医院治疗，下午就到办公室处理案子，修改和审批文书。为了争分夺秒，她平时连中午吃饭的时间都要节省。”谈起周春梅，审监一庭庭长伍斐话语里满是心疼。

2015 年，在一起建设施工合同纠纷案中，周春梅敏锐察觉到被告并不是对欠付工程款认定不服，只是想拖延诉讼。为了让农民工兄弟们早点拿到工钱，周春梅加班加点，迅速开庭、合议，不到一个月便审结了该案。原告代表带着母亲专程驱车 4 个多小时，送上“一身正气、公正为民”的锦旗。

和周春梅共事过的年轻干警，不约而同表达了对这位领导兼师父的“怕与爱”。

怕她，因为“她非常较真，任何一点细节没到位，绝对会给你退回，叫你重新完善，重新查找资料、重新研究案情。她是不可能将就的人”。

爱她，因为“她非常细致，大家都很放心案件由她把关。她法律功底深厚，能够提出有针对性的意见，让年轻人在工作中迅速进入状态，及时弥补不足”。

从事审判工作十余年来，周春梅所办案件经评查无一超审限、无一因过错被发回或改判。在裁判文书制作心得《融通法、理、情，倾心谱写裁判乐章》一文中，周春梅曾这样写道：“法官具有了法治信仰之初心，司法为民之情怀，则必然具备高度的责任感和担当。”

"法律界有句谚语：迟来的正义非正义。她这么拼命，其实就是为老百姓着想。案子越快了结，就越能减轻当事人的诉累，从而让公平正义早一点到来。"提起手下这位"拼命三娘"，伍斐的眼圈红了。

"当法官要为老百姓多想一点，多做一点"
——深扎公平正义为民之根

整理周春梅的遗物时，法官助理刘寄清在抽屉的最下层发现了一个牛皮纸信封，被厚厚的文件压得平平整整。

打开，是一封2018年1月13日写来的感谢信。

"尊敬的周法官，行政裁定书我们已经收到，你们用几个月时间把这些事实弄得如此清楚，你们是人民的好法官，你们的裁定书让我看到了依法治国的希望。我们全组村民对您表示深深的敬意。"

落款人宋义明是湖南省原株洲县石板桥村梨水塘组组长。信中所涉的"民告官"案件，源于一起绵延五十余年的土地权属纠纷，案情复杂、矛盾激烈。

"纠纷处理了十年，你们还没有弄清楚土地范围！对得起老百姓吗？"庭上，周春梅毫不客气地指出被告的问题。

更让他折服的是，周春梅从繁琐的案卷材料中找到了邻组占用该组土地的间接证据。

那一天晚上，宋义明激动不已，忍不住提笔写下心中所想。

"不管案子最后是输还是赢，一个铁面无私的法官能替老百姓说句公道话，我们就心满意足了。"得知噩耗，宋义明难掩悲愤，"这样好的法官被人杀害，是国家和群众的损失！"

悲剧发生后，律师袁伟平发了悼念的朋友圈，并主动要求参加追悼会。而他们之间的关系，只是一起案件的法官和一方当事人的代理律师。

由于分歧，一对商业师徒陷入了长达12年的意气之争。2020年7月，案子到了周春梅的手上。了解案情之后，周春梅认为这个案子更适合调解。为了达到最好的调解效果，周春梅坚持要求律师劝说自己的当事人参加。

"我和当事人都是抱着试试看的态度来参加调解的，根本没抱什么希望。"在袁伟平的记忆里，周春梅很有方法，也了解双方的所思所想。"没想到竟然调解好了。"

十年纠纷，一朝化解。仅仅一个上午，双方当事人便放下恩怨、握手言和，当场讨论起下一个合作项目。

"我想应该是双方都被周法官春风化雨般的热情感动了，也被她鞭辟入里的说理折服了。我的当事人事后对周法官这样评价：这是个能解法结又解心结的好法官。"袁伟平说。

在一起劳动争议纠纷中，一方当事人因车祸导致双腿残疾，后因单位改制下岗。周春梅仔细研究案情之后，发现当事人的诉求无法得到支持。本可以一驳了之的她，考虑到当事人处境艰难，多次与单位一方沟通，为当事人争取纾困机会。单位一方也被周春梅的真诚感动，表示愿意根据当事人实际情况为其提供合适岗位。

在湖南省高级人民法院副院长杨翔的悼文中，这位爱徒和得力下属“纯朴善良，热爱自己的职业，并恪守着法官的良知”。

杨翔万分心痛地写道：“人们不知道春梅有多好，就无法想象凶手有多卑劣和残忍。”

“法官一年办几百个案件，习以为常。但是对当事人来讲，可能一辈子只进一次法院、见一次法官。通过办理一个个案件，听取当事人每一个诉求，不断完善司法程序，人们的法治信仰便能逐渐建立起来。”在刘寄清的记忆里，周春梅循循善诱的声音是那样有力。

“当法官要为老百姓多想一点，多做一点。这就是我们的初心使命。”在法官助理龙菲的心中，周春梅的话字字朴实，却有着足以托起法治理想的千钧分量。

“说实话，干实事，脊梁不弯”
——绽放公平正义不谢春华

那天，像往常一样早早离家上班的周春梅，刚刚走出地下车库电梯，便惨遭横祸。杀害她的犯罪嫌疑人是同乡向某。

2019年，向某因严重违反所在单位的规章制度被辞退。此后，向某提起恢复工作的劳动仲裁，未获支持，向法院起诉，也在一审、二审败诉。期间，向某多次找到周春梅，希望她为自己的案子给下级法院“打招呼”，但周春梅均予以拒绝。

2020年中旬，案件到了湖南省高级人民法院再审，恰好分到了周春梅所在的审判监督一庭。于是，向某带着财物再次找到周春梅，要求她为自己的案子“打招呼”，但周春梅将财物悉数退还。

负责这一再审案件的审判长蒋琳清楚记得，直到案件办结之后一个多月，周春梅才告诉他，案件当事人向某是她的同学。

“春梅从法律层面给向某分析过，这个案子她没有道理，不可能胜诉。但向某不听，她总以为有钱有权可以摆平一切。但春梅是不可能违背原则的。”直到现在，陈文曲依旧无法相信，有人竟然会因为法官严守工作纪律、不答应徇私要求而行凶报复。

“就算时光能倒流，春梅姐也还是不会‘打招呼’。她就是那样一个刚直不阿的人，坚持自己的底线。”与周春梅共事多年的同事、湖南省高级人民法院民二庭副庭长王莉说。

周春梅遇害后，有网友写道：“有人问什么是法律信仰。法律信仰，恰恰就是即使现在正在承受着压力、不解、冒着风险，但是仍然相信法律，仍然追求着社会公义，不惧不怕不退让，并为之坚守与行动。”

周春梅办公室的电脑桌面壁纸上，“说实话，干实事，脊梁不弯”10个字静默无声，却透出一股凛然不可侵犯的威仪。

在民一庭工作时，所办案件标的额动辄以亿计算，当事人想方设法拉拢周春梅，对她施压甚至发出人身威胁，但她始终不为所动。周春梅老家不少人知道她“在省里的法院当法官”，为此她约法三章，“为案子说情请托请不要敲家里的门”。

被许多当事人和亲友误解为“不通人情”“死脑筋”的周春梅，也曾经向陈文曲倾诉苦恼，疑惑自己原则面前半步不退的做法，为什么会被别人当作是“无情”。

“表面上是不近人情，实则恰恰是尊重人情。法律面前人人平等，法官的亲戚朋友也不会高人一等。”同为法律人，陈文曲发自内心理解和支持妻子的选择。

一夜之间，周春梅16岁的儿子长大了。原本准备读理科的他，毅然决定踏上妈妈未走完的征途，立志将来“也做一个好法官”。

在人生第一份入党申请书中，周春梅写道：“党以如此博大的胸怀关怀爱护每一个中华儿女，我们拿什么回报党呢？只有将自己毕生的精力献给党，为人民群众谋求更大的福利，才足以报答党对人民和我的恩情。”

信仰里开出的春梅，花魂不会凋零。法袍上的鲜血，已化作法治建设道路上的一片丹心，如火如焰，炽热明亮。正在成为铺路石的法律人、即将加入险途的后来者，将因为与灿烂芳华为伴、与高洁清香相随，走得更加坚定铿锵。

（原载《人民法院报》2021年4月8日，记者姜佩杉）

给春梅的孩子，一本关于妈妈的绘本

(01)

(02)

(03)

(04)

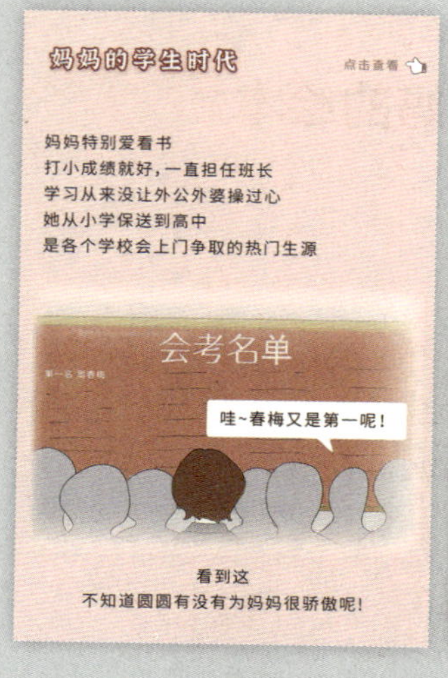

(01)

(02)

(03)

(04)

(05)

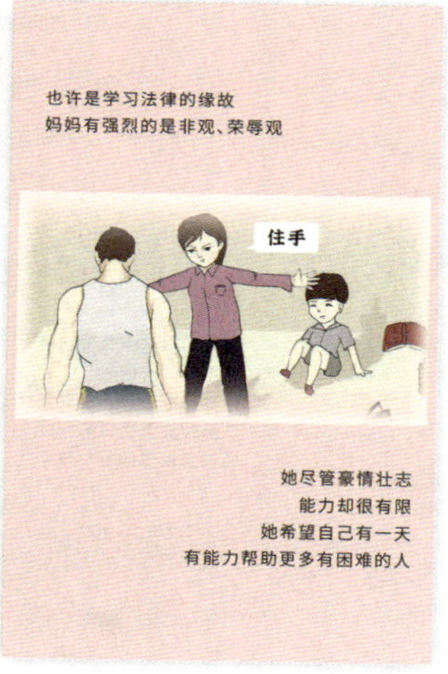

(06)

(01)

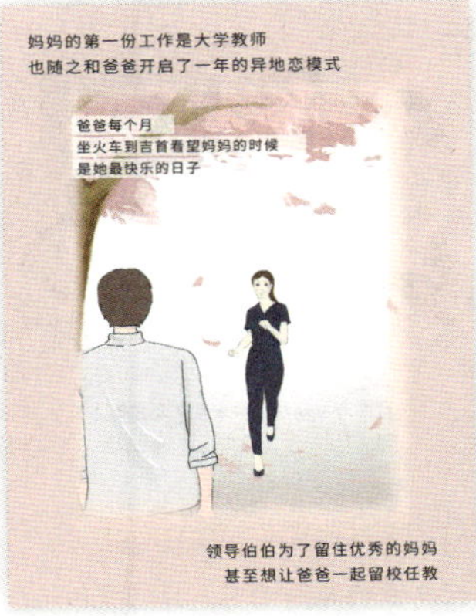

(02)

而妈妈心中始终萦绕着一个法官情结

“法院是法律帝国的首都

法官是帝国的王侯”

湘潭大学

XIANGTAN UNIVERSITY

为了朝这一目标努力

妈妈决定回母校湘潭大学继续深造

而爸爸走上了中南大学的讲台

距离梦想更近了，爱情的距离也更近了

(03)

圆圆的妈妈不愧是个学霸

她写了很多论文

通过了国家第一次统一司法考试

毕业时获得了“校长奖”

以第一名的成绩通过了湖南高院的公招考试

终于穿上了梦寐以求的法院制服……

这朵小浪花跃跃欲试

迫不及待去法治大潮里乘风破浪

(04)

(05)

(06)

(07)

(01)

(02)

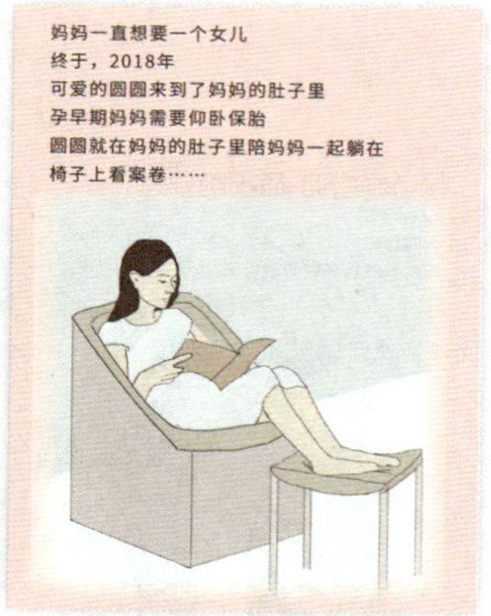

(03)

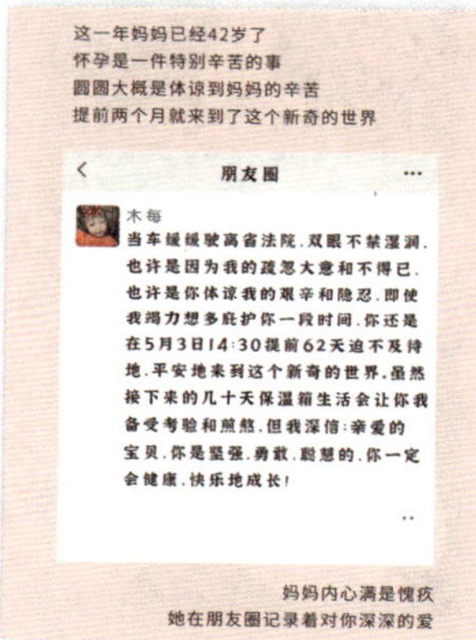

(04)

(05)

(06)

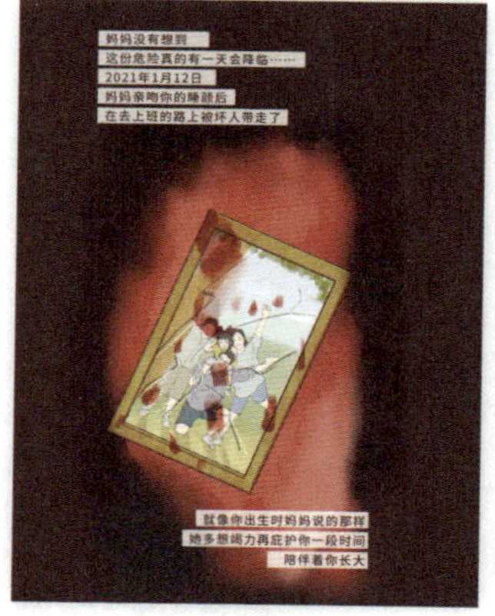

(07)

(08)

(09)

（原载湖南高院微信公众号）

魏晶晶

Wei Jingjing

女，汉族，安徽六安人，1983年9月出生，中共党员，2006年9月参加法院工作，生前任安徽省六安市中级人民法院民事审判三庭四级高级法官。2020年12月10日，魏晶晶同志因办案过度劳累倒在了去开庭的路上，抢救无效，因公殉职，年仅37岁。魏晶晶同志理想信念坚定，热爱司法事业，参加法院工作以来始终坚守在审判一线，兢兢业业、埋头苦干，为人民司法事业作出积极贡献。她牢记司法为民宗旨，始终把“法官的职责就是办好每一起案件”作为自己的座右铭，平等对待每位当事人，依法保护各方权益。她恪尽职守、忘我工作，以只争朝夕的奋斗精神努力多办案、办难案、办好案，在生命最后时刻依然坚守岗位，无私奉献。她严于律己，清正廉洁，从不利用手中职权、法官身份为自己、家人和亲友谋取私利，展示了人民法官的良好形象。荣获全国模范法官、全国三八红旗手、安徽省优秀共产党员、安徽省“人民满意的公务员”等称号。

学习决定、通知

人力资源社会保障部　最高人民法院

关于追授魏晶晶同志“全国模范法官”称号的决定

人社部发〔2021〕17号

各省、自治区、直辖市及新疆生产建设兵团人力资源社会保障厅（局），各省、自治区、直辖市高级人民法院，解放军军事法院，新疆维吾尔自治区高级人民法院生产建设兵团分院：

党的十九大以来，全国各级人民法院在以习近平同志为核心的党中央坚强领导下，高举中国特色社会主义伟大旗帜，坚持以习近平新时代中国特色社会主义思想为指导，紧紧围绕“努力让人民群众在每一个司法案件中感受到公平正义”目标，坚持服务大局、司法为民、公正司法，充分发挥审判职能作用，为维护国家政治安全、确保社会大局稳定、促进社会公平正义、保障人民安居乐业作出重要贡献，涌现出一大批品格高尚、业绩显著的先进典型，魏晶晶同志就是其中的优秀代表。

魏晶晶同志是中国共产党党员，生前任安徽省六安市中级人民法院民事审判三庭审判员、四级高级法官。她理想信念坚定，热爱司法事业，参加法院工作以来始终坚守在审判一线，兢兢业业、埋头苦干，为人民司法事业作出积极贡献。她牢记司法为民宗旨，始终把“法官的职责就是办好每一起案件”作为自己的座右铭，平等对待每位当事人，依法保护各方权益，以扎实的业务素养和过硬的案件质量向人民群众传递法治精神，让人民群众感受公平正义。她恪尽职守、忘我工作，以只争朝夕的奋斗精神努力多办案、办难案、办好案，在生命最后时刻依然坚守岗位，无私奉献。她严于律己，清正廉洁，从不利用手中职权、法官身份为自己、家人和亲友谋取私利，展示了人民法官的良好形象。魏晶晶同志忠诚尽责、甘于奉献，表现突出、事迹感人，是践行习近平法治思想的好党员、好法官。为表彰先进、弘扬正气，人力资源社会保障部、最高人民法院决定，追授魏晶晶同志“全国模范法官”称号。

全国各级人民法院要坚持以习近平新时代中国特色社会主义思想为指导，深入贯彻习近平法治思想，大力加强法院队伍革命化正规化专业化职业化建设，广泛开展向魏晶晶同志学习活动，采取多种形式组织学习宣传。要教育引导广大干警以先进典型为榜样，增强“四个意识”、坚定“四个自信”、做到“两个维护”，不断提升服务大局、司法为民、公正司法的能力和水平，更好履行新时代赋予人民法院的职责使命，全面推进人民法院工作高质量发展，为“十四五”开好局、开启全面建设社会主义现代化国家新征程提供有力司法服务，以审判执行工作优异成绩庆祝建党100周年。

2021年2月22日

全国妇联

关于追授周春梅、魏晶晶同志全国三八红旗手称号的决定

妇字〔2021〕10号

周春梅，1976年1月生，中共党员，2003年进入湖南省高级人民法院工作，生前任湖南省高级人民法院审判监督第一庭副庭长、三级高级法官。她是湖南省审判业务专家，参加法院工作17年来，主审了多起重大、疑难复杂的一、二审、再审民事及行政案件，多次被评为院机关优秀共产党员、办案能手，多次获年度嘉奖，一次立三等功。2021年1月12日，周春梅同志因多次拒绝犯罪嫌疑人为案件打招呼的非法要求，被行凶报复不幸遇害，年仅45岁。

魏晶晶，1983年9月生，中共党员，安徽六安人，生前任安徽省六安市中级人民法院民事审判三庭四级高级法官。她十余年如一日扎根审判一线，主动请缨承办了大量疑难复杂案件，将宝贵的青春毫无保留地奉献给审判事业，多次受到上级法院和党委政府的表彰。2020年12月10日，魏晶晶同志在工作岗位上突发疾病，因公殉职，年仅37岁。

周春梅、魏晶晶同志坚持践行全心全意为人民服务的宗旨，把对党的无限忠诚转化为对人民司法事业的执着坚守，精研实干，勤勉尽责，在平凡的工作岗位上作出了不平凡的业绩，以实际行动兑现了对党和人民的铮铮誓言，是新时代中国女性牢记使命、担当作为、无私奉献的优秀榜样。

为深入贯彻落实习近平新时代中国特色社会主义思想，全面贯彻党的十九大和十九届二中、三中、四中、五中全会精神，大力表彰宣传周春梅、魏晶晶同志的先进事迹，全国妇联决定追授周春梅、魏晶晶同志全国三八红旗手称号。

全国妇联号召广大妇女向周春梅、魏晶晶同志学习，学习她们对党忠诚、信念坚定的政治品格，学习她们克己奉公、一心为民的高尚情怀，学习她们勇于担当、敬业奉献的优秀品质，更加紧密地团结在以习近平同志为核心的党中央周围，岗位建新功，奋斗新征程，为夺取全面建设社会主义现代化国家新胜利贡献巾帼力量。

2021年3月3日

先进事迹

为了心中的天平

我的好同事，安徽省六安市中级人民法院民三庭四级高级法官魏晶晶，永远离开了我们。直到今天，我们中院九楼的党支部会议室里，还挂着她身着法官制服、面带亲和笑容的照片；民三庭的办公室书架上，还摆满她用过的法律书籍；电脑桌面上，都是她写的裁判文书；那件她早出晚归用来御寒的棉衣，还搭在椅子扶手上……一切都是她走时的样子，仿佛她还会回到心爱的审判岗位。

我和晶晶法官共事六年多，平时我都亲切地称呼她为晶晶姐。晶晶姐总是很忙，我清楚的记得，她去世前一天辛苦忙碌的情景：

上午，她连续开了 3 个庭；下午 4 点，又合议了 6 个案件；已经过了下班时间，她又接到诉讼服务中心转来的 3 份当事人申请书，要求调查案件的相关材料。她立即通知法官助理，第二天上午去相关单位调取材料。晚上 7 点，她安排好宝贝儿子的作业，又赶回办公室加班写判决书，一直忙到晚上 10 点多才回家。

去世当天的上午，她组织调解一起建设工程施工合同纠纷案。基于前期多次释法和疏导，双方当事人都被她随和、耐心、认真的态度所折服，顺利达成了调解协议。下午 3 点，晶晶姐安排开一个庭，但谁也想不到啊，2 点 45 分，在前往开庭的路上，晶晶姐的心脏却骤停，她甚至没来得及留下一句话。

我清楚的记得，第一次见到她的时候，她一头乌黑浓密的头发，编着麻花辫，说话时带着爽朗的笑声，脸上洋溢着灿烂的笑容。

那时，我刚大学毕业，对法院工作既憧憬又畏惧，为了顺利适应，我曾问她："晶晶姐，法院的案件这么多，工作又这么忙，你为什么要选择法官这个职业？"她回答得自然而坚定："在学生时代，我就确立了学法律的目标，我们六安，是司法鼻祖皋陶的故乡，能在这里做一名法官，穿上法袍，审理案件，是我从小的梦想！”

晶晶姐的性格温和而乐观，但身上总有一股不服输、肯钻研的劲。2015 年，面对民三庭受理案件急增的情形，她主动请缨，调至该庭工作。民三庭主要审理房地产、建设工程施工合同纠纷案件。这类案件专业性强，涉及标的额大、各方诉求利益大、审理难度大，费时费心又费力。刚开始办案时，面对一些疑难、复杂问题，她的压力很大，为了提高专业素养，她虚心向老法官学习，自费买了一本又一本业务书籍，刻苦钻研，光记录的笔记就有十多本，甚至午休或者健身时还在听法律课程，成为全院公认的最爱学习的法官，办案能力快速提高。短短两年，她就从“办案新手”成长为“办案能手”，结案率高达 98%，案件质效长期居六安中院前列。法官员额制改革后，因为高质量的办案业绩，晶晶姐也光荣的成为我们六安中院首批员额法官。

晶晶姐办案用心、细心。从阅卷、庭审到合议案件、撰写文书，她对当事人的每一个异议都认真对待，不放过任何细节，竭尽全力将每一起案件办精办细。让我特别佩服的是，晶晶姐的庭前准备功夫细致全面，她会把双方争议的问题梳理得清清楚楚，有时会把争议的情况画成示意图，观点思路十分清晰，驾驭起庭审得心应手。但她办案又不仅仅是坐在法庭上，更多时候，她会去现场，查事实，勤走访。

2020 年初，突如其来的新冠肺炎疫情，使很多企业陷入困境。安徽某润滑油公司投资两千万元、委托他人设计安装的生产线，无法正常生产，企业雪上加霜。该公司提起了诉讼，而被告方则认为是润滑油公司没有按要求安装，申请封存生产线，进行司法鉴定。

晶晶姐分析案件后认为，如果对涉事企业一封了之，上千个零件一一鉴定，是一个复杂而漫长的过程。企业要生存，工人要吃饭，拖不起啊！为全力发挥司法服务职能，保障“六稳、六保”落地，让企业活下来，让工人有饭吃！她利用周末时间，到企业调查，分析诉讼风险。经过十多次调解，被告方最终答应调解并补偿企业损失。企业负责人不止一次感慨说：“是魏法官的认真和耐心，解决了我们的燃眉之急，也给我们企业上了防范经营风险一课。魏法官前后奔忙了几个月，连水都没喝过一口，真是一个为咱企业办实事的好法官，我们打心底里佩服她！”

晶晶姐的审判功底也非常扎实，是庭里的办案骨干，她撰写的文书说理透彻、逻辑严密，是我们法官助理争相学习的范本。我向她请教秘诀在哪里，她总是笑着说，哪有什么秘诀，就是用心而已。只有肯用心，才能做到情理法统一，作出的判决才能让当事人感受到司法的温暖和关怀。

2016 年，晶晶姐受理了一起讨要工程款的案件，当事人赵某参与某建筑公司工程，施工后多年未拿到工程款，晶晶姐接手后，很快安排开庭，为进一步查清事实，又多次走访相关施工人员，前往天津调查原始材料，认真核实一张张签证单，最终明确了赵某的工程量，很快判决某公司给付工程款。赵某的妈妈说："我们也不认识魏法官，但一想到她办案又快又好，为咱老百姓主持公道，我就特别感动"。心里装着群众的人，群众也会想着她。赵某的家人特地从内蒙古坐了两天的火车，专程赶到六安，就是为了给晶晶姐送一面锦旗，当面说声谢谢。

晶晶姐曾在一份工作总结里写道："我不记得加了多少班，也不记得多少个周末是在办公室里度过。也曾在夜深人静时迷茫，也曾在成堆的卷宗中崩溃，也曾被疲惫劳累压弯了腰。但我从未后悔成为一名法官，不敢有丝毫的懈怠，一次又一次咬牙坚持下来，只为了心中的天平，只为了笑容可以在化解矛盾纠纷时绽放。"这是晶晶姐对法官职业的自我体会，也是她一生拼搏奉献的真实写照。但再忙再苦再累，我们也从未听到过她的抱怨，她一直阳光、乐观、开朗，用笑容感染身边的每一个人。

这就是公正司法，一心为民的魏晶晶法官，这就是永远值得我学习的榜样——晶晶姐。回望她短暂的法官生涯，也许没有惊天动地的事情，只有矢志不渝的坚守；没有豪言壮语的誓言，只有始终如一的奉献。使命呼唤担当，榜样引领时代。我们将以魏晶晶法官为榜样，传承她的精神，用公正的司法、廉洁的操守和无私的大爱，把岗位作为奉献的舞台，在追寻公平正义的法治道路上，不忘初心，砥砺前行！（张悦）

你是天边最亮的那颗星

2020年12月10日下午3点，我的爱人魏晶晶倒在了开庭前的那一刻，她的生命永远定格在37岁。这些天，每当深夜我回到家，看到房间里她翻阅过无数次的法律书籍、仿佛依然带有她体温的衣服，那些我俩一起畅谈人生和理想、讨论工作和家庭的温馨时刻，又一次次浮现在我眼前。我那个爱说爱笑的晶晶，你真的走了吗?

那天下午，得知晶晶倒下去的瞬间，我发了疯似地往医院跑，只希望我能快一点、再快一点，那样我就能拉着她的手，把她从死神的手里夺回来！可晶晶一点一点变凉的手，告诉我，她，再也回不来了……

2008年初春，我和晶晶相识。晶晶性格外向活泼，我安静沉稳，同在政法系统的工作经历和共同的法治追求，让我俩的心贴得很近，在一起总有说不完的话。一年后，我们结婚了，组建了温馨幸福的家庭。婚后，我们忙着各自的工作，融入对方的生活。我忙时，她总会叮嘱我，要照顾好身体，别太辛苦。她忙时，我也会把家务做好，让她轻松一些。

晶晶很孝顺。每年过春节，她都会给父亲买双鞋，给母亲买件衣服。无论多忙，每个周末，陪父母吃饭的时候，她都会和父母聊个不停。晶晶的父亲是一名在法院工作三十年的退休法官，每次见面，晶晶总是跟父亲谈谈工作，说说办案的感受和遇到的法律问题，请教父亲办案经验。

晶晶特别关心孩子的成长和教育。2010年秋天，我们的孩子出生后，为了平衡好母亲和法官这两个角色，她付出了太多的心血。这些年，她工作很忙，但为了让孩子养成良好的读书习惯，她坚持每天晚上陪孩子读书。周末加班的时候，就带着孩子一起到办公室，她忙她的工作，孩子看书写作业。她还买了两个印鉴，一个刻着魏晶晶藏书，另一个是孩子的名字。这两个印鉴，我和孩子会一辈子珍藏。

我记得，晶晶离开前的几天，还在朋友圈发了一张孩子在她办公室写作业的照片，上面写着：“你每一个努力的背影都是通往未来的敲门砖，愿你一生努力，一生被爱。”晶晶勤奋努力、爱岗敬业的精神也一直影响着孩子，看到妈妈辛苦工作，十岁的孩子在作业本造句时写道：“任凭妈妈再怎么努力，她的案件也做不完。”晶晶走后，有一天我突然发现，孩子在他房间的墙上写下：“妈妈，我永远爱您！”，看见这歪歪斜斜的字，我知道，孩子无时无刻都在

魏晶晶与丈夫何海波自拍照

想念自己的妈妈。

我想告诉晶晶，你的心血没有白费。自你离开后，孩子思念妈妈，但也更加刻苦学习了，他说他一直记得妈妈对他说过的话："我们家是一棵树，爸爸是大树的树干，妈妈是树上的枝和叶，我是树上的果子。"晶晶，你放心！孩子会永远以他的妈妈为榜样，我也会在往后的岁月里一直陪伴着他，看着他一步步长大成人，做一个对社会、对国家有用的人。

晶晶最喜欢过年。每一次过年，她都很开心，因为忙了整整一年，过年可以休息几天，可以陪儿子逛街玩游戏，可以和家人一起享受美好时光。记得 2020 年 11 月，她说过年已经安排好了家庭节目，她是主持人，儿子是主演，节目有快板、魔方表演、花式跳绳、英语朗诵、钢琴演奏……然而，2020 年除夕，我们却无法一起表演节目了。年夜饭的时候，全家都很沉默，父母和我都很懊悔，这两年，为什么没能督促晶晶去检查身体。或许，是因为晶晶从不娇气，有点病痛都笑嘻嘻的掩饰过去。或许，是因为她太爱自己的工作，不想因为身体原因，耽误哪怕一点点时间。跨年钟声响起前，我匆忙赶回我们自己的家，我怕万一晶晶突然回家了，却要一个人在家等我。可空荡荡的房间里啊，只剩下我一个人独自哽咽。

有时候我在想，法院工作多忙多累啊，每天都有办不完的案子、开不完的庭、写不完的判决书。可我记得晶晶说过：当法官是她儿时最大的梦想，她要穿上法袍，做一名有情怀、有温度的好法官。她告诉我，热爱，就不会觉得累！

因为热爱，晶晶不停地“充电”。2010 年 9 月，她报考了安徽大学的在职法律硕士，2012 年年底拿到硕士学位的时候，她美滋滋地告诉我：这都是她以后当好法官的“底气”。

因为热爱，晶晶从未抱怨过工作忙，她就是一名纯粹的办案法官。经常，她在办公室加班加点地看卷宗，回家还要研究法律难点，一熬就到凌晨两三点。我一次又一次催她早点休息，她只是抬头看看我，眯起眼笑一笑，又继续埋头工作。

因为热爱，晶晶总是全身心的投入工作，白发早早爬上了她的头顶耳畔，她也不在意打理一下。我看着心疼，却开不了口，我知道她为了工作真的牺牲太多。

当事人的事比天还大，对于他们而言，一个案件可能就是一生中唯一的诉讼，而我们的职责就是努力办好每一起案件。

晶晶，就像她的名字一样，有一颗晶莹剔透的心，办起案来清清白白，却又满怀深情。她审理的案件涉及企业多，涉案金额大，总有人千方百计地说情打招呼，她都不为所动，更未想过用自己的法官身份建立关系、谋取私利。晶晶说：对于一名当事人而言，一个案件可能就是他一生当中唯一的诉讼，我们法官的职责就是用心办好每一起案件。

是啊，做一名让人民满意的政法干警！这是我和晶晶共同的职业理想。我所在的单位和六安中院，办公地点离的很近，只隔着一条马路，却很少有工作上的接触。还记得 2015 年 11 月底的一次重要警卫任务，恰恰就在六安中院诉讼服务大厅，那是我们仅有的一次工作交集。那天，周强院长来到六安中院视察调研，我还记得当时的场景：我站在首长后面执勤，晶晶站在首长面前，我俩四目相对，她朝我眨眨眼睛，我对着她微微一笑。一次无声的交流，让我们对彼此职业的认同感、荣誉感在心间油然而生。我知道，那一刻，我们夫妻俩是并肩战斗的；我也知道，作为一对政法干警夫妻，我们在各自的岗位上，相互理解，相互支持，没有惊天动地的壮举，只有默默坚守的初心。

晶晶走后，我到她办公室整理遗物，看到她办公桌上几沓数尺高的卷宗，书柜里满满的专业书籍，衣柜里一尺多厚的止痛膏药和放在拐角处的折叠床，我整个心都在抽搐。我不敢想象你柔弱的身躯埋在厚厚卷宗里的样子，你却一直在坚持，从来没有后悔过，你兑现了自己青春的誓言，把宝贵的年华奉献给了无限热爱的审判事业，身为丈夫的我，真的为你骄傲！夜深人静，当我抬起头，看见天边最亮的那颗星星闪啊闪，亮晶晶的，像是在对着我眨眼睛，我知道，那就是你在对着我笑！

最后一声，我的爱人，晶晶啊，你放心走吧。在那个世界，你还可以收到家人对你的思念，你还可以继续追逐你青春的梦想，为了你今生未竟的法治理想逐梦前行。如果真的有来生，我们还能在彼此最好的时光相遇，携手相伴，共度一生！（魏晶晶同志丈夫何海波）

红土地上的“孺子牛”

对于新闻人来说，每一次采访，都是一次萍水相逢；而这一次我与魏晶晶的“相逢”，不仅仅是一次采访，更是一次精神洗礼。我沿着她的足迹，走过她的上班路、去过她的办公室、翻过她的法律书……我走进了她的世界，见到和她朝夕相处的家人、并肩战斗的同事，还有一提到她就哽咽不止的当事人……

在我脑海中，魏晶晶从最初的面目模糊，到栩栩如生，再到萦绕心间、挥之不去。那张满脸笑容、额前那一片与她年龄极不相称的白发的样子，深深地印在我的脑海里。那幅不声不响伏案加班，像“俯首甘为孺子牛”一样默默耕耘的景象，渐渐定格成为她永恒的姿态。我几度潸然泪下甚至打湿手上的文稿，我不禁问自己，在这个价值多元、众声喧哗的时代洪流中，像孺子牛一样的魏晶晶为何如此打动我的心？很多人跟我谈起魏晶晶，都说她性格中有一股牛劲，默默耕耘和砥砺奋进已经融入了她的血液。

2016年9月8日 来自内蒙古包头的案件当事人千里迢迢给魏晶晶送来锦旗

这股牛劲，源于哪里？习近平总书记指出，家庭是人生的第一个课堂。魏晶晶的优秀，源于优良家风的传承发扬。魏晶晶的父亲，是一位政法战线上的老法官。白发人送黑发人，老父亲很心痛，他哽咽着说：“晶晶是我唯一的女儿，万万没想到，她却走在我的前面。但是，同为政法战线上的一员，我也为我的女儿感到骄傲和自豪。”

老父亲说晶晶从小就有一个法官梦。报大学志愿、考公务员、在检察院工作四年后又回到法院，每一次选择都是为了实现儿时的梦想，每一步靠近都是源于内心的热爱。

有什么样的选择，就有什么样的人生；有什么样的山水，就养育什么样的儿女。六安是革命老区，一寸山河一寸血，一抔热土一抔魂。听着革命先烈故事长大的魏晶晶，从小就把对党忠诚、勇当先锋深深地刻在骨子里，时时印在心头上，落在一次又一次的选择中。

魏晶晶如愿穿上法袍，成为皖西红土地上的一名青年法官。别人都说，晶晶实现了自己的法官梦，然而只有她自己知道，穿上法袍只是实现梦想的第一步。要成为什么样的法官？如何真正做到司法为民，这才是晶晶真正实现法官梦的价值所在。

梦想为舟，奋斗作桨。在采访中，家住安惠小区 76 岁的吕润堂老人，回忆起小魏法官是一位特别温暖的姑娘。2007 年，吕润堂在安惠小区看中了一套采光好的房子，就用自己的安置房置换，想在这里颐养天年。没想到，2010 年，他家的正对面盖起了一栋高楼，自从家里被高楼的裙房遮住阳光，老人一直闷闷不乐，最终拿起法律武器捍卫自己的采光权。

魏晶晶接手这个案件后，马上来到老人的家里，仔细勘查日照时间，在魏晶晶的“较真”和努力下，事实终于查清了，在详实的数据面前，判决更加有理有据，最终的判决结果老人很满意。

魏晶晶曾说：“法官不仅要解开当事人的‘法结’，更要善于解开‘心结’；既要善解法律，也要善解人意。老人更需要阳光，法律也是有温度的。”

法官不仅要解开当事人的“法结”，更要善于解开“心结”；既要善解法律，也要善解人意。

留住世间温情，捍卫人间正道。2020 年年初，安徽某防火门有限公司急需讨回一笔资金发展生产，然而对方拖欠工程款四年，要了几十次都不给，总经理李传运无奈将对方告上法庭。

开庭时，被告先是抵赖事实，后又压缩数量，最终在魏晶晶的要求下一起核实防火门数量。那是一个三伏天的中午，天气十分炎热，魏晶晶带着双方来到小区，一栋一栋、一层一层、挨家挨户数防火门的数量。看到魏晶晶的衣服都湿了，汗水从脸颊直往下流，李传运不好意思地说："魏法官，要不我们不跑了吧，就这样把每栋楼的第一层和顶层数一下，中间层数的防火门应该差不多，然后算一下，总数也相差不大。"但魏晶晶却说："那不行，办案讲究的是以事实为依据，你们双方都在，亲自核对好，事实才能清楚。"就这样，魏晶晶带着双方的当事人、律师上上下下300多层楼，一共数了1107扇防火门。门数清了，事实查明了，被告方心服口服。回到法庭后，魏晶晶耐心释法解惑，最终双方达成调解。当事人感叹道："什么样的法官，就有什么样的判决，我服了。"

法安天下，德润人心。魏晶晶就是这样，用苦干实干让每一个当事人体会到人民法官为人民的高尚情怀。

累吗？怎么能不累，数不尽的加班，没有完整的周末，但是魏晶晶从来没有计较过。苦吗？怎么能不苦，她也想带父母出去旅游，更想陪儿子一起玩耍，但是魏晶晶从来没有抱怨过，从未后悔成为一名法官。在魏晶晶看来，因为心中那份对司法事业的执着和热爱，再苦再累都心甘情愿。在入党申请书上，魏晶晶写道：只要党和人民需要，我就会奉献一切。在穿上法袍的那一刻起，她就把"法官的职责就是办好每一起案件"作为自己的座右铭，努力多办案、快办案、办好案，在生命最后时刻仍然奔走在即将开庭的路上。

怀揣赤子心，甘为孺子牛。魏晶晶以一颗滚烫的赤子之心，展现了皖西红土地上人民法官的高尚品质，她就像一滴晶莹的水珠，融入司法事业的大潮，没有惊天动地，却拼尽全力折射出法治的光芒。

向不忘初心、默默奉献的人民法官致敬！（王娟）

重要媒体报道

周强：深入学习魏晶晶同志先进事迹 弘扬英模精神　忠诚履职担当

周强出席追授魏晶晶同志荣誉称号表彰大会强调

深入学习魏晶晶同志先进事迹 弘扬英模精神 忠诚履职担当

李锦斌出席并讲话　王清宪主持

4 月 15 日上午，最高人民法院和中共安徽省委在合肥召开表彰大会，追授魏晶晶同志“全国模范法官”“安徽省优秀共产党员”荣誉称号，并召开安徽省政法英模先进事迹报告会，最高人民法院党组书记、院长周强，安徽省委书记、省人大常委会主任李锦斌出席会议。周强强调，要坚持以习近平新时代中国特色社会主义思想为指导，认真贯彻习近平法治思想，深入学习魏晶晶同志先进事迹，牢记初心使命，弘扬英模精神，忠诚履职担当，奋力推进新时代人民法院工作高质量发展，为全面建设社会主义现代化国家提供有力司法服务，以优异成绩庆祝建党 100 周年。

魏晶晶同志生前系安徽省六安市中级人民法院民事审判三庭审判员、四级高级法官。2020 年 12 月 10 日，她因办案过度劳累倒在开庭路上，经抢救无效，因公殉职，年仅 37 岁。魏晶晶同志的先进事迹受到社会广泛关注，引起强烈反响。

周强代表最高人民法院向魏晶晶同志表示深切悼念，向魏晶晶同志亲属表示诚挚慰问。周强指出，魏晶晶同志是深入学习贯彻习近平新时代中国特色社会主义思想，践行习近平法治思想的突出代表和杰出楷模。她始终坚持对党忠诚，坚持以人民为中心，兢兢业业、埋头苦干，充分展现了新时代人民法官牢记初心使命、勇于担当作为的时代风采，为全国法院干警树立了学习榜样，她的先进事迹是开展党史学习教育、队伍教育整顿的感人教材。

周强强调，各级法院要深入学习魏晶晶等同志的先进事迹，教育引导广大干警以先进模范为标杆，坚定理想信念，忠诚履职担当，推进新时代人民法院工作高质量发展，为全面建设社会主义现代化国家提供有力司法服务。要以党的政治建设为统领，深入学习贯彻习近平新时代中国特色社会主义思想，真学真信笃行习近平法治思想，扎实开展党史学习教育，不断提高政治判断力、政治领悟力、政治执行力。要深入践行司法为民宗旨，始终以人民呼声为第一信号，把着眼点放在解决群众实现公平正义过程中遇到的实际困难和问题上，拿出为群众办实事的硬招实招，不断满足人民群众多元司法需求。要认真履职尽责，依法维护社会公平正义，牢固树立新时代正确司法理念，不断提升司法能力和专业素养，把社会主义核心价值观要求融入司法审判，确保每一起案件都经得起法律、历史和人民的检验。要勇于攻坚克难，深入推进司法体制改革和智慧法院建设，坚持系统观念和问题导向，推动改革系统集成、协同高效。要弘扬英模精神，深入开展向先进典型学习活动，坚持全面从严治党、从严治院、从严管理，扎实开展队伍教育整顿，强化干警履职保障，锻造一支德才兼备、高素质的过硬法院队伍。

李锦斌在讲话中说，近年来，全省政法系统深入学习贯彻习近平法治思想，为维护国家安全和社会稳定、促进社会公平正义、保障人民安居乐业作出重要贡献，涌现出一大批忠于党、忠于国家、忠于人民、忠于法律的模范人物，魏晶晶等同志就是其中的杰出代表。魏晶晶同志信念坚定、对党忠诚的政治品格令人敬佩，心系群众、司法为民的公仆情怀感人至深，恪尽职守、忘我奉献的敬业精神催人奋进，严于律己、清正廉洁的优良作风难能可贵，是新时代践行习近平法治思想的先进典型，是人民法官的优秀代表，是新时代共产党员的杰出楷模。

李锦斌指出，学习魏晶晶同志，就要像她那样牢记初心使命、做到“两个维护”，坚持人民至上、增进群众福祉，勇于攻坚克难、敢于担当作为，践行“三严三实”、永葆政治本色。全省各级党组织要将魏晶晶同志先进事迹作为党史学习教育的鲜活教材，认真开展“永远跟党走”群众性主题宣传教育活动。全省政法机关要抓紧抓实政法队伍教育整顿，一体纵深推进学党史、抓整改、正作风，努力打造一支党和人民信得过、靠得住、能放心的政法铁军，加快建设新阶段现代化美好安徽，以优异成绩庆祝建党 100 周年。

周强、李锦斌在会前会见了魏晶晶同志亲属，并在表彰大会上向魏晶晶同志丈夫何海波颁发荣誉证书。表彰大会结束后，举行了安徽省政法英模先进事迹报告会。报告团成员以朴实的语言和生动的事例，饱含深情地追忆了法院系统英模代表魏晶晶、检察系统英模代表周会明的先进事迹，司法行政系统英模代表刘青草、公安系统英模代表张劼亲身讲述了勤勉奉献、英勇担当的经历和感受。事迹感人肺腑，于点滴中见伟大，充分彰显了新时代政法干警对党忠诚、无私奉献、拼搏进取的崇高精神和品格，在场人员深受教育和感动。

安徽省委副书记、省长王清宪主持表彰大会。最高人民法院党组成员、政治部主任马世忠宣读《人力资源社会保障部、最高人民法院关于追授魏晶晶同志“全国模范法官”称号的决定》，安徽省委副书记程丽华宣读《中共安徽省委关于追授魏晶晶同志“安徽省优秀共产党员”称号的决定》。安徽省委常委、纪委书记、监委主任刘惠，省委常委、六安市委书记孙云飞，省委常委、政法委书记张韵声，省委常委、组织部长丁向群，省委常委、秘书长郭强，省人大常委会副主任刘明波，副省长、公安厅长李建中，省政协副主席姚玉舟，省高级法院院长董开军，省检察院检察长陈武出席会议。安徽省直单位党员干部代表，省直和合肥市政法单位干警代表参加会议。

（原载中国法院网，2021 年 4 月 15 日，记者孙航）

“我从未后悔成为一名法官”

2020 年 12 月 10 日下午，安徽省六安市中级人民法院法官魏晶晶，在工作期间突发心脏停搏，后经抢救无效不幸殉职，年仅 37 岁。作为六安市最年轻的四级高级法官，直到生命最后一刻，她仍在为下午的庭审工作做着准备。

2021 年 4 月 15 日，魏晶晶被追授“全国模范法官”“安徽省优秀共产党员”称号。

“我要赶在年前把案件处理完，让当事人过个安稳年”

“爸妈，家里有大红枣吗？等过段时间不忙了，我给你们做红枣点心。”2020 年 12 月 10 日上午，魏晶晶像往常一样早起，出门前还饶有兴致地与父母约定年前的安排。没想到，这竟成了永别。

走进魏晶晶的办公室，堆积如山的案卷被归置得整整齐齐。有两份案卷引起了记者的注意，一份是 12 月 10 日上午魏晶晶生前办结的最后一个案件，另一份案卷的首页有她亲笔写下的“12 月 10 日下午 3 点”字样。

当天上午，魏晶晶结束一场庭审后回到办公室，开始撰写案件调解书，同时还跟书记员邵爽交代下午 3 点的庭审工作。“下午 2 点 44 分，她给我发完信息后，我就先把卷宗带到法庭，可是过了庭审开始的时间，她依然没有来。”邵爽有些着急，她一边告诉当事人法官马上就到，一边给魏晶晶连发几条信息，却未等来回复。

下午 3 点 16 分左右，同事发现魏晶晶晕倒在地，立即拨打 120 送医。几个小时的抢救，最终还是没能挽回她年轻的生命。

“平时活力满满，怎么突然就离开了？”邵爽泣不成声。

父亲魏卫回忆，出事前两天，魏晶晶就不太对劲，“8 日下午不到 6 点，晶晶反常地比平时早回了家，一脸疲惫，说胃疼，让我帮她装个热水袋焐一焐，没过多大会儿她就睡了。”

12 月 9 日晚，已经上了一天班的魏晶晶吃过晚饭还要去加班，被父亲一把拉住，“你胃不舒服多休息休息，不要那么拼命。”面对父亲的关心，魏晶晶笑着说：“放心吧，没事的，我要赶在年前把案件处理完，让当事人过个安稳年。”

“事后医生告诉我们，如果能早点过来检查，悲剧就可能避免。”魏卫说，“因为工作繁忙，这两年晶晶都没有去体检，前两天还让同事提醒她抽空体检，但没想到一切来得这么突然。”

“不推脱不敷衍不躲避，只求无愧于心”

“公平公正执法，构建和谐社会”，在六安市中级人民法院，这面锦旗有着特殊的含义。

2011 年，务工人员赵旭在六安市霍邱县参与某工程建设，可工程结束，却没拿到工钱。无奈之下，赵旭一纸诉状将项目公司告上法庭。案件历经多次反复，2015 年由魏晶晶接手。她第一时间调取相关材料、走访施工人员，核实一张张签证单确定赵旭的工程量，最终顺利帮他拿回工钱。

“没想到魏法官做事如此高效，真正为老百姓着想。”2016 年 9 月 8 日，赵旭的母亲周美云赶了两天的火车，从内蒙古自治区一路坐到六安，亲手把锦旗送到魏晶晶手中。

魏卫也曾是一名司法工作者。耳濡目染，魏晶晶从小就立志做一名法官。从安徽财经大学法学专业毕业后，她考入六安市中级人民法院。魏晶晶所在的民事审判三庭，主要负责建设工程施工类案件的审判，此类案件合同标的额大，专业性强，审理起来非常复杂，有时卷宗多到得用小推车运送。

“法官的职责就是办好每一起案件。”为了更好地审理案件，魏晶晶阅读大量法律类和建工类书籍，做了各种笔记。六安市中级人民法院法官王丽回忆：“工作中，遇到拿不准的地方，只要向晶晶请教，她总能跟你解释得清清楚楚。”

作为一名法官，魏晶晶尤其注意自己的一言一行。有一次，一个转行当律师的同事想请她吃饭，托人请了好几回，魏晶晶都没有答应。“她心里明白，一旦接受宴请，以后这个律师的案件到了她手上，审理时多多少少会受到影响。”魏卫说，“既然选择了法官这个职业，就要忍受更多的孤独。”

“我从未后悔成为一名法官。”这是魏晶晶在 2019 年度述职报告中的独白。自从 2015 年 3 月担任助理审判员以来，魏晶晶一共主审案件 891 件，参加合议庭审案 2596 件。案件涉及的每一个细节，她都会认真核查，就如同她在备忘录中写的那样：“不推脱不敷衍不躲避，只求无愧于心！”

“我们为她骄傲”

耿广玉是六安市中级人民法院的一名法官助理，她说：“没有晶晶的悉心指导，我很难有今天的成长。”2018 年之前，耿广玉一直在六安市中级人民法院政治部上班，成为一名法官一直是她的梦想。

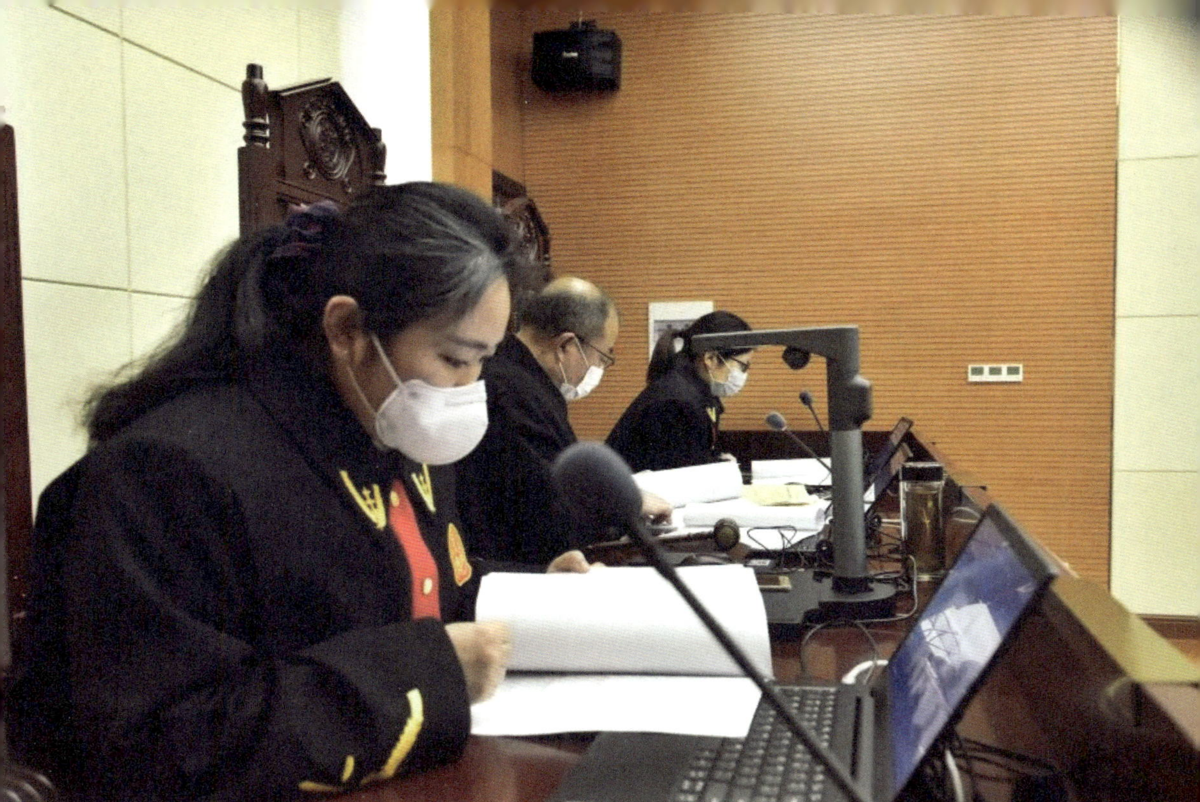

魏晶晶法官生前工作照

一次偶然的机会，耿广玉在单位健身房跑步时结识了魏晶晶，两人相谈甚欢。“知道我的想法后，她就一直鼓励我要敢于尝试，既然想做法官，就要努力争取。”2018 年，耿广玉做起了魏晶晶的书记员。

帮助年轻人，魏晶晶尽心尽力。只要开庭回来，她都会和耿广玉进行探讨，并询问她的看法。“每次探讨完，她都不会直接下判断，而是引导我去查法律依据，让我自己去领悟。”如今，耿广玉已经从书记员成长为法官助理。

在魏晶晶家里，一本本相册记录了她与家人度过的美好时光。“孩子 5 岁后，我们会尽量抽出时间一起出去旅游。她会上网查阅大量资料，写三四页纸的旅游攻略，小吃、景点都标注得清清楚楚。”拿着魏晶晶配以文字、精心制作的相册，丈夫何海波眼里泛着泪光。

“成为法官是晶晶从小的梦想，为了这个目标，她一直在努力，我们为她骄傲！”魏卫说。

（原载《人民日报》2021 年 4 月 19 日，记者田先进）

永远盛开的太阳花

4 月 15 日上午，追授魏晶晶同志荣誉称号表彰大会在安徽省合肥市举行。

大会现场，魏晶晶的父亲魏卫止不住泪水。过去的 4 个多月里，他和老伴捧着手机反复听着女儿生前语音，一遍遍“复盘”女儿牺牲前的一言一行……

2020 年 12 月 10 日，安徽省六安市中级人民法院“80 后”法官魏晶晶因劳累过度，突发心脏停搏，经抢救无效不幸牺牲。

日前，魏晶晶被追授“全国模范法官”“全国三八红旗手”“安徽省优秀共产党员”等荣誉称号。

生命，定格在 37 岁

2020 年 12 月 8 日，魏晶晶去世前两天，她下午 5 点多就下班回家了，说是胃痛，面色发灰。“从没下班这么早。我们总觉得她年轻身体好，没当回事，就按她要求，买个热水袋暖暖胃。”她的父亲回忆。

次日，魏晶晶如往常一样早早出门上班。当同事们到办公室时，看见她弓着背在电脑前写判决书。当天她开了 3 个庭，又合议了 6 个案件。日历上，她的工作事项排到了 1 个月后。

“过了下班时间，魏法官收到当事人申请调查案件的材料，马上安排我第二天上午必须去相关单位调取。她总是把当事人的事看得很重。”法官助理罗超说，当晚她还把儿子带来加班写判决书，直到晚上 10 点多。

12 月 10 日一早，望着女儿出门的魏卫，恍惚发现女儿头顶白发又多了些，追着背影喊了句“慢点儿”。这是父女俩最后的对话。

当天下午 3 时，向来早早到庭的魏晶晶，迟迟未出现。后来，同事发现她倒在了去开庭的路上，不省人事。送往医院后，经抢救无效牺牲，年仅 37 岁。

脚步，“丈量”着公平

“晶晶姐从不叫苦叫累，还经常给我们‘打气’。每结掉一个案件，她比过年还开心。”六安市中级人民法院书记员邵爽说，她就像是一朵太阳花，永远积极向上，永远播撒阳光与快乐，不仅影响着身边人，更守护了正义与公平。

记者了解，魏晶晶，这位六安市最年轻的四级高级法官，案件质效长期位居部门前列。

魏晶晶所在的民事审判三庭，主要受理建设工程施工合同纠纷案件。面对复杂案件，她选择走出办公室，用脚步“丈量”、守护公平。李传运忘不了 2020 年夏天，魏法官和 1107 扇门的故事。

李传运是安徽某防火门有限公司总经理，因被一家公司拖欠工程款 4 年之久，将对方诉至法庭，魏晶晶担任该案主办法官。调解过程中，对方对起诉方统计的工程量不予认可。李传运没想到，为了核定真实工程量，魏晶晶决定带着双方一起去小区逐个查对防火门数量。“当时正值酷暑，我们爬了十几栋高楼，挨家挨户数门。我自己都双腿发麻，魏法官却没有停下脚步。”李传运回忆。最终，在 1107 扇门的事实面前，对方答应调解，并很快支付了第一笔欠款。

“1107 扇门，她整整数了 1107 家！”李传运时常会想起魏晶晶大汗淋漓爬楼的情景。

76 岁的吕润堂一直感念“小魏法官为自己主持了公道”。早些年，他打官司反映自家门口新建的楼房严重影响到自己房屋的日照、采光、通风等。魏晶晶接手此案后，很快到老人家实测光照，并结合规划部门调查，最后判决老人获赔 10 万元。

“她说老人更需要阳光，我听了很感动。”吕润堂说。

绽放，为心中“天平”

“不敢相信晶晶就这么走了。”律师陈洪保感伤地说。他与魏晶晶相识 10 年，却“从没吃过一次饭”。这正是魏晶晶多年如一日的自我要求——“绝不吃当事人一顿饭、不收当事人一分钱”。

魏卫深知女儿的品性与作风。在整理女儿遗物时，他发现，女儿 8 本厚厚的笔记本上密密麻麻记满了每次庭审前准备、庭审后总结、工作计划等，并标注着不同颜色便签条。

魏晶晶爱人何海波在公安系统工作，工作也很忙，无暇顾及家庭，儿子常常陪母亲加班至深夜。这个 10 岁男孩曾在作业中写道：“任凭妈妈再怎么努力，她的案件也办不完。”

“也曾被疲惫劳累压弯了腰，但从未后悔成为一名法官。一次又一次咬牙坚持，只为了心中的天平，笑容在化解矛盾纠纷时绽放。”魏晶晶曾在一份总结中如此写道。

“绽放了自己，温暖了他人”——魏晶晶，这朵美丽的太阳花，永远盛开在人们心里。

（据新华社 2021 年 4 月 15 日电，记者张紫赟）

用生命诠释担当

据中央广播电视总台中国之声报道："任凭妈妈再怎么努力，她的案件也办不完。"这是魏晶晶10岁的儿子何珺浩在一次语文考试时造的句子。现在，他的妈妈再也不用办案了。2020年12月10日下午3时左右，安徽省六安市中级人民法院民事审判第三庭法官魏晶晶准备去开庭时，突发心脏疾病，经抢救无效，不幸因公殉职，年仅37岁。

在六安市中级人民法院932办公室，堆满案卷的办公桌上有个记事本，2020年12月10号那一栏里记录着：上午8点30分和下午3点分别有两场开庭。而那一天的下午3点16分，本该开庭办案的魏晶晶却迟迟没有出现在法庭的审判席上。她被同事发现时已经倒在地上不省人事。送往医院后，医治无效，魏晶晶不幸去世。

六安市中级人民法院民事审判第三庭书记员邵爽："同事跟我说她晕倒的时候，我也以为她就是低血糖的晕倒，我们也没有想那么多。"

魏晶晶是六安市中级人民法院民三庭审判员，也是全市最年轻的四级高级法官，她所在的六安市中院民三庭主要审理的是房地产、知识产权等民事案件，这类案件标的大、专业性强、案情复杂、审理周期长，往往需要付出成倍的时间和精力。

2016年，为了一起拖欠工程款的案子，魏晶晶在庭审结束后，和当事人双方一起核对小区防火门数量，一栋一栋、一层一层、1107扇门，一扇也没落下，确定防火门的数量后，被告再也无法抵赖。最终达成了被告支付67万多元拖欠工程款的调解协议。

安徽某防火门有限公司负责人李传运指着卷宗里的防火门数量统计表说，"1107扇门，魏法官走了1107家。"李传运："爬了十几栋楼1000多户，每层每层地逐个核查，魏法官身上都（汗）湿透了，我们内心真的非常感动。"

自从2015年3月担任助理审判员以来，魏晶晶共主审案件891件，其中调解137件，参加合议庭审案2596件。六安市中级人民法院党组成员政治部主任毛方余："魏晶晶同志怀着对司法事业的无限热爱，胸装天平，肩挑正义，直到生命的最后一刻，仍然坚守在审判一线，她不愧为我们的好同志、好战友、好榜样。"

日前，人社部、最高人民法院追授魏晶晶同志"全国模范法官"称号，安徽省委省政府追授魏晶晶"安徽省优秀共产党员"、安徽省"人民满意的公务员"称号。

（原载央广网，2021年4月16日，记者梁明星）

“身着法袍，我无愧于心”

“池塘边的榕树上，知了在声声叫着夏天……”和着儿子的琴声，何海波低声浅唱，泪水夺眶而出。夏天依旧会来，只是他再也无法牵起妻子的手，完成旅行愿望清单中的“去上海”。

“爸，我去单位了，手头还有28个案子，能结案的得尽快结案，让当事人过个好年。”“忙归忙，一定要注意身体。”魏卫不敢想，只是寻常工作日的匆匆一别，竟成了和女儿的永别。

冉家宏终于拿回了属于自己的20余万元“救命钱”。“知道我身患残疾，诉讼期间，魏法官几乎没让我来回跑过一次。”他拄着拐杖来到魏法官坟前，捧上一抔新土，叫她放心。

身边人循着各自记忆里关于她的坐标艰难前进，而她却没能迎来下一个春天。2020年12月10日，安徽省六安市中级人民法院民事审判第三庭原四级高级法官魏晶晶，在工作期间突发心脏病，不幸因公殉职，年仅37岁。日前，魏晶晶被追授“全国模范法官”“安徽省优秀共产党员”等荣誉称号。

“我的妈妈是个工作狂”

“我的妈妈是个工作狂，她每天工作都很忙，经常等我睡着后还加班到深夜，几乎每个周末也都要加班。”作文本上，魏晶晶儿子的笔迹稚嫩，纸短情长。

节假日她依然在办公室伏案加班，儿子在一旁认真学习。提起魏晶晶，同事们总会想起这再熟悉不过的画面。

“民三庭主要审理建设工程案件以及知识产权案件，涉及标的大、各方诉求多、审理周期长、社会影响深。相较于一般案件，法官往往需要耗费数倍精力。很多时候，仅一个案件的案卷就得靠板车才能拉走，光阅卷就需要一周时间，不加班就意味着无法及时结案。”同为民三庭法官的王丽说。截至2020年12月10日，魏晶晶已办结案件190件，参加合议庭审案件604件。

魏晶晶的办公桌上，两份特殊的案卷引人注意。其中一份于2020年12月10日上午结案，那是她生前办结的最后一个案件；另一份案卷的首页，她手写着开庭时间“12月10日下午3时”，那个她没能等来的开庭。

12月9日深夜，魏晶晶如常在办公室加班。第二天一大早，她又接着忙活起来，合议庭合议过的案件需要尽快拟稿，签发正式的裁判文书；开过庭的案件需要整理思路，将审理报告提交合议庭评议……

下午 2 时 44 分，魏晶晶发出生命中最后一条微信，安排书记员邵爽做好开庭前的准备工作，然而过了开庭时间，魏晶晶却迟迟没有来到法庭。

“姐，怎么啦？”邵爽连发了几条微信询问，却一直没有回音。15 时 16 分，魏晶晶被发现晕倒在地上。17 时 05 分，因抢救无效，她永远离开了自己执着热爱的法官岗位。

手机上的通知还提醒着她及时监测健康，也许她从未真正抽出时间关心自己；因为连日胃痛而准备的热水袋，仿佛还温着；作为全院有名的“学霸”“书虫”，她刚买的法律专著还没来得及拆封；工作日程表上，开庭排期已经排到了 2021 年 1 月 7 日……

“当事人的事比天还大”

“当事人的事比天还大，对于他们而言，一个案件可能就是一生中唯一的诉讼，而我们的职责就是努力办好每一起案件。”六安市中院法官助理耿广玉对魏晶晶的这番话记忆尤深。

为了维护当事人合法权益，魏晶晶不知放弃了多少休息时间，办公室里那张用于午休的折叠床没打开过几次；她会为了一个案件组织十几次、几十次调解，不厌其烦地释法明理，争取双方当事人“握手言和”的机会；她从不只坐在办公室里办案，为查明事实真相，她可以在三伏天里跑十几栋楼，数遍 1107 道门……

“给小区装完防火门，项目部却撤走了，要账要了 4 年，钱都没有讨回来，多亏魏法官伸张正义。”魏晶晶离世的噩耗传来，安徽某防火门有限公司负责人李传运几度哽咽。

5 年前，李传运为一居民小区安装防火门，却始终未能讨回钱款。去年 7 月，李传运提起诉讼，案件由魏晶晶承办。庭审过程中，对方对工程量等方面提出很多问题，要求进行核对。

“三伏天里，魏法官带着原被告双方来到小区，不落一栋、不少一层、挨家挨户清点防火门数量，一共 10 多栋楼，最高的有 20 层。”李传运回忆。

当李传运腿脚发麻、大汗淋漓时，魏晶晶却丝毫没有停下脚步。“一共 1107 扇门。”李传运记得真切。

核准防火门数量后，魏晶晶从双方关切点入手，耐心细致地摆事实、讲道理、释法理，一次次将双方拉回谈判桌。双方分歧在魏晶晶的专业、热情与真诚中慢慢消散，最终决定在调解笔录上签字言和。

去年 8 月 27 日，67 万多元工程款一分不差入账，李传运悬了 4 年多的心，终于放了下来。

“我从未后悔成为一名法官，每一个笑容只在化解当事人矛盾时绽放，每一次坚持只为了心中的那座天平。”2019 年度述职报告中，魏晶晶如此独白。

“蓬生麻中，不扶而直”

“蓬生麻中，不扶而直。白沙在涅，与之俱黑。”这是魏晶晶最后一条手机备忘录。

魏晶晶的书柜里，只有两种书，一种关于法律，另一种关于育儿；魏晶晶的微信朋友圈，只有两类内容，一类关于工作，另一类关于家庭。

她从不化妆，永远素面朝天，也从不应酬，朋友圈干净清爽。“成为一名法官以来，我从未吃过当事人一顿饭，收过当事人一分钱。身着法袍，我无愧于心。”述职报告中，魏晶晶坦率又纯粹。

为了心中的那座天平，常年办理建设工程案件的魏晶晶，为自己定下铁则，“与律师交往保持适当距离，坚决不与企业老板交往”，任何可能影响司法公正的微小因子，都是她心中的红线，哪怕至亲也不例外。

“建设工程案件标的大，法官的手稍微松一松、紧一紧，决定的往往是数千万元乃至上亿元的归属。”安徽某律师事务所律师晏宗武说。回忆起与魏晶晶的交往，唯一和物质沾边的，竟只是一顶遮阳帽。去年夏天，因为一桩建设工程质量纠纷案件，魏晶晶与原被告及双方律师前去工地查看，晏宗武特意为她准备了一顶遮阳帽。现在，那顶遮阳帽还放在晏宗武的车里。

面对当事人及律师“施压”，魏晶晶往往只会“笑一笑，做个鬼脸”。“她的专业能力极强，既懂工程，又懂法律，总叫人胜得明明白白，败得心服口服，而且真正做到了刚正不阿。”晏宗武说。“她还是六安全市最年轻的四级高级法官，可刘海儿上却有着一缕分外扎眼的白发”。

“生活还有什么不满呢？如果有的话，那就让结案率更高一些，当事人更满意些吧！”魏晶晶生前在朋友圈写下。

衣柜里，魏晶晶的法袍熨得妥帖，法徽熠熠生辉。

（原载《光明日报》2021年4月26日，记者丁一鸣、马荣瑞）

永不凋落的水晶花

2020 年 12 月 10 日下午 3 时，一向准时的法官魏晶晶没有出现在庭审现场。

十几分钟后，救护车的尖啸打破了法院静肃的空气。安徽省六安市中级人民法院民事审判三庭法官魏晶晶在开庭路上突发心脏疾病，经抢救无效，生命定格在 37 岁。

“法律必须被信仰，否则形同虚设。”这句伯尔曼的名言曾被魏晶晶郑重地记录在手机记事本中。

秉持着这份信仰，她勤勉敬业、恪守职责，十四年如一日，倾心竭力奋战在司法工作第一线，用年轻的生命诠释了人民法官的使命与担当。

只知惜时，不知惜命——她以生命的烛火微光照亮法治之路

魏卫总梦到那个早晨。太阳刚升起来，女儿魏晶晶出门上班，他叮嘱道：“路上注意安全，晚上早点回来。”

女儿回头粲然一笑，说：“好的。”

魏晶晶再也没有回家。

这位老法官一生奔忙于政法战线，也把对司法事业的热爱传承给了独生女儿。“穿上法袍、审理案件，是她从小的梦想。”魏卫告诉记者，魏晶晶从小的志向就是成为一名法官。

2006 年，从安徽财经大学法学院毕业的魏晶晶选择回到家乡，进入六安市中级人民法院工作。六安中院民三庭主要审理房地产、建设工程施工合同纠纷、知识产权等案件，专业性强、标的额大，审理周期长，往往需要付出大量时间和精力。2015 年 3 月，魏晶晶进入民三庭担任助理审判员。“一入民三深似海。”魏晶晶曾和同事这样调侃。

法官员额制改革后，魏晶晶成为六安中院首批员额法官，承办了大量疑难复杂案件，案件质效长期位居部门前列，是六安市法院最年轻的四级高级法官。

“晶晶非常勤奋，记忆中，不管到多晚，她的办公室窗子永远亮着灯光。”六安中院民三庭原庭长何武告诉记者，魏晶晶事事追求完美，买了很多业务书籍刻苦钻研，记了十多本笔记，时常和他探讨新出的司法解释、典型案例等。

加起班来不眠不休，是同事们对魏晶晶最深刻的印象。

"八小时内是工作，八小时外还是工作，可能在她辗转难眠的八小时想的也是工作。"在书记员邵爽眼中，魏晶晶活泼、明朗、乐观，爱开玩笑，是"女汉子"，也是"工作狂"。她会为了对抗长期的疲倦和偶尔袭来的困意，买来大罐的网红咖啡，又因为太难喝而自食苦果；她喜欢用绿豆糕、雪花酥等甜食补充体力，又总哀叹自己"压力肥"；她也会忙于繁重的案牍工作，几年不参加体检……

一切并非毫无征兆。

种种迹象表明，这位年仅 37 岁的青年法官，不断透支的身体已是强弩之末：越来越短的睡眠时长、额前突然出现的大片白发、不时袭来的胃部不适、久坐引发的各类疼痛……像多米诺骨牌的最后一块，2020 年 12 月 10 日，魏晶晶倒下了。

一天前，魏晶晶一口气连开 3 个庭，下午又合议了 6 个案件。然后是加班写判决书，直到晚上 10 时多才离开办公室。

早上 7 时左右上班，晚上 10 时之后离开，这是近两年来魏晶晶的工作节奏。办公室角落的折叠床和衣柜里一尺多高的止痛膏药见证了她无数个伏案的夜晚。台历上密密麻麻记录的案件排期已经排到了下一年。

"任凭妈妈再怎么努力，她的案件也做不完。"魏晶晶的儿子豆豆在语文测验时写下了这样的句子。豆豆记得，有时半夜起床，妈妈房间的灯仍然亮着。妈妈会在他睡着后继续加班到深夜。

现在，那盏一直亮着的灯，熄灭了。

勤恳坚韧，一心为民——"我从未后悔成为一名法官"

"和晶晶认识 10 年了，我们没有在一起吃过一顿饭。"在安徽安泰达律师事务所律师陈洪保的印象中，魏晶晶平易近人、认真负责，同时也坚持原则、严守纪律。

在一起知识产权案件中，由于案情复杂，魏晶晶法官耐心细致地对双方当事人进行了十几轮调解。"她完全是站在案结事了的角度来解决案件本身的争议，让双方当事人心服口服，自觉主动履行，印象中她的案子履行总是很顺利。"陈洪保说。

"从阅卷、庭审到合议案件、撰写文书，晶晶对当事人每个异议都认真对待，不放过任何细节，竭尽全力将每一起案件办精办细。"据法官助理张悦回忆，魏晶晶的庭前准备工作总是细致周到，有时会把争议情况画成示意图，驾驭庭审得心应手，裁判文书逻辑严密，"我向她请教秘诀在哪里，她总是说，哪有什么秘诀，就是用心而已。"

"不推脱、不敷衍、不躲避，尽我所能，只求无愧于心。"这是魏晶晶的人生信条，也是她笃行的原则。

2020 年春天，突如其来的新冠肺炎疫情让许多企业陷入困境。在一起技术转让纠纷案件中，魏晶晶了解到，如果按部就班走诉讼程序，需要封存保全设备，对上千个零件进行鉴定。“企业要生存，工人要吃饭，经不起拖。”考虑再三，魏晶晶先后组织了十多次调解，不厌其烦地向双方当事人释法明理，最终调解成功。

“魏晶晶法官在调查了解情况时非常细致，会按照合同上的每一点、每一条去对照设备。”当事人潘中久说，“感谢晶晶法官高效、便捷地解决了纠纷，让我们企业在短时间内恢复了生产，挽回了损失。”

“如果说对工作还有什么不满足的，那就是希望案件的调解率再高一些。”这是魏晶晶在某次民主生活会上的发言。据法官助理罗超回忆，魏晶晶对经手案件的每一个当事人都耐心答疑解惑，从不厌烦。

“我们法官的职责就是办好每一个案件。”魏晶晶说，“对于当事人而言，一个案件可能就是他一生中唯一的诉讼。”

民三庭法官王丽记得，2019 年，魏晶晶收了几个建设工程相关的大案子，涉案金额巨大、各方诉求复杂，常有施工单位组织人员到法院聚众闹访，施加压力。“诉求是否合理，要法律说了算，不是谁闹谁有理。”魏晶晶的话掷地有声。

而在审判过程中，她又总是设身处地为当事人着想，不遗余力维护他们的合法权益。

2021 年春节，某建设工程施工合同纠纷案的当事人李传运拿到了拖欠多年的最后一笔工程款，心里却说不出的难过。因为那个为他伸张正义、讨回血汗钱的法官已经不在了。

李传运还记得，为了对工程造价进行鉴定，炎炎夏日里，魏晶晶带着双方当事人上上下下爬楼，跑了几百户，只为确认防火门的数量；一次次耐心细致的调解，将双方拉回到谈判桌上，最终在调解笔录上签字言和。“我从心底里感激晶晶法官。”李传运说。

“我从未后悔成为一名法官。”魏晶晶曾在一份总结中这样阐述自己的信念，她也用短暂的一生践行了这句誓言。

守正无私，甘于奉献——她照顾所有人，就是忘了自己

魏晶晶也哭过。

邵爽记得，案件压力特别大的时候，魏晶晶曾躲进小区的绿化带里，偷偷抹掉眼泪，默默消化焦虑的情绪。但见到同事、家人时，她总是笑容灿烂、神采飞扬。

魏晶晶的丈夫何海波是一名公安干警，时常奔忙在警务一线。忙于审判工作的同时，魏晶晶还肩负着照顾家庭的重任。

工作太辛苦，家人曾劝她考虑换个岗位，她每次都说：“大家都忙，我要是走了，别人更

忙不过来了。”

“手不释卷”是邵爽对魏晶晶的评价，“只要有人问她借书她就会开心，问她借一本，她会推荐给你全套。”魏晶晶的办公室里，两个大书架已经装得满满当当。“我经常跟她说，你开个图书馆算了。”邵爽说。

“孩子出生后，晶晶就是孩子成长路上的好榜样。这几年，即使工作很忙，但她还是坚持陪孩子读书，即使加班，也要带孩子到办公室。”何海波与妻子感情甚笃，由于同在政法系统工作，他们彼此尊重理解，已经习惯了聚少离多。

在同事的印象中，魏晶晶加班写判决书时，总有一个小小的身影坐在她身边，写作业、读书、上网课，母子二人各忙各的，办公室里静谧无声。

“别人都说妈妈最爱工作，但我知道，她最爱我。”儿子豆豆是陪魏晶晶加班最多的人。在给豆豆的寄语里，魏晶晶写道：“愿你一生努力，一生被爱。”

她正是这样做的，一生为司法事业努力，一生为亲人爱人奉献，也一生被所有人深爱。

安徽大别山律师事务所律师袁明伟始终记得，有一年的国庆前夕，案子的证据材料特别多，他急于查询相关材料，尝试向魏晶晶法官提出能否国庆期间调取证据。

魏晶晶爽朗回答：“可以，哪天都可以，我一直在法院。”

“7 天假期，她居然一天都不休息。”袁明伟觉得不可思议。当他看到和妈妈一起加班的豆豆时，才意识到，这位法官的工作和生活早已水乳交融、密不可分。

“总觉得她不太像这个时代的年轻人。”袁明伟说。

这个时代的年轻人应当是怎样的？

一颗剔透水晶心，折射出别样的法治华彩，魏晶晶已经给出了她的回答。

（原载《人民法院报》2021 年 4 月 16 日，记者乔文心）